《簡帛》是由武漢大學人文社會科學重點研究基地——武漢大學簡帛研究中心主辦的專業學術集刊，圍繞相關的三個層面，一以戰國文字爲主的古文字研究，二以簡帛爲主的先秦、秦漢出土文獻整理與研究，三以簡帛資料爲主要着眼點的先秦、秦漢史研究，發表論文和動態、評介、資料性文字。集刊實行嚴格的匿名審稿制度，堅持原創性、規範化、國際性，每年上、下半年各出版一輯。

簡帛

BAMBOO AND SILK MANUSCRIPTS

武漢大學簡帛研究中心 主辦

第二十輯

上海古籍出版社

圖書在版編目(CIP)數據

簡帛.第二十輯/武漢大學簡帛研究中心主辦.—
上海：上海古籍出版社，2020.5
ISBN 978-7-5325-9639-3

Ⅰ.①簡… Ⅱ.①武… Ⅲ.①簡(考古)-中國-文集
②帛書-中國-文集 Ⅳ.①K877.54-53②K877.94-53

中國版本圖書館 CIP 數據核字(2020)第 091596 號

簡帛（第二十輯）

武漢大學簡帛研究中心　主辦
上海古籍出版社出版發行
（上海瑞金二路 272 號　郵政編碼 200020）
（1）網址：www.guji.com.cn
（2）E-mail：guji1@guji.com.cn
（3）易文網網址：www.ewen.co
上海顓輝印刷廠
開本 787×1092　1/16　印張 21　插頁 3　字數 387,000
2020 年 5 月第 1 版　2020 年 5 月第 1 次印刷
ISBN 978-7-5325-9639-3
K·2846　定價：98.00 元
如有質量問題.請與承印公司聯繫

顧　問　（以姓氏筆畫爲序）

　　　　工藤元男　瓦格納（Rudolf G. Wagner）　邢義田　李成珪

　　　　林　澐　馬　克（Marc Kalinowski）

　　　　夏含夷（Edward L. Shaughnessy）　冨谷至　彭　浩　單周堯

　　　　曾憲通　裘錫圭

主　編　陳　偉

副主編　李天虹　劉國勝

編輯委員　（以姓氏筆畫爲序）

　　　　丁四新　王子今　尹在碩　李孟濤（Matthias L. Richter）

　　　　沈　培　金秉駿　宮宅潔　紀安諾（Enno Giele）

　　　　夏德安（Donald Harper）　徐少華　徐世虹

　　　　徐在國　陳松長　陳偉武　張顯成　馮勝君

　　　　廣瀬薰雄　廖名春　劉　釗　劉樂賢　顔世鉉

　　　　顧史考（Scott Cook）

本輯執行編輯　宋華强　李　静

英文目次翻譯　宋華强

英文目次校訂　傅希明（Christopher Foster）

壺銘頸部照片

目　次

釋"碉" ·· 謝明文（1）
公子土斧壺銘文探研 ·· 李春桃（7）
古璽"公"字的地域特徵及相關問題補說 ······················· 肖　毅　屈　彤（13）
嚴倉一號楚墓遣册所見度量單位和分數詞 ······················ 李天虹　蔡　丹（21）
清華簡《子儀》相關史事與簡文編連釋讀 ····················· 馬　楠（31）
說上博簡《三德》篇中的兩個"興"字 ··························· 王凱博（39）
說"悆連" ·· 蘇建洲（45）

《里耶秦簡（貳）》綴合札記 ··· 何有祖（51）
《里耶秦簡（貳）》綴合十二則 ······································· 楊先雲（61）
里耶秦簡"斗""升"譌誤問題補說 ····································· 晉　文（75）
《嶽麓書院藏秦簡（肆）》242號簡文勘誤
　　——兼論秦文字中用爲"冠"的"寇"字 ······················ 王　偉（83）
秦漢簡帛文字雜釋 ·· 王挺斌（87）
說帛書《黃帝四經》中的"達刑" ·································· 劉　雲（95）
讀馬王堆帛書札記二則 ·· 蔡　偉（99）
讀北京大學藏西漢竹書札記二則 ···································· 劉建民（105）
《肩水金關漢簡》散簡編連八例 ···································· 姚　磊（109）
《地灣漢簡》釋文校讀札記 ··· 秦鳳鶴（123）

張家山漢代醫簡《脈書》目病病名釋義考辨 ………………… 袁開惠　和中浚（129）

漢簡醫書疑難字校釋三則 ………………………………………… 張　雷（137）

劉林衣物疏所記服飾釋文補正 …………………………………… 王　谷（141）

秦簡牘中"牒"字的使用及含義 …………………………………… 蘇俊林（147）

"黃豆瓜子"何以支付"地下賦"

　　——從《泰原有死者》、馬王堆遣策看東漢張叔敬鎮墓文 ………… 蔣　文（169）

嶽麓秦簡所見異地死亡吏卒歸葬考 ……………………………… 張韶光（179）

秦遷陵縣的物資出入與計校

　　——以三辨券爲綫索 ……………………………………………… 曹天江（189）

吕后元年"除三族罪妖言令"發覆

　　——兼談漢初的刑罰序列 ………………………………………… 宋　潔（227）

五一廣場簡牘所見名物考釋（四） ……………………………… 羅小華（241）

《長沙五一廣場東漢簡牘》所見永初年間三份詔書淺析 ……… 周海鋒（251）

長沙出土三種東漢簡牘文書研究綜述 …………………………… 衛夢姣（265）

2018年中國大陸秦漢魏晉簡牘研究概述 ……………… 魯家亮　陳雙喜（295）

作者信息 ………………………………………………………………………（329）

CONTENTS

An Interpretation of the Character 'huo 祸' ·················· *XIE Mingwen* (1)

A Study of the Gongzi Tufu Hu 公子土斧壺 Bronze Inscription
·················· *LI Chuntao* (7)

Regional Writing Conventions for the Character 'gong 公' on Warring States Period Seal Inscriptions and Related Issues ········ *XIAO Yi QU Tong* (13)

Vocabulary for Units of Measurement Found on the Inventory Slips from the Chu Tomb No.1 at Yancang 嚴倉 ········ *LI Tianhong CAI Dan* (21)

A New Interpretation of the Historical Anecdotes and Strip Order of the *Ziyi* 子儀 Manuscript from the Tsinghua University Collection
·················· *MA Nan* (31)

On the Two Instances of the Character 'xing 興' in the *Sande* 三德 Manuscript from the Shanghai Museum Collection ······ *WANG Kaibo* (39)

An Interpretation of the Phrase 'fen lian 忿連' ·················· *SU Jianzhou* (45)

Notes on Rejoining Together Broken Strips in *Qin Strips from Liye* (Volume Two) 里耶秦簡（貳）·················· *HE Youzu* (51)

Twelve Cases of Rejoining Together Broken Strips in *Qin Strips from Liye* (Volume Two) 里耶秦簡（貳）·················· *YANG Xianyun* (61)

Confusion between 'dou 斗' and 'sheng 升' in the Liye 里耶 Qin Strips
·················· *JIN Wen* (75)

Corrections to Strip No. 242 in *Qin Dynasty Strips in the Yuelu Academy* (*Volume Four*) 嶽麓書院藏秦簡(肆), with a Discussion on the Use of the Character '*kou* 寇' for '*guan* 冠' in Qin Manuscripts
　·················· WANG Wei (83)

Various Notes on Qin and Han Period Bamboo and Silk Manuscripts
　·················· WANG Tingbin (87)

An Interpretation of the Phrase '*da xing* 達刑' in the Mawangdui *Huangdi si jing* 黃帝四經 Silk Manuscript ·················· LIU Yun (95)

Two Notes on the Mawangdui 馬王堆 Silk Manuscripts ·················· CAI Wei (99)

Two Notes on the Western Han Bamboo-slip Manuscripts from the Peking University Collection ·················· LIU Jianmin (105)

Eight Cases of Reconstructing Multi-Strip Documents among the *Jianshui Jinguan Han Strips* 肩水金關漢簡 ·················· YAO Lei (109)

Notes on the Transcriptions in *Diwan Han Strips* 地灣漢簡 ·················· QIN Fenghe (123)

An Analysis of the Names for Eye Diseases in the Zhangjiashan 張家山 Han Period *Maishu* 脈書 Medical Manuscript ·················· YUAN Kaihui　HE Zhongjun (129)

Interpretations for Three Problematic Words found in Han Period Medical Manuscripts ·················· ZHANG Lei (137)

Corrections to the Transcriptions for Items Listed on the Liulin Clothing Inventory Board 劉林衣物疏 ·················· WANG Gu (141)

The Usage and Meaning of the Character '*die* 牒' on Qin Bamboo-Strip Manuscripts ·················· SU Junlin (147)

How can "Soybeans and Melon Seeds" Pay the "Underworld Taxes?": An Analysis of the Eastern Han Zhang Shujing 張叔敬 Tomb-quelling Text, based on the *Taiyuan you sizhe* 泰原有死者 Manuscript and Mawangdui 馬王堆 Tomb Inventories ·················· JIANG Wen (169)

Transporting Corpses of Officials who Died Abroad for Burial at Home, as

Seen in the Yuelu Academy Collection of Qin Strips
.... *ZHANG Shaoguang* (179)

The Import, Export, and Auditing of Goods in Qianling County During the Qin Dynasty, Based on Evidence from 'Contracts in Three Divisions 三辨券' .... *CAO Tianjiang* (189)

New Insights on the "Ordinance on Eliminating the Execution of the Three Sets of Relatives as Punishment for Evil Talk 除三族罪妖言令" Issued in the First Year of Empress Lü, with a Discussion of the Early Han Penalty System .... *SONG Jie* (227)

An Interpretation of Names for Various Items Found in the Eastern Han Wuyi Square 五一廣場 Strips (Part Four) .... *LUO Xiaohua* (241)

A Preliminary Analysis of Three Imperial Edicts Issued during the Yongchu 永初 Reign Era Found in the *Eastern Han Strips from Wuyi Square, Changsha* 長沙五一廣場東漢簡牘 .... *ZHOU Haifeng* (251)

A Survey of Scholarship on Three Caches of Eastern Han Administrative Texts Excavated in Changsha 長沙 .... *WEI Mengjiao* (265)

A Survey of Mainland Chinese Scholarship on Qin, Han, Wei and Jin Bamboo and Wooden Strips Conducted in 2019
.... *LU Jialiang CHEN Shuangxi* (295)

Authors' Information .... (329)

釋 "𪊨"＊

謝明文

摘　要：甘辜鼎銘文中的首字，舊一般隸作"鄙"，研究者或讀作"過"，或讀作"郭"。本文根據近年新公佈的鼎銘照片資料指出它應釋作"甝"，即《說文》訓爲"屰惡驚詞"之"𪊨"的異體，它在鼎銘中應如研究者所言讀作國族名"過"。殷墟甲骨文一殘辭中的"欨"字，舊有"𪊨""欨"等釋法，本文聯繫相關資料，指出它亦當是"𪊨"字，"欨"與"𪊨"應是一語之分化。

關鍵詞：甘辜鼎　𪊨　欨

山東省章丘縣明水鎮繡水村曾出土一件春秋早期鼎，現藏章丘市博物館，其銘作"△甘辜肇作尊鼎，其萬年眉壽，子子孫孫永寶用享"，其中用"△"表示之字，《文物》（1989 年第 6 期 68 頁圖 7）拓本作 ▨，《近出》336 拓本作 ▨，《新收》1091 拓本作 ▨，《銘圖》02193 拓本作 ▨。常興照、寧蔭堂兩位先生隸作"鄙"，並對它與鼎銘其他文字做了分析：

> 此字（引者按，指"鄙"）從"冎"從"言"從"邑"，言口可通，因而左側還可隸寫爲"咼"。所以此字應爲一形聲字，即從邑，咼聲。以銘文文義，此字應爲族名或國名。第二字"甘"，爲作器者名。"辜"爲享。"肇"也寫作肇，"肇作某某"及下文"萬年眉壽"等，均爲金文習用語。①

常興照、寧蔭堂兩位先生又聯繫典籍中的"過國""過氏"，認爲銅鼎銘文中的"鄙"字，

＊ 本文受到國家社科基金青年項目"商代金文的全面整理與研究及資料庫建設"（項目編號 16CYY031）的資助。

① 常興照、寧蔭堂：《山東章丘出土青銅器述要兼談相關問題》，《文物》1989 年第 6 期，第 70 頁。

與"過"同聲符,聲近義通,又同爲國名,內中必有聯繫,如把鼎銘的"鄙甘氏"作爲過氏西徙途中的遺裔,當不至大謬。兩位先生同時也認爲"鄙"或當讀爲典籍中"郭氏之墟"的"郭"。①

"△",《近出》隸作"鄙",②《新收》《銘圖》皆隸作"鄙",③《新金文編》《西周金文字編》亦釋讀作"鄙",且把它單列爲字頭。④《濟南文物精粹·館藏卷》稱此鼎爲"'郭甘'銘銅鼎",⑤此説當本之於上引常興照、寧蔭堂兩位先生讀"郭"一説。上述諸家釋法的共同點皆是認爲"△"字右旁是"邑"。

《濟南文物精粹·館藏卷》著録了這件鼎銘的彩照,其中"△"字,彩照作 ,它右旁顯然是"旡",⑥其寫法與 (砢簋,《銘圖》04670)、 (砢簋蓋,《集成》03761,⑦《銘圖》04671)所從"旡"旁寫法接近,此字可隸作"㱚"。《説文》:"㱚,屰惡驚詞也。从旡、咼聲。讀若楚人名多夥。""咼,口戾不正也。从口、冎聲。""㱚",異體或作"旤",後者在《漢書》等書中常用作"禍"。金文中"過"字或從"冎"聲,或從"咼"聲。因此"㱚"除去"言"旁之外的部分實即"㱚"。我們認爲"㱚"應即"㱚"加注意符"言"而形成的繁體。"㱚",《説文》訓爲"屰惡驚詞"。《説文解字注》:"遇惡驚駭之詞曰㱚,猶見鬼驚駭之詞曰魗也。"⑧"㱚"既是逢遇"惡"時發出的驚駭呼聲,那麽它加注意符"言"是非常直接的。又"言""口"作爲表義偏旁,常可換作,因此"㱚"也可能是在"㱚"形的基礎上把"口"換作"言"而來。

㱚甘辜鼎"㱚(㱚)"字的釋出,爲金文可釋字的總量又增加了一個,日後金文方面的字編、字典類工具書,可增列一"㱚(㱚)"字頭。

"㱚(㱚)""郭"韻部不近,兩者相通的可能性不高,把"㱚(㱚)"讀作"郭氏之墟"之

---

① 常興照、寧蔭堂:《山東章丘出土青銅器述要兼談相關問題》第70—72頁。
② 劉雨、盧岩:《近出殷周金文集録》第2册,中華書局2002年,第190頁。
③ 鍾柏生等編:《新收殷周青銅器銘文暨器影彙編》,藝文印書館2006年,第781頁;吳鎮烽:《商周青銅器銘文暨圖像集成》第4卷,上海古籍出版社2012年,第393頁。
④ 董蓮池:《新金文編》上册,作家出版社2011年,第843頁;張俊成:《西周金文字編》,上海古籍出版社2018年,第342頁。
⑤ 濟南市文物局、濟南市博物館、濟南市考古研究所:《濟南文物精粹·館藏卷》,文物出版社2018年,第118頁。
⑥ 庚嬴鼎(《集成》02748,《銘圖》02379)" (既)"所從"旡"形寫法亦與之接近,但庚嬴鼎銘文是清人流傳下來的摹刻本,字形未必準確。
⑦ 中國社會科學院考古研究所:《殷周金文集成》,中華書局1984—1994年。
⑧ 段玉裁:《説文解字注》,上海古籍出版社1981年,第414頁。

"郭"的可能性不大。商代晚期的過文簋(《銘圖》03637)銘文作"徦(過)文",亞過爵(《集成》07815,《銘圖》07095)銘文作"亞骨(過)",其中的"過"應是族名。西周早期的過伯簋(《集成》03907,《銘圖》04771)銘文作"岜(過)伯從王伐反荆,俘金,用作宗室寶尊彝",過伯爵(《集成》08991,《銘圖》08429)銘文作"岜(過)伯作彝",過伯鼎銘文作"過伯作寶尊彝",①過比父方彝銘文作"過比父作□伯尊彝,子子孫孫其永寶",②其中的"過"應是國族名。由此可見在商代以及西周皆有國族名"過"。

《左傳》襄公四年:"處澆于過,處豷于戈。"杜預注:"過、戈皆國名,東萊掖縣北有過鄉,戈在宋鄭之間。"說明山東境內曾有過國。《後漢書·杜欒劉李劉謝列傳》:"後陶舉孝廉,除順陽長。縣多姦猾,陶到官,宣募吏民有氣力勇猛,能以死易生者,不拘亡命姦臧,於是剽輕劍客之徒過晏等十餘人,皆來應募。"李賢等注:"過,姓也,過國之後,見《左傳》。"《風俗通·姓氏》:"過國,夏諸侯,後因爲氏。漢有兗州刺史過栩。"

從鼎銘來看,"甈(碨)"字顯然是國名或族氏名,我們認爲它讀作同爲國族名的"過"是很有可能的,這樣一來,自商至春秋早期,金文資料中皆有了國族名"過"的蹤迹。

殷墟甲骨文一殘辭中有 𤓰 (《合》18015)字,③《甲骨文編》《甲骨文字詁林》按語釋作"碨"。④《殷墟甲骨刻辭類纂》隸作"欥",釋作"歂"。⑤《甲骨文合集釋文》摹錄原形作爲未釋字處理,⑥《甲骨文校釋總集》釋作"歂",⑦《新甲骨文編》隸作"欥*",⑧《甲骨文字編》隸作"欥"。⑨

《説文》:"欠,張口气悟也。象气从人上出之形。凡欠之屬皆从欠。""旡,飲食气屰不得息曰旡。从反欠。凡旡之屬皆从旡。"《説文》中從"旡"的字有"既""惡""碨""㱊"四字,《説文》認爲前兩字所從的"旡"是聲符,後兩字所從的"旡"是義符。

---

① 付强:《新見過伯鼎小考》,武漢大學簡帛網,2017年1月26日。
② 陳青榮、趙緼:《海岱古族古國吉金文集》第1册,齊魯書社2011年,第78頁。
③ 《合》指郭沫若主編:《甲骨文合集》,中華書局1978—1982年。
④ 中國科學院考古研究所編輯:《甲骨文編》,中華書局1965年,第369頁;于省吾主編:《甲骨文字詁林》第1册,中華書局1996年,第442—443頁。
⑤ 姚孝遂主編:《殷墟甲骨刻辭類纂》,中華書局1989年,第167頁。
⑥ 胡厚宣主編:《甲骨文合集釋文》第2册,中國社會科學出版社2009年,第922頁。
⑦ 曹錦炎、沈建華編著:《甲骨文校釋總集》第6卷,上海辭書出版社2006年,第2110頁。
⑧ 劉釗等:《新甲骨文編》增訂本,福建人民出版社2014年,第519頁。
⑨ 李宗焜:《甲骨文字編》(下册),中華書局2012年,第1373頁。

"既""㤅""䫲""㤅"四字,"既"出現得最早,大量見於商代甲骨文,而"㤅"字始出現於西周金文,"㤅"出現於東周金文。據古文字中"既""㤅"所從偏旁,我們知道"旡"與"欠"的主要區別在於前者所從"口"形與其下的"人/卩"形方向相反,後者所從"口"形與其下的"人/卩"形方向相同。而 [字] 字左部所從,"口"形與其下的"卩"形方向相同(皆向右),因此研究者認爲此字從"欠",把它隸作"歒""歆"是正確的。

甲骨金文中習見從"旡"的"呵"字,唐蘭先生説:"呵當是欬的異體,《廣雅·釋詁二》説:'欬,息也。'"① 裘錫圭先生認爲:"此説(引者按:指上引唐先生説)當可信。《集韻》歌韻虎何切'訶'小韻以'呵''欬'爲一字,注曰:'《博雅》:呵呵、啞啞。笑也。一曰氣出。"② 《合》30926"呵"作 [字],"口"形與其下的"人"形方向相同,它明顯從"欠"。"㤅"字本從"旡"作,舒盠壺(《集成》09734,《銘圖》12454)從"欠"作 [字],東周竹簡文字中則常從"欠"作。③ "既"字,東周文字中多見從"欠"之例。④ "吹",一般從"欠"作,金文中多見,虞司寇伯吹壺(《集成》09694,《銘圖》12394)器銘作 [字],蓋銘作 [字],前者從"欠",後者卻從"旡"。散伯車父鼎甲(《集成》02697,《銘圖》02297)" [字] "、散伯車父鼎丁(《集成》02700,《銘圖》02300) [字] 從"欠"作。此字在同人所作的散伯車父鼎乙(《集成》02698,《銘圖》02298)、散伯車父鼎丙(《集成》02699,《銘圖》02299)中分別作 [字]、[字],它們皆從"旡"作。根據以上諸例"旡""欠"換作之例,再結合偏旁的組合來看,我們認爲 [字] 與 [字] 除去"言"旁的部分可看作異體關係,前者舊或釋作"䫲"的意見可從。從鼎銘"歒(䫲)"字來看,其右部"口"形下之"人/卩"形方向沒有明顯的偏向,即不易判斷它的方向是向左還是向右,其右部這種形體也完全可以看作是反書的"欠"形,也就是説這種形體實處於"旡"與反書的"欠"之間。如果真是這樣,那麼"䫲"本是從"欠",後來才演變爲從"旡"的可能性也是存在的,鼎銘"歒(䫲)"除去"言"旁的部分可看作是 [字] 到"䫲"的中間環節。

《説文》:"歆,咽中息不利也。从欠、骨聲。"《説文》:"䫲,䇂惡驚詞也。"遭遇可怕之事發出驚駭呼聲時,自會出現有"息不利"的情況。"冎",研究者一般認爲是"骨"的

---

① 唐蘭:《呵尊銘文解釋》,《文物》1976年第1期,第63頁注15。
② 裘錫圭:《説字小記》,《裘錫圭學術文集》第3卷金文及其他古文字卷,復旦大學出版社2012年,第422頁。
③ 李學勤主編,賈連翔、沈建華編:《清華大學藏戰國竹簡(肆—陸)文字編》,中西書局2017年,第227頁。
④ 張守中:《侯馬盟書字表新編》,文物出版社2017年,第58頁。

初文,可信。東周文字中,習見"祃"用作"禍福"之"禍"。① "歃"與"禍"韻部方面的關係猶如"骨"之於"冎(咼)""祃"之於"禍"。又聯繫甲骨文 ᠖ 形以及"砢""欨""歌"之間的關係來看,②"歃"與"禍"可能是一語之分化。

《清華簡(伍)·厚父》簡 10 有如下兩字:

A: [字形]　　B: [字形]

它們所處文例爲:

民其亡 A,廼弗畏不祥,亡顯于民,亦惟 B 之攸及,惟司民之所取。

A,整理者隸作"欨",認爲:"欨,即'䛒',《說文·旡部》:'䛒,事有不善,言䛒也。'《廣韻·漾韻》或作'就'。此處讀爲'諒',《詩·柏舟》'母也天只,不諒人只',毛傳:'諒,信也。'" B,整理者隸作"歃",認爲:"歃,通'禍'。戰國簡帛中從骨聲字與從咼聲字可以通用。"③

整理者關於 A、B 的意見基本可從。A 即"䛒"字異體,但在簡文中從"欠"(嚴格說來"欠"下加了兩小筆作"次"形,類似寫法的"欠"東周文字中習見)。B 從字形看,應即《説文》"歃"字。根據偏旁的組合、"䛒"字簡文從"欠"以及"B(歃)"用作"禍"等幾方面來看,"B"與 ᠖ 以及 [字形] 除去"言"旁的部分可看作異體關係,這對"歃""禍"是一語分化的意見有利。"歃(禍)"在簡文中用作"禍",由此可見"䬼"("禍"字異體)在《漢書》等書中常用作"禍"的用字習慣由來已久。

---

① 李學勤主編,沈建華、賈連翔編:《清華大學藏戰國竹簡(壹—叁)文字編》,中西書局 2014 年,第 6 頁;李學勤主編,賈連翔、沈建華編:《清華大學藏戰國竹簡(肆—陸)文字編》第 5 頁。《清華簡(捌)·治邦之道》(清華大學出土文獻研究與保護中心編,李學勤主編:《清華大學藏戰國竹簡(捌)》,中西書局 2018 年)篇簡 2"祃福"之"祃"亦用作"禍"。
② 關於"砢""欨""歌"之間的關係,參看裘錫圭:《說字小記》,《裘錫圭學術文集》第 3 卷第 422 頁。
③ 李學勤主編:《清華大學藏戰國楚竹書(伍)》,中西書局 2015 年,第 115 頁。

公子土斧壺銘文探研[*]

李春桃

摘　要：公子土斧壺銘文是重要的齊系文字材料，銘文中"仲姜"之後一字的釋讀長期以來存在争議，本文對其形體進行了考證，根據銘文照片對文字形體予以確認，同時對銘文進行重新斷句，關於銘文内容也給出了新的解釋。

關鍵詞：金文　媵器　鑄　乍

公子土斧壺於 1963 年出土於山東省濰坊市臨朐縣楊善村，① 現藏於山東省博物館。此壺高 29.5 釐米，重 2.8 千克，過去或稱其爲"公孫竈壺"，或稱之爲"公子土折壺"，其實都不夠準確，其正確的定名應該是公子土斧壺。此壺頸部刻有篇幅較長的銘文，内容頗爲重要。下面先按通行意見釋寫銘文，② 再討論相關問題。

公孫竈立事歲，飯者月，公子土斧乍（作）子仲姜 A 之盤壺，用祈眉壽，萬年永保其身。子子孫孫永保用之。

此器較早由齊文濤先生公佈，銘文中 A 形，齊文濤先生文章所附摹本作如下 A1 形，後來出版的《殷周金文集成》（9709 號）一書收有此銘拓本，其中 A 作如下 A2 形：③

A1：　　A2：

---

* 本文是國家社科基金項目"出土文獻視野下的先秦青銅器自名、定名、功用研究"（項目批准號：18BYY135）的階段性成果。
① 齊文濤：《概述近年來山東出土的商周青銅器》，《文物》1972 年第 5 期，第 12—14 頁。
② 文中引用古文字材料時，除了與本文相關及特殊用法外，釋文盡量使用寬式，多數直接按破讀之字釋寫。
③ 中國社會科學院考古研究所編：《殷周金文集成》，中華書局 1984—1994 年；後文均簡稱《集成》。

齊文濤先生對銘文有大略解釋:"古代女兒也可稱子,子中姜即公子土折之女。盌,爲中姜之名,字不識。此器爲公子土折所作之媵器。"①齊先生對"子"的理解以及將此器當成媵器,都是可信的,但把"斧"字誤釋成"折",則不可從。同時,他對 A 字只是依形隸定,沒有進行釋讀。後來學者討論此形時持有不同的意見。如何琳儀先生在《戰國文字通論》中一處注釋裏面將 A 隸定成"盌",釋爲"鑄"。②馬承源主編的《商周青銅器銘文選》嚴格隸定爲"櫧",未作釋讀,認爲是仲姜之私名。③張亞初先生在《殷周金文集成引得》中給出的釋文作"鑑"。④《殷周金文集成釋文》釋作"鑑"。⑤《山東金文集成》一書的釋文直接給出原篆,並未做出隸定和釋讀。⑥《殷周青銅器銘文暨圖像集成》一書的釋文將其括注成"鑑",⑦與張亞初先生意見相同。而近年來已經有幾位學者專門整理齊系金文,也分別討論過此字。孫剛先生《齊文字編》將該形收在"鑄"字下,⑧張振謙先生《齊魯文字編》也將其收在"鑄"字下,⑨可見他們都信從了何琳儀先生的意見。然而此後情況又出現變化,如孫剛先生在後來的博士論文中認爲將該形釋成"鑄"是受摹本影響,《集成》拓本 十分清楚,左上部是"木"形,應從上錄《商周青銅器銘文選》的意見隸定作"盌",在銘文中作爲"仲姜"的私名。⑩蘇穎先生隸定成"盌",並云"或釋'鑄','鑄'無作此形者,不可從。"⑪傅修才先生認爲 A"爲仲姜之名,研究者或釋作'盌(鑄)'。此字形體以《集成》所著拓本最爲清晰,其左上部明顯從'木'。"⑫

觀諸以上意見不難發現,因爲《集成》拓本較爲清楚,現在很多學者認爲此形左上部從木,不從火,所以 A 並非"鑄"字,該形在銘文中只是用爲仲姜之名。其實仔細分

---

① 齊文濤:《概述近年來山東出土的商周青銅器》,《文物》1972 年第 5 期,第 13 頁。
② 何琳儀:《戰國文字通論》,中華書局 1989 年,第 241 頁。又《戰國文字通論(訂補)》,江蘇教育出版社 2003 年,第 248 頁注 9。
③ 馬承源主編:《商周青銅器銘文選》第四册,文物出版社 1990 年,第 551 頁。
④ 張亞初:《殷周金文集成引得》,中華書局 2001 年,第 144 頁。
⑤ 中國社會科學院考古研究所編:《殷周金文集成釋文》第五卷,香港中文大學 2001 年,第 451 頁。
⑥ 山東省博物館編:《山東金文集成》,齊魯書社 2007 年,第 619 頁。
⑦ 吴鎮烽:《商周青銅器銘文暨圖像集成》,上海古籍出版社 2012 年,第 12423 號。本文簡稱"《銘圖》"。
⑧ 孫剛:《齊文字編》,福建人民出版社 2010 年,第 361 頁。
⑨ 張振謙:《齊魯文字編》,學苑出版社 2014 年,第 1711 頁。
⑩ 孫剛:《東周齊系題銘研究》,博士學位論文,吉林大學 2012 年,第 370—371 頁。
⑪ 蘇影:《山東出土金文整理與研究》,博士學位論文,華東師範大學 2014 年,第 363 頁。
⑫ 傅修才:《東周山東諸侯國金文整理與研究》,博士學位論文,復旦大學 2017 年,第 44 頁。

析此説，是存在很多疑點的。首先，著眼於字形方面，A1 摹本 ▨ 形，是整理者最初所作，應該具有一定參考性。中央電視臺《國寶檔案》欄目曾對公子土斧壺銘文有專門介紹，其使用的摹本作 ▨ ，①與 A1 相同。而在拓本方面，除了《集成》所録拓本外，《商周青銅器銘文選》也録有此壺拓本。相互對比可以看出，這兩紙拓本存在很多不同，兩者並不是同時所拓，而《商周青銅器銘文選》中拓本作 ▨ ，②與《集成》略有差異，而和摹本 A1 相近。可見 A 形左上部是否一定爲"木"形，還需要再做確認。其次，除了字形外，舊説在文義上也有扞格之處，以往學者多將銘文作如下釋寫、讀斷：

　　　　公子土斧乍(作)子仲姜 A 之盤壺。

可以看出學者都將"乍"讀爲"作"，理解成製作義，而將 A 當成仲姜的私名。即使主張釋 A 爲"鑄"的學者，因爲此句中不能出現"作""鑄"兩個動詞，所以他們應該也是將"鑄"當成仲姜之私名的。③ 但是以往這種理解是存在問題的，我們現在已經見到大量的青銅器銘文，當甲爲乙作器時，都是直接表述，在乙與器物名稱之間不加"之"字，下面以幾篇媵器銘文爲例：

　　黄季作季嬴寶鼎，其萬年子孫用寶用享　　　　　黄季鼎　《集成》2565
　　蘇公作晉妀匜，永寶用。　　　　　　　　　　　蘇公匜《銘圖》14892
　　遣叔吉父作虢王姞旅盨，子子孫孫永寶用。　　　遣叔吉父盨《集成》4416
　　侯氏作孟姬尊簠，其萬年永寶。　　　　　　　　侯氏簠　《集成》3781

以上銘文與公子土斧壺辭例相近，文中雖無"媵"字，但都可判斷出是長輩爲晚輩女子所作之媵器，④上録銘文没有在女子與器物自名之間加"之"字者。範圍再擴大一點説，檢索其他同類銘文，也鮮見有加"之"字者。這是因爲"主語＋作＋女子＋器名"這一結構已經十分完善，加上"之"字反倒不通。所以以往學者對公子土斧壺銘文句式結構的理解恐怕都是有問題的。

　　解决此問題的關鍵就是 A 字的釋讀。筆者曾懷疑早期將該形釋爲"鑄"可能是正確的，但不能理解成人名，而應當看成動詞，只有如此才能講通銘文，但《集成》的拓本

---

① 參中央電視臺節目《國寶檔案》20110611。http://tv.cntv.cn/video/c14121/913bdb3850784aa42c27b38a8099e6ec。
② 馬承源主編：《商周青銅器銘文選》第二册，文物出版社 1990 年，第 851 號。
③ 如張振謙先生主張釋"鑄"説，其所附釋文也將"乍"括注成"作"，應該也是將 A 當成仲姜之名。參張振謙：《齊魯文字編》第 2296 頁。
④ 以上四器屬於媵器，相關分析參陳昭容：《兩周婚姻關係中的"媵"與"媵器"——青銅器銘文中的性別、身份與角色研究之二》，《中研院歷史語言研究所集刊》，第七十七本第二分，2006 年，第 203—204 頁。

確實不利於這一假設。帶着這種猜測,筆者曾請山東省博物館人員幫忙核對此銘,蒙該館衛松濤先生慷慨幫助,於 2017 年 12 月 7 日惠賜該銘文照片,其中 A 形十分清晰,照片中 A 作:

其與《集成》拓本 ▨ 並不相同,而與摹本 ▨ 和《商周青銅器銘文選》拓本 ▨ 一致。可見摹本和《商周青銅器銘文選》拓本準確,而《集成》拓本失真,釋讀時不應該受《集成》的干擾。該形左上部形體顯然不是"木"形,而應是"火"旁。那麽 A 與齊系璽印文字 ▨（《古璽彙編》3760）相同,①何琳儀先生將它們釋爲"鑄"是正確的。

上文已論,將"乍"讀爲"作"銘文多出一"之"字,難通。確定了"鑄"字的釋讀後,銘文應該重新破讀、斷句。本文認爲"乍"不能讀爲"作",應該另有讀法。有一件曾侯所作的媵器,内容十分特别:

> 叔姬霝乍黄邦,曾侯乍(作)叔姬、邛芈媵器肆彝,其子子孫孫,其永用之。
> 《集成》4598

此銘出現了兩個"乍"字,後者顯然是"作鑄"之"作",前者讀法應該與之不同。郭沫若認爲"上乍乃迮省,嫁也,適也。……又笱伯盨:'笱白大父乍嬴妃,鑄匋盨。'亦謂遣嫁嬴妃爲鑄寶器。"②這對銘文文義的理解顯然可信,近來鄒芙都、馬超兩先生又撰文認爲訓作嫁也、適也的"乍"應讀爲"徂",他們云:

> ……以上資料可證"乍""且"二字讀音相近,"乍"完全可以讀爲"徂"。"徂"異體作"退",《説文·辵部》:"退,往也。从辵且聲。徂,齊語。徂,退或从彳。""退(徂)"本義是"往",即由一地前往另一地,而嫁女在事實上也是女子由一地(父家)前往另一地(夫家),因此"退(徂)"很自然的就可以表示"嫁"義。《詩·衛風·氓》:"自我徂爾,三歲食貧。"鄭箋云:"徂,往也。我自是往之女家。女家乏穀食已三歲,貧矣。""自我徂爾"意爲自從我到往你家,

---

① 羅福頤主編:《古璽彙編》,文物出版社 1981 年。
② 郭沫若:《兩周金文辭大系圖録考釋》,科學出版社 2002 年,第 165 頁。

實際上也就是説自從我嫁給你。①

按，此説可信。筆者認爲公子土斧壺銘文中的"乍"字也應讀爲"退"，《説文》謂"退"是齊語，這很值得注意，因爲公子土斧壺的國别就是齊國，將"乍"讀爲"退"，與《説文》的解釋、所説國别都是相合的。如此理解后，壺銘前面"退"字是嫁義，後面"鑄"字才是表鑄造義的動詞，銘文格式與前引郭沫若所提及的荀伯大父盨正可類比：

公子土斧乍（退）子仲姜，鑄之盤壺。

荀伯大父乍（退）嬴、改，②鑄寶盨。

兩篇銘文句式、結構、用詞均類似，壺銘前面説往嫁仲姜，後面説爲她鑄作盤壺，文義是十分合適的。

上文討論了公子土斧壺銘文的釋讀，認爲不能像舊説那樣把公子土斧壺的"乍"讀成"作"，把"鑄"字當成人名。而應該把"乍"讀爲"退"，把"鑄"理解成動詞。接下來試着談一下與壺銘相關的器物，即蔡大司馬燮所作之器。韓自强、劉海洋兩先生前些年公佈了一件蔡大司馬盤，③銘文云：

唯正月初吉丁亥，蔡大司馬燮乍媵孟姬鑄盥盤，其眉壽無期，子孫永保用之。

近來吴鎮烽先生《殷周青銅器銘文暨圖像集成續編》又公佈了一件蔡大司馬燮匜，④銘文云：

唯正月初吉丁亥，蔡大司馬燮乍媵孟姬鑄盥匜，其眉壽無期，子孫永保用之。

盤匜當爲同一人所作，是成套的水器，銘文中也分别出現了"乍"和"鑄"，似乎可與公子土斧壺、荀伯大父盨相類比。但需要注意的是所謂的"鑄"字盤銘作 ；匜銘作 ，兩相對比可知，火旁上部爲"大"形，此形恐怕不能釋成"鑄"字，而應該是"赤"字。退一步説，即使此形爲"鑄"字異體，此字在銘文中用爲人名的可能性也是存在的。公子土斧壺銘文中有"之"字、荀伯大父盨銘文女子的姓十分清楚，這兩篇銘文的句式結構是十分確定的，而蔡大司馬燮盤、匜的銘文格式不若壺銘、盨銘清晰。同時，盤銘、匜銘中"乍"字後面爲"媵"字，"媵"字在媵器銘文中作動詞時，所接的賓語多是器物，而

---

① 鄒芙都、馬超：《金文考釋拾零三則》，"商周青銅器與金文研究學術研討會"論文，鄭州 2017 年，第 525 頁。

② 盨銘"嬴改"或被當成一個女子名，或認爲"嬴""改"都表姓，在銘文中代表兩個女子，無論哪種解釋都不影響其與公子土斧壺銘文的類比關係，此處暫取後説。

③ 韓自强、劉海洋：《近年所見有銘銅器簡述》，《古文字研究》第 24 輯，中華書局 2002 年，第 168 頁。

④ 吴鎮烽：《商周青銅器銘文暨圖像集成續編》，上海古籍出版社 2016 年，第 30997 號。

鮮有人物。那些"媵+人名"的結構中,很多也是承前省略了器物名稱。假設蔡大司馬燮盤銘、匜銘中的"乍"讀爲"迮",所謂的"鑄"爲動詞,那麽"媵"的賓語便是孟姬,這與金文中"媵"字常見用法略有差異。① 所以,綜合來看,本文目前認爲蔡大司馬燮盤銘、匜銘與公子土斧壺銘文的情况不同,兩者不宜直接類比。

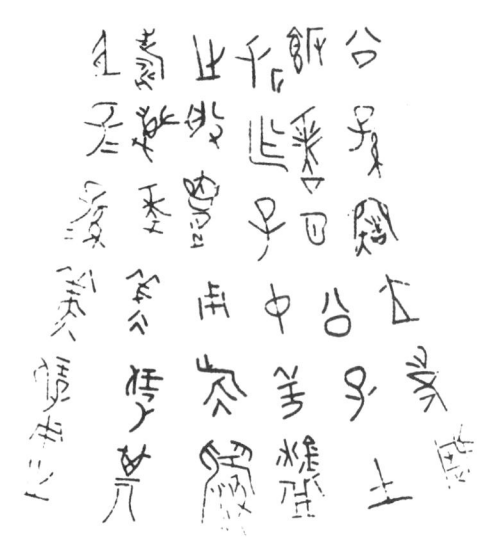

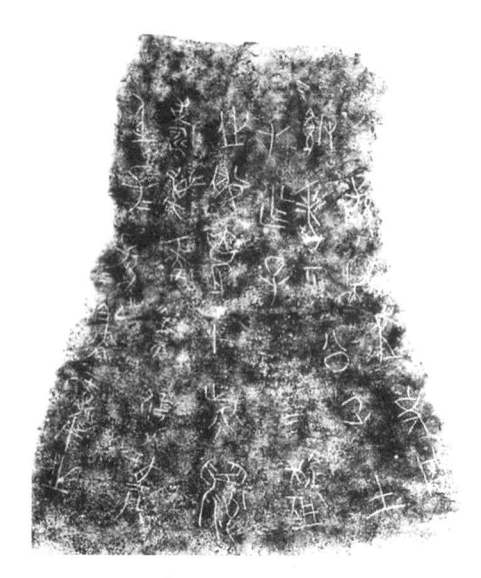

壺銘摹本　　　　　　　　　　　《集成》所録銘文拓本

《商周青銅器銘文選》所附拓本　　　　壺銘頸部照片(另見插頁)

① 按此規律,鮑子鼎銘文首句"鮑子牧媵仲匋姒",其中"牧"仍應讀爲"作",理解成後面省略了器物名稱。似不宜將"牧"讀爲"迮"。

古璽"公"字的地域特徵及相關問題補説*

肖 毅 屈 彤

摘 要: 古璽文字是研究戰國文字的重要材料,具有濃厚的地域色彩。古璽中常見的"公"字及從"公"之字的寫法在各系中表現出了顯著的差別,與"公"有關的"公孫"複姓,也有一定的地域性差異。對"公"字及"公孫"複姓地域特徵的分析,爲《古璽彙編》中一些古璽的分域、釋讀和辨僞提供了綫索。

關鍵詞: 古璽 公 地域性

古璽文字是研究戰國文字的重要材料。由於存在地域差異,古璽具有濃厚的地域色彩,這種地域色彩在文字上表現得尤爲突出。古璽文字地域特徵的研究,對古璽的分域和辨僞起着重要作用。

一

古璽中常見"公"字,前人已注意到此字具有一定的地域特徵。《古璽文字研究》曾對此作過總結:

> 湯餘惠先生注意到戰國文字"公",燕系作"󰀀"[1986(十五)],何琳儀先生認爲齊系作"󰀀",燕系作"󰀀"[1998,408頁]。
> 楚:封閉筆劃近三角形,如󰀀(5674)、󰀀(0264)等。

---

* 本文得到國家社會科學基金重點項目"古璽集釋"(14AYY012)資助。

燕：筆劃多平直，封閉筆劃中多有飾筆，如 ▨（3861）、▨（3841）等。

齊：封閉筆劃下部多有突出筆劃，如 ▨（3554）、▨（3676）等。

晉：封閉筆劃多爲圓形，如 ▨（4828）、▨（4838）。

秦：封閉筆劃多爲方形，如 ▨（81A）、▨（211C）。①

爲了更細緻地分析"公"字的地域特徵，我們對《璽彙》(引用書籍簡稱表見文末。下文只有數字編號的古璽皆出自此書)、《彙考》和一些新出印譜中著錄的帶有"公"字的古璽做了統計分析。

《璽彙》中含"公"和從"公"之字的古璽(不含有形體省簡的合文)共 123 方(其中 3554 包含"公"和"苁"兩個字)。《彙考》中含"公"字的(不含有形體省簡的合文，不含陶文，不含《璽彙》中已著錄者)共 46 方。此外還有《盛世璽印錄》《盛世璽印錄·續壹》和《戎壹軒藏三晉古璽》中含"公"字的古璽共 6 方。

以上 175 方古璽中，5085～5093 爲單字璽，國別不易判斷(詳後)；5558 國別有爭議；3890 疑爲僞品(詳後)；《彙考》198 頁的"公行▨ ▨"國別不詳。其餘 163 方古璽中，齊璽 6 方(7 字)、楚璽 7 方、晉璽 59 方、燕璽 91 方。②

四系的"公"字形體可以按下部封閉筆劃的形狀、上部"八"形以及上下兩部分的位置關係進行分類。其中下部封閉筆劃按形狀可以分爲"○""□""▽""e""⊙""凸"等六類③；"八"形可以分爲連成一筆的"∧"、兩邊作直筆的"∕＼"、向外彎曲的弧筆"八"、向内彎曲的弧筆"︵"和折筆"︾⦣"五類；位置關係可分爲"上下""左右""交叉"三類，"上下"是指"八"形和封閉筆劃具有明顯的上下關係，以圖表示即"▨"；"左右"指封閉筆劃處於"八"形之中，且與"八"形不交叉，以圖表示即"▨"，其餘爲交叉關係。分類統計後得到下表：

---

① 肖毅：《古璽文字研究》，博士學位論文，中山大學 2002 年，第 18 頁。

② 齊璽：0266、3676、3554、5643 和《彙考》296 頁 2 例。楚璽：0264、5517、5560、5601、5674、3911、3679。晉璽：1069、2212、3097、3412、3855、3858、3865、3875、3881、3888、3889、3927、3928、4053～4056、4068、4069、4759、4827～4839、5585，《彙考》111 頁 2 例、112 頁 3 例、138 頁 1 例、295 頁 4 例、297 頁 1 例、305 頁 2 例、306 頁 2 例、307 頁 1 例、308 頁 3 例、319 頁 1 例，《盛世》085、098，《續一》055，《戎》001、014。燕璽：《璽彙》0190、2402、3841～3854、3856、3857、3859～3864、3866～3874、3876、3878～3880、3882～3887、3891～3895、3897～3906、3908～3910、3913、3919、3926、5554、5591、5688，《彙考》297 頁 3 例、304 頁 4 例、305 頁 7 例、306 頁 4 例、307 頁 4 例、308 頁 1 例，《續一》070。

③ 爲了行文方便，我們用與字形相近的符號替代這個形體。此處的 e 代表 ▨ 這類封閉筆劃下部有突出筆劃的字形，⊙ 代表封閉筆劃中有飾筆的一類字形，如 ▨、▨、▨ 等。

表 1①

			齊	楚	晉②	燕③
○	∧	交叉			1(4838)	
	八	上下			2(4834)	
	八	左右			2(3865)	
	八	交叉			8(4054)	
	ㄙ	上下		1(3679)	7(4827)	
	ㄙ	左右		1(5517)	6(3858)	
	ㄙ	交叉			15(2212)	2(彙考304)
⌒						1(3892)
□	八	上下			2(彙考111)	1(3871)
	八	左右			1(4068)	
	八	交叉				1(3866)
	ㄙ	上下				2(3849)
	ㄨ	上下			1(彙考112)	
▽	八	左右		1(5674)	5(3855)	
	八	交叉			1(彙考112)	
	ㄙ	上下			2(彙考295)	
	ㄙ	左右		2(3911)	1(彙考319)	
	ㄙ	交叉		1(5560)	3(1069)	
	ㄨ	交叉		1(0264)		
⊙						82(3841)
e			6(0266)			
凸						1(5591)
總計			6	7	57	90

---

① 表中的下標表示屬於該類的璽印在《璽彙》或其他印譜中的編號,限於表格版式,僅舉一例爲代表。以下各表同。
② 其中 3889 下部、4830 上部印面不清楚,無法判斷屬於哪一類,故暫不計。
③ 其中 3882 印面不清楚,"公"字下半部分的形體無法判定,故暫不計。

從表1中可以看出，齊璽和燕璽的"公"字地域特徵最爲顯著，一般僅靠下部封閉筆劃的寫法即可判定。齊璽"公"字下部的封閉筆劃多作"e"形，左側一筆延長。這一點已有學者指出。燕璽"公"字下部的封閉筆劃較平直，近"囗"形，且中間多有"一""｜""·"等飾筆，"囗"形上或有短豎，還有一種既有中間飾筆又有上方短豎。"公"字上部的"八"形有作向内彎曲的弧筆"⌒"，這種寫法僅見於燕璽。

楚璽"公"字的封閉筆劃多作"▽"形，占 71.4%，少有作"○"形者。"八"形多作向外彎曲的弧筆"八"，占 71.4%。"八"形與封閉筆劃多爲左右分佈，占了 57.1%，其次是交叉分佈，占 28.6%。

晉璽"公"字的封閉筆劃多作"○"形，占 71.9%，也有一部分作"▽"形，少量作"囗"形。需要特別指出的是，有些封閉筆劃，我們雖然將其歸爲"○"形，但其上部筆劃較平直，下部爲弧筆，如 4069"公"字作"），這也是晉璽獨有的特徵。晉璽"八"形多作向外彎曲的弧筆"八"或直筆"八"，分別占 59.6%和 36.8%。"八"形與封閉筆劃多爲交叉分佈，占 49.1%。

楚璽和晉璽"八"旁都有作折筆"）（"的例子，如 0264 和《彙考》112，但楚璽下部作"▽"，晉璽下部作"囗"，有一定區別。

根據以上特徵對《璽彙》5085～5093 的九方單字璽進行考察，可以發現，九方璽下部均作"▽""○"或"△"形，不符合齊、燕二系的特徵，可以排除爲齊璽和燕璽的可能。5085～5087 三方，上面的"八"旁都呈"）（"形，這種寫法的"公"字在晉系陶文和貨幣文字中經常出現，如""（陶録 5.59.1）、""（貨系 203）、""（貨系 204）等，晉系的"八"字也常作"）（"。① 而在楚系文字中，這種寫法非常少見。因而這三方很有可能是晉璽。5088"公"字的封閉筆劃，上部作直筆，下部作弧筆，當是晉璽。5089、5091、5092 封閉筆劃作"○"形，且與"八"形交叉或上下分佈，爲晉璽的可能性較大。5090、5093"八"形位於"▽"形上方，下部封閉筆劃作"▽"形，屬晉的可能性較大。

| 5085 | 5086 | 5087 | 5088 | 5089 |

---

① 參考湯志彪：《三晉文字編》，作家出版社 2013 年，第 114、102—104 頁。

| 5090 | 5091 | 5092 | 5093 |

古璽中又有"🔲"字,見於以下三方晉璽中:

| 1445 | 1447 | 3060 |

此字舊釋爲"容",讀爲"容"(見《三晉文字編》《戰國文字編》《戰國文字字形表》等)。《説文》:"容,盛也。从宀、谷。宋,古文容从公。"但從上文可知晉璽"公"字下部皆爲封閉筆劃,並無從口之例。晉璽中可以確定爲"宋"的字有《璽彙》1069"肖(趙)勳器宋(容)一斗",其"宋"字作 🔲,下部不從口。戰國中期的公朱左自鼎(《集成》2701,屬晉系)銘文有"宋(容)一斛","宋"字作 🔲,也從○不從口。所以將"🔲"釋爲"宋",可能是有問題的,宜隸定爲從穴從口,待考。

二

古璽中與"公"字相關的"公孫"複姓,其寫法也具有顯著的地域特徵。

《璽彙》和《彙考》中"公孫"複姓古璽共 125 方,其中齊璽 19 方、楚璽 3 方,晉璽 16 方,燕璽 87 方。①

首先我們從形制上對這些古璽進行分類,得到下表:

表 2

		齊	楚	晉	燕
長　條	朱　文				5(3898)
	白　文			1(3927)	

---

① 晉璽中,《彙考》306 頁著録的"公孫族"印,次字不清晰,不能確定是"孫"字,故不計。

續　表

			齊	楚	晉	燕
方　形	朱文	單　面			13(2212)	49(3841)
		雙　面				2(3887)
	白文 有框	有界格	2(3912)			
		無界格	12(3921)	3(3911)		19(3868)
	白文 無框	有界格	3(3923)			
		無界格	1(3922)			
	朱白文					2(3878)
圓　形	朱　文					8(3891)
	白　文				1(彙考297)	1(3926)
外圓内方	朱　文		1(3896)			
外方内圓	朱　文					1(3851)
其　他	朱　文				1(3928)	
總　計			19	3	16	87

可以看出,齊璽多爲白文方形璽,大部分有邊框,有的有界格,其中無邊框和有界格的白文璽僅見於齊。

楚璽均爲白文方形璽,均有邊框。個別有兩重邊框,且印面除人名外還有裝飾圖案(如《彙考》297)。

晉璽多爲朱文方形璽,也有長條白文璽和圓形白文璽,白文璽皆有邊框。

燕璽的形制最爲多樣。大部分爲朱文方形璽,其次是白文方形璽、朱文方形璽、朱文長條璽等,其中白文璽皆有邊框,朱文長條璽僅見於燕。還有少量方圓内方和内圓外方的朱文璽。此外,雙面璽和朱白文璽也僅見於燕。

從是否合文和"孫"字寫法的角度對這些古璽進行分類,統計結果如下表:

表3

		齊	楚	晉	燕
合文	有合文符號	19(3921)	2(3907)		
	無合文符號		1(3911)		

續　表

	齊	楚	晉	燕
非合文			16 (3855)	87 (3841)
總　計	19	3	16	87

表 4

孫字寫法			齊	楚	晉	燕
	從幺	在右	19 (3921)			
	從幺	在左 有短橫				
		在左 無短橫				87 (3847)
		在右 有短橫		2 (3907)	13 (3855)	
		在右 無短橫		1 (3911)	3 (3858)	
總　計			19	3	16	87

《古璽讀本》已指出：

> 燕：不作合文，"公"下面的"□"形部件中間一般有點飾。"孫"從子從幺（糸省），幺左子右。
>
> 齊：一般作合文，"公""孫"共用"▽"形，有合文符號，孫從幺，不省。
>
> 晉：一般不作合文，"幺"下面有兩短橫。
>
> 楚：多作合文，"公""孫"共用"▽"形，有合文符號，"孫"從子從幺（糸省），子左幺右。……也有不作合文的。①

由表3和表4可看出，這一看法基本是對的，但還可以做進一步的補充。如楚璽"孫"字中，表示"子"之兩臂的筆劃作一橫筆，而晉璽"子"之兩臂一般作"∪"型。晉璽"幺"下大都有飾筆，或爲一橫，或爲兩橫。

明確了這些特徵後，我們發現，《璽彙》中一些璽印可能是有問題的。

3877　　3890

---

① 蕭毅：《古璽讀本》，鳳凰出版社2017年，第140—141頁。

《璽彙》3877,朱文方形,從文字風格上看屬晉無疑,但"公孫"的寫法明顯不符合晉系"公孫"的特徵。晉璽一般不作合文,而此璽作合文;晉璽"孫"字從幺,而此璽從糸;此璽"子"的兩臂作一橫筆,且中間筆劃的左側又多出了兩短橫,與常見"子"字寫法有異。故而我們懷疑此璽爲僞作。

《璽彙》3890,朱文方形,有界格。此璽"公孫"的寫法與戰國時期各系的寫法均有所不同,該璽可能是僞作。

以上我們討論了古璽中"公"字和"公孫"複姓寫法的地域特徵及相關問題。需要補充説明的是,戰國文字的形體,除與地域有關外,還可能與書寫載體有關,如齊陶文中"公"字也有封閉筆劃中間加飾筆的,溫縣盟書中"公"字也有封閉筆劃作"e"形的。[①] 本文所討論的材料僅限於古璽,得出的結論未必適用於其他書寫載體。

引書簡稱:

《璽彙》——故宮博物院:《古璽彙編》,文物出版社 1981 年
《彙考》——施謝捷:《古璽彙考》,博士學位論文,安徽大學 2006 年
《盛世》——吳硯君:《盛世璽印録》,(京都)藝文書院 2013 年
《續一》——吳硯君:《盛世璽印録·續壹》,文化藝術出版社 2017 年
《戎》——張小東:《戎壹軒藏三晉古璽》,西泠印社出版社 2017 年

[①] 參考孫剛:《齊文字編》,福建人民出版社 2010 年,第 20—21 頁;湯志彪:《三晉文字編》,作家出版社 2013 年,第 109—111 頁。

嚴倉一號楚墓遣册所見度量單位和分數詞*

李天虹　蔡　丹

摘　要：湖北荆門嚴倉1號戰國楚墓遣册有一個顯著特點，就是詳細記録一些物品的長寬或大小，因此可見不少度量單位和分數詞。測"長"單位，以尋、尺、寸一套體系爲主，較少且單獨應用"主"。測"廣"單位，絲織品以"幅"爲主，其他物品用尺、寸。測"大"單位以"呈"爲主，亦有少量用"幅"之例。表示二分之一的分數詞有四個：半、分、間和剻，它們在用法上是否有别尚不清楚。表示三分之一用錘，四分之一用錙。所記長、寬度不滿整數時，除去一套度量單位的换用外，兼用分數詞＋度量單位的方式來表示。總之，從嚴倉遣册看，戰國時期楚國已經具備比較成熟和嚴格的度量制度。

關鍵詞：嚴倉　遣册　度量單位　分數詞

2009年末至2010年初發掘的湖北荆門嚴倉1號戰國楚墓、亦即楚國大司馬悼滑的墓葬，出土了一批遣册。① 目前這批資料已經整理完畢且交付出版。與之前發現的戰國遣册相比，這批遣册有一個顯著特點，就是詳細記録一些物品尤其是絲織物、席子的長、寬或大小，因此集中出現了不少度量單位和分數詞，有的是首次見到，有的用法沿用至今，有的則被淘汰；有的可以澄清或佐證前人之説，資料頗爲珍貴。分數都

---

* 本文寫作得到國家社會科學基金重大項目"湖北出土未刊佈楚簡（五種）集成研究"（10&ZD089）支持。
① 湖北省文物考古研究所：《荆門嚴倉發掘甲字形大墓及車馬坑——爲楚文化研究提供新資料》，《中國文物報》2010年2月5日，第9版；宋有志：《湖北荆門嚴倉墓群M1發掘情况》，《江漢考古》2010年第1期；李天虹：《嚴倉1號墓墓主、墓葬年代考》，《歷史研究》2014年第1期。

是出現在度量物品尺寸或者大小的場合,與度量單位關係密切,這裏先行將二者放在一起介紹並作初步探討,以便學者作進一步研究。

一、度 量 單 位

(一) 測"長"單位

簡文使用的測"長"單位似可分爲兩套體系。

1. 尋、尺、寸

《漢書·律曆志》記載:"度者,分、寸、尺、丈、引也,所以度長短也。……十分爲寸,十寸爲尺,十尺爲丈,十丈爲引,而五度審矣。"以分、寸、尺、丈、引爲一套測"長"單位。古書所見先秦時期的長度單位還有咫、仞、尋、常、索、墨等等,情況比較複雜。[1] 嚴倉遣册中,長度單位相對簡單,一般以尋、尺、寸爲一套測"長"單位,未見"引""丈"和"分",如:[2]

…長屯二尋四尺□寸☑(91)

☑尋二尺四寸…(175)

☑一尋一尺五寸剡寸☑(281)

古書通常説法是八尺爲尋。《説文·寸部》:"度人之兩臂爲尋,八尺也。"《詩·魯頌·閟宮》"是斷是度,是尋是尺",毛傳:"八尺曰尋。"尋、尺搭配使用的例子,如《周禮·考工記·廬人》:"殳長尋有四尺。"嚴倉簡文所記最大尺數是"十又一尺",另外有"十尺""九尺""八尺""七尺"等等;"尋"之下所記尺數有"一尺""二尺""四尺"。可知在長度的計量上,達到或超過"尋"這一等級時,不一定用"尋"記錄,"尺"的應用更爲普遍。

"尺""寸"在簡文裏很常見,皆有五、六十例。"尺"字原寫作"厇"或"庀","寸"原寫作"兓",都是音近通假。[3] 無論是與"尺"搭配,還是單獨出現,最大整"寸"數都是

---

[1] 參看丘光明、邱隆、楊平:《中國科學技術史:度量衡卷》,科學出版社 2001 年,第 16—19 頁。

[2] 引用簡文,一般直接寫出通行字,以"☑"號表示竹簡折斷,以"…"號表示省略簡文,所省略的簡文對本文的討論没有影響,簡文之後括注整理後的簡號。下同,不再出注説明。

[3] "兓"是"朕"字音符。劉吉善先生最早指出出土戰國文字資料中的"兓"有讀爲"寸"者,後經劉國勝先生論證而得到學界認同。沈培先生又對"兓""寸"的上古讀音關係做有詳細考證。劉吉善:《張仲景所用方劑古今劑量折算的新認識》,《河南中醫》1987 年第 4 期;劉國勝:《信陽長臺關楚簡〈遣册〉編聯二題》,《江漢考古》2001 年第 3 期;沈培:《上博簡〈緇衣〉篇"㤅"字解》,《華學》第 6 輯,紫禁城出版社 2003 年。

"九",説明"寸"與"尺"之間是十進位,達到一尺的標準時,即用"尺"記録,而不使用諸如"十寸"或"十又一寸"之類的表述。"寸"是最小單位,不足一寸時,則在"寸"之前使用分數詞,可見"間寸""剆寸"等語。① 簡文裏"尺""寸"的出現頻次差不多,可是未見"尺"上與分數詞連用的例子。

2. 主

作爲測"長"單位的"主"一共四見,辭例都是"一主"。簡文本寫作 ,單純從字形看亦可釋爲"丂",兹暫釋爲"主"。其中 3 例不記相應物品的"廣"度,而是記"大"度,另外一例不明。記"大"度者如:

    ⋯長屯一主,大屯☒(55)
    ☒大屯十又二至(呈),長屯一主⋯(114)

貌似使用"主"記録長度,與尋、尺、寸的體系有一定區别。宋華强先生懷疑"主"可讀爲"鐘"。《漢書·律曆志》"一黍之廣,度之九十分,黄鐘之長",則黄鐘長九寸。"一主"即"一鐘",②指九寸的長度。

(二) 測"廣"單位

記録物品長度時,簡文常常同時記該物品的"廣"度亦即寬度。表示寬度的"廣",簡文原寫作"㞷",也屬於通假。曾侯乙墓竹簡所記廣車之"廣",皆寫作"軠",亦從"㞷"聲。③ 嚴倉簡文所記測"廣"單位,主要有兩套體系。

1. 幅

幅,簡文或以通假字"福"代之。據文獻記載,"幅"用以計量布帛的寬度。除去秦代曾以二尺五寸作爲"一幅"外,④古制通常以二尺二寸爲一幅。《漢書·食貨志下》:"太公爲周立九府圜法……布帛廣二尺二寸爲幅,長四丈爲匹。"張家山漢簡《二年律令·□市律》258 號記:"販賣繒布幅不盈二尺二寸者,没入之。"⑤從楚墓出土絲織品

---

① 詳看下文第二部分"分數詞"。
② 上古音"主"是章母侯部,"鐘"是章母東部。兩個字聲母相同,韻部陰陽對轉,讀音非常接近。
③ 湖北省博物館編:《曾侯乙墓》,文物出版社 1989 年,第 513 頁考釋 78。
④ 《秦律十八種·金布律》簡 66:"布袤八尺,幅廣二尺五寸。布惡,其廣袤不如式者,不行。"睡虎地秦墓竹簡整理小組編:《睡虎地秦墓竹簡》,文物出版社 1990 年,"釋文注釋"第 36 頁。又可參彭浩:《北大藏秦簡〈制衣〉的"裙"與"袴"》,《文物》2016 年第 3 期。
⑤ 張家山二四七號漢墓竹簡整理小組編著:《張家山漢墓竹簡[二四七號墓](釋文修訂本)》,文物出版社 2006 年,第 44 頁。

實物看,戰國楚制與漢制相同。① 嚴倉簡"幅"字約有 50 例,文義明確的,大都也是用以記錄絲織品的"廣"度:

　　　　☒之襦,廣二幅,長三尺五寸☒(220)
　　　　一宋縞巾,長五尺五寸,廣一幅…(246)

還有這樣的簡文:

　　　　☒韜,長二尺二寸,合一幅…(166)
　　　　☒采之韜,長二尺二寸,合一☒(167)

或是"合"之前省略了"廣"字,其他簡文或記某絲織物"廣合幅""大合一幅",可參。需要留意的是"二尺二寸"正好相當於"一幅",這裏也不排除簡文涵蓋"韜"的長度相當於一幅之意的可能。

簡文有"盡幅"的説法,大概與"一幅"義同。《儀禮·士冠禮》"緇纚,廣終幅,長六尺",鄭玄注:"終,充也。纚一幅,長六尺,足以韜髮而結之矣。""盡幅"應相當於"終幅"。不足一幅時,簡文在"幅"之前使用分數詞,如"半幅""分幅""間幅""錙幅""錘幅"等,而不摻用"尺""寸"等度量單位,詳看下文。

絲織品的寬度,還可見少量單獨以尺寸作爲度量單位的例子,如這條記錄"囊"的簡文:

　　　　☒□囊,廣屯二尺,長屯九☒(203)

附屬於其他物品的"純",亦即物品的絲帛包邊,②以"寸"度量寬度的例子更爲多見。古書中也有以"寸"記"純"之廣度的例子。《儀禮·士冠禮》"青絇繶純,純博寸",賈公彥疏:"(博)謂純所施廣一寸也。"《禮記·玉藻》"緣廣寸半",孔穎達疏:"謂深衣邊以緣飾之,廣寸半也。"

2. 尺、寸

除去絲織物外,簡文往往還記席子的長度,少數並記寬度。與絲織物不同,席子的寬度是以尺、寸作爲度量單位,如這條根據辭例可以確定是記席的簡文:

　　　　☒屯十又六,其一長八尺六,廣五尺六寸;其一長十尺,廣六尺三寸☒(206)

---

① 彭浩:《楚人的紡織與服飾》,湖北教育出版社 1996 年,第 38—39 頁。
② 《廣雅·釋詁二》:"純,緣也。"《儀禮·士喪禮》"夏葛屨,冬白屨,皆繐緇絇純",賈公彥疏:"純謂緣口,皆以絛爲之。"

現存文字記錄了兩件席,其一寬五尺六寸,其一寬六尺三寸。這類席子的質地應該是竹草類,因此以尺寸度量,而不用專記布帛的"幅"。

簡文還記有一件"茵":

☒ 芒之坐茵,廣三幅半幅,長十尺…(241)

根據楚遺册文例,可知這件"茵"是用楚簡常見的絲織品"姑芒"製作的。因爲質地的緣故,記寬度時使用了"幅",與其他席子不同。

簡文記席子的布帛包邊"純"時往往兼及其寬度,如前所述,以"幅"或"寸"作爲度量單位的都可以見到:

…青結之純,廣錘幅。…(241)
…皆素加豹之純,廣六寸。…(211)

3. 呈

"呈"簡文本寫作"呈"。通常用爲測"大"單位,但是有兩枚簡的"呈"與"廣"搭配,有些特殊:

☒ 長四尺九寸,廣四呈。(67)
☒ □□組,長六尺三寸,廣六呈。(68)

總體來看,在物品"廣"度的測量和記錄上,絲織物和非絲織物使用的度量單位存在比較嚴格的區分,只是記絲織物時不盡用"幅",亦可見使用"尺""寸"的例子。

(三) 測"大"單位

嚴倉簡有時不記物品"廣"度,而是記其"大"度,約 20 餘例。文獻常以"大"表示物體的周長,如《周禮·春官·笙師》"掌教歗竽、笙、塤、龠、簫、箎、篴、管、舂牘、應、雅",鄭玄注引鄭司農云:"舂牘,以竹大五六寸,長七尺,短者一二尺,其端有兩空,髹畫,以兩手築地。"《墨子·備城門》"木大二圍"。又如睡虎地秦簡《封診式》67 號"權大一圍,袤三尺"、里耶秦簡 8-548 號"取車衡榦大八寸、袤七尺者二枚"等等。[①] 嚴倉簡中的測"大"單位主要是"呈",而"呈"也主要與"大"搭配出現。常見的度量單位尺、寸,沒有與"大"搭配的例子。測"長"單位用"主"時,主要記相應物品的"大"度而不是記"廣"度。這似乎表明簡文"大"與"廣"的用法存在區別,"大"也存在用於表示周長

---

① 睡虎地秦墓竹簡整理小組編:《睡虎地秦墓竹簡》,"釋文注釋"第 158 頁;陳偉主編,何有祖、魯家亮、凡國棟撰著:《里耶秦簡牘校釋》第一卷,武漢大學出版社 2012 年,第 178 頁。

的可能。除去"呈"外,測"大"單位還有"幅"。

1. 呈

"呈"是測"大"的主要單位,有十餘例,都是單獨使用,不與其他度量單位配套使用,最大數額是"二十又五呈";上下文保存比較完整的,似乎都是記絲織物:

  ☐縣組,二經,長屯五尺,大屯三呈。(119)

  ☐組☐☐賽,大屯五呈。…(190)

"呈""程"音通。《說文·禾部》:"十髮爲程,十程爲分,十分爲寸。"段玉裁認爲"十程"當作"一程",注:"一,俗本作十,誤。"按照段注,一程相當於十分之一寸,那麼如"三程"即十分之三寸。又,"程"有法式、標準之義,"數字+呈(程)"或可以理解爲多少標準單位,如"三程"爲三個標準單位。"呈"究竟是何種用法疑不能定。

2. 幅

上文提到"幅"是測寬單位,但是有三枚簡記"大"多少幅:

  ☐組,大錙幅,長六☐(38)

  …有上宋需光之☐,大屯合一幅☐(80)

  ☐八寸,大屯合二幅。(95)

需要指出,從古書看,"大""廣"有時詞義接近,這裏的簡文"大"或許義同"廣"。

二、分 數 詞

嚴倉簡文所見分數詞有半、分、間、剚(二分之一)及錘(三分之一)和錙(四分之一)。

1. 半、分、間、剚

"半""分""間""剚"詞義相同,因此這裏把它們合併討論。

嚴倉簡中用作數詞的"半"字共 9 例。原文皆寫作"畔"。"半"明確的後綴單位都是"幅",如:

  ☐縫,廣屯合半幅。…(11)

  ☐尋,廣屯一幅半幅。…(90)

簡文"分"共 3 例,後綴單位有"幅""尋",如:

  ☐八幅分幅。…(75)

☐大屯十呈,長屯一尋分尋。…(82)

《禮記·月令》"死生分",鄭玄注:"分,猶半也。"《公羊傳》莊公四年"師喪分焉",何休注:"分,半也。師喪其半。"山東青州西辛大墓出土銀器銘文"一升分""二升分"的"分",含義亦同"半"。① 82號簡記"一尋分尋",按傳世文獻的通常説法,一尋相當於八尺,則"分尋"即四尺。前舉91號簡記有"二尋四尺",而不言"二尋分尋",表明尋、尺的使用存在一定靈活性。

計數的"間"也有3例,原文寫作"㓞"或"刅"。古文字中"刀""刃"作爲偏旁可以互换,所以"㓞"與"刅"實際上是同一個字。楚文字"間"多寫作"閒",郭店楚簡《老子甲》23號"天地之間"的"間"原文寫作"㓞",②省略"門"旁,嚴倉簡與之寫法類同。"間"的後綴單位可見"幅"和"寸":

☐之褚,長屯八尺五寸,廣屯間幅。…(218)
☐長四尺九寸間寸,廣☐(280)

"間"有中間之義,引申義同"半"。黃錫全先生在研究楚國黄金貨幣稱量單位時,曾指出信陽楚簡 2-016 號稱量單位"鎰"之前的"間"詞義同"半","間鎰"相當於"半鎰"。③ 信陽 2-010 號簡記玉璧"徑四寸間寸",劉國勝先生曾指出"間"當訓爲"半"。④ 嚴倉簡"間"的用法與之相同。

剞,形體明確的只有一例:

☐一尋一尺五寸剞寸☐ 281

這例簡文應該是記某物的長度。"剞"也見於其他戰國文字資料,用作數量詞或量器名。李學勤先生最早指出"剞"當讀爲"半"。⑤ 2013 年公佈的清華大學藏戰國竹簡

---

① 參李家浩:《西辛大墓銀器銘文及其年代》,《中國文字學報》第 8 輯,商務印書館 2017 年;劉剛:《山東青州西辛戰國墓地出土銀器銘文小考》,復旦大學出土文獻與古文字研究中心網 2014 年 10 月 18 日,http://www.gwz.fudan.edu.cn/Web/Show/2352。
② 荆門市博物館編:《郭店楚墓竹簡》,文物出版社 1998 年,第 112 頁、116 頁注釋 55。
③ 黃錫全:《先秦貨幣研究》,中華書局 2001 年,第 236、238—239 頁。
④ 兩個"寸"之間的"間"字,簡文筆劃有殘泐,劉國勝先生曾懷疑是從"竹"從"㓞",即"簡"字,用爲"間",義爲"半"。參氏作:《信陽長臺關楚簡〈遣册〉編聯二題》。在之後出版的《楚喪葬簡牘集釋》(科學出版社 2011 年,第 6 頁)中,劉先生放棄了這個意見。
⑤ 李學勤:《楚簡所見黄金貨幣及其計量·附録:釋楚度量衡中的"半"》,《中國錢幣論文集》第 4 輯,中國金融出版社 2002 年。

《算表》中，"刐"的用法非常明確，表示二分之一，①證明"刐"確實用同"半"。不過"刐"究竟相當於今天的什麽字，或者説它的形體結構是怎樣的，目前仍存在爭議，有待進一步研究。②

2. 錘

傳世文獻中的"錘"，比較常見的一種用法是重量單位。《説文·金部》："錘，八銖也。"又内部："兩，二十四銖爲一兩。"一錘等於八銖，合三分之一兩。此外"錘"還用作分數詞，表示三分之一。《韓非子·外儲説左上》："晉國之辭仕托者國之錘。"日本學者太田方《韓非子翼毳》、蒲阪圓《定本韓非子纂聞》認爲，"錘"是八銖，合三分之一兩，那麽"錘"即三分之一。③《淮南子·道應》"文王砥德修政，三年而天下二垂歸之"，許慎注："文王三分天下有其二。""二垂"是三分之二，"垂"自然同"錘"，也表示三分之一。④"錘"記重時表示三分之一兩，記數時表示三分之一，兩種用法顯然存在密切關係。早年出土的戰國文字資料中也有記數的"錘"，不過原文皆寫作"坙"。對"坙"的形體結構和用法，學者曾有多種推測，一直到2013年才由劉剛先生破解爲"錘"。⑤ 嚴倉簡中的數詞"錘"，原文也寫作"坙"，爲劉説提供了佐證，⑥如：

☐長屯七尺七寸，廣屯一幅錘幅，…(221)

☐尋二尺四寸，廣二幅二錘幅，…(175)

"錘幅"即三分之一幅，"二錘幅"即三分之二幅。

3. 鍿

傳世文獻中的"鍿"通常用爲重量單位。《説文·金部》："鍿，六銖也。"一鍿等於六銖，合四分之一兩。"鍿"又可以用爲分數詞，是近年學者們據信陽楚墓遣册、清華藏簡《算表》等出土文字資料而得出的結論。⑦ 嚴倉簡爲這一説法提供了佐證。在信陽簡和清華藏簡中，"鍿"皆寫作"釱"，從"金""才"聲；嚴倉簡則寫作"才"，都是音近通

---

① 李學勤主編：《清華大學藏戰國竹簡(肆)》，中西書局2013年，下册142頁注釋7、143頁注釋12。
② 參董珊：《簡帛文獻考釋論叢》，上海古籍出版社2014年，第182—188頁。
③ 嚴靈峰編輯：《韓非子集成》(四九)第428頁、(四二)第532—533頁，成文出版社1980年。
④ 詳細的解釋參劉剛：《楚銅貝"坙朱"的釋讀及相關問題》，《出土文獻與古文字研究》第5輯，上海古籍出版社2013年。
⑤ 劉剛：《楚銅貝"坙朱"的釋讀及相關問題》。
⑥ 我們曾對嚴倉簡中用爲數詞的鍿、錘作過專門討論，請參《由嚴倉楚簡看戰國文字資料中"才""坙"兩字的釋讀》，《簡帛》第9輯，上海古籍出版社2014年。
⑦ 李學勤：《釋"釱"爲四分之一》，載氏著：《三代文明研究》，商務印書館2011年，第136—137頁；劉國勝：《信陽長臺關楚簡〈遣册〉編聯二題》。

用。與記重表示四分之一兩相應,"錙"作爲數詞表示四分之一,如嚴倉簡文:

　　…皆衛赤錦之純,廣屯錙幅☒(209)

　　☒九寸三錙寸,☒(284)

"錙幅"即四分之一幅。"三錙寸"即四分之三寸。

三、結　語

　　綜上,嚴倉簡所見測"長"單位,以尋、尺、寸一套體系爲主,尺、寸的使用則更爲普遍,此外較少且單獨應用"主"。測"廣"單位,絲織品以"幅"爲主,另用尺、寸及"呈"。絲織物品之外、如竹草質席子的測"廣"亦即測寬單位是尺、寸。測"大"單位以"呈"爲主,亦可見少量用"幅"之例。"大"可能用以表示周長,但也不排除某些情況下與"廣"詞義類同、表示寬度的可能。因爲簡文殘缺,以"呈"作爲度量單位的物品質地往往不能確定,文義較明確的四、五例似乎都是絲織物。"主""呈"都是獨立爲用,其確切含義尚需斟酌。表示二分之一的分數詞有半、分、閒和剡,他們在用法上是否有別或有什麼區別,目前所知有限,據現有資料能明確的是"半"只與"幅"連用。錙表示四分之一,不見於故訓;錘表示三分之一,雖然前人已經指出,但長期以來沒有得到廣泛注意,是近年依據出土文獻而發現或重新得到的認識。錙、錘的兩種不同用法——記重與記數,關係非常密切,是值得進一步討論的問題。所記長、寬之度不滿整數時,除去一套度量單位的換用外,兼用分數詞+度量單位的方式來表示。如尋之下有"分尋"、寸之下有"閒寸"等;"幅"之下用"半幅""錙幅""錘幅",這是一套系統,不與尋、尺、寸的系統混合使用。應該指出,用例頗多的度量單位"尺"未見上與分數詞連用,這是因爲簡文之例畢竟有限,還是尺、寸十進位的應用極其規範,還是有其他因素,也是今後需要留意的。

　　總之,從嚴倉遣冊看,戰國時期楚國的度量制度已經比較成熟和嚴格,但是使用起來也不很拘泥,存在一定的靈活性。

　　附記:本文初稿完成後,曾向宋華强先生請教,蒙他提出很好的修改意見,謹此致謝。

清華簡《子儀》相關史事與簡文編連釋讀

馬 楠

摘 要：秦穆公去世後秦康公即位，晉隨會奔秦發生在秦康公元年，《子儀》全篇與隨會並無關係。《子儀》篇中的"㟁"爲楚人，而非晉質或晉懷公圍；楚人㟁作爲戰俘被秦國扣押，但由於窺伺秦國被驅逐，因而秦穆公向子儀解釋相關情由，表達秦楚結盟的意願。在此基礎上重新編連簡文，全篇分爲秦穆公與子儀行射禮饗禮、秦穆公送子儀兩段，後者穆公與子儀之間有兩段問答。先行研究中唯有簡【一五】調整至簡【一】、【二】之間的意見可信。

關鍵詞：清華簡　子儀　秦穆公

一、《子儀》篇相關史事梳理

清華簡整理報告第六輯《子儀》刊佈後，引起學者熱烈討論。但無論是簡文編排還是文句釋讀，都應建立在歷史背景的基礎之上。秦晉殽之戰發生在秦穆公三十三年（魯僖三十三年，前627）。次年，楚商臣弑成王，是爲穆王。殽之戰後第七年，即秦穆三十九年（魯文六年，前621），秦穆公、晉襄公相繼去世，晉國因立儲之争，導致多位卿大夫出奔，其中包括奔秦的先蔑和隨會。

以此爲時間綫索，排比《左傳》等史料，我們可以得出如下結論：（一）秦穆公送鬭克（子儀）歸楚，據《左傳》《詛楚文》等在楚成王時，最晚爲秦穆公三十四年，即殽之戰次年；據簡文則在秦穆公三十九年，即殽之戰後第七年。二説不可强和。（二）秦穆公去世後秦康公即位，晉隨會奔秦發生在秦康公元年，《子儀》全篇與隨會並無關係。（三）《子儀》篇中的"㟁"爲楚人，而非晉質或晉懷公圍；楚人㟁作爲戰俘被秦國扣押，但由於窺伺秦國被驅逐，因而秦穆公向子儀解釋相關情由，表達希望秦楚結盟的意願。

下面就此進行説明：

(一) 秦穆公送子儀歸楚時間

關於秦穆送歸子儀時間，主要有殽之戰後即送歸與殽之戰後第七年送歸兩説。整理報告與李學勤先生主張前説，李先生的理由是據《左傳》呂相絶秦與《詛楚文》，與秦穆公結盟的是楚成王，"殽之戰後第二年，亦即公元前626年，與秦穆公結盟的楚成王就被弒，因此，秦穆公送歸子儀一事的發生時間應該是在秦穆公三十三年四月殽之戰到三十四年十月之間。"①

而趙平安先生與子居認爲，秦穆送歸子儀在其末年，即殽之戰後第七年，②從簡文來看，"聚及七年"以下與"以視楚子儀於杏會"連文，也説明了這一點：

> 既敗於殽，恐民之大病，移易故職。欲民所安，其旦（亶）不橺（更）。公益及三謀輔之，非（靡）土不飤（飭），耄幼【一】在公。陰者思陽，陽者思陰，民恒不寊（實），毁常各敄（務）。降上品之，辨官相代，乃有見功。公及三【一五】③謀慶而賞之。乃券册秦邦之羡餘，自鼉月至于秋窒備焉。取（聚）及七年，車逸於舊數三百，【二】徒逸于舊典六百，以視楚子儀於杏會。

"取"讀爲"十年生聚"之"聚"，集聚七年，車徒大增，以此車徒軍旅示子儀。很難將"聚及七年"視作探後言之。因而我們在討論簡文記述的時間，仍當以殽之戰後第七年爲準。

而根據這一認識來看《左傳》，秦穆公去世前一年，即秦穆三十八年，曾叛楚即秦的鄀國"又貳於楚，夏，秦人入鄀"，似可作爲秦楚尚未結盟的證據。④ 殽戰次年，楚穆王（前626—前613在位）弒成王代立。楚穆王去世後莊王即位，甫一即位便有公子爕與鬬克（子儀）作亂。《左傳》追溯二人作亂理由：

---

① 李學勤：《有關春秋史事的清華簡五種綜述》，《文物》2016第3期，第79—83頁。
② 子居：《清華簡〈子儀〉解析》，中國先秦史網站2016年5月11日，http://www.xianqin.tk/2016/05/11/333/。趙平安：《秦穆公放歸子儀考》，《古文字與古代史》第五輯，中研院歷史語言研究所2017年，第287—294頁。
③ 編連意見參照子居、尉侯凱。尉侯凱：《清華簡（陸）·子儀》編連小議，簡帛網2016年5月23日，http://www.bsm.org.cn/show_article.php?id=2560。
④ 子居：《清華簡〈子儀〉解析》。

> 初，闘克囚于秦，秦有殽之敗，而使歸求成，成而不得志；公子燮求令尹而不得，故二子作亂。

子儀成秦楚之好，"成而不得志"，如果是不得志於成王，成王很快就被穆王所弑；似乎是不得志於穆王，於是穆王去世後很快作亂較爲合理。

綜上，我們認爲，秦穆公送子儀歸楚，據《左傳》等書在秦穆公三十四年十月之前，即殽之戰次年；據簡文在秦穆公三十九年，即殽之戰後第七年。二者不可强和，但就討論簡文而言，仍當從後説。

（二）《子儀》篇與晉隨會無關

殽之戰後第七年，秦穆公去世。同年八月晉襄公去世，晉國立儲也引發爭端，導致當年賈季奔狄人，次年先蔑、隨會奔秦。根據《左傳》：

> （魯文六年，秦穆三十九年，晉襄七年）八月，晉襄公卒。靈公少，晉人以難故，欲立長君。趙孟曰："立公子雍……"賈季曰："不如立公子樂……"趙孟……使先蔑、士會如秦逆公子雍。賈季亦使召公子樂于陳，趙孟使殺諸郫。
>
> 十一月丙寅……賈季奔狄。宣子使臾駢送其帑。
>
> （魯文七年，秦康元年，晉靈元年）秦康公送公子雍于晉，曰："文公之入也無衛，故有呂、郤之難。"乃多與之徒衛。
>
> 穆嬴日抱大子以啼于朝，曰："先君何罪？其嗣亦何罪？舍適嗣不立，而外求君，將焉寘此？"出朝，則抱以適趙氏，頓首于宣子……宣子與諸大夫皆患穆嬴，且畏偪，乃背先蔑而立靈公，以禦秦師。箕鄭居守。趙盾將中軍，先克佐之；荀林父佐上軍；先蔑將下軍，①先都佐之。步昭御戎，戎津爲右。及堇陰。宣子曰："我若受秦，秦則賓也；不受，寇也。既不受矣，而復緩師，秦將生心。先人有奪人之心，軍之善謀也。逐寇如追逃，軍之善政也。"訓卒，利兵，秣馬，蓐食。潛師夜起。戊子，敗秦師于令狐，至于刳首。
>
> 己丑，先蔑奔秦，士會從之。

士會即隨會，先蔑與隨會奔秦，時間一定在"秦康公送公子雍于晉"之後，也就是秦穆公去世、秦康公即位之後。清華簡《繫年》也記載：

---

① 先蔑至秦迎子雍，不當在晉軍中，前人多已指出。如于鬯《香草校書》，中華書局，1984年，第778頁。

　　　　晉襄公卒,霝公皋幼,大夫聚謀曰:"君幼,未可與承也,毋乃不能邦,猷
　　　求強君。"乃命【五〇】左行蔑与隨會招襄公之弟雍也于秦,襄(天)[夫]人聞之,
　　　乃抱霝公以號于廷曰:"死人何辠,【五一】生人何辠。舍亓君之子弗立而招人
　　　于外,而焉將寘此子也。"大夫俛,乃皆背之曰:"我莫命招【五二】之。"乃立霝公
　　　焉。葬襄公。【五三】
　　　　秦康公帥師以送雍子,晉人起師敗之于菫陰,<u>左行蔑、隨會不敢歸,遂</u>【五
　　　四】<u>奔秦</u>。

因而《子儀》簡文的"縈貨"決不能讀成"隨會",全篇簡文也完全與隨會無關,只是秦穆公與子儀的對話。所以簡【三】—【四】只能從射禮、饗禮的角度考慮:

　　　　公曰:"儀父。不穀繻左右絏,繻右左絏,如權之【三】有加榜也。君及不
　　　穀專心穆力以左右諸侯,則何爲而不可?"乃張大侯於東奇之外,豊。【四】子儀
　　　無豊,縈貨以贛。

我曾將東奇讀爲"東阿",即堂屋東檐。① 豊讀爲醴,謂設醴酒。不爲子儀設醴酒,以賄貨贛之。② 或讀爲"豊子儀,無豊賄貨以貢",謂秦穆公與子儀行一獻之禮,秦國諸臣以庭實賄貨贛之。雖然其中禮儀很難說明,但總之是"宴有好貨,飧有陪鼎,入有郊勞,出有贈賄,禮之至也"(《左傳》昭公五年)的意思,也可以推測應該高於一般的聘問饗禮。

(三)《子儀》篇中"緆"爲楚人

《子儀》篇中秦穆公兩次提到"緆",從簡文上下看來,其人爲楚人,曾處秦,甚至是作爲戰俘被扣押,但可能因爲窺伺秦國被驅逐,没能使秦楚結好。秦穆公提及此事,說"咎者不元",大意是秦楚結好當有好的開端,而早先的怨惡過咎不能作爲開端。

　　　　先人有言曰:"咎者不元。"昔緆【一二】之來也,不穀宿之霝陰,厭年而見
　　　之,亦唯咎之故。【一三】
　　　　公曰:"儀父。昔緆之行,不穀欲【一六】裕。我亡反副(復),尚耑(端)項瞻
　　　遊目以盱我秦邦。不穀敢愛糧?"

---

① 《儀禮》中"阿"一般指五架之屋的正梁,但與"東阿之外"不合。
② 清華大學出土文獻讀書會:《清華六整理報告補正》,清華大學出土文獻研究與保護中心網站 2016 年 4 月 16 日,https://www.tsinghua.edu.cn/publish/cetrp/6842/2016/20160416052940099595642/20160416052940099595642_.html。

"不穀敢愛糧?"是春秋時比較典型的用於驅逐的外交辭令,比如殽之戰前,鄭國驅逐戍鄭、實爲内應的秦人杞子、逢孫、楊孫,①"鄭穆公使視客館,則束載、厲兵、秣馬矣。使皇武子辭焉,曰:'吾子淹久于敝邑,唯是脯資、餼牽竭矣,爲吾子之將行也,鄭之有原圃,猶秦之有具囿也,吾子取其麋鹿,以間敝邑,若何?'杞子奔齊,逢孫、楊孫奔宋。""吾子取其麋鹿,以間敝邑",也是"不敢愛糧"的意思。之所以驅逐"焉",是因爲"端項瞻遊目以眄我秦邦",也與杞子、逢孫、楊孫戍鄭,而"杞子自鄭使告于秦曰'鄭人使我掌其北門之管,若潛師以來,國可得也'"相類似。

所以簡文"不穀敢愛糧"與秦穆公十三年、十五年(魯僖十三年、十五年,晉惠公四年、六年)兩次輸粟於晉没有關係。晉惠公時惠公背信棄義,秦晉一度兵戎相見,而在晉文公時秦晉卻是相當融洽的,秦穆公對子儀也沒有必要提及晉惠公時期晉國的過惡。兩次提到"焉"應該是向子儀解釋之前秦楚關係緊張、未能結盟的緣由。

二、《子儀》篇編連與文句釋讀

在上述歷史背景基礎上,我們大概可以貫通《子儀》文義。由於全篇多爲外交辭令,又多用譬喻,僅就一些有爭議的文句及編連稍作説明。

> 既敗於殽,恐民之大病,移易故職。欲民所安,其亶(誠)不櫙(更)。② 公益及三謀輔之,非(靡)土不飤(飭)。耄幼【一】在公,陰者思陽,陽者思陰,民恒不貞(實),毁常各敄(務)。降上品之,辨官相代,乃有見功。公及三【一五】謀慶而賞之。乃券册秦邦之羡餘③,自蠶月至于秋窒備焉。取(聚)及七年,車逸於舊數三百,【二】徒逸于舊典六百,以視楚子儀於杏會。
>
> 公曰:"儀父。不穀繻左右綑,繻右左綑,如權之【三】有加橈也。君及不穀專心穆力以左右諸侯,則何爲而不可?"乃張大侯於東奇之外,豊。【四】子儀無豊,縈貨以贛。

---

① 事在秦穆三十年(魯僖三十年)"九月甲午,晉侯、秦伯圍鄭",燭之武退秦師,鄭國獨與秦盟,不與晉盟。秦穆公"使杞子、逢孫、楊孫戍之,乃還"。兩年後,秦穆三十二年,杞子自鄭使告于秦曰:"鄭人使我掌其北門之管,若潛師以來,國可得也。"引發殽之戰。

② 參看清華大學出土文獻讀書會:《清華六整理報告補正》。亶訓爲"誠"用作副詞,即誠然不更,對應前文"移易故職"。"不更"可能就是秦爵不更的本義不充更卒。

③ 羡餘,見《周禮·小司徒》"凡起徒役,毋過家一人,以其餘爲羡"。賈疏以爲一家正卒一人,其餘爲羡卒。參看清華大學出土文獻讀書會:《清華六整理報告補正》。

根據簡文,崤之戰後,秦穆公與三謀生聚教訓,"靡土不飭"是盡地力,"券册羨餘"是盡兵力,中間一句"耄幼在公"也應是盡人力的意思。"耄幼在公,陰者思陽,陽者思陰,民恒不實"大概是指久役在外,不能還歸安置,可謂"毁常各務"。"降上品之,辨官相代"是指官員考績黜陟。到第七年,"車逸於舊數三百,徒逸于舊典六百",以軍旅車徒示子儀。

簡【三】—【四】如上文所述,與隨會無關,是穆公與子儀爲射禮、饗禮的意思。

公命竁韋、升琴、奏鏞(鏞),歌曰:……【五】……和歌曰:"……此慍(慍)之傷僮,【六】是不攻而獸,僮是尚求。叔(戚)惕之怍,處吾以休,萬(賴)子是救。"

《儀禮·鄉飲酒》《鄉射禮》《燕禮》《大射》作樂皆琴瑟升堂,笙磬堂下,所以有"升歌""下管"之别。諸侯禮當有鐘鼓,"竁韋"大致對應擊鼓,所以"竁韋、升琴、奏鏞"爲三個動賓短語並列。① "和歌曰"根據韻脚當如此斷讀,"此慍之傷僮"一句,與《秦誓》文義類似,《秦誓》有"尚猷詢兹黄髮,則罔所愆。番番良士,旅力既愆,我尚有之。仡仡勇夫,射御不違,我尚不欲……昧昧我思之:如有一介臣,斷斷猗無他技,其心休休焉,其如有容……以保我子孫,黎民亦職有利哉。"秦穆公自稱"僮","慍之傷僮,是不攻而獸"相當於"仡仡勇夫,射御不違,我尚不欲";穆公需要如蹇叔一樣的"番番良士",以戚惕之言諫君,才能"處吾以休"。

乃命升琴歌於子儀,楚樂和【七】之曰:"鳥飛兮憯永,余何繒以就之? 遠人兮麗宿,君有尋言,余誰思(使)于告之?② 强弓可縵(挽)其絕【八】也,繒追而及之;③莫往兮可以貢(實)言。余愧(畏)其式而不信,余誰思于脅之。昔之臘兮余不與,今兹【九】之臘余或不與,奪之績可而奮之。纖紝之不成,吾何以祭稷。"

"鳥飛"云云,句讀與整理報告不同。麗訓爲耦,麗宿猶云信宿(《毛詩·九罭》)、再宿

---

① 此處從王寧先生説。王寧:《清華簡六〈子儀〉釋文校讀》,復旦大學出土文獻與古文字研究中心網 2016 年 6月9日,http://www.gwz.fudan.edu.cn/Web/Show/2824。
② 楊蒙生:《讀清華六〈子儀〉筆記五則》,清華大學出土文獻研究與保護中心網站 2016 年 4 月 16 日,http://www.ctwx.tsinghua.edu.cn/publish/cetrp/6831/2016/20160416052603696651907/20160416052603696651907_.html。
③ 從"ee"釋讀,見簡帛網-簡帛論壇-簡帛研讀-"清華六《子儀》初讀"第 9 樓,2016 年 4 月 16 日,http://www.bsm.org.cn/forum/forum.php?mod=redirect&goto=findpost&ptid=3343&pid=14280&fromuid=101546。

《公羊傳》）。尋言見於《左傳》，襄公十八年"會於魯濟，尋湨梁之言，同伐齊"，謂重申誓言。"余誰思于告之"即"余思于誰告之"。① 大意是説鳥飛漸遠，尚可以强弓矰追；遠人再宿而去，我復有言，無人爲我往告。

　　翌明，公送子儀。公曰："儀【一〇】父。以不穀之修遠於君，何爭而不好，譬之如兩犬夾河啜而狀，豈長不足，心則不【一一】察？救兄弟以見東方之諸侯，豈曰奉晉軍以相南面之事？先人有言曰：'咎者不元。'昔鴞【一二】之來也，不穀宿之靈陰，厭年而見之，亦唯咎之故。"

　　公曰："儀父……【一三】……妃（竢）客而諆之。"子儀曰："君欲汽（乞）丹【一四】方，諸任君不瞻彼沮漳之川，開而不闔，殹（抑）虞夷之楷也。"②【一六】

這是次日秦穆公送子儀時雙方第一次對話。秦穆公表示秦楚修遠，何爭而不好，本不願與晉國聯合，南面抗楚，可能是解釋十五年前晉文公初定，秦晉和睦，秦穆公二十五年與晉伐鄀，"楚鬬克（子儀）、屈禦寇以申、息之師戍商密"，秦師囚申公子儀、息公子邊以歸的舊怨。又云"咎者不元"，秦楚之間，怨惡過咎不能作爲開端，先前鴞被囚於靈陰，是不能作爲秦楚修好的開端的。

秦穆公繼而向子儀表示修好意願，以"竢客而諆之"作結，子儀回答"沮漳之川，開而不闔"，同樣有示好的意味。丹方，或如子居所説指丹水，③或即指赤方南方，總之指楚國。諸任君指秦之諸封君，《禹貢》"五百里侯服：百里采，二百里男邦，三百里諸侯"，《史記·夏本紀》"二百里男邦"作"二百里任國"。《漢書·王莽傳》莽封王氏女皆爲任，又下書曰："在采、任、諸侯，是爲惟翰。"

這裏之所以没有采用子居的編連【一一】【一七】—【一九】【一六】【一二】—【一四】【二〇】，是因爲"諸任君不瞻彼沮漳之川，開而不闔，抑虞夷之楷也"一定是子儀所説，絶不可能是秦穆公所説。"昔鴞【一二】之來也，不穀宿之靈陰，厭年而見之，亦唯咎之故"也對應"先人有言曰'咎者不元'"，不能拆分作兩句。

　　公曰："儀父。昔鴞之行，不穀欲【一六】裕，我無反復，尚端項瞻遊目以盱我秦邦。不穀敢愛糧？"

---

① 清華大學出土文獻讀書會：《清華六整理報告補正》。
② 從"海天遊蹤"釋讀，見簡帛網-簡帛論壇-簡帛研讀-"清華六《子儀》初讀"第49樓，2016年4月20日，http://www.bsm.org.cn/forum/forum.php?mod=redirect&goto=findpost&ptid=3343&pid=14509&fromuid=101546。
③ 子居：《清華簡〈子儀〉解析》。

公曰:"儀父。歸女其何言?"子儀【一七】曰:"臣觀於渾滋,見屬𨂗徛濟,不終需(濡)𨂗,臣其歸而言之;臣見二人仇競,一人至辭於儷,獄【一八】乃成,臣其歸而言之;臣見遺者弗復,翌明而返之,臣其歸而言之;公曰'君不尚芒(荒)鄙(隔)',①【一九】王之北没,通之於彀道,豈於子孫若?臣其歸而言之。"【二〇】

如前文所述,秦穆公解釋當初驅逐鴉的緣由,謂本欲與楚爲好,"不穀欲裕,我無反復",而鴉"尚端項瞻遊目以盱我秦邦",故而不得不將之驅逐("不穀敢愛糧")。

下面秦穆公問子儀"歸女其何言",子儀回答以四句"臣其歸而言之"。賈連翔認爲"公曰"云云應該也是子儀的話,是正確的。我認爲前三處"臣其歸而言之"講的都是秦國民風淳樸。第一處説是屬𨂗而舉脛渡渾,而𨂗不濡,試讀"𨂗"爲輨,即轂端,類似的文例有《毛詩》"濟盈不濡軌";第二處應當是民無偽詐,可以片言折獄,不需兩造,僅聽單方面陳述就可以成獄;第三處應當是路不拾遺的意思。② 第四處,子儀稱穆公曰君不當遠在荒方,楚王即使北没,也當通之於彀道與晉國抗衡。

---

① 王寧:《清華簡六〈子儀〉釋文校讀》。
② 清華大學出土文獻讀書會:《清華六整理報告補正》。

説上博簡《三德》篇中的
兩個"興"字*

王凱博

摘 要: 本文對上博簡《三德》篇的兩"嬰"字進行解釋：一、將簡 14"牂（將）嬰勿殺"之"嬰"讀作"孕"；二、將簡 2"皇天牂（將）嬰之"之"嬰"讀作"媆/嬹"，爲喜悅、欣喜義。

關鍵詞: 三德 嬰 孕 媆

一、"牂（將）嬰勿殺"

上博簡《三德》簡 14：

> 方縈（榮）勿伐，牂（將）嬰（興）勿殺，牂（將）齊勿杭，是奉（逢）凶朔（孽）。①

原釋文於"縈"後括讀"營"而無注說。曹峰引《說文·糸部》"縈，收卷也"釋之，

---

* 本文得到第 65 批中國博士後科學基金項目"戰國時代新見通今詞的歷時用字研究"（2019M652599）、2019 年度河南省博士後科研項目"戰國時代新見通今詞的歷時用字研究"（19030003）、2018 年河南省高等學校哲學社會科學創新團隊"漢字理論與漢字史"（編號：2018 - CXTD - 03）支持計劃的資助。

① 李零：《〈三德〉釋文考釋》，馬承源主編：《上海博物館藏戰國楚竹書（五）》，上海古籍出版社 2005 年，第 297—298 頁。其中"杭"，整理者原釋"枋"，此從陳劍釋"杭"（陳劍：《試說戰國文字中寫法特殊的"亢"和從"亢"諸字》，《出土文獻與古文字研究》第三輯，復旦大學出版社 2010 年，第 158 頁），但尚難明確"牂（將）齊勿杭"是何具體含義。"朔"字釋讀以及"是奉（逢）凶朔（孽）"當與前三句的語意關聯，參季旭昇：《上博五芻議（下）》，簡帛網 2006 年 2 月 18 日，http://www.bsm.org.cn/show_article.php?id=196。

"方縈"是说"植物開始出頭纏繞之狀態"。① 陳偉武將"縈"讀作"榮"、訓繁盛。② 按讀"榮"可從,但訓釋未確。"榮"作名詞,有植物花朵之義,如《戰國策·秦策三》"爲其凋榮也",鮑彪注:"榮,草華也。"《漢書·揚雄傳》"四皓采榮於南山",顔師古注:"榮,謂草木之英。"作動詞時,如《呂氏春秋·仲夏》"木堇榮"、《爾雅·釋草》"榮而不實者謂之英"、帛書《稱》篇"先天成則毀,非時而榮則不果"等,則指開花。據後文對"牆(將)礨勿殺"的理解,其實將"縈(榮)"釋爲開花最合適。

下句"牆(將)礨勿殺"之"礨",檢以往研究論著可知,大都從整理者讀"興"而無解説,少數作解者則僅據"礨(興)"字面的興起、昌盛一類義釋之,③恐有失確切。

筆者理解,"礨"所表示的應是古漢語中的"孕"這個詞。上古音"興"是曉母蒸部字,"孕"是喻母蒸部字,二者韻部相同,聲母都是喉音,可以通假。古文獻中"娠""膢"二字實爲"孕"之異體。揚雄《太玄·沈》"好娠惡粥",司馬光集注:"二宋、陸本'娠'作'繩',今從范、王本。吴曰:'娠,古孕字。'"④《管子·五行》:"不然,則羽卵者段,毛胎者膻,膢婦不銷棄,草木根本美。"尹知章注:"膢,故孕字。"丁士涵謂:"《玉篇》'膢,或孕字',《太玄·馴首》曰'娠其膏',人一月而膏,'娠'與'膢'同。《周禮·薙氏》'掌殺草實繩而芟之',注曰'含實曰繩',《釋文》'繩音孕','繩'亦當爲'膢'字之誤。"⑤

按此"繩"不必視作誤字,漢代簡帛常以"繩"假借爲"孕",如帛書《十六經·觀》"童(重)陰長夜氣閉地繩(孕)者,〔所〕以繼之也",《銀雀山漢墓竹簡〔貳〕》"陰陽時令、占候之類"之《四時令》篇簡 1899—1900"毛虫(蟲)不贖(殰),繩(孕)婦不消汁,草木根本必美矣"(與上引《管子·五行》文可對讀),皆其例。

"娠""膢"與"繩""蠅"聲符爲一,而楚系簡帛可見"興"聲之字通假爲"繩""蠅"的諸多例證,⑥如上博簡《孔子詩論》簡 28"青蠅(蠅)",《天子建州》乙本簡 6

---

① 曹峰:《〈三德〉零釋(三)》,簡帛網 2006 年 4 月 11 日,http://www.bsm.org.cn/show_article.php?id=323;曹峰:《上博楚簡思想研究》,萬卷樓圖書股份有限公司 2006 年,第 216—217 頁。
② 陳偉武:《上博簡考釋掇瑣》,《古文字研究》第二十七輯,中華書局 2008 年,第 419 頁。
③ 如,張新俊:《楚簡文字研究》,博士後研究工作報告,廈門大學 2007 年,第 12 頁;陳劍:《試説戰國文字中寫法特殊的"亢"和從"亢"諸字》第 181 頁。
④ 揚雄撰,司馬光集注,劉韶軍點校:《太玄集釋》,中華書局 1998 年,第 136 頁。
⑤ 轉引自郭沫若等撰:《管子集校》,科學出版社 1956 年,第 737 頁。
⑥ 參白於藍編著:《簡帛古書通假字大系》,福建人民出版社 2017 年,第 617 頁。

"行以興（繩）"，①清華簡《皇門》簡 11"是揚是繘（繩）"等，餘不備舉。可見將"牂（將）興勿殺"之"興"讀爲"孕"，從古音通假關係看沒有問題。

簡文"牂（將）興（孕）勿殺"是講不要殺害將要（或正在）孕育的動物。文獻中不乏類似言辭，如《淮南子·主術》"孕育不得殺"、張家山漢簡《田律》簡 249"毋殺其繩（孕）重者"等，故將"牂（將）興勿殺"之"興"讀作"孕"比較可取。②

二、"皇天牂（將）興之"

又，同篇簡 2：

> 敬者旻（得）之，怠（怠）者遳（失）之，是胃（謂）天棠（常）。天神之□，□□□□，皇天牂（將）興之；③母（毋）爲愚（偽）慮（詐），上帝牂（將）憎之。

"興"，整理者注："'興'與'憎'字互文，疑讀爲'懼'，是戒慎之義。"④王蘭指出"戒慎"與"憎"難形成互文關係，分析謂：

> 此句的含義應結合上文"敬者得之，怠者失之"來理解。整篇竹書都談論對待上天的這兩種態度，本句當然也不例外。句中缺失四字的意思應與"爲偽詐"相反，是對上天恭敬的行爲。"興"當讀本字，"興""憎"分別與"得"

---

① 原誤釋"鬩"，劉洪濤改釋"興"（劉洪濤：《讀上博竹書〈天子建州〉劄記》，簡帛網 2007 年 7 月 12 日，http://www.bsm.org.cn/show_article.php?id=612），單育辰讀作"繩"（單育辰：《佔畢隨錄之二》，簡帛網 2007 年 7 月 28 日，http://www.bsm.org.cn/show_article.php?id=676；單育辰：《〈上海博物館藏戰國楚竹書·（六）〉研究二題》，《寧夏大學學報》2007 年第 4 期，第 14 頁）。

② 按楚文字本有"孕"字，見上博三《周易》簡 50 ，係用本字，《三德》簡 14"興（興）"用通假字。近見程燕據安徽大學藏楚簡《詩經·殷其雷》之"殷"作 / ，從而將舊釋從"鬼"的幾個字形改釋從"亞"，其中涉及上博二《子羔》簡 11A+10" （三）年"，其首字即被改釋"窒"、讀爲"孕"（程燕：《談楚文字中的"亞"字》，《安徽大學學報》2017 年第 5 期，第 91—93 頁）。但有研究者隨之指出，這樣釋讀非但字形契合度上有疑問，且文例也不堅實，影紐文部字"亞"通假爲喻紐蒸部字"孕""於古音尚隔"（參殷南山：《〈談楚文字中的"亞"字〉商榷》，復旦大學出土文獻與古文字研究中心網 2017 年 11 月 27 日，http://www.gwz.fudan.edu.cn/Web/Show/3176），其質疑很有道理。即使承認程說有理，出土文獻尚有同一詞可用不同聲符之字表示的用字現象，並不影響將《三德》簡 14"興"讀爲"孕"。

③ "興"原作 ，曾見連劭名（連劭名：《楚竹書〈參德〉考述》，《文物春秋》2015 年第 1 期，第 21 頁）、李炳蔚（李炳蔚：《上博簡〈三德〉綜合研究》，碩士學位論文，曲阜師範大學 2015 年，第 8—9 頁）釋爲從"與"，誤甚。

④ 李零：《〈三德〉釋文考釋》第 289 頁。

"失"呼應。①

顧史考分析謂：

  此處"嬰"讀"興"可通。整理者於首句既補"毋爲"二字，則"嬰"必須有否定意義，則他處言及"皇天"時，皆言其"弗諒"，言其"所惡""所棄"。然本篇言及"上帝"時則除了言其"憎之""弗諒"外，亦言其"喜之""祐之""怡焉"等。然則"皇天"固然容有積極的反應，而"□□□□"所言若是與"詐僞"大致相反之行爲，則皇天"興之"便是自然的結果。②

范玉珠以爲："由於'皇天將嬰之'前面有缺失的字，所以很難判斷'嬰'與'憎'意思相反還是相近。"③王晨曦從王蘭讀"興"，④曹峰亦讀"興"，解爲興旺，⑤其他研究論著也多如此，大概都理解爲興起或興旺等類義了。⑥

從"嬰""憎"句法位置看，該枚簡雖有數字缺失，但研究者一般據文例推測"嬰""憎"當有某種關聯，頗有啓發意義。筆者認爲，此"嬰"所表示的當是古代漢語中義爲喜悅、欣喜的"嫐/興"。《説文·女部》："嫐，説也。"段注："説，今之悅字。李善注潘岳《關中詩》、顔延年《和謝靈運詩》，皆引《説文》'興，悅也'，謂興與嫐古同也。"⑦《廣雅·釋訓一》："嫐，喜也。"王念孫《疏證》："《學記》：'不興其藝，不能樂學。'鄭注云：'嫐之言喜也，歆也。'《正義》引《爾雅》云：'歆、喜，興也。興與嫐通。'"⑧

將簡文"皇天牆（將）嬰之"之"嬰"讀作"嫐/興"、訓欣喜，適與下句"上帝牆（將）

---

① 王蘭：《上博五〈三德〉編聯》，簡帛網2006年4月15日，http://www.bsm.org.cn/show_article.php?id=328。
② 顧史考：《上博竹書〈三德〉篇逐章淺釋》，"屈萬里先生百歲誕辰國際學術研討會"論文，臺北2006年。此文未見，其說轉引自王晨曦：《上海博物館藏戰國竹書〈三德〉研究》，碩士學位論文，復旦大學2008年，第9頁。
③ 范玉珠：《上海博物館藏戰國楚竹書〈三德〉研究》，碩士學位論文，東北師範大學2007年，第13頁。
④ 王晨曦：《上海博物館藏戰國竹書〈三德〉研究》第9頁。
⑤ 曹峰：《近年出土黄老思想文獻研究》，中國社會科學出版社2015年，第241頁注[2]，第271頁"譯述"部分譯爲"興旺"。
⑥ 如劉信芳編著：《楚簡帛通假彙釋》，高等教育出版社2011年，第581頁；李守奎等編著：《上海博物館藏戰國楚竹書（一——五）文字編》附錄六，作家出版社2007年，第928、933頁。
⑦ 段玉裁：《説文解字注》，上海古籍出版社1988年，第618頁。
⑧ 王念孫：《廣雅疏證》，中華書局1983年，第34頁。

憎之"之"憎"詞義對反。而同篇"天亞(惡)女〈毋〉忻"(簡 1)、"上帝憙(喜)之,乃無凶材(災)"(附簡/香港簡 4)、"句(后)帝之所憎"(簡 19)、"皇天之所亞(惡)"(簡 8)、"上帝乃㕣(怡)"(簡 8)等,①皆言上天對人事之喜惡反應,亦佐證讀"嬹/興"可取。

---

① 香港簡 4 歸本篇,參李零:《〈三德〉說明》,馬承源主編:《上海博物館藏戰國楚竹書(五)》第 287 頁。

説"忿連"*

蘇建洲

摘　要：《郭店·尊德義》"忿綝"、《上博七·武王踐阼》"忿連"、漢鏡鏡銘"簡忿"或作"闌忿"都是一詞的異寫。本文提出北大簡《周馴》"還忿"也是上述諸詞的異寫，並認爲這些詞彙可以讀爲習見於文獻的"忿悁""悁忿"。此外，《郭店·尊德義》"濩忿綝"可以比對《周馴》"去還忿"，"濩"與"去"聲音相近應該不是偶然的。

關鍵詞：《尊德義》　《武王踐阼》　漢鏡鏡銘　《周馴》　忿連

《上博七·武王踐阼》簡9"枳（枝—杖）銘唯曰：'惡危=（危？危）於忿連。'"簡文"忿連"，《大戴禮記》作"忿疐"。復旦大學出土文獻與古文字研究中心研究生讀書會認爲"忿連"與《郭店·尊德義》簡1"忿綝"有關，並引用陳劍先生《尊德義釋文注釋》（未刊稿）云：

> 《楚辭·九章·懷沙》："懲連改忿兮，抑心而自强。"以"連"與"忿"對舉，綝、連讀音相近，表示的應是同一個詞。王逸注："懲，止也。忿，恨也。《史記》連作違。"王念孫《讀書雜志·餘編下》以爲"連"字當從《史記·屈原賈生列傳》作"違"，"違"有"恨"意，其例見於《詩》《書》。結合簡文來看，王説恐不確。古"連"聲字可與"列"聲字、"厲"聲字相通……"列"聲字也可與"戾"聲字相通（《會典》537頁"戾與冽""悷與例"條），故《懷沙》"連"字與簡文"綝"字可讀爲"戾"。

據此將"忿連"讀爲"忿戾"。[①] 此説得到不少研究者贊同。後來陳劍先生撰寫漢代鏡

---

* 本文爲"《清華七·越公其事》研究"的研究成果之一，獲得"科技部"的資助（計劃編號 MOST107-2410-H-018-013-），特此致謝。

① 復旦大學出土文獻與古文字研究中心讀書會：《〈上博七·武王踐阼〉校讀》，復旦大學出土文獻與古文字研究中心網 2008 年 12 月 30 日，http://www.gwz.fudan.edu.cn/old/SrcShow.asp?Src_ID=576#_edn8；又載《出土文獻與古文字研究》第三輯，復旦大學出版社 2010 年，第 261 頁注 23。

銘論文時看法又有所改變，"君行有日"鏡鏡銘云"思簡（簡）忿"；相似文例的鏡銘云"思闌忿"，"簡忿"或作"闌忿"，"簡""闌"是音近相通的關係。陳先生指出"簡忿""闌忿"當與"忿連""忿繺"有關，他説：

> 最初只看到"簡忿"辭例時，我曾疑"簡（簡）"義爲"簡慢"；又懷疑或可讀爲"閒忿"，猶今語"生閒氣"之"閒氣"，謂因無關緊要之事而生氣。但後來聯繫作"闌忿"者來考慮，此兩字似跟古書與出土文獻中亦與"忿"對言或連言的"連/繺"字有關，所表示的應爲同一詞。……我同意不少學者主張的讀爲"忿戾"之説，讀書會也表贊同。現在結合此鏡銘的"簡/闌"字來看，要將其皆讀爲"戾"或"悷（懷、憒）"，恐怕是很困難的。現在看來，應該説，簡文"連/繺"與今本"悷（懷、憒）"，係音近而致、但義各可得通的異文，但恐不必逕説爲通假。上舉那些"連/繺"字，與鏡銘的"簡/闌"字表示的應是另一個跟"忿"義近之詞，而不必皆讀爲"戾"或"悷（懷、憒）"。①

其説可從。不過鏡銘中"簡/闌"對應古漢語中的哪一詞，陳先生文章未進行討論。王凱博先生認爲"簡/闌"或當讀爲"僴""撊""憪"等，是武、猛、忿之類詞義。《説文·人部》："僴，武皃。"《廣雅·釋詁三》《方言》卷二皆云："撊，猛也。"《小爾雅·廣言》："撊，忿也。"黎翔鳳曰："《易》：'君子以懲忿窒欲。'虞注：'乾陽剛武爲忿。'則忿與武義相近。"《左傳》昭公十八年"今執事撊然授兵登陴"，杜注："撊然，勁忿貌。"《玉篇·心部》："憪，戾也。"《漢書·文帝紀》"故憪然念外人之有非"，孟康曰："憪然，介然也。"②

除了上面這些例證外，《周馴》還有一條材料也當與"忿連"等有關。簡162-163云：

> 今如能瀘桓公之順（訓），去還忿，用賢佐，聽諫而毋復（覆）【一六二】過，則而【國】雖小區區，其何患於不逢（豐）侈？③

對於"還忿"，整理者注釋爲："'還忿'，積怨。《方言》卷十三：'還，積也。'"④王挺斌先生則認爲"還忿"其實讀爲"悁忿"更佳。他指出：

---

① 陳劍：《幾種漢代鏡銘補説》，"第十屆漢代文學與思想暨創系60周年國際學術研討會"論文，政治大學中國文學系2016年；又載復旦大學復旦大學出土文獻與古文字研究中心網2018年01月12日，http://www.gwz.fudan.edu.cn/Web/Show/4204。
② 王凱博：《出土文獻資料疑義探研》，博士學位論文，吉林大學2018年，第88—89頁。
③ 北京大學出土文獻研究所編：《北京大學藏西漢竹書〔叁〕》，上海古籍出版社2015年，第139頁。
④ 北京大學出土文獻研究所編：《北京大學藏西漢竹書〔叁〕》第139頁注一一。

"還""悁"所從聲系可通。① "悁"字本有"忿"義,《楚辭·東方朔〈七諫·謬諫〉》:"獨便悁而懷毒兮,愁鬱鬱之焉極。"洪興祖補注:"悁,忿也。"《韓非子·亡徵》:"變褊而心急,輕疾而易動發,心悁忿而不訾前後者,可亡也。"杜牧《上池州李使君書》:"足下氣俊,胸臆間不以悁忿是非貯之,邪氣不能浸。""悁""忿"近義,所以二字前後位置可以互換,"悁忿"亦可作"忿悁",如《戰國策·趙策二》:"秦雖僻遠,然而心忿悁含怒之日久矣。"《史記·魯仲連鄒陽列傳》:"棄忿悁之節,定累世之功。"《後漢書·竇融傳》:"忿悁之間,改節易圖,君臣分爭,上下接兵。"值得注意的是,《鶡冠子》卷下有句"故曹子去忿悁之心,立終身之功"以及《戰國策》"故去忿恚之心,而成終身之名"正可與上引《周馴》簡文合觀。②

謹按:王說可從。《上博·緇衣》簡6"怨"寫作 ⿰、⿱,馮勝君先生指出:⿰ 形上加注聲符○,就變成了 ⿱ 這種形體。○(圓),匣紐文部;夗,影紐元部,二字古音相近,如元部字的"袁"就从"○(圓)"得聲。所以上博《緇衣》中的 ⿰、⿱ 都應該釋爲"夗",讀爲"怨"。③ 而"袁"是"摆"的初文,④《說文》分析"睘/環"爲從目,袁聲。可見"睘/環"與"夗/怨"音近可通。又《銀雀山·王兵》857"……非以圈也見勝而起不見勝而止",整理小組指出《尉繚子·兵談》"兵起非可以忿也,見勝則興,不見勝則止",文字與此處簡文相近,"簡文'圈'字疑是'怨'之音近誤字。"⑤ 而且《詩·齊風·還》:"並驅從兩肩兮,揖我謂我儇兮",《釋文》云:"儇,許全反。韓詩作婘。"⑥《說文》:"㒼,网也。从网緜,緜亦聲。一曰綰也。"《繫傳》第十四卷:"今人多作冒字。"根據上述條材料可以知道"圈""還""怨""冒"聲音相近,因此"還"讀爲"悁/怨"是沒有問題的。而且"怨"與"忿"是義近關係,因此"忿悁"亦可作"悁忿"。

筆者認爲"還忿"相當於"簡忿""闌忿""忿連""忿繎","連"與"繎""闌"音近可通,

---

① 原注:張儒、劉毓慶《漢字通用聲素研究》,山西古籍出版社,2002年,第746頁。
② 王挺斌:《讀北大簡零拾》,清華大學出土文獻研究與保護中心網2015年11月24日,http://www.tsinghua.edu.cn/publish/cetrp/6831/2015/20151124181249067386562/20151124181249067386562_.html。
③ 馮勝君:《郭店簡與上博簡對比研究》,綫裝書局2007年,第102頁。
④ 裘錫圭:《釋殷墟甲骨文裏的"遠""狄"(邇)及有關諸字》,《裘錫圭學術文集》,復旦大學出版社2012年,第一冊第167—176頁。
⑤ 銀雀山漢墓竹簡整理小組:《銀雀山漢墓竹簡(壹)》,文物出版社1985年,第137頁注一三。
⑥《重刊宋本十三經注疏附校勘記》,藝文印書館1965年,第189頁。

《楚居》簡1"季䗄"即"季連";《封許之命》簡6"瑚璉"之"璉"寫作"䗄"。"䗄"與"闌"音近可通,《說文》:"闌,妄入宮掖也。从門,䜌聲。讀如闌。"《玉篇》:"闌,無符傳出入。今作闌。"兮甲盤(《集成》10174)"毋敢或入䜌宄賈",李學勤先生指出"入䜌"即"闌入"。① 又古文字{縣}的寫法牽涉到上面幾個形體。李家浩先生指出:其實在古文字中關於"縣"的資料是很多的,只是由於"縣"字寫作"䍏""䍏"、或"䢵",而沒有引起大家的注意罷了。……據目前所知,古文字中的"縣"最早見於西周中期的免瑚和師旋簋,其字作"䍏"。② 楚文字也假"䍏"表示{縣},新蔡故城出土戰國封泥"䍏(縣)""蔡䍏(縣)"。③《越公其事》簡35"羣=(至于)鄥(邊)䍏(縣)尖=(小大)遠迡(邇)"、簡39"凡鄥(邊)䢵(縣)之民及又(有)管(官)帀(師)之人或告于王廷"、簡52"與(舉)粵(越)邦羣=(至于)鄥(邊)䍏(縣)成(城)市乃皆好兵甲,粵(越)邦乃大多兵"。此外,《繫年》簡99、104有"閒(縣)陳、邡(蔡)"的用法,據此袁金平先生將《國語·吳語》:"以閒陳、蔡"讀爲"以縣陳、蔡"。④《包山》103"貣越異之黃金,以貣䢵娜以糴種"、115"爲䢵娜貣越異之鎿金一百益二益四兩"、13"某癝才(在)漾陵之峹(參-三)鈣(璽)閒(間)御之典匱",這裏的"娜""閒"研究者也都讀爲"縣"。⑤ 據此,可知"䍏""簡"可以相通。而《越公其事》簡51"王乃歸徂(使)人情(請)䵼(問)羣大臣及鄥(邊)䢵(縣)成(城)市之多兵、亡(無)兵者",其中"縣"寫作 較爲特別。整理者注釋指出:"䢵,簡文所從'肙'旁與楚文字'達'所從相同,當係訛書。前異文作'䍏'' 䍏''䢵',讀爲'縣'。⑥"謹按:整理者將此字釋爲從"肙(怨)",甚是。前面提到"肙/怨"與"䍏"音近可通,那麽{縣}寫作"䍏""肙"是很自然的。簡文 顯然是 ("意(怨)"偏旁,《孔子詩論》03)的錯字。根據{縣}的通假例證,可知"間""䍏""肙/肙/怨"音近可通。加上上述"思簡(簡)念"又作"思闌念",可見"連""䗄""間""闌""䍏""肙(肙)"音近可以相通,因此"忿連""忿䗄""簡念""闌念""䍏念"可以讀爲傳世文獻常見的"忿悁"或"悁忿"。過去劉信芳

---

① 李學勤:《兮甲盤與駒父盨——論西周末年周朝與淮夷的關係》,載李學勤《新出青銅器研究》,文物出版社1990年,第140頁。
② 李家浩:《先秦文字中的"縣"》,《著名中年語言學家自選集·李家浩卷》,安徽教育出版社2002年,第15頁。
③ 參見周波:《戰國時代各系文字間的用字差異現象研究》,綫裝書局2012年,第105頁。
④ 袁金平:《利用清華簡〈繫年〉校正〈國語〉韋注一例》,《社會科學戰線》2011年第12期,第31—32頁。
⑤ 馬楠:《清華簡第一册補釋》,《中國史研究》2011年第1期,第93—98頁;李守奎、賈連翔、馬楠:《包山楚墓文字全編》,上海古籍出版社2012年,第280、432頁。
⑥ 李學勤主編:《清華大學藏戰國竹簡(柒)》,中西書局2017年,下册第140頁。

先生曾主張"忩繎"讀爲"忩悁",現在看來是有道理的。①

《郭店·尊德義》簡1"△忩繎"之"△"寫作:

[字形圖]

諸家説法參見單育辰先生所作的集釋。② 筆者贊同釋爲"蒦"。李零先生指出此字"從照片看似是'蒦'字的省體,這裏讀爲'去'("去"是溪母魚部字,"蒦"是匣母鐸部字,讀音相近)"。③ 張新俊先生贊同此説,並進一步分析説:

所從的"十"形,也許可以看作是"又"之變體。如郭店簡中的"尃"字,一般寫作:

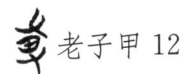

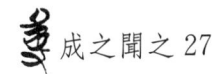

[字形] 老子甲12   [字形] 尊德義35   [字形] 成之聞之27

或者寫作:

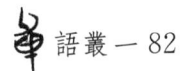

[字形] 忠信之道8   [字形] 語叢一28   [字形] 語叢一82

其説甚是。④ "△"的"又"旁寫作"十"字形,且與羽翼形筆畫相連,確實容易被忽略。清華八《虞夏殷周之治》簡2商之樂"䜾隼"應即文獻之"韶蒦",又作"韶護、韶頀",石小力先生指出簡文"隼"應爲"蒦"字之譌。⑤ 趙平安先生認爲"隼"疑爲"隻"之譌。⑥ 二説均可從。"蒦"作[字形],"隹"旁應該是[字形]的"隻"旁的進一步省簡。值得注意的是,李零先生將"蒦"讀爲"去",簡文作"去忩繎"正與《周馴》"去還忿"相合,應該不是偶然的。《吕氏春秋·重言》"君呿而不唫",《説苑·權謀》作"呼而不吟"。⑦ 而"獲/蒦"與"污"讀音極近,關係密切。⑧ 如馬王堆帛書《陰陽五行甲篇》用"蒦"爲"汙"。《雜占之

---

① 劉信芳:《楚簡帛通假匯釋》,高等教育出版社2011年,第350頁。
② 單育辰:《郭店〈尊德義〉〈成之聞之〉〈六德〉三篇整理與研究》,科學出版社2015年,第20—23頁。
③ 李零:《郭店楚簡校讀記(增訂本)》,北京大學出版社2002年,第141頁。
④ 張新俊:《夕陽坡楚簡中的"越蒦君"新釋》,《吉林大學古籍研究所建所三十周年紀念論文集》,上海古籍出版社2014年,第87—97頁。
⑤ 石小力:《清華簡〈虞夏殷周之治〉與上古禮樂制度》,《清華大學學報(哲學社會科學版)》2018年第5期,第58—60頁。
⑥ 李學勤主編:《清華大學藏戰國竹簡(捌)》,中西書局2018年,下册第163頁。
⑦ 高亨:《古字通假會典》,齊魯社1989年,1997年第2次印刷,第826頁。
⑧ 參陳劍:《幾種漢代鏡銘補説》。

三》1上"筑(築)郭池濩(汙)";《宜忌》5上"昏(鑿)濩(汙)浴(谷)"。① 又醫簡《天下至道談》簡 30"尺扜"即"尺蠖"。據此,"濩"是有讀爲"去"的可能。② 這也可以反過來證明"還忩"確實與"忩連""忩纞""簡忩""闌忩"關係密切。

必須說明的是,我們認爲"還"與"簡""連""闌""纞""悁"音近可通,這些字聲紐都是喉音,韻部都是元部,但"簡""連""闌"與"還""纞""悁"卻有開合不同的問題。程少軒先生曾指出"戰國楚地出土文獻所代表語言的歌月元三部,其開合兩呼至少在非脣音部分有嚴格的界限。"③張富海先生也指出諧聲假借在韻母方面的基本原則應該是:一、有相同的韻(主要元音和韻尾);二、開合口相同。不過,張先生也指出某些例外的情況,比如:

"佳 kree""街 kree"從"圭 kwee"聲,"庋 kwreʔ"從"支 ke"聲;清華簡《繫年》簡 99、105、107 假借"閒(間)kreens"爲"縣 gweens";清華簡《芮良夫毖》簡 15"瞖(熒)蜀(獨)",用"坙 keeŋ"聲之字爲"熒 gweŋ";《芮良夫毖》簡 20"扃 kweeŋ"字作"庢",從"至"聲;清華簡《殷高宗問於三壽》簡 7"傾 khweŋ"作"䎵",從"聖 qhleŋs"聲。值得注意的是,這些例子都是主要元音爲 e 者,不知何故。主要元音不是 e 的例子當然也有,但比較少見,如"憬 kwraŋʔ"從"景 kraŋʔ"聲,"醓 qhəəʔ"從"右 Gwəʔ"得聲,清華簡《金縢》簡 9、14"穫 Gwaak"从"𣪘 qhaak"聲。④

謹按:由張氏之說,可知"閒(間)kreens"與"縣 gweens"相通音理並無問題。"連 ren""悁 qʷen""懁 kʷeens"的主要元音也是 e,⑤因此"閒(間)""連"與"悁"相通自然也是可以的。鏡銘"思簡(簡)忩"自然可讀爲"思悁忩",也跟《周馴》的"還忩"聲音關係密切。

2018 年 12 月初稿
2019 年 5 月修訂

---

① 此兩例"濩"讀爲"汙"參看范常喜:《馬王堆簡帛古文遺迹述議(二)》,簡帛網 2007 年 9 月 22 日,http://www.bsm.org.cn/show_article.php?id=722. 又范常喜:《簡帛探微》,中西書局 2016 年,第 151—152 頁。

② 王凱博先生則認爲"濩"應讀作同聲符的"護","護"應該是防禁、阻止一類的意思。參見氏著:《出土文獻資料疑義探研》第 241—249 頁。

③ 程少軒:〈試說戰國楚地出土文獻中歌月元部的一些音韻現象〉,2009 年簡帛論壇論文。刊登於《簡帛》第五輯,上海古籍出版社 2010 年,第 141—160 頁。

④ 張富海:《諧聲假借的原則及複雜性》,《嶺南學報》復刊第十輯——出土文獻:語言、古史與思想,上海古籍出版社 2018 年,第 101—102 頁。

⑤ 鄭張尚芳:《上古音系(第二版)》,上海教育出版社 2019 年,第 563 頁。

《里耶秦簡（貳）》綴合札記*

何有祖

摘　要：《里耶秦簡（貳）》包含遷陵縣大量文書檔案材料，內容豐富，史料價值高。大量殘片的存在，影響對這批材料內涵的進一步探討。本文綴合 9-299＋9-175、9-416＋9-449、9-417＋9-324 等共十一組殘片，辨識未釋字，並嘗試疏解文意，對這些材料的史料價值有進一步認識。

關鍵詞：里耶秦簡　綴合　文字　尉計　考釋

湖南省文物考古研究所編著的《里耶秦簡（貳）》，①記錄了遷陵縣文書和各種簿籍，涉及官吏的考課陟黜、賦稅徭役、訴訟、廩食、符傳、作務、郵傳、貢獻等方面，爲秦史研究提供了寶貴資料。本文擬討論十一組殘簡的綴合問題，並討論其內涵價值，不妥之處，敬請方家指教！

一、9-299＋9-175

里耶秦簡有二殘片：②

……月己丑朔☐　Ⅰ
……四月己☐　Ⅱ　9-299

---

* 本文爲國家社科基金一般項目"已刊里耶秦簡文本再整理與分類研究（19BZS015）"階段性成果。
① 湖南省文物考古研究所編著：《里耶秦簡（貳）》，文物出版社 2017 年。
② 參看湖南省文物考古研究所編著：《里耶秦簡（貳）》；陳偉主編，魯家亮、何有祖、凡國棟撰著：《里耶秦簡牘校釋（第二卷）》（以下簡稱《校釋二》），武漢大學出版社 2018 年，第 209 頁。本文所引釋文皆出自二書，如無必要，不另注。

☑己己月。Ⅰ
☑□朔朔。Ⅱ　9-175

二片書寫風格相同,茬口吻合,可綴合。其釋文作:

☑……月己丑朔己己月☑Ⅰ
☑……四月已□朔朔☑Ⅱ　9-299＋9-175

從內容看,應是習字簡。

二、9-416＋9-449

里耶秦簡 9-416 號簡:

☑少內□□買☑　9-416

"少內"下一字原未釋,是"守"。9-416 上端並無明顯斷裂痕迹,但下端有明顯斷裂痕迹,茬口殘存筆畫整理者作"買",可從。我們留意到 9-449 號簡:

☑□應等在所毋嗇夫名　9-449

《校釋二》指出"應"用作人名。① 該簡上端茬口殘斷的方向與 9-416 號簡一致,上端茬口處殘存的筆畫,應是"買"下所從之"貝"。二簡疑能綴合。其釋文可作:

少內守□買應等在所,毋嗇夫名　9-449＋9-416

"應等在所",某某在所,其例見於 9-486 背"啓陵鄉守唐在所"、9-1447"出甘,買脯在史信所"。"少內守□買應等在所"指少內守某到應等人之處買某物。9-1339"買白翰羽□少內應(應)等六十所",可參看。8-58"☑啓陵鄉守恬付少內守華",陳治國先生指出,鄉守、少內守,官職名,指代理鄉嗇夫與少內嗇夫之職者。② "少內守□"在這裏代理少內嗇夫之職。同簡出現的"毋嗇夫名"之"嗇夫",較有可能是指少內之嗇夫。簡文疑指少內守某到應等人之處買某物,沒有少內嗇夫的名字。此種對事實之陳述,較有可能出現在訊問記錄中。

---

① 陳偉主編,魯家亮、何有祖、凡國棟撰著:《里耶秦簡牘校釋(第二卷)》第 125 頁。
② 參看陳治國:《里耶秦簡之"守"和"守丞"釋義及其他》,《中國歷史文物》2006 年第 3 期,第 55—60 頁。

三、9-417＋9-324

里耶秦簡有二殘片，其釋文作：

遷陵遣☑　　9-417

☑□□叚(假)少內林等買☑　　9-324

"少內""買"之間的字，原釋文指出上部從林，《校釋二》存疑。在武漢大學簡帛研究中心讀書會上，紀婷婷、胡騰允二位同學面告是"林等"二字，今從之。

9-417"遣"字所從辵，最後的捺筆有殘缺，應即 9-324 號簡第一個未釋字。二殘片茬口吻合，可復原"遣"字，可綴合。

"遷陵遣"見於 9-159 號簡"☑□□□署遷陵遣言。·問之"。① "遷陵遣言"包含"遷陵遣""言"兩個部分。"遣言"見於 8-136＋8-144"☑□□名吏(事)、它坐、遣言"。《校釋一》注："遣，疑當讀爲'譴'，罪過。《後漢書·蔡邕傳》：'詔書每下，百官各上封事，欲以改政思譴，除凶致吉。'言，語已之辭。"②現在看來"8-136＋8-144 ☑□□名吏(事)、它坐、遣言"，可調整斷句作"☑□□名吏(事)、它坐遣言"，8-1090 有"説所爲除貲者名吏(事)里、它坐、訾遣"，其中"它坐、訾"與"遣"即連讀。這幾處文例中的"遣"都應指遣送。8-198＋8-213＋8-2013 有"弗下下，定當坐者名吏里、它坐、訾能入貲不能，遣詣廷"，語境相同。其中"遣詣廷"之"遣"明顯是遣送的意思。9-756"亟定丞以下當坐者名吏(事)里、它坐、貲，遣詣廷。以書言，署金布發。""遣詣廷"後要求"以書言"。8-136＋8-144"遣"下的"言"，指報告，與 9-756"以書言"應是相似表述。遷陵遣言，指遷陵遣送，並報告。

9-417＋9-324 釋文作：

遷陵遣□叚(假)少內林等買☑

9-806"少內林"之"少"字上尚有筆畫，趙翠翠同學認爲是補寫的"叚"字。③ 其説可從。9-806 的"少內林"，與 9-417＋9-324 的"叚(假)少內林"，有可能是同一人。"遣""叚"之間有一字殘筆，待考。"遷陵遣□叚(假)少內林等買"提及遷陵縣派遣假少內林等

---

① 陳偉主編，魯家亮、何有祖、凡國棟撰著：《里耶秦簡牘校釋(第二卷)》第 78 頁。
② 陳偉主編，何有祖、魯家亮、凡國棟撰著：《里耶秦簡牘校釋(第一卷)》(以下簡稱《校釋一》)，武漢大學出版社 2012 年，第 76—77 頁。
③ 趙翠翠：《讀〈里耶秦簡(貳)〉札記(四則)》，簡帛網 2018 年 10 月 15 日，http://www.bsm.org.cn/show_article.php?id=3233。

人去買某物。

四、9-605＋9-861

里耶秦簡有二殘片,其釋文作:

遷陵將【尉】☐ Ⅰ
叚(假)丞華☐ Ⅱ　　9-605
☐【尉】計。　　9-861

9-605號簡校釋小組注:華,人名。里耶簡有"遷陵將計叚(假)丞",可參看。今按:二片茬口、紋路、色澤皆吻合,綴合可復原尉字。9-605＋9-861釋文作:

遷陵將尉計Ⅰ叚(假)丞華。Ⅱ

"尉計"一詞見於8-1952"遷陵尉計"。"將尉計叚(假)丞華"一詞由"事"(將尉計)、官名(叚(假)丞)、人名(華)三部分組成,類似的例子見於8-1559"將捕爰叚(假)倉玆"、8-77＋8-2＋8-108"遷陵將計叚(假)丞",[1]可爲佐證。此牘"遷陵將尉計叚(假)丞華"當是"華"負責遷陵尉計的身份憑證。

五、9-655＋9-862

里耶秦簡9-655號簡釋文作:

☐三月辛酉旦,走☐☐

"走"下一字,人名,原釋文疑是"達"。《校釋》存疑,簡文作:

是"適"字。里耶簡"適"字作:

（8-1462）　　　　（8-50）

寫法近似,可參看。9-862號簡釋文作:

---

[1] 何有祖:《讀里耶秦簡札記(一)》,簡帛網2015年6月17日,http://www.bsm.org.cn/show_article.php?id=2261。

☒以來吏☒

9-655、9-862號簡二片茬口吻合,可綴合。9-655＋9-862釋文作:

☒三月辛酉旦,走適以來。吏☒

"走適以來",類似表述見於:

獄東曹書一封,丞印,詣無陽。·九月己亥水下三刻,走佁以來。5-22①

辛巳,走利以來。/□半。憙☒　8-67背＋8-652背

八月癸巳水下四刻走賢以來。/行半。☒Ⅲ　8-133背

皆爲走＋人名＋以來。"走適"之"適"當用作人名。9-887"☒爰書:吏走使小隸臣適自☒","適"用作人名,"使小隸臣"是其對其年齡(或身高)、身份等的描述,②其職事也是"走"。因信息有限,二處所出現的走"適",是否同一人,待考。本簡記錄了走"適"的行書月日及大致時辰。

六、9-1104＋9-2464

里耶秦簡有二殘片,其釋文作:

☒北辟得☒Ⅰ

☒若張若□若□☒Ⅱ　9-1104

……　9-1104背

☒它【物】當陽☒　9-2464

☒習令　☒　9-2464背

二片茬口不能密合,但有三處凹痕能對接,可知茬口處有殘損。其釋文作:

---

① 何有祖:《讀里耶秦簡札記(四則)》,簡帛網2015年6月10日,http://www.bsm.org.cn/show_article.php?id=2257。

② 張家山漢簡《二年律令·金布律》418號簡有"大男……大女及使小男",整理者注:"整理小組:大男,簡文中還有'大女''使小男''使小女',據居延漢簡,六歲以下爲未使男、未使女,七歲至十四歲爲使男、使女,十五歲及以上爲大男、大女,其使男、使女與未使男、未使女統稱小男、小女,見《楊聯陞文集》,第六頁,中國社會科學出版社,一九九二年。"此處"使小隸臣",大致與"使小男"對應。凌文超先生指出,"使""未使"是與廩給有關的社會身份。(凌文超:《小未傅——漢晉賦役制度識小之一》,簡帛網2010年11月26日,http://www.bsm.org.cn/show_article.php?id=1338。)

☐習令　北辟得☐Ⅰ　9-2464 背＋9-1104

☐它【物】當陽……若張若☐若☐☐Ⅱ　9-2464＋9-1104 背

從書寫内容看，是習字簡。

七、9-1758＋8-419＋8-612

里耶秦簡有二殘片，其釋文作：

☐及雞Ⅰ遣市束Ⅱ一薄（簿）。Ⅲ　8-419＋8-612

廿六年金布Ⅰ

兵當繕者Ⅱ

☐　9-1758

上揭殘簡中，《校釋一》已綴合 8-419＋8-612。① 9-1758 號簡與 8-419＋8-612 茬口吻合，可復原"及""雞"字，可綴合，綴合後簡文大致完整，其釋文作：

廿六年金布Ⅰ兵當繕者☐及雞Ⅱ遣市束Ⅲ一薄（簿）。Ⅳ

"及"前一字，原釋文未釋，《校釋一》指出，似是"鴈"。《説文》："鴈，鵝也。"適可與雞並列。② 今按：字左下從鳥，左上從疒，似是"獻"字。"金布兵當繕者獻"，"雞遣市"，大概指將用於市場交易的"雞"。"束"，張春龍先生曾指出，束與它所揭示的公文衣籍等捆綁極緊密牢靠。這裏應是集中捆縛，集中之意。③

本牘上端有穿孔的痕迹，爲簽牌，大概掛在裝有遷陵縣廿六年"金布兵當繕者獻及雞遣市束"簿籍的笥上，以便於瞭解其内容。

八、9-1843＋9-2783＋9-3172

里耶秦簡有三殘片，釋文作：

☐辯辨臣☐Ⅰ

☐☐事得☐☐Ⅱ　9-1843

---

① 陳偉主編，何有祖、魯家亮、凡國棟撰著：《里耶秦簡牘校釋（第一卷）》第 145 頁。
② 陳偉主編，何有祖、魯家亮、凡國棟撰著：《里耶秦簡牘校釋（第一卷）》第 145 頁。
③ 張春龍：《里耶一號井的封檢和束》，《湖南考古輯刊》第 8 集，岳麓書社 2009 年，第 65—70 頁。

☑□□□☑　9-1843 背
☑亦得☑Ⅰ
☑□☑Ⅱ　9-2783
☑□□☑　9-2783 背
☑毋恙也毋　9-3172
☑□心心心　9-3172 背

三片茬口吻合,可綴合,其釋文作:

☑辯辨臣亦得毋恙也毋☑Ⅰ
☑□事得□□☑Ⅱ　　9-1843＋9-2783＋9-3172
☑□□□□□心心心☑　9-1843 背＋9-2783 背＋9-3172 背

從綴合後所得文句看,應是習字簡,所學習的對象似是書信。其中"臣亦得毋恙也"在書信中常見。

九、9-2803＋9-2779＋9-2818

里耶秦簡有三殘片,其釋文作:

☑□□☑　9-2779
☑校長囚魚☑　9-2803
☑□□☑　9-2818

楊先雲女士指出 9-2779、9-2818 可綴合,其釋文作:

☑□□□□☑　9-2779＋9-2818①

今按:9-2803 號簡下端可與 9-2779＋9-2818 綴合。9-2803＋9-2779＋9-2818 號簡釋文作:

☑校長囚魚□捕繆☑

捕繆,二字原釋文未釋。"繆"有兩種可能,其一用作人名,見於 8-786 號簡"☑繆死。卅二☑";其二,訓作差錯,如 8-70＋8-1913"勿令繆失"、8-75＋8-166＋8-485"毋令校繆",《秦律十八種·金布律》70-71 號簡"計毋相繆"整理小組注釋云:"繆,差錯。"

---

① 楊先雲:《〈里耶秦簡(貳)〉殘簡綴合四則》,簡帛網 2019 年 3 月 27 日,http://www.bsm.org.cn/show_article.php?id=3346。

9-2803＋9-2779＋9-2818"校長囚魚□捕繆",可指校長囚魚逮捕繆,也可能指校長囚魚逮捕行爲出現了差錯,具體如何,待考。本簡與校長囚魚執行逮捕事務有關。

一〇、9-3179＋9-3180

里耶秦簡有二殘片,其釋文作:

☒五☒　9-3179

☒□□☒　9-3179 背

☒日☒　9-3180

☒□□☒　9-3180 背

二片茬口吻合,可綴合,簡正面"五日",簡背面復原之字,原未釋,是"爲",書寫方向與"五日"相反。二片綴合後的釋文作:

☒五日☒　9-3179＋9-3180

☒爲☒　9-3179 背＋9-3180 背

本簡内容簡略,所記録事件及用途不詳。

一一、9-3185＋9-3184

里耶秦簡有二殘片,其釋文作:

☒六月☒　9-3185

☒以繆☒　9-3185 背

☒辛未日☒　9-3184

☒□庫丙☒　9-3184 背

上揭二殘片,茬口吻合,書寫特徵接近,可綴合。綴合後的釋文作:

☒六月辛未日☒　9-3185＋9-3184

☒以繆□庫丙☒　9-3185 背＋9-3184 背

"繆"字左所從糸下部表分叉的絲的筆畫脱落,右下所從彡,其中"彡"只寫了兩撇,如 8-2471 ,與 8-70 中"彡"寫了三撇不同。此類筆畫差異在整體構形穩定的情況下,並不影響文字的釋讀。但對判斷"庫"前的墨點並非"繆"字的筆畫較爲關鍵,其圖作:

《里耶秦簡(貳)》綴合札記 · 59 ·

從上圖可以看出"庫"上有一墨點在"繆"字所從纟下方,距離"繆"字有一定距離,應是獨立存在的標識符號。故而釋文可進一步調整作:

　　☒六月辛未日☒　　9-3185＋9-3184
　　☒以繆・庫丙☒　　9-3185背＋9-3184背

"庫丙",比照 8-173"庫武"例,可知"丙"用作人名。本簡似與庫有關,因簡文仍殘,上下文不明,具體情形待考。

附記:在與楊先雲女士交流過程中,發現我們都各自綴合了 9-3179＋9-3180、9-3185＋9-3184,她的文章後來發表在簡帛網上(楊先雲:《〈里耶秦簡(貳)〉殘簡綴合四則》,簡帛網 2019 年 3 月 27 日,http://www.bsm.org.cn/show_article.php?id=3346),請參看。不敢掠美,謹志於此。本文對綴合後的釋文有進一步討論,故而仍附於此。

附圖:

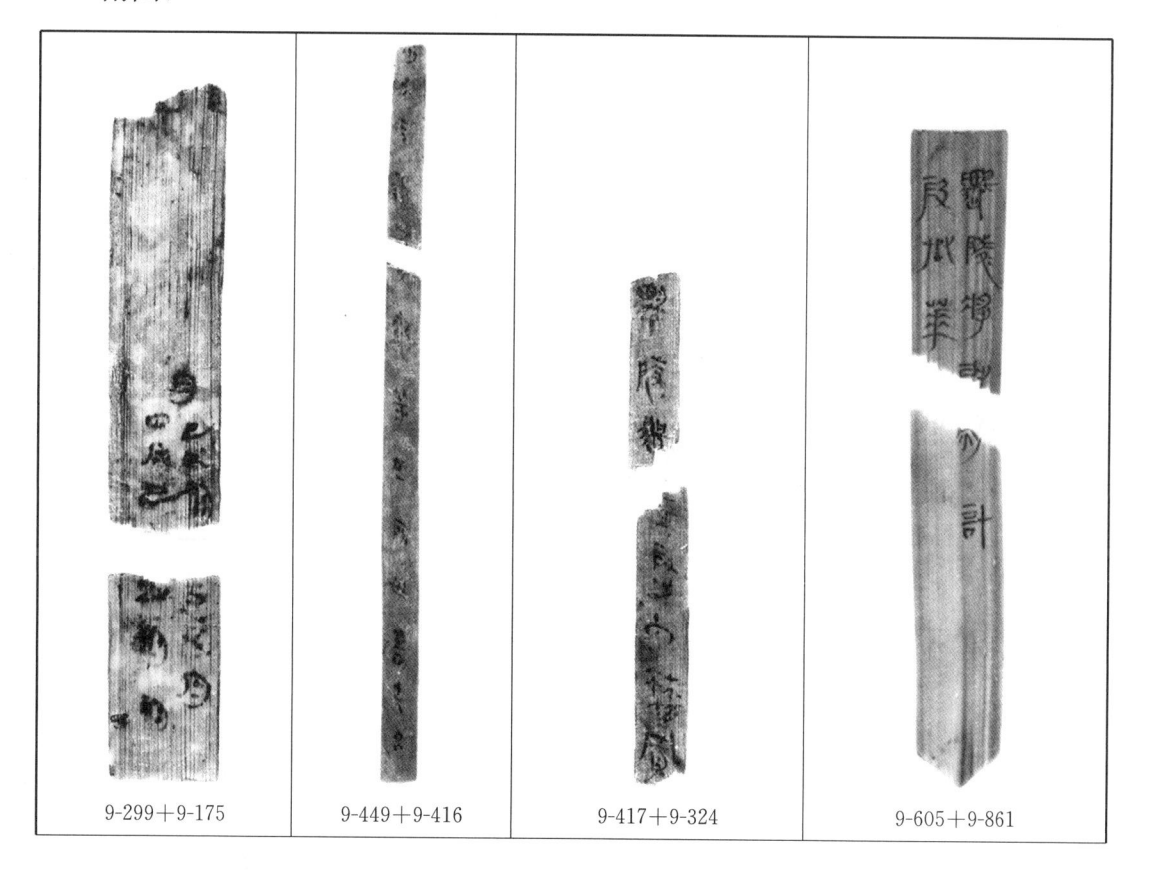

| 9-299＋9-175 | 9-449＋9-416 | 9-417＋9-324 | 9-605＋9-861 |

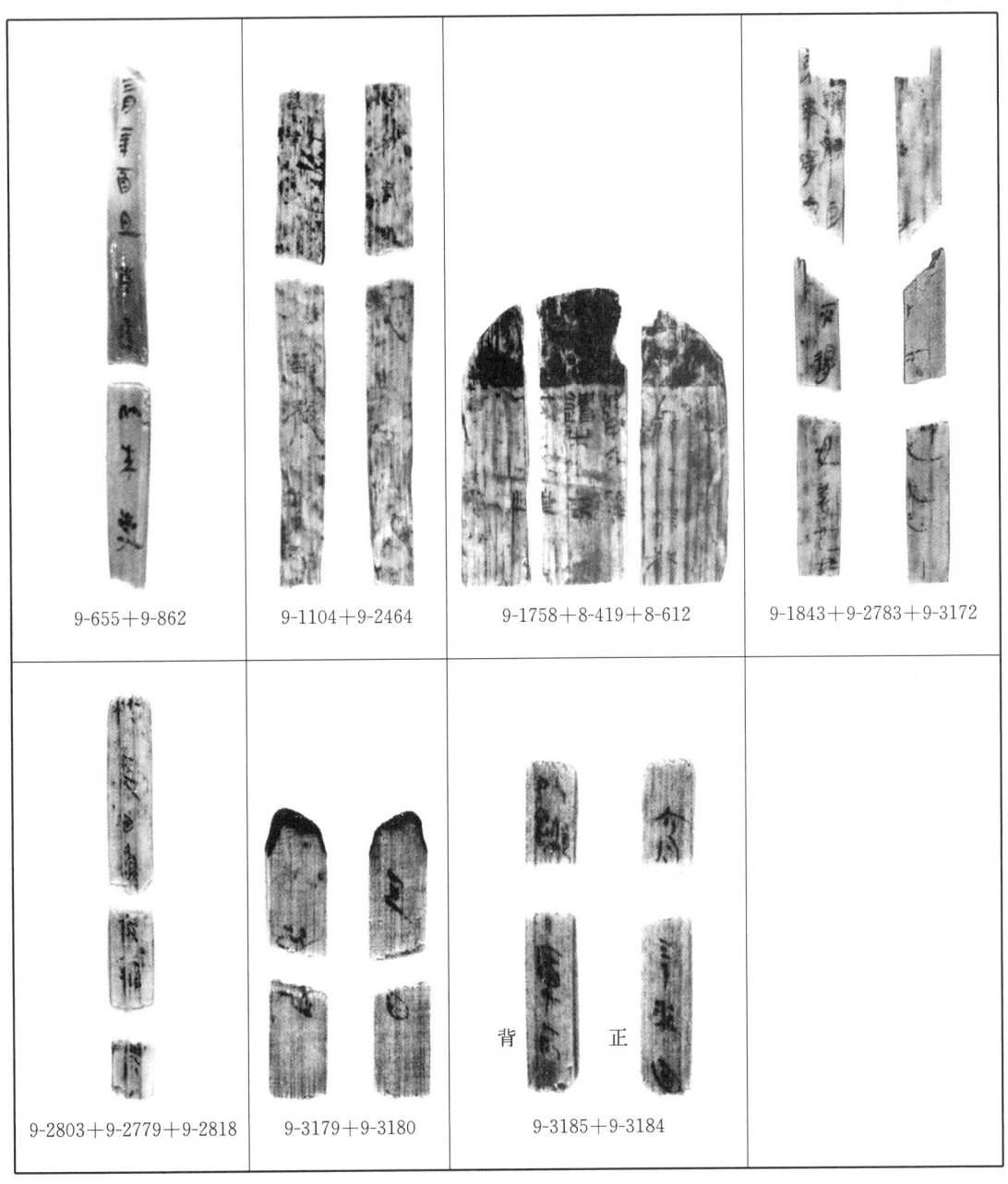

續　表

9-655＋9-862	9-1104＋9-2464	9-1758＋8-419＋8-612	9-1843＋9-2783＋9-3172
9-2803＋9-2779＋9-2818	9-3179＋9-3180	9-3185＋9-3184 背　　　正	

《里耶秦簡(貳)》綴合十二則*

楊先雲

摘　要：《里耶秦簡(貳)》公佈了三千餘枚簡牘,然簡牘殘斷較爲嚴重,影響了這批簡牘的研究價值,殘簡的綴合復原工作就尤爲必要。本文提出十二則簡牘綴合意見,並對其釋文內容略作補充,希望能對里耶秦簡的整理研究有所裨益。

關鍵詞：《里耶秦簡(貳)》　綴合　釋文　考釋

近日研讀《里耶秦簡(貳)》,偶得數則綴合,現筆錄如下,不當之處,敬祈方家批評指正。

一

里耶 9-134 號簡釋文作：

粟=一石八斗半斗　廿七年端月丁未倉武佐壬稟陵出稟大隸妾☑
月五斗半斗　☐月食　令史行監☑

里耶 9-262 號簡釋文作：

☑援六斗大半斗律六斗少半☑

兩簡皆是校券內容,在形制、字形及書寫風格上一致,且紋路、茬口吻合,文義連貫,當可綴合(見附圖一)。兩支殘簡拼合後爲完整簡,釋文作：

粟米一石八斗半斗。廿七年端月丁未,倉武、佐壬、稟[人]陵出稟大隸妾

---

* 本文寫作得到 2019 年國家社會科學基金"冷門'絕學'和國別史等研究專項"項目"里耶秦簡所見秦代縣制研究"(19VJX007)資助。

援六斗大半斗,律六斗少半,月五斗半斗。☐二月食。令史行監。9-134＋9-262

陳偉先生曾就出土秦簡"正"字使用情況,得出秦始皇統一之初的二十六年、二十七年只稱"端月"而不稱"正月"的結論。① 里耶9-134簡文"廿七年端月丁未"再次驗證了陳説。簡文"禀陵"應脱寫"人",當爲"禀人陵",又見於里耶8-1551號簡。簡文"少半"應指"少半斗",如此表述又見於里耶9-365"一石四斗少半"、9-879"九斗少半"。簡文"援""律""月"皆是大隸妾名,援爲六斗大半斗、律爲六斗少半斗、月爲五斗半斗,共計一石八斗半斗,與簡文"粟米一石八斗半斗"總量一致。

二

里耶9-763號簡釋文作:

　　徑廥粟㊀一石泰半斗　卅一年五月壬子朔己未田官守敬佐鄧禀人娙出貣罰戍公卒襄武☐
　　　　令史逐視平　☐

里耶9-775號簡釋文作:

　　　☐宜都趙
　　　☐　鄧手

我們注意到兩簡形制、字形及書寫風格一致,且紋路、茬口吻合,文義連貫,當可綴合(見附圖二)。兩支殘簡拼合後爲完整簡,釋文作:

　　徑廥粟米一石泰半斗。　卅一年五月壬子朔己未,田官守敬、佐鄧、禀人娙出貣罰戍公卒襄武宜都趙。
　　　　令史逐視平。鄧手。9-763＋9-775

簡文"襄",里耶秦簡校釋小組認爲是"襄城"的簡稱(或説此處脱寫"城"字),縣名;武宜都(或"武宜"),里名。又里耶8-2246號簡"田官守敬、佐壬、禀人娙出禀罰戍公卒襄城武宜都胅、長利士五(伍)甗"可參看。② 林少平先生指出《漢書·地理志》隴西郡有襄武縣,簡文"襄武"或爲縣名而"宜都"爲里名。里耶8-2246號簡"襄城"恐是書寫者

---

① 陳偉:《秦避諱"正"字問題再考察》,《出土文獻研究》第14輯,中西書局2015年,第101—108頁。
② 里耶秦簡校釋小組:《〈〈里耶秦簡(貳)〉簡牘綴合續表〉等文讀後記》,簡帛網2018年5月15日,http://www.bsm.org.cn/show_article.php?id=3092。

抄録時誤以爲是"襄城"而多一"城"字。① 林説可從,"長利"當爲襄武縣里名,里耶 9-2215＋9-2209 即有"城父長利"簡文,城父縣也有長利里。簡文"襄武"應爲縣名,即今甘肅省隴西縣。另相家巷出土秦封泥有"襄武□□"②,也可證襄武在秦代早已設縣。里耶 9-965 號簡有"襄武内史",據晏昌貴先生指出里耶秦簡常見"縣名·郡名"此類文例,皆表明前者是後者之屬縣。③ 而劉聰先生據此懷疑里耶 9-760"城父淮陽"這類表述也是如此,城父縣爲淮陽郡屬縣,④由此我們推測襄武縣在秦代或屬内史,而非《漢書·地理志》所載屬隴西郡。嶽麓書院藏秦簡《亡律》載"郡及襄武、上雒、商、函谷關外人及□(遷)郡、襄武、上雒、商、函谷關外(053/2106)男女去闌亡、將陽,來入之中縣道(054/1990)",由嶽麓秦簡所載可知"襄武"屬"中縣道",⑤而嶽麓秦簡 093/2107 載:"□□□罪而與郡縣道及告子居隴西縣道及郡縣道者,皆毋得來之中縣道官。"⑥由此可知,"中縣道"與"隴西縣道""郡縣道"並列,互不統轄,而"襄武"屬"中縣道",非"隴西縣道",張家山漢簡《二年律令·置吏律》簡 214-215:"縣道官之計,各關屬所二千石官。其受恒秩氣(乞)稟,及求財用年輸,郡關其守,中關内史,受授爵及除人關於尉。"⑦"郡"與"中"相對,這裏的"中"應是"中縣道",受内史管理。《漢書·地理志》"本秦京師爲内史",顏師古注:"京師,天子所都畿内也。秦并天下,改立郡縣,而京畿所統,特號内史,言其在内,以别于諸郡守也。"楊振紅先生指出秦代京師之地行政長官爲内史,故其所轄京師之地也稱内史。⑧ "上雒"與"商"在秦代屬内史,漢劃歸弘農郡,内史與郡同級,亦可論證襄武縣在秦代屬内史,而非隴西郡。據目前公佈的里耶秦簡中"檢"類似"縣名＋郡名"統計,我們懷疑"縣名＋郡名"的前者縣皆屬後者郡,具體將另文論述,此處不再贅述。

---

① 簡帛網-簡帛論壇-簡帛研讀-"《里耶秦簡(貳)》初讀"下第 2 樓林少平的意見,2018 年 5 月 15 日,http://www.bsm.org.cn/bbs/read.php? tid＝4309。
② 周曉陸、陳曉捷、湯超、李凱:《於京新見秦封泥中的地理内容》,《西北大學學報》(哲學社會科學版),2005 年第 4 期,第 122 頁。
③ 晏昌貴:《秦簡牘地理研究》,武漢大學出版社 2017 年,第 123 頁。
④ 劉聰:《讀〈里耶秦簡(貳)〉札記一則》,簡帛網 2018 年 10 月 25 日,http://www.bsm.org.cn/show_article.php? id＝3242。
⑤ 陳松長主編:《嶽麓書院藏秦簡(肆)》,上海辭書出版社 2015 年,第 56 頁。嶽麓秦簡"襄武"屬"中縣道"材料蒙何有祖老師告知。
⑥ 陳松長主編:《嶽麓書院藏秦簡(肆)》,第 69 頁。
⑦ 張家山二四七號漢墓竹簡整理小組編:《張家山漢墓竹簡[二四七號墓]》,文物出版社 2001 年,第 161 頁。
⑧ 楊振紅:《從秦"邦""内史"的演變看戰國秦漢時期的郡縣制的發展》,《中國史研究》2013 年第 4 期,第 59 頁。

三

里耶 9-1033 號簡釋文作：

徑䣅粟=三石六斗二升半升　•卅一年

里耶 9-726 號簡釋文作：

☒正月甲寅倉守武史感禀人援出禀使☒
☒令史狂視平☒

里耶 9-1033 與 9-726 號簡形制一致，且紋路、色澤皆吻合，茬口也較密合，文義連貫，當可綴合（見附圖三）。"使"，即役使，如里耶 8-448＋8-1360"年三月癸丑，倉守武、史感、禀人堂出禀使小隸臣就"、8-1580"年正月戊午，倉守武、史感、禀人援出禀使小隸臣壽。令史狂視平。感手。"兩支殘簡拼合後釋文作：

徑䣅粟米三石六斗二升半升。•卅一年正月甲寅，倉守武、史感、禀人援出禀使☒
令史狂視平。☒　9-1033＋9-726

四

里耶 9-1113 號簡釋文作：

卅五年十一月辛卯朔=日都鄉守擇敢言之上十一月平賈謁布鄉☒
十一月辛卯朔己酉遷陵守丞繹下尉鄉官以律令從事以次☒
府 印 行尉　☒（正）
十一月辛卯都鄉守擇與令史就褎取市賈平　☒
粱米石廿五錢　毋□它物者☒
粱米石廿錢　　十一月乙未☒（背）

里耶 9-1090 號簡釋文作：

☒官敢言之☒
☒傳別書/就☒（正）
☒□旦都鄉佐□☒（背）

里耶 9-1088 號簡釋文作：

☒ /啓手

☒ □手/十一月己酉旦守（正）

☒ □以來/就發（背）

里耶 9-1113、9-1090、9-1088 號簡在形制、字形及書寫風格上一致，且紋路、茬口皆吻合，文義連貫，當可綴合。里耶秦簡 9-1090 號簡背面最後一字殘筆可與 9-1088 號簡首字殘筆拼合作 ▨，當是"啓"字，爲都鄉佐名。復原"就""未"等字（見附圖四 A、B）。整理者所釋"褋"作 ▨，里耶秦簡校釋小組直接釋作"雜"，①當可從，表共同之義。《漢書·雋不疑傳》"詔使公卿將軍中二千石雜識視"，顏師古注："雜，共也。"《漢書·楚元王傳》："爲宗正丞，雜治劉澤詔獄。"顏師古注："雜，謂以他官共治之也。"張家山漢簡《二年律令·收律》簡 179："當收者，令獄史與官嗇夫、吏雜封之。"②三支殘簡拼合後爲完整簡，釋文作：

卅五年十一月辛卯朔朔日，都鄉守擇敢言之：上十一月平賈（價），謁布鄉官。敢言之。/啓手。

十一月辛卯朔己酉，遷陵守丞繹下尉、鄉官：以律令從事。以次傳，別書。/就手。/十一月己酉旦，守府印行尉。9-1113 正＋9-1090 正＋9-1088 正

十一月辛卯，都鄉守擇與令史就雜取市賈（價）平。

秌米石廿五錢。③

粢（粱）米石廿錢。④

毋賣它物者。⑤

十一月乙未旦，都鄉佐啓以來。/就發。9-1113 背＋9-1090 背＋9-1088 背

---

① 里耶秦簡校釋小組：《〈里耶秦簡（貳）〉簡牘綴合續表〉等文讀後記》。
② 張家山二四七號漢墓竹簡整理小組編：《張家山漢墓竹簡［二四七號墓］》，文物出版社 2001 年，第 157 頁。
③ "秌"，原釋文作"粱"，本文從里耶秦簡校釋小組改釋。參里耶秦簡校釋小組：《〈里耶秦簡（貳）〉簡牘綴合續表〉等文讀後記》。
④ "粢"，本文從里耶秦簡校釋小組讀作"粱"。參里耶秦簡校釋小組：《〈里耶秦簡（貳）〉簡牘綴合續表〉等文讀後記》。
⑤ "賣"，原釋文未釋，本文從里耶秦簡校釋小組所釋。參里耶秦簡校釋小組：《〈里耶秦簡（貳）〉簡牘綴合續表〉等文讀後記》。

五

里耶 9-1177 號簡釋文作：

　　元年八月庚朔癸巳少内☐☑
　　收者課　問之毋當☑（正）
　　☐☐☐☐☐　行☑（背）

簡文"問之毋當"後常接"令者"，如里耶 8-145、8-767 號簡"問之，毋當令者。"翻檢里耶秦簡，查得里耶 9-1372 號簡與之相關，其釋文作：

　　☑☐敢言令☑
　　☑令者敢☑

兩簡形制、字形及書寫風格上一致，且紋路、色澤、茬口較吻合，文義連貫，當可綴合。完整復原"壬"（見附圖五），人名。"收者課"，疑當與收没者有關的考課。如張家山漢簡《二年律令》有《收律》，皆是關於犯罪連坐收没罪人家屬和財産的法律。里耶 9-745＋9-1934 亦見"少内守狐入佐書，收敝韋帶一……"少内管理收没者財物一事。兩支殘簡拼合後釋文作：

　　元年八月庚朔癸巳，少内壬敢言令☑
　　收者課。問之，毋當令者，敢☑ 9-1177 正＋9-1372 正
　　……行☑ 9-1177 背

六

里耶 9-1417 號簡釋文作：

　　卅一年後九月☐辰☑
　　志☐☐☐☐☐☑（正）
　　後九月☐☐旦史☐☑（背）

里耶 9-1691 號簡釋文作：

　　☑朔丙午遷陵丞昌敢言之令曰上臣邑
　　☑毋當令者敢言之　－－－－（正）
　　☑行……☐手（背）

兩簡形制、字形及書寫風格上一致,且紋路、色澤、茬口較吻合,文義連貫,當可綴合。完整復原"朔""之"字(見附圖六)。"臣邑",里耶秦簡校釋小組認爲是遷陵丞昌對自己所領之縣的稱述。①《公羊傳》昭公五年:"不以私邑累公邑也"徐彦疏:"公邑,君邑也;私邑,臣邑也。"林少平先生據此指出"臣邑"或指"封邑"。② 簡文"臣邑"應從林説,爲封邑,遷陵縣無封邑,故而"毋當令者"。漢簡有"上邑計"記載,③邑要上計於郡及邑主,里耶秦簡"上臣邑志"或與漢代"上邑計"相似。兩支殘簡拼合後爲完整簡,釋文作:

　　卅一年後九月庚辰朔丙午,④遷陵丞昌敢言之:令曰上臣邑志□□。・問之,⑤毋當令者。敢言之。9-1417 正＋9-1691 正

　　後九月□□旦,史□行。⑥ □手。9-1417 背＋9-2236 背

七

里耶 9-1497 號簡釋文作:

　　☒癸亥朔己巳少内守狐佐郤入高里大☒

里耶 9-2236 號簡釋文作:

　　☒女子昭婢紅自殺紅私衣布禪襦二布禪帬一收・凡

兩簡形制、字形及書寫風格上一致,且紋路、色澤、茬口較吻合,文義連貫,當可綴合(見附圖七)。"襦",《説文》:"襦,短衣也。"段玉裁注:"襦若今襖之短者。""禪",《説文》:"禪,衣不重。"即單衣。《方言》云:"汗襦,陳、魏、宋、楚之間謂之襜襦,或謂之禪襦。"郭璞注:"今或呼衫爲禪襦"。"帬",即"裙",《説文》:"帬,下裳也。"睡虎地秦簡

---

① 里耶秦簡校釋小組:《〈里耶秦簡(貳)〉簡牘綴合續表》等文讀後記》。
② 林少平:《〈里耶秦簡(貳)〉初讀》第 6 樓,簡帛網簡帛論壇 2018 年 5 月 16 日,http://www.bsm.org.cn/bbs/read.php?tid=4309。
③ 張顯成、周群麗:《尹灣漢墓簡牘校理》,天津古籍出版社 2011 年,第 32 頁。
④ "庚",原釋文未釋,本文從里耶秦簡校釋小組所釋。參里耶秦簡校釋小組:《〈里耶秦簡(貳)〉簡牘綴合續表》等文讀後記》。
⑤ "・問之",原釋文未釋,本文從里耶秦簡校釋小組所釋,"問之,毋當令者"辭例,里耶秦簡常見。參里耶秦簡校釋小組:《〈里耶秦簡(貳)〉簡牘綴合續表》等文讀後記》。
⑥ "行",原釋文未釋,本文從里耶秦簡校釋小組所釋。參里耶秦簡校釋小組:《〈里耶秦簡(貳)〉簡牘綴合續表》等文讀後記》。

《封診式·賊死》簡 58:"衣布襌帬、襦各一。"①簡文"紅"爲大女子"昭"的婢,而後納入少內自殺。里耶 9-745＋9-1934 亦爲少內守狐管理收没財物之事,此簡缺失日期當與 9-745＋9-1934 相近,爲"卅四年九月"。兩支殘簡拼合後釋文作:

　　　　☒癸亥朔己巳,少內守狐、佐卻入高里大女子昭婢紅。② 自殺。③ 紅私衣布襌襦二、布襌帬(裙)一,收。・凡 9-1497＋9-2236

八

里耶 9-1520 號簡釋文作:

　　　　卅四年後九月☐☐朔己亥☐☐☐☒
　　　　春鄉黔首爲除道通食☐☒
　　　　子署＝前死書後到毋責☒
　　　　敢告主　　☒

里耶 9-1079 號簡釋文作:

　　　　☒☐☐敢告☐主＝☐☐☐☐☐
　　　　☒書六封粟＝三石三斗☐☐☐☐☐
　　　　☒☐寫☐環當更券它如律令(正)
　　　　☒　華手(背)

兩簡形制、字形及書寫風格上一致,且紋路、色澤、茬口較吻合,文義連貫,當可綴合(見附圖八)。整理者未刊佈里耶 9-1520 背面圖版,當是背面無文字書寫。兩支殘簡拼合後釋文作:

　　　　卅四年後九月壬辰朔己亥,④☐☐☐☐☐敢告☐主,主☐☐☐☐☐

---

① 睡虎地秦墓秦簡整理小組:《睡虎地秦墓竹簡》,文物出版社 1990 年,第 157 頁。
② "卻",原釋文作"郤",本文從里耶秦簡校釋小組改釋。參里耶秦簡校釋小組:《〈里耶秦簡(貳)〉簡牘綴合續表〉等文讀後記》。
③ 里耶秦簡校釋小組斷句作"少內守狐、佐卻入高里大女子昭、婢紅自殺","紅"是高里大女子"昭"的奴婢,且據後文僅論述没收"紅"的私衣,我們懷疑僅"紅"被少內收入,而後自殺,而非"昭"和"紅"兩人,從而由此重新斷句。
④ "壬辰",原釋文未釋,本文從里耶秦簡校釋小組所釋。參里耶秦簡校釋小組:《〈里耶秦簡(貳)〉簡牘綴合續表〉等文讀後記》。

春鄉黔首爲除道通食牒書六封，①粟米三石三斗☐☐☐☐☐☐
子署，署前死，書後到，毋責。☐寫，②寫環，當更券，它如律令。
敢告主。9-1520 正＋9-1079 正
華手。9-1079 背

九

里耶 9-901＋9-902 爲整理者拼合，釋文作：

☑☐　卅一年四月癸未朔☐未田官守敬佐壬稟人娷出貣居責☐☑
☑　令史逐視平　　☐☑

整理者綴合意見可從。在閱讀過程中，發現兩支殘簡內容似與之相連。里耶 9-960 號簡釋文作：

☑☐武昌士五摯
☑　　壬手

里耶 9-1575 號簡釋文作：

徑儈粟＝一石九斗少半　☑

兩簡形制、字形及書寫風格上一致，且紋路、色澤、茬口較吻合，簡文皆屬校券內容，文義連貫，當可綴合。完整復原"半"字（見附圖九 A）。里耶 9-902"居責"後一字殘筆與 9-960 首字殘筆拼合作 ，當是"索"字（見附圖九 B），縣名，秦時屬洞庭郡，《漢書·地理志》屬武陵郡，在今湖南省常德市東北。四支殘簡拼合後爲校券完簡，其釋文作：

徑儈粟米一石九斗少半。卅一年四月癸未朔☐未，田官守敬、佐壬、稟
人娷出貣居責索（索）武昌士五（伍）摯。
　令史逐視平。壬手。9-1575＋9-901＋9-902＋9-960

---

① "牒"，原釋文未釋，本文從里耶秦簡校釋小組所釋。參里耶秦簡校釋小組：《〈里耶秦簡（貳）〉簡牘綴合續表〉等文讀後記》。
② "寫"後整理者未釋，里耶秦簡校釋小組改釋爲重文符號，當從。參里耶秦簡校釋小組：《〈里耶秦簡（貳）〉簡牘綴合續表〉等文讀後記》。

十

里耶 9-1903 號簡釋文作：

☑廿六年七月庚戌瘨舍守宣佐秦出稻粟=二斗以貸居貲士五巫需留利
☑☑
　　☑ 令史慶監　☑

里耶 9-2068 號簡釋文作：

☑□六日＝少半斗

兩簡形制、字形及書寫風格上一致，且紋路、色澤、茬口較吻合，文義連貫，當可綴合。茬口處殘簡拼合，可完整復原"積"字（見附圖十）。里耶 9-1903＋9-2068 爲一份完整"瘨舍稟食文書"，《里耶秦簡（貳）》常見，如里耶 9-1526＋9-502、9-1937＋9-1301＋9-1935、9-2303＋9-2292 皆與之性質一致，瘨舍或爲秦朝短暫存在安置受傷士卒的官署。① 兩支殘簡拼合後爲完簡，其釋文作：

廿六年七月庚戌，瘨舍守宣、佐秦出稻粟米二斗以貸居貲士五（伍）巫濡留利，②積六日，③日少半斗。令史慶監。9-1903＋9-2068

十一

里耶 9-1920 號簡釋文作：

稻一石五斗　廿六年☑
□定里枯　☑

里耶 9-1127 號簡釋文作：

---

① 詳參楊先雲：《秦簡所見"瘨"及"瘨舍"初探》，簡帛網 2018 年 5 月 16 日，http：//www.bsm.org.cn/show_article.php? id＝3102。
② "濡"，原釋文作"需"，本文從里耶秦簡校釋小組改釋。參里耶秦簡校釋小組：《〈〈里耶秦簡（貳）〉簡牘綴合續表〉等文讀後記》。
③ "積"，原釋文未釋，本文從里耶秦簡校釋小組改釋。參里耶秦簡校釋小組：《〈〈里耶秦簡（貳）〉簡牘綴合續表〉等文讀後記》。

☐年八月甲子倉守逐佐顯稟人青出稟乘城卒士五姊歸般里廣居貣士五朐

☐　令史釦監

兩簡形制、字形及書寫風格上一致，且紋路、色澤、茬口較吻合，文義連貫，當可綴合。茬口處殘簡拼合，可復原"年"字（見附圖十一）。姊，讀爲"秭"，秭歸縣名，《漢書·地理志》屬南郡，今湖北省秭歸縣。般里，里名，屬秭歸縣。"乘城卒"原籍爲秭歸縣還有里耶8-1516"順"。里耶9-1920號簡第二行首字作 ，整理者未釋，當是"忍"字，"朐忍"爲縣名，《漢書·地理志》屬巴郡，在今四川省雲陽縣西。定里，里名，屬朐忍縣。兩支殘簡拼合後爲完簡，其釋文作：

　　稻一石五斗。　廿六年八月甲子，倉守逐、佐顯、稟人青出稟乘城卒士五（伍）姊（秭）歸般里廣、居貣士五（伍）朐忍定里枯。令史釦監。9-1920＋9-1127

十二

里耶9-2470號簡釋文作：

　　卅一年十月己酉朔癸酉遷陵將☐

　　楬一牒上謁除籍敢言☐（正）

　　十月癸酉佐賈行　　☐（背）

里耶9-651號簡釋文作：

　　☐計叚丞枯敢言之☐馬一匹以卅一年死·今爲

　　☐言之（正）

　　☐尚手（背）

兩簡形制、字形及書寫風格上一致，且紋路、色澤、茬口較吻合，文義連貫，當可綴合。茬口處殘簡拼合，可復原"言"字（見附圖十二）。整理者釋"賈"字，圖版作 ，里耶秦簡校釋小組改釋作"見"。① 從圖版上看，字形更似"買"，與"見"字形相差較遠。"賈"與"買"字形比較如下：

---

① 里耶秦簡校釋小組：《〈里耶秦簡（貳）〉簡牘綴合續表》等文讀後記》。

| 買 | 8-154 | 8-395 | 8-1555 |
| 賈 | 8-466 | 8-683 | 8-2015 |

"買"作人名又見於里耶 8-537"敦長買"。"除籍",即從簿籍中除去其名,"□馬"死,故而在簿籍中除去。兩支殘簡拼合後爲完簡,其釋文作:

> 卅一年十月己酉朔癸酉,遷陵將計叚(假)丞枯敢言之:□馬一匹,以卅一年死。·今爲楯一牒上,謁除籍。敢言之。9-2470＋9-651
>
> 十月癸酉,佐買行。尚手。9-2470 背＋9-651 背

里耶秦簡校釋小組關於"將計叚丞"注釋云:

> "將計",似指帶領上計。里耶 9-452 有"丹陽將奔命尉",爲類似表述。將計叚(假)丞,官名,又見于里耶 9-2106,8-164＋8-1475 还有"遷陵將計丞",可參看。①

與"將計丞"類似的還有"將奔命校長"(里耶 8-537)、"將粟佐"(里耶 8-1050)、"將捕爰叚(假)倉"(里耶 8-1559)、"將尉"(里耶 9-605)、"將田鄉守"(里耶 9-2298)。關於"將粟佐",林少平先生指出:

> "將粟佐"不是單純的官名,應當理解爲任務＋官職,"將粟"爲任務,佐爲官職。8-439＋8-537"將奔命校長",其結構正與 8-1050 簡文同,其中"將奔命"即任務,校長則是官職。又如 8-1559 簡文"將捕爰叚倉",其結構亦與 8-1050 簡文同,其中"將捕爰"即任務,叚倉是官職。8-1475 簡文"【遷】陵將計丞",8-757 簡文"治虜御史",亦當同上述結構,嶽麓秦簡 0680 簡文有"監令史",里耶秦簡"出入物登記類文書"令史監或視平,皆爲此類官職。據"遷陵吏員志"可知,官吏普遍存在"徭使"任務。故此類官職結構當是"以某人任某官職而被派遣去做其他事務或兼管其他工作",其内涵即類似於宋代所

---

① 里耶秦簡校釋小組:《〈《里耶秦簡(貳)》簡牘綴合續表〉等文讀後記》。

謂的"權知"。①

林説可從,如里耶 9-605"遷陵將尉","將尉"又見於《史記·陳涉世家》:"將尉醉,廣故數言欲亡,忿恚尉,令辱之,以激怒其衆。尉果笞廣。尉劍挺,廣起,奪而殺尉。陳勝佐之,并殺兩尉。"《索隱》注"將尉"云:"官也。《漢舊儀》'大縣二人,其尉將屯九百人',故云將尉也。""將尉"原未有此官名,僅是因爲縣尉任務是將屯,故稱作"將尉"。由此可推論,"將奔命尉""將計丞""將捕爰叚倉""將田鄉守"等表述皆是如此,具體執行任務名稱加官名有強調任務之意,將同類官員以具體的主管事務、負責的任務來區分,與里耶秦簡中常見的"遷陵主户""主金布"等表述強調主管事務來分別官員一致。如秦官中也有"將作少府""治粟内史"等,也當是任務加官名,而後漸成固定官名。在漢代就更爲常見,如"將田"在漢簡中常與官名連用,將田爲將兵屯田的省稱,也是任務,如"將田車師己校尉"。② 再如漢簡常見的"將轉守尉","將轉"即將兵轉送,也是任務,與官名連用。

附圖:

圖一　　　　圖二　　　　圖三　　　　圖四 A　圖四 B

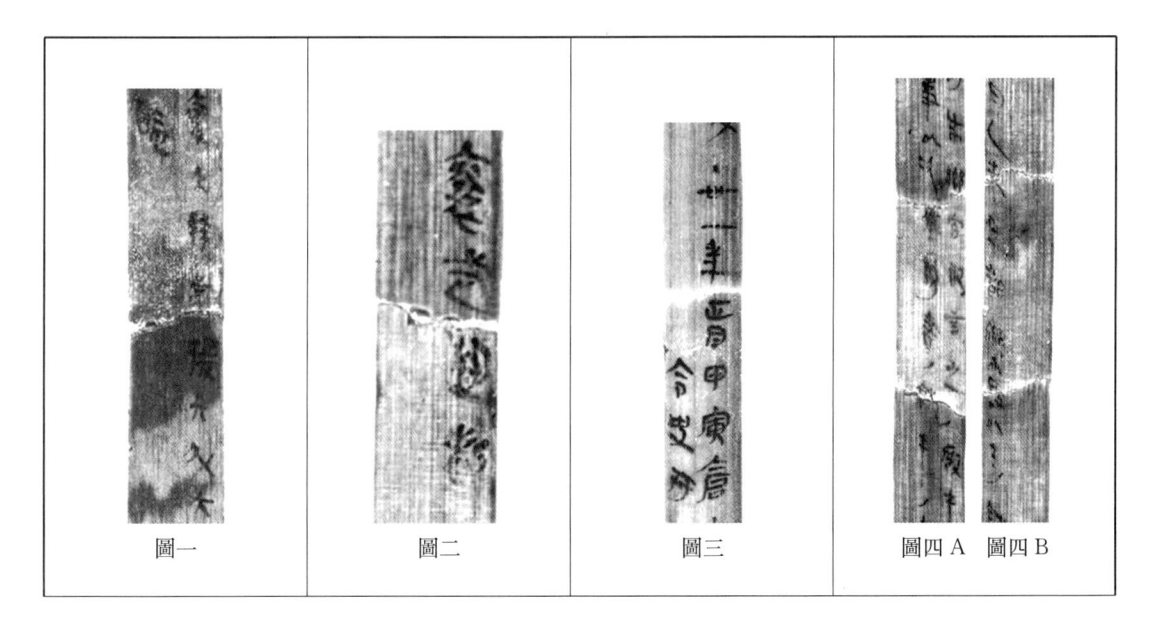

① 簡帛網-簡帛論壇-簡帛研讀-"關於遷陵縣'一都三鄉'行政結構的意見"下第 2 樓林少平的意見,2016 年 5 月 29 日,http://www.bsm.org.cn/bbs/read.php? tid=3368。
② 胡平生、張德芳:《敦煌懸泉漢簡釋粹》,上海古籍出版社 2001 年,第 120 頁。

續　表

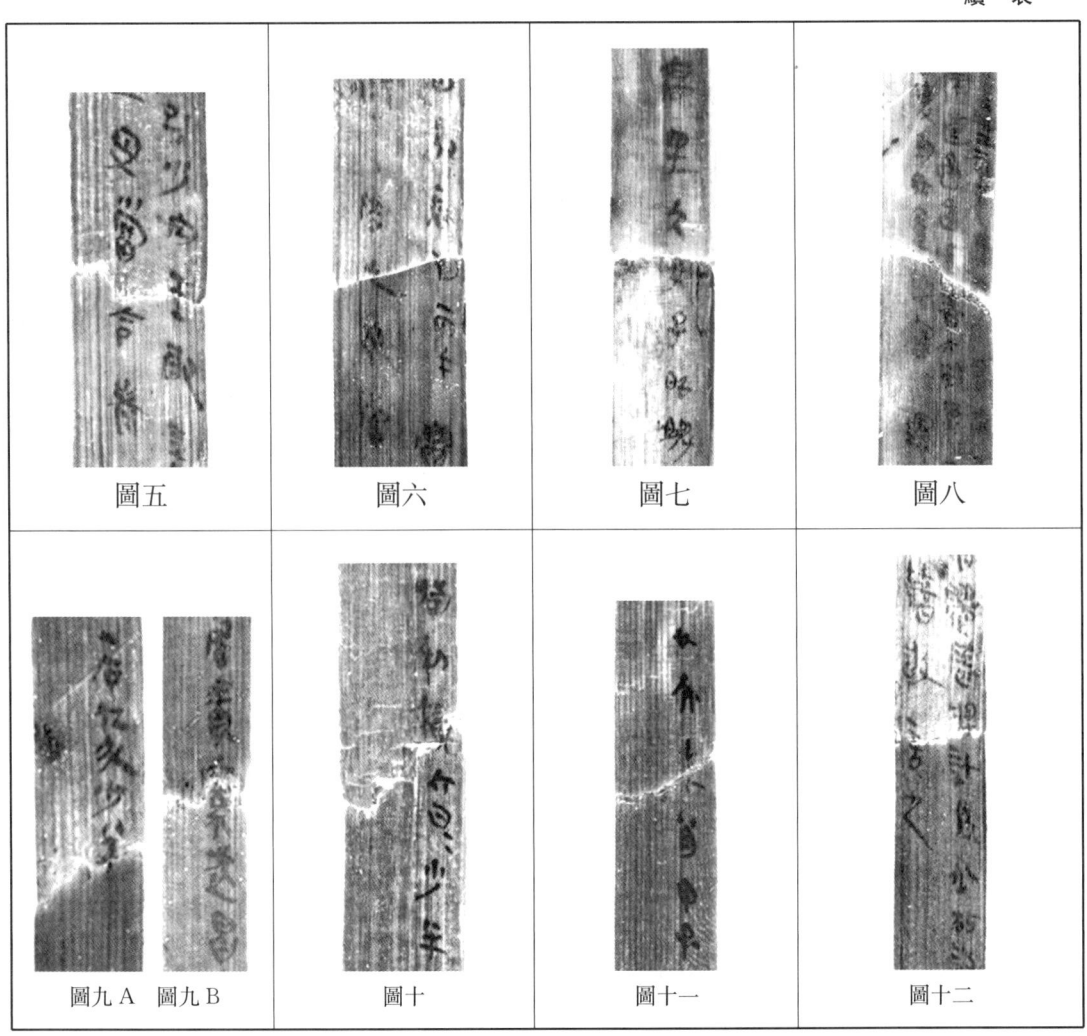

圖五	圖六	圖七	圖八
圖九 A　圖九 B	圖十	圖十一	圖十二

附記：本文寫作過程中，何有祖老師提供了寶貴的修改意見，謹致感謝。

里耶秦簡"斗""升"譌誤問題補説*

晉　文

摘　要："斗""升"的譌誤問題是中國古代書寫中的常見現象。通過數學方法對里耶秦簡所載大隸妾等廩食定量進行驗證，可知其大月 30 天的廩食定量爲一石二斗五升，小月 29 天的定量爲一石二斗又六分之五升，亦即"一石二斗少半半升"，而近似定量則爲一石二斗又六分之四升。加之出糧的時間、地點和人物相同，廩食的定量必定相同。這就完全證實：里耶簡 8-766 釋文中的"少半斗"是漏寫了"半"的重文符號，並譌升爲斗；也充分體現了數學驗證在文獻校訂中的作用。

關鍵詞：里耶秦簡　斗　升　譌誤　驗證

因字形相近，"斗""升"在中國古代典籍書寫和識別中經常會出現譌誤。有時會譌斗爲升，有時會誤升爲斗。里耶秦簡也不例外，唐强《里耶秦簡牘"升、斗"及"手、半"訂譌八例》便對此做了相關論述。文中以里耶簡 8-766 的釋文，亦即"徑會粟米一石二斗少半斗。卅一年十一月丙辰，倉守妃、史感、廩人援出廩大隸妾始"爲典型材料，[①]提出原釋文"一石二斗少半斗"當校補爲"一石二斗少半升"。具體論證如下：

> 簡 8-766 是一份廩食文書記録，其中簡文"一石二斗少半 C"的 C 字，整理者及《校釋》均釋爲"斗"；另有整理者注釋"左側刻齒爲'一石二斗少半斗'"。今按：C 字圖版……雖不甚清楚，但仍然可辨識，當爲"升"字。據張春龍、日大川龍俊、日籾山明《里耶秦簡刻齒簡研究——兼論嶽麓秦簡·數

---

* 本文爲國家社科基金重大項目"秦漢三國簡牘經濟史料彙編與研究"（19ZDA196）階段性研究成果之一，並得到中國社會科學院重大研究項目《中華思想通史》（封建社會編）和江蘇省一級學科重點學科南京師範大學中國史項目的資助。

① 陳偉主編：《里耶秦簡牘校釋》第 1 卷，武漢大學出版社 2012 年，第 220 頁。

中的未解讀簡》一文研究,里耶秦簡刻齒中的"/"既可以表示少半升,也可以表示少半斗;"//"既可以表示泰半升,也可以表示泰半斗。同文"附表一"《里耶一號井第八層刻齒簡一覽表》也僅將簡 8-766 左側刻齒表達爲"〔壹〕×1·〔一〕×2·〔半〕×1",而沒有像整理者那樣注釋成"一石二斗少半斗"。雖然文章没有提供該簡刻齒圖版,但通過前舉"〔半〕×1"表述可知刻齒中有一條"/",正如前文所言,"/"既可以表示少半升,也可以表示少半斗。

綜上,簡 8-766 的 C 字當爲"升"字,釋文當校補爲"一石二斗少半升";同時整理者注釋的刻齒也當據校釋後的簡文更正作"一石二斗少半升"。①

毋庸諱言,唐文以圖版字形爲依據,並參證刻齒大半(泰半、太半)斗、升和少半斗、升的同樣表述,所得出釋文第二個"斗"字當爲"升"字的結論應比較可信。但就説服力而言,相關論證還可以更爲縝密,把結論完全坐實。本文試作一些補充。

衆所周知,關於斗、升的相互譌誤原因,除了常見的識别錯誤外,還有著比較普遍的書寫錯誤。如《漢書·食貨志上》:

> 是時,李悝爲魏文侯作盡地力之教,以爲地方百里,提封九萬頃,除山澤邑居參分去一,爲田六百萬畝,治田勤謹則畝益三升,不勤則損亦如之。地方百里之增減,輒爲粟百八十萬石矣。

其中"畝益三升"就是典型的書寫(傳抄)錯誤,而肯定是"畝益三斗"。所以臣瓚注云:"當言三斗。謂治田勤,則畝加三斗也。"顏師古亦補注説:"計數而言,字當爲斗。瓚説是也。"②再如長沙走馬樓漢簡《都鄉七年墾田租簿》:

> ·都鄉七年墾田租簿
>
> 墾田六十頃二畝,租七百九十六石五斗七升半,率【畝】斗三升,奇十六石三升一斗半。
>
> 墾田六十頃二畝,租七百九十六石五斗七升半。
>
> 出田十三頃四十五畝半,租百八十四石七斗,臨湘蠻夷歸義民田不出租。
>
> 出田二頃六十一畝半,租卅三石八斗六升,樂人嬰給事柱下以命令田不出租。

---

① 唐强:《里耶秦簡牘"升、斗"及"手、半"訂譌八例》,武漢大學簡帛網 2019 年 4 月 30 日,http://www.bsm.org.cn/show_article.php?id=3356。

② 《漢書》卷 24 上《食貨志上》,中華書局 1962 年,第 1125 頁。

> 凡出田十六頃七畝,租二百一十八石五斗六升。
> 定入田【卅】三頃九十五畝,租五百七十八石一斗半。
> 提封四萬一千九百七十六頃【十】畝百七十二步。
> 其八百一十三頃卅九畝二百二步,可墾不墾。
> 四萬一千一百二頃六十八畝二百一十步,群不可墾。①

根據朱德貴等計算,並經過驗證,其中"奇十六石三升一斗半",當爲"奇十六石三斗一升半";"租五百七十八石一斗半",亦當爲"租五百七十八石一升半"。② 因此,在釐清簡文的識別錯誤後,關於斗、升的譌誤問題,還應當予以驗證,以排除其書寫錯誤。一般來說,在涉及計量數據時,如果條件允許,往往可以通過數學方法來進行驗證,在多數情况下都能够得到確解。而里耶簡 8-766 的斗、升問題,則恰恰符合驗證條件。

誠如唐文所說,"簡 8-766 是一份稟食文書記錄",所記錄的稟食對象是大隸妾始。翻檢里耶秦簡可知,遷陵大隸妾等每日稟食定量通常爲四又六分之一升,即 25/6 升。例如:

> 徑會粟米一石九斗五升六分升五。　卅一年正月甲寅朔丁巳,司空守增、佐得出以食舂、小城旦渭等卅七人,積卅七日,日四升六分升一。令史□視平。　得手。(8-212＋8-426＋8-1632)
> 　□司空守兹、佐得出以食舂、小城旦卻等五十二人,積五十二日,日四升六分升一。□令史尚視平。　得手。(8-216＋8-351)
> 粟米一石六斗二升半升。　卅一年正月甲寅朔壬午,啓陵鄉守尚、佐取、稟人小出稟大隸妾□、京、窯、苴、並、□人,□樂睝、韓歐毋正月食,積卅九日,日三升泰半半升。令史氣視平。□(8-925＋8-2195)
> 　□【積】□七日,日四升六分升一。(8-125)
> 　□【積】□人,人四升六分升一。□(8-1115)③

其中"三升泰半半升",意爲三升之外加三分之二升,再加二分之一升,即 18/6＋4/6＋

---

① 馬代忠:《長沙走馬樓西漢簡〈都鄉七年墾田租簿〉初步考察》,中國文化遺產研究院編:《出土文獻研究》第 12 輯,中西書局 2013 年,第 213—214 頁。
② 朱德貴:《長沙走馬樓西漢簡牘所見"都鄉七年墾田租簿"及其相關問題分析》,《中國社會經濟史研究》2015 年第 2 期,第 6—10 頁;高智敏:《秦及西漢前期的墾田統計與田租徵收——以墾田租簿爲中心的考察》,鄔文玲主編:《簡帛研究》2017 春夏卷,廣西師範大學出版社 2017 年,第 44—60 頁。
③ 陳偉主編:《里耶秦簡牘校釋》第 1 卷第 115、116、248、67、279 頁。按:文中帶【】之字,乃筆者根據文義校訂所加。

3/6＝25/6，實際是"四升六分升一"的另一種操作性表述。① 它的意義在於方便出糧,提高效率,既能避免把一升平均分爲六份的麻煩和瑣碎(當時應該已有少半升、半升、大半升的專用及兼用量器),又能保證出糧的準確和公正,充分體現了基層官吏和普通民衆的智慧。也就是説,上引簡文中的每日稟食定量都是 25/6 升。因之用 25/6 乘以 30,如 30×25÷6＝125(升),我們便可以得出一名大隸妾的每月 30 天的稟食定量是 125 升,亦即一石二斗五升,簡文則記爲"一石二斗半斗"。證諸其他簡文,在大月 30 天裏大隸妾的稟食定量恰恰是"一石二斗半斗"。請看以下簡文:

  徑廥粟米一石二斗半斗。　卅一年三月丙寅,倉武、佐敬、稟人援出稟大隸妾□。(8-760)

  徑廥粟米一石二斗半斗。　•卅一年十二月戊戌,倉妃、史感、稟人援出稟大隸妾援。(8-762)

  徑廥粟米一石二斗半斗。　•卅一年三月癸丑,倉守武、史感、稟人援出稟大隸妾並。(8-763)②

再根據《里耶秦簡[壹]》《里耶秦簡[貳]》所記録的朔日推算,如簡 9-463"卅一年三月癸丑朔",③簡 8-736"卅一年四月癸未朔",④簡 9-710"卅一年十二月甲申朔",簡 9-762"卅一年正月甲寅朔",⑤秦始皇三十一年的十二月和三月也恰恰都是 30 天的大月。⑥ 這就充分證明,至少在洞庭地區,秦代大隸妾的大月稟食定量均爲一石二斗五升。⑦

  既然大隸妾大月 30 天的稟食定量是一石二斗五升,而且已知其每日稟食定量是四又六分之一升,那麽小月 29 天的稟食定量通過減去一天也就可以得知。按照分數減法計算,可列其算式如下：750/6－25/6＝725/6,即一石二斗又六分之五升(驗證：725/6÷25/6＝29)。證諸以下簡文：

---

① 關於簡中積日及積人的理解,參見晉文:《里耶秦簡中的積户與見户——兼論秦代基層官吏的量化考核》,《中國經濟史研究》2018 年第 1 期,第 56—72 頁。
② 陳偉主編:《里耶秦簡牘校釋》第 1 卷第 218、219 頁。
③ 湖南省文物考古研究所編著:《里耶秦簡[貳]·釋文》,文物出版社 2017 年,第 20 頁。
④ 陳偉主編:《里耶秦簡牘校釋》第 1 卷第 212 頁。
⑤ 湖南省文物考古研究所編著:《里耶秦簡[貳]·釋文》第 29、31 頁。
⑥ 參見劉鵬:《秦代地方稟食的幾個問題》,《中國農史》2018 年第 1 期,第 59 頁。
⑦ 參見代國璽:《秦漢的糧食計量體系與居民口糧數量》,《歷史語言研究所集刊》第 89 本第 1 分,2018 年,第 132 頁。

  徑廥粟一石二斗少半半升。 卅一年十一月丙辰，倉守妃、史感、稟人援出稟大隸妾女。

  令史扁視平。 感手。(9-13)①

  徑廥粟米一石二斗少半半升。·卅一年十一月乙卯，倉守妃、史感、稟人援出稟大隸妾簪。

  令史扁視平。 感手。(9-85＋9-1493)②

  徑廥粟米一石二斗少半半升。·卅一年正月☐

  令史犴☐(9-813)③

通常大隸妾的小月稟食定量也的確是一石二斗又六分之五升。其中"少半"爲三分之一，"半"爲二分之一，二者相加即爲六分之五（1/3＋1/2＝5/6）。

  值得注意的是，爲了更加方便基層人員的出糧，在里耶秦簡中還記錄了一個大隸妾小月稟食的近似定量，亦即一石二斗又六分之四升。如里耶簡 8-1557：

  粟米一石二斗六分升四。 令史逐視平。

  卅一年四月戊子，貳春鄉守氏夫、佐吾、稟人藍稟隸妾廉。④

這個小月稟食的近似定量僅比標準定量少了六分之一升，其稟食天數的驗算結果也幾乎與 29 天相等（724/6÷25/6＝28.96），但對出糧來説卻變得更爲方便。因爲和"少半半升"相比，前者對出糧餘數"六分升四"的發放僅需操作一次，而後者要操作兩次。所以官府也默認近似定量的操作，儘管這在糧食定量很低的情况下又克扣了大隸妾六分之一升口糧。

  當然，以上小月稟食定量的討論還必須滿足小月的限定條件。但從相關記載來看，簡文所記秦始皇三十一年的十一月、正月和四月也的確都是小月。一般來説，除了特殊情况，秦曆在大月之前或者之後都會設爲小月。已知其十二月是一個大月，那麼十一月通常便應當是一個小月。根據簡 8-1287"卅一年十月乙酉朔"，⑤以及簡 9-710"卅一年十二月甲申朔"，簡 9-1493"卅一年十一月乙卯"，⑥並參證張培瑜《中國

---

① 湖南省文物考古研究所編著：《里耶秦簡〔貳〕·釋文》第 5 頁。
② 陳偉主編：《里耶秦簡牘校釋》第 2 卷，武漢大學出版社 2018 年，第 63—64 頁。
③ 湖南省文物考古研究所編著：《里耶秦簡〔貳〕·釋文》第 33 頁。
④ 陳偉主編：《里耶秦簡牘校釋》第 1 卷第 358 頁。
⑤ 陳偉主編：《里耶秦簡牘校釋》第 1 卷第 306 頁。
⑥ 湖南省文物考古研究所編著：《里耶秦簡〔貳〕·釋文》第 56 頁。

先秦史曆表》和朱桂昌《顓頊曆表新編》十一月"乙卯"朔,①可知十月從乙酉到乙卯恰好是 30 天(大月),十一月從乙卯到甲申也恰好是 29 天(小月),總共 59 天。再從正月來看,簡 8-764 載"卅一年正月甲寅朔",②簡 9-450 載"卅一年二月癸未朔",③從甲寅到癸未亦恰好 29 天。至於四月,根據前揭"卅一年四月癸未朔"和簡 8-1559"卅一年五月壬子朔"推算,④從"四月癸未"到"五月壬子",也同樣是 29 天。可見準確來説,大隸妾小月 29 天的稟食定量就是一石二斗又六分之五升。但從便於發放的近似定量來説,則是一石二斗又六分之四升,簡文或記爲"一石二斗六分升四",抑或記爲"一石二斗大半升"。那麼再看簡 8-766,也就完全可以斷言,簡文和刻齒原釋的第二個"斗"字非"升"字莫屬。顯而易見,若根據"斗"字驗算,簡文所載的全月口糧是一石二斗又三分之一斗(740/6),既低於其大月稟食"一石二斗半斗"(750/6)的定量,又高於小月稟食"一石二斗少半半升"(725/6)的定量,更高於"一石二斗六分升四"(724/6)的近似定量,相當於 29.6 天(740/6÷25/6=29.6)的口糧。這是絶難成立的。而根據"升"字驗算,則全月口糧爲一石二斗又三分之一升(722/6),相當於 28.88 天(722/6÷25/6=28.88)的口糧,略低於小月稟食"一石二斗六分升四"的近似定量。這就完全證實了釋文中的第二個"斗"字必定爲"升"字之譌,儘管"一石二斗少半升"的釋文仍存在問題。

　　的確,從最終驗算來看,簡 8-766 的"少半"釋文也肯定是一種書寫錯誤。主要有兩種情況:一是按小月標準定量稟食,原簡書寫在"半"字之後漏寫了重文符號。前揭簡 9-13、簡 9-85+9-1493 和簡 9-813 記録的"少半半升",原簡都是在"半"字之後用重文符號來書寫的。毫無疑問,如果抄手漏寫了"半"的重文符號,簡文的書寫就必定變成與稟食定量不符的"少半升",甚或錯譌爲"少半斗"。這是此類簡文書寫存在譌誤卻難以發現的一個主要原因。以簡 9-440 爲例,已知大隸妾和小隸臣的稟食定量相同,所載"徑廥粟米一石二斗少半升。卅一年正月丁丑,倉守武、史感、稟人堂出稟受小隸臣☐",⑤也應當是漏寫了"半"字的重文符號。二是按小月近似定量稟食,有些簡文把"大"或"太"字均誤寫爲"少"。如前所述,大隸妾小月稟食的近似定量是"一石

---

① 張培瑜:《中國先秦史曆表》,齊魯書社 1987 年,第 224 頁;朱桂昌:《顓頊曆表新編》,氏著《秦漢史考訂文集》,雲南大學出版社 2009 年,第 62 頁。
② 陳偉主編:《里耶秦簡牘校釋》第 1 卷第 219 頁。
③ 湖南省文物考古研究所編著:《里耶秦簡〔貳〕·釋文》第 19 頁。
④ 陳偉主編:《里耶秦簡牘校釋》第 1 卷第 358 頁。
⑤ 湖南省文物考古研究所編著:《里耶秦簡〔貳〕·釋文》第 19 頁。

二斗六分升四",而六分之四就是三分之二,亦即大半或太半。因此,在排除重文並改斗爲升的情況下,簡 9-878 和簡 9-2245 中的"少半"釋文,①均當歸因於原簡的書寫錯誤,乃"大半"或"太半"之譌。但既然在同一天("卅一年十一月丙辰")或同一個月裏("卅一年十一月乙卯"),由同一批人出糧,如"倉守妃、史感、稟人援出稟",而且給"大隸妾女"和"大隸妾簪"的稟食定量都是"一石二斗少半半升",那麼相比較而言,簡 8-766 的稟食就必定和簡 9-13 的稟食相同,是標準定量,而不是近似定量,給"大隸妾始"的稟食也必定是"一石二斗少半半升"。這樣我們便可以有確鑿依據把簡 8-766 的釋文訂正如下:"徑會粟米一石二斗少半半升。卅一年十一月丙辰,倉守妃、史感、稟人援出稟大隸妾始。"

總之,里耶秦簡之所以會產生"斗""升"的譌誤現象,以及其他錯譌,既有識別錯誤的原因,也有更爲隱蔽的書寫錯誤的問題。我們要訂正這些譌誤,除了應識別字形,確保釋文的準確,還要盡可能排除簡文的書寫錯誤。從這個方面來說,在條件允許的情況下,運用數學方法對計量數據進行驗證,就是一個非常有效的做法。本文在唐文基礎上對簡 8-766 釋文的驗證,便完全證實了其簡文之"升"被錯譌爲"斗"的結論。特別是秦漢時期,日常數學問題比較簡單,通過最基本的四則運算往往都能夠解決。而簡文的譌誤則是一個相當普遍的現象,並非僅見於里耶秦簡。這就更加昭示我們,在涉及計量數據時應高度重視其數學方法的驗證。

---

① 湖南省文物考古研究所編著:《里耶秦簡[貳]·釋文》第 35、83 頁。按:對簡 9-878 中的"少半斗",陳偉主編《里耶秦簡牘校釋》第 2 卷認爲"少"乃衍字(第 218 頁),亦可備爲一說。

《嶽麓書院藏秦簡(肆)》
242號簡文勘誤

——兼論秦文字中用爲"冠"的"寇"字*

王　偉

摘　要:《嶽麓書院藏秦簡(肆)》242號簡"衣寇〈冠〉"二字應斷讀;編校失誤導致三種圖版拼接錯誤;"寇"是冠冕之"冠"在秦隸中譌變的寫法,而冕或冕是"冠"較原始的寫法;"冠"字在秦篆向秦隸轉化過程中與戰國文字中加飾筆的"寇"字的寫法混同了。

關鍵詞: 秦簡　斷讀　圖版　寇　冠

《嶽麓書院藏秦簡(肆)》收錄秦律令條文共計391簡,對秦法律制度研究有着非常重大的價值。① 整理者已經做了很好的釋讀與注釋,但也存在一些問題,以下對書中242/1261號簡文在標點、圖版等方面的問題試做說明,敬請批評指正。

242/1261號簡文有:

　　……若奪衣寇〈冠〉、劍、履以辱之……

本條簡文存在以下幾個問題:

第一,"衣寇〈冠〉"二字之間似應點斷,因爲衣、寇〈冠〉、劍、履均可單獨訓釋,分別指的是衣服、帽子、劍和鞋子;"衣寇〈冠〉"二字連讀不大符合簡文原意。

---

* 本文是國家社科基金基金項目"秦印集成暨新秦印文字編(官印篇)"(批准號16BYY120)的階段性成果。

① 陳松長:《嶽麓書院藏秦簡(肆)》,上海辭書出版社2015年。

第二,圖版存在的問題。《嶽麓書院藏秦簡(肆)》第 148 頁簡 242 的紅外綫放大圖版中"寇"字被"奪"字下半筆畫遮蓋的問題已由網友"落葉掃秋風"指出,①但簡 242 的彩色圖版和紅外綫編聯圖版的問題似未被發現。爲便於説明,現將簡 242/1261 中"若奪衣寇劍履以辱之,皆貲二甲"句的彩色編聯圖版(第 15 頁)、紅外綫編聯圖版(第 89 頁)和紅外綫放大圖版(第 148 頁)分別截圖對比如下:

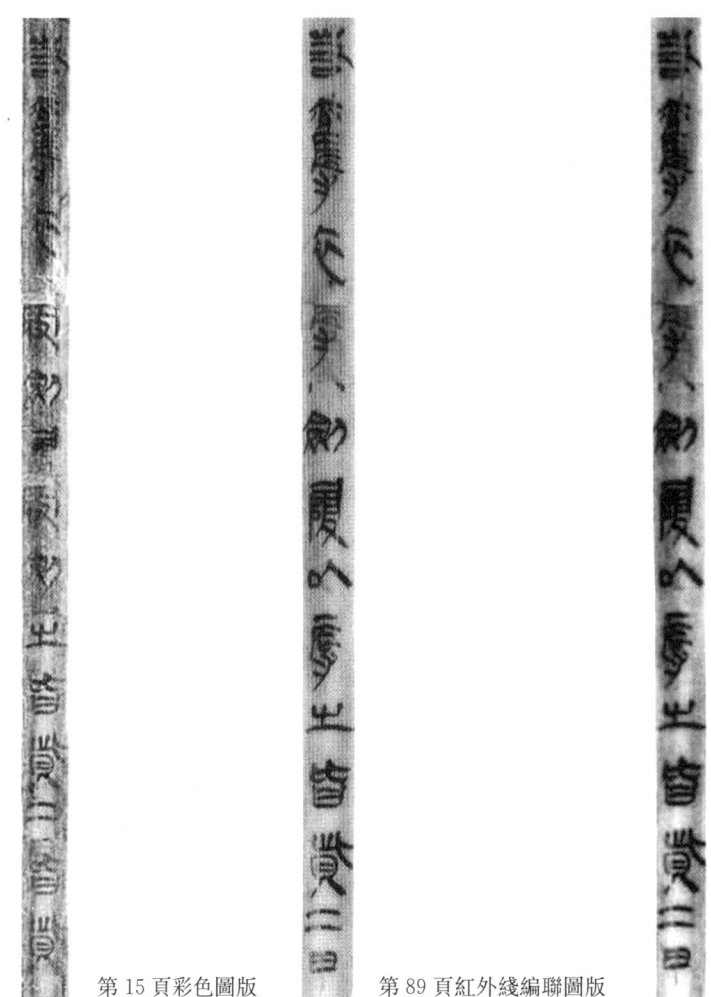

第 15 頁彩色圖版　　第 89 頁紅外綫編聯圖版　　第 148 頁紅外綫放大圖版

將以上三圖對比,可以發現三個圖版文字均有錯誤。其中彩色圖版的"履"字僅存上部筆畫,而"以辱"二字的位置被替換成了"寇劍";"二"字後本應是"甲"字,但變

---

① 簡帛網-簡帛論壇-簡帛研讀-"《嶽麓書院藏秦簡(肆)》"下第 8 樓"落葉掃秋風"的發言,2016 年 3 月 23 日,http://www.bsm.org.cn/forum/forum.php? mod=redirect&goto=findpost&ptid=3331&pid=14135&fromuid=101546。

成了"皆貨"二字。

兩處紅外綫圖版的錯誤相同,即"寇"字位置被上文的"奪"字的下半部分幾乎全部遮蓋,僅露出"寇"字"亻"和"攴"符的少許筆畫。該簡圖版出現這樣的錯誤應該是圖版後期編輯過程中失誤所致。

第三,關於簡文中"寇"字的理解問題。整理者釋作"寇〈冠〉",應該是將"寇"看作了"冠"的誤字,故用尖括號括注。

今按,冠冕之"冠"寫作"寇"屢見於秦出土文獻,如秦封泥有"尚寇府印"(圖一、二),①又有"尚冠"(圖三,圖四、五);②嶽山秦墓木牘《五服忌》"甲申,寇〈冠〉"(圖六),以往研究者多認爲是"冠"的誤字。③ 睡虎地秦簡《日書》甲種有"始寇〈冠〉""可以寇〈冠〉",《日書》乙種有"利以乘車、寇〈冠〉、帶劍""利寇〈冠〉、帶劍、乘車""可始寇〈冠〉"(圖七)"凡初寇〈冠〉(圖八)必以五月庚午,吉。凡制車及寇〈冠〉,□□□□□申,吉"和"衣寇〈冠〉"(圖九)等。④

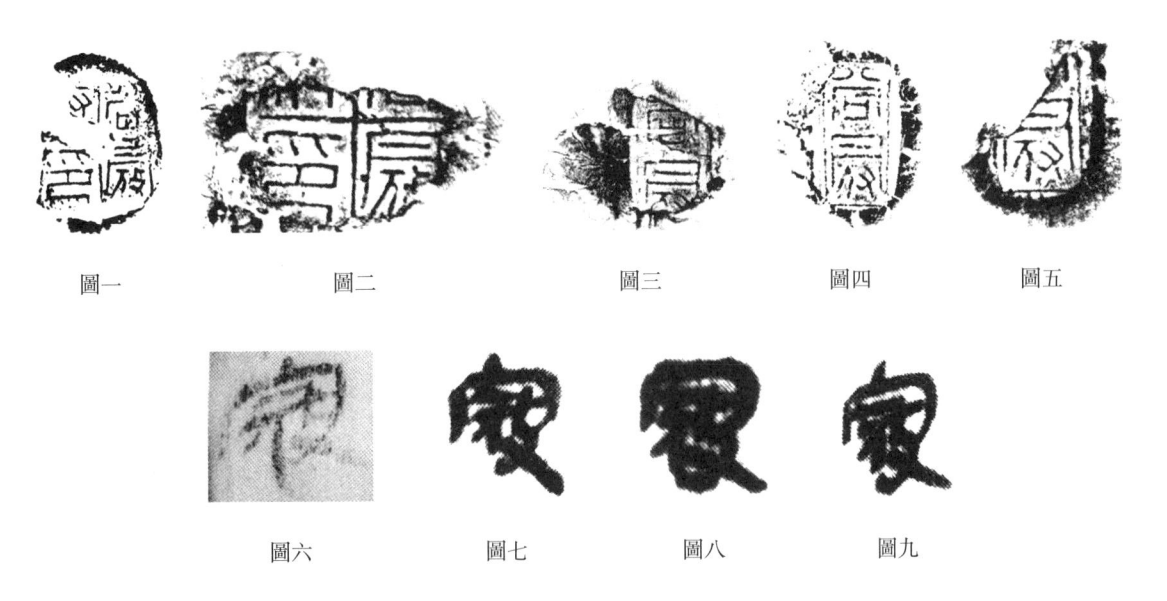

| 圖一 | 圖二 | 圖三 | 圖四 | 圖五 |

| 圖六 | 圖七 | 圖八 | 圖九 |

---

① 傅嘉儀:《新出土秦代封泥印集》,西泠印社2002年,第46頁。路東之:《古陶文明博物館藏封泥集》,路東之及文雅堂製作2011年11月,第17册55號。
② 圖三見路東之:《古陶文明博物館藏封泥集》,文雅堂製作2011年,第17册53號;圖四、五見楊廣泰:《新出封泥彙編》,西泠印社2010年,第29、75頁。
③ 陳偉主編:《秦簡牘合集(叁)》,武漢大學出版社2014年,第105頁;王輝、陳昭容、王偉:《秦文字通論》,中華書局2016年,第256頁。
④ 王輝、王偉:《秦出土文獻編年訂補》,三秦出版社2014年,第265、271、293、294、298、301、304頁;圖四~六見王輝《秦文字編》,中華書局2015年,第538頁。

據以上所示秦封泥、簡牘字形資料可知,秦小篆冠冕之"冠"字從冃(冠冕)、從兀(突出頭部的人形)、從攴或又,實應隸定作㝮或㝯,①會以手持冃置於兀(頭部)上之意;而在秦隸中譌寫作從宀、從元(冃下一橫筆與兀合并)、從攴,與賊寇之"寇"字相混。另外,秦隸中還存在個別從宀的異體,如圖八,或是譌寫未盡者。

賊寇義之"寇"字多見於西周金文"司寇"一詞,"寇"字表意構件是宀(房屋)、元(人首)和攴,會在室內以杖擊打人首之意;戰國時在表人首的"兀"符上加"一"飾筆而變成"元";而睡虎地秦簡中也有"寇"字將宀上的點省去的異體 ![字形]。② 冠冕之"冠"字始見於包山楚簡,作 ![字形]、![字形]、![字形] 等形,③其中表示人首的"兀"上已加了飾筆"一",上部的"冃"符寫法有所譌變,與《說文》所收冠(![字形])字在形體結構有較明顯的區別。

據㝮(冠)、寇二字的形體演變過程,可知秦封泥之"㝮"和"㝯"是冠冕之冠字的較原始寫法,構形理據較明顯;而導致秦小篆的㝮、㝯(冠)字在隸化過程中寫作 ![字形]、![字形]、![字形] 等形並與"寇"字相混的原因大致有以下四點:

第一,因古文字中又、攴用作表意偏旁時多可通用。④

第二,戰國文字中"寇"所從的人首"兀"加了飾筆"一"而譌變爲"元",從而與㝮(冠)所從的冃下面一橫和兀結合形成的"元"符寫法完全相同。

第三,秦簡文字中已將㝮和㝯上部的冃譌寫成了宀,冃下一橫已與"兀"結合在一起譌寫成了"元"。

第四,秦簡文字中也有將"寇"字宀上的點省去的異體存在。

總之,見於秦封泥的㝮、㝯字應該是秦時冠冕之"冠"的標準寫法,其形體結構也具可解釋性;《說文》所收冠(![字形])字是漢代小篆的寫法,其字形又有進一步的譌變。㝮、㝯(冠)字在秦篆向秦隸轉化的過程中與戰國文字中加了飾筆的"寇"字的寫法混同了,這是秦簡牘中冠冕之"冠"譌寫作"寇"的根本原因。所以,將秦簡牘中表示冠冕的"寇"字標注爲"寇(冠)"似乎比標注爲"寇〈冠〉"更合適些,因爲秦簡中表冠冕的"寇"字並不是被寫錯的誤字。

---

① 按,㝮和㝯應該有先後順序,但㝮字所在的秦封泥有界格而㝯字所在的秦封泥無界格;前者從攴而後者從又,而《說文》所收之"冠"從"寸"。僅就以上兩點區別似乎也不能區分㝮和㝯的時代先後。

② 李學勤主編:《字源》,天津古籍出版社、遼寧人民出版社2012年,第259頁。

③ 湯餘惠:《戰國文字編》,福建人民出版社2005年,第537頁。

④ 劉釗:《古文字構形學》,福建人民出版社2006年,第335頁。

秦漢簡帛文字雜釋

王挺斌

摘 要：文章選取了秦漢簡帛中一些疑難字詞進行考釋。其一，《里耶秦簡［貳］》簡 17 正未釋之字，當即"嬬"，馬王堆帛書《春秋事語》71 舊釋爲"釜"的字當改釋爲"布"。其二，張家山漢簡《蓋廬》48 舊釋爲"與耳□門"的一句話當改釋爲"與百【姓】同門"。其三，睡虎地漢簡《市販律》118 之"膌"釋讀爲"脊"。

關鍵詞：秦漢 簡帛 考釋

一

《里耶秦簡［貳］》簡 17 正有如下幾個字重復出現：

簡 9-17	簡 9-17	簡 9-17	簡 9-17	簡 9-17	簡 9-17	簡 9-17	簡 9-17

從性質上說，這屬於習字簡。整理者在釋文部分直接摹寫字形作"嬬"，表示不識。[1] 後來華楠先生認爲該字右下所從"與'第'字異體'苐'下部的寫法頗爲相似"，然後將該字分析爲從女、霽聲，讀爲"娣"。[2]

秦漢文字"苐"作" "" "" "，中部筆畫與上述討論之字存在明顯的差異。[3]

---

[1] 湖南省文物考古研究所編著：《里耶秦簡［貳］》，文物出版社 2017 年，圖版第 11 頁，釋文第 5 頁。
[2] 華楠：《讀〈里耶秦簡（貳）〉札記》，簡帛網，2018 年 5 月 18 日，http://www.bsm.org.cn/show_article.php?id=3113。
[3] 上引"苐"字參蔣偉男：《〈里耶秦簡（壹）〉文字編》，碩士學位論文，安徽大學 2015 年，第 11 頁。

果真按照華楠先生分析爲"從女、霽聲",整個字不見於古今字書,亦有不妥之處。

我們認爲,此字實當釋爲"嬬"。"嬬"字已經見於漢代簡帛,如銀雀山漢簡1886作"▨",馬王堆帛書《周易》37作"▨"。秦漢文字中有一類"需"或作偏旁之"需"的寫法下部呈現疊"虫"之形,如張家山漢簡《奏讞書》177"▨""▨"。上引《里耶秦簡[貳]》諸字只不過就是將"虫"尾有意斜拉延展,這大概跟書手習慣有關。

"需"之所以會有這樣的變化,大概是類化所致。正常的"需"下部爲"而",如銀雀山漢簡1886之"▨";但是"而"慢慢變成了"帀",如馬王堆帛書《周易》37之"▨"。一旦形成"帀",就很容易轉變爲疊"虫"之形,這一步形變和"帶"字是一樣的。正常的"帶"字如里耶秦簡8-1677作"▨",北大漢簡《老子》44作"▨";疊"虫"之"帶",如睡虎地秦簡《日書乙種》125"▨",張家山漢簡《遣策》3"▨(帶)",《遣策》11"▨(帶)"。

促使"帀"轉變爲疊"虫"之形的根本動因,其實是"巾""虫"之間的混譌。"雖"字在秦漢時代多數從"虫",但也有從"巾"的例子,如睡虎地秦簡《日書甲種》129"▨"。"佩"字一般都是從"巾"的,而馬王堆帛書《刑德甲篇》8之"▨"、張家山漢簡《奏讞書》213之"▨"與龍崗秦簡5之"▨"均譌變從"虫"。雖然這會受到"風"的類化影響,但主要原因仍是"巾"豎筆右彎後就變成了"虫"這一形體聯繫。①

"巾""虫"混譌,導致秦漢簡帛中有些文字的釋讀模棱兩可。

其一,張家山漢簡《引書》17之"▨",最初整理者隸定爲"鬵",後來改釋爲"蠱"。② 多數學者遵從釋"蠱"之說,但陳斯鵬先生則引《改併四聲篇海》等支持釋"鬵"之說。③ "蠱"字戰國時期就已出現,如《古璽彙編》2730作"▨";秦漢文字中"蠱"亦經常出現,且存在"蠱"記錄{龍}的情況,如北大漢簡《反淫》2"蠱門之桐"即"龍門之桐",《荆決》6"蠱處于澤"即"龍處于澤",《荆決》27"玄蠱在淵"即"玄龍在淵",馬王堆帛書《衷》25下"潛蠱勿用"即"潛龍勿用",《衷》26上"見蠱在田"即"見龍在田",《衷》26上+26下以及34上"翡蠱在天"即"飛龍在天",《衷》42下"蠱單于甼(野)"即"龍戰于野",漢印"莊逢蠱印"即"莊逢龍印"等等。④ 如果從這個角度考慮,釋"蠱"可能更爲優

---

① 關於"巾""虫"的譌混問題,胡敕瑞先生曾在其未刊稿《隸書形近相誤揭例》中做過討論。
② 張家山漢簡整理組:《張家山漢簡〈引書〉釋文》,《文物》1990年第10期;張家山二四七號漢墓竹簡整理小組:《張家山漢墓竹簡》,文物出版社2001年,第287頁。
③ 陳斯鵬:《張家山漢簡〈引書〉補釋》,《江漢考古》2004年第1期。
④ 漢印釋讀參魏宜輝:《秦漢璽印姓名考析(續二)》,《古文字研究》第三十二輯,中華書局2018年,第504頁。

勝。但從字形上説,"▨"字下部畢竟是"巾",釋文處理爲"髯〈蠱（龍）〉"也許不失爲一種周全的辦法。

其二,馬王堆帛書《春秋事語》71 有如下一字:

此字舊釋爲"釜",一直未見新説。裘錫圭先生曾引原注並加按語説:

> 原注:釜音父(引者按:"釜"從"父"聲,但依韻書反切折合今音則應讀 fǔ),疑是社圃之圃的同音通用字。①

但問題是,"釜"這個字出現的時間是比較晚的,而且實際行用的例子也比較少。《爾雅·釋蟲》:"蠸,輿父,守瓜。"郭璞注:"今瓜中黄甲小蟲,喜食瓜葉,故曰守瓜。字或從虫。"陸德明《經典釋文》:"父,音甫,字或作釜。"《漢印文字徵》卷十三·八曾將"▨"釋爲"釜",張維嘉先生改釋爲"蚤"。② 秦漢時期"蚤"確有將上部偏旁寫作"父"的情況,如睡虎地秦簡《日書乙種》135"▨",但印文辭例單一,尚難決斷到底是孰是孰非。

就字形而言,我們認爲馬王堆帛書《春秋事語》71 之"▨"其實可以直接釋爲"布"。該字下部筆畫兩端雖然有内收之形,但中豎直貫而下,仍應視爲"巾"較妥,比較馬王堆帛書《五十二病方》18 之"▨（▨）"可知。"布"從"父"得聲,自然也可以按照原來的意見讀爲"圃"。

二

張家山漢簡《蓋廬》有一段講君王如何殺治害民的簡文,具體如下:

> 蓋廬曰:天之生民,無有恒親,相利則吉,相害則咸（滅）。吾欲殺其害民

---

① 裘錫圭:《〈春秋事語〉校讀》,《湖南省博物館館刊》2004 年第 1 期;收入《裘錫圭學術文集·簡牘帛書卷》,復旦大學出版社 2012 年,第 425 頁。裘錫圭主編,湖南省博物館、復旦大學古文字與古文獻研究中心編纂:《長沙馬王堆漢墓簡帛集成(叁)》,中華書局 2014 年,第 190 頁。陳松長:《馬王堆簡帛文字編》,文物出版社 2001 年,第 539 頁。

② 張維嘉:《〈漢印文字徵〉及其〈補遺〉校訂》,碩士學位論文,北京師範大學 2008 年,第 29 頁。

者,若何? 申胥曰:貴而毋義,富而不施者,攻之。不孝父兄,不敬長傁者,攻之。不兹(慈)穉弟,不入倫雄者,攻之。商販賈市,約賈(價)強買不已者,攻之。居里不正直,強而不聽□正,出入不請者,攻之。**公耳公孫,與耳□門,暴敖(驁)不鄰者,攻之**。爲吏不直,狂(枉)灋式,留難必得者,攻之。不喜田作,出入甚客者,攻之。常以奪人,衆以無親,喜反人者,攻之。此十者,救民道也。

張家山漢簡《蓋廬》46—49

其中"公耳公孫,與耳□門,暴敖(驁)不鄰者,攻之"較爲難解。整理者對前一"耳"字後加了一個注釋:"耳,即耳孫,《漢書·惠帝紀》注引李斐説爲曾孫。"① 後來蕭旭先生在古書中找到了對讀文獻,對簡文的釋讀十分有用,他説:

> 《韓子·亡徵》:"**公壻公孫,與民同門,暴憿其隣者,可亡也**。"此文當據訂正。公耳,當作"公壻"。與耳,當作"與民"。缺文補"同"字。"不"當作"其","其"字或作"亓",因誤爲"不"。敖,讀爲嫯,《説文》:"嫯,侮傷也。"《吕氏春秋·恃君》:"暴傲者尊。"《管子·内業》:"暴傲生怨。"傲亦借字。鄰,鄰居,與"同門"相應。②

《蓋廬》48"同"字尚存"口"形,可直接據以補出。

《蓋廬》47"公耳"之"耳"作"![字形]",《蓋廬》46"申胥"之"胥"作"![字形]",儘管後來"胥"下部確有寫作"耳"的情況,但此處恐怕難以將《蓋廬》47之"![字形]"釋爲"胥"或"壻"。整理者對"公耳"的釋讀或許可從,張家山漢簡《二年律令》82"上=造=(上造、上造)妻以上,及內公孫、外公孫、內公耳玄孫有罪,其當刑及當爲城旦舂者,耐以爲鬼薪白粲"中亦出現了"公耳"一詞,與《蓋廬》47之"公耳"當屬一義。③ 仔細考究起來,《韓非子》之"公壻"反而有可能是"公耳"之誤。④ "公壻"一詞不見於其他古書,它與"公孫"搭配遠不如"公耳"與"公孫"搭配順適,而秦漢文字中"耳""胥"形近易混,由

---

① 張家山二四七號漢墓竹簡整理小組:《張家山漢墓竹簡》,文物出版社 2001 年,第 280 頁。
② 蕭旭:《張家山漢簡〈奏讞書〉〈蓋廬〉校補》,《群書校補(一)》,廣陵書社 2011 年,第 50—58 頁。
③ 秦印中有一人名作"公耳異",見於金懷英:《秦漢印典》,上海書畫出版社 1997 年,第 104 頁。劉釗先生認爲"公耳"是複姓,參劉釗:《關於秦印姓名的初步考察》,《出土文獻與傳世典籍的詮釋——紀念譚樸森先生逝世兩周年國際學術研討會論文集》,上海古籍出版社 2010 年,第 363 頁。按,"公耳"作爲複姓,猶"公子""公孫"等。
④ 此蒙魏宜輝先生點撥。又,近見董珊先生在未刊稿《秦武公銅器銘文新發現》一文中指出"壻"本當從"耳"作。

"耳"到"&"再到"胥"或"塝"也是較爲直接自然的字形變化。①

下面我們再著重討論一下"與耳□門"或"與民同門"的問題。

《蓋廬》47、48 兩支簡上端以及所謂的"耳"或"民"圖版如下：

簡 48（上端）　簡 47（上端）

左側爲《蓋廬》48（上端），"與"字雖然模糊，但仍然可以辨識。"與"下一字作"百"，與《蓋廬》47 之"民"不類，亦難直接據《韓非子·亡徵》釋爲"民"。從與右側《蓋廬》47（上端）簡文對比來看，上引《蓋廬》48（上端）圖版本當有五個字。也就是説，"百"下面應該還有一字。

我們認爲，"百"當釋爲"百"，上引《蓋廬》48（上端）圖版當即"與百【姓】同門"。如果要照顧用字習慣，可以寫作"與百【生（姓）】同門"。衆所周知，"民"即"百姓"，古代注疏家往往將兩者等同視之，如《孟子·滕文公上》"死徙無出鄉，鄉田同井。出入相友，守望相助，疾病相扶持，則百姓親睦"，趙岐注曰："同鄉之田，共井之家，各相營勞也。出入相友，相友耦也。《周禮·大宰》曰：'入曰友，以任得民。'守望相助，助察姦惡也。疾病相扶持，扶持其羸弱，救其困急。皆所以救民相親睦之道。"《文選·張衡〈東京賦〉》"民忘其勞，樂輸其財"薛綜注曰："民，謂百姓也。"

三

睡虎地第 77 號漢墓《市販律》有律文作：

---

① 梁春勝：《楷書部件演變研究》，綫裝書局 2012 年，第 128 頁。

販布、毳布、絲、絮、絲綿、絺、緒、紴、絲組纙(麗)、臘肉、膹膏、脂、鮨、炨(灺?),癘(厲)劍,劍室,染羽,羽成葆,比餘、冠、矛蚙(矜),材(裁)櫝,鐵,檒,爲人輆衣、輆布旃、絲縷,鼨鼠尾、鼦(貂)尾,門、户、底、假材,租月金各十朱。

睡虎地漢簡《市販律》118—120

整理者指出:

《市販律》,記有大量商品名和勞作名,頗費推敲。……其中膹膏、炨、鐵、檒、輆衣、輆布旃、鼨鼠尾、鼦(貂)尾,均待考。[1]

"輆"字原作"",伊强先生認爲這個字就是《説文》中的"䩼"。[2] 可從。此字已見於馬王堆帛書《胎産書》14、15與《房内記》41,字形作"""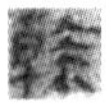"""。"膹"字原作"",羅小華先生説:

《廣韻·麥韻》:"膹子,魚子脯,出《新字林》。"《集韻·麥韻》:"膹,魚子脯也。"膏,在這里疑指"濃稠的糊狀物"。《後漢書·方術傳下》:"若在腸胃,則斷截湔洗,除去疾穢,既而縫合,傅以神膏,四五日創愈,一月之閒皆平復。"膹膏,疑指魚子脯製作的"濃稠的糊狀物",類似現在的魚子醬。[3]

這不僅在字形上給出了字書依據,也在文義上做出了解釋,具有一定的合理性。然而,這個字並非首次出現。秦漢簡帛材料中其實早已有之,字形連同辭例如下:

張家山漢簡《引書》51:兩手之指夾~。

馬王堆帛書《相馬經》051上:欲得魚之耆(鰭)與~。

馬王堆帛書《相馬經》073:欲其後傅中封~髀(椎)。[4]

① 熊北生、陳偉、蔡丹:《湖北雲夢睡虎地77號西漢墓出土簡牘概述》,《文物》2018年第3期,第49頁。

② 伊强:《小議睡虎地77號西漢墓出土〈市販律〉中的"䩼"字》,簡帛網2018年4月9日,http://www.bsm.org.cn/show_article.php?id=3046。

③ 羅小華:《睡虎地77號西漢墓出土〈市販律〉雜識》,簡帛網2018年4月3日,http://www.bsm.org.cn/show_article.php?id=3043。

④ "髀"從骨、隹聲,可能就是"脊椎"之"椎"的專字,參湖南省博物館、復旦大學古文字與古文獻研究中心編纂,裘錫圭主編:《長沙馬王堆漢墓簡帛集成(伍)》,中華書局2014年,第181頁。

[圖]北大漢簡《妄稽》7：尻若冣①筍，塼～格格。

[圖]銀雀山漢簡《守法守令十三篇》968：然而見適（敵）走之如歸，前唯（雖）有千仁（仞）之【溪】，折～……

"脊""責"語音關係密切，秦漢文字中兩者在形體上也十分接近。馬王堆帛書《五十二病方》241之"[圖]"，從水、脊聲，讀爲"漬"。馬王堆一號墓遣册簡16"[圖]"，從魚、責聲，即《説文》之"鰿"，今作"鯽"。《字彙補》："䰿，瘠也。""䰿""瘠"大概也存在語音上的聯繫。根據文義，張家山漢簡與馬王堆帛書之"膌"都用作脊椎之"脊"，北大漢簡之"膌"則待考。何琳儀、鄔可晶先生指出這是"脊"的繁體。② 我們贊成這個意見，將"膌"直接隸釋爲"脊"字應該也是可以的。考慮到秦漢簡帛中已經有數個"膌"作脊椎之"脊"講的例子，《市販律》這一例恐怕也不能例外。

後來我們曾與羅小華先生有過交流。他贊成我們上述的字形意見，並指出"脊膏"可能如同現在所説的"羊蠍子"。"羊蠍子"是羊的脊柱，其中有豐富的神經系統。簡文"脊膏"前後正好是"臘肉"與"脂"，屬於食物一類。這個理解應該是符合實際的。

---

① 此字作"[圖]"，上部中間仍有一横，似乎當隸定爲"冣"。
② 何琳儀先生曾言："六國文字脨與秦國文字脊實爲一字……脊，精紐支部；朿，清紐支部。脊從朿聲，諧聲吻合。舊皆以㢦爲獨立聲首，且以之爲脊之初文。兹據戰國文字刪㢦，且歸脊入朿聲首。脊又孳乳爲膌或瘠。"參何琳儀：《戰國古文字典——戰國文字聲系》，中華書局1998年，第768頁。鄔可晶：《也談"脊"字構形的問題》，"第二屆小學專書與文獻考訂學術研討會"會議論文集，中國人民大學2017年10月28—29日，第136頁。

說帛書《黃帝四經》中的"達刑"

劉　雲

摘　要：馬王堆帛書《黃帝四經》中數見"達刑"。據文義，"達刑"應該是用刑不當的意思。這一點學者大都體會到了，所以大家對"達刑"含義的把握，在大方向上沒有大的問題。不過對於"達刑"的具體含義，學者有不同說法。本文認為"達刑"之"達"應讀為表示輕慢之意的"褻"，"褻刑"的意思正是用刑不當，這種用法的"褻刑"見於《禮記·緇衣》。

關鍵詞：馬王堆帛書　《黃帝四經》　達刑　褻刑

馬王堆帛書《老子》乙本卷前有古佚書四篇：《經法》《十六經》《稱》《道原》。① 唐蘭先生認為這四篇古佚書，為失傳已久的"黃學"代表作《黃帝四經》。② 此說影響甚廣，但也有學者不同意這一觀點。③ 但無論如何，這四篇古佚書與"黃學"關係密切是無可否認的，所以為方便稱引，我們暫從唐先生的意見，將這四篇古佚書稱為《黃帝四經》。

《黃帝四經》文辭古奧，有一些地方頗令人費解，現不揣譾陋，對其中有較多爭議的"達刑"提出一點看法，以就教於方家。

《黃帝四經》中的"達刑"出現於下列文句中：④

《經法·四度》行40上："倍約則窘，達刑則傷。倍逆合當，為若有事，雖無成功，亦無天殃。"

---

① 裘錫圭主編：《長沙馬王堆漢墓簡帛集成[肆]》，中華書局2014年，第125—191頁。
② 唐蘭：《馬王堆出土〈老子〉乙本卷前古佚書的研究——兼論其與漢初儒法鬥爭的關係》，《考古學報》1975年第1期，第7—38頁，又刊於《馬王堆漢墓研究》，湖南人民出版社1981年，第85—94頁。
③ 裘錫圭：《馬王堆〈老子〉甲乙本卷前後佚書與道法家——兼論〈心術上〉〈白心〉為慎到田駢學派作品》，《裘錫圭學術文集·古代歷史、思想、民俗卷》，復旦大學出版社2012年，第271—285頁。
④ 裘錫圭主編：《長沙馬王堆漢墓簡帛集成[肆]》第138、143、144、152、164頁。

> 《經法·亡論》行 58 下—59 上："昧利，襦傳，達刑，爲亂首，爲怨媒，此五者，禍皆反自及也。"
>
> 《經法·亡論》行 64 下—65 上："伐當罪，見利而反，謂之達刑。"
>
> 《十六經·兵容》行 40 下："聖人不達刑，不襦傳。因天時，與之皆斷。當斷不斷，反受其亂。"

《黄帝四經》中還有一例"達天刑"：

> 《十六經·觀》行 12 下—13 上："聖人正以待天，靜以須人。不達天刑，不襦不傳。當天時，與之皆斷。當斷不斷，反受其亂。"

"達天刑"與"達刑"表達方式略有不同，但據文義，它們的意思是一樣的。下文爲方便稱引，我們以"達刑"代表"達刑"和"達天刑"。

對於"達刑"，學者多有討論。馬王堆漢墓帛書整理小組將"達"讀爲"脱"，認爲"達(脱)刑"的意思是應該用刑而不用刑或少用刑；①國家文物局古文獻研究室將"達"讀爲"汰"，訓爲淘汰，認爲"達刑"的意思是減損天之刑法；②郭元興先生認爲"達刑"即肆刑、擅刑、縱刑，意思是恣意施刑；③余明光先生認爲"達"是放肆、專擅的意思，"達刑"的意思是濫用而專擅刑罰；④陳鼓應先生認爲"達刑"謂不合於天刑，即征伐行動不合於天意，又認爲"達"可讀爲"滑"，訓爲亂，"達刑"的意思是亂其天刑；⑤魏啓鵬先生將"達"讀爲"奪"，訓爲更改，認爲"達刑"是更改天刑；⑥蕭旭先生將"達"讀爲"忕"，訓爲習慣，認爲"達(忕)刑"的意思是濫刑。⑦

我們認爲上揭諸説對"達刑"含義的把握，在大方向上沒有大的問題，但對"達"字的解釋卻都過於迂曲，恐不可憑信。《經法·亡論》中有對"達刑"的定義性解説："伐當罪，見利而反，謂之達刑。"根據這個解説，"達刑"似指當刑而不處刑。但這恐怕只是古人的隨文釋義。從上揭《黄帝四經》的其他文例來看，當刑而不處刑，只是"達刑"的一層含義，"達刑"顯然還應有不當刑而處刑的意思，也就是說"達刑"應該是用刑不當的意思。

---

① 馬王堆漢墓帛書整理小組：《馬王堆漢墓帛書〈經法〉》，文物出版社 1976 年，第 25—26 頁注釋 18。
② 國家文物局古文獻研究室：《馬王堆漢墓帛書［壹］》，文物出版社 1980 年，第 52 頁注釋 54。
③ 郭元興：《讀〈經法〉》，《中華文史論叢》1979 年第 2 輯，上海古籍出版社 1979 年，第 132 頁。
④ 余明光：《黄帝四經與黄老思想》，黑龍江人民出版社 1989 年，第 259 頁。
⑤ 陳鼓應：《黄帝四經今注今譯——馬王堆漢墓出土帛書(參照簡帛本最新修訂版)》，商務印書館 2007 年，第 108 頁注 9。
⑥ 魏啓鵬：《馬王堆漢墓帛書〈黄帝書〉箋證》，中華書局 2004 年，第 46 頁。
⑦ 蕭旭：《馬王堆帛書〈經法〉四種古佚書校補》，復旦大學出土文獻與古文字研究中心網 2010 年 3 月 8 日，http://www.gwz.fudan.edu.cn/Web/Show/1101，後收入氏著《群書校補》，廣陵書社 2011 年，第 6 頁。

"達刑"的意思確定了,那麼"達"字該怎麼理解呢?

古書中頻見表示用刑不當之意的"失刑","達"與"失"可能意思相當。我們曾根據這一綫索,提出兩種可能將"達"與"失"聯繫起來的方式:一種是將"達"讀爲"失";一種是將"達"視爲楚文字中用爲"失"的"達"的誤抄。①

上古音"達"屬定母月部,"失"屬書母質部,兩字聲母都是舌音,韻部旁轉,語音相近,將"達"讀爲"失",在語音上問題不大。不過我們現在認爲這種可能性幾乎没有。所謂"失刑"之"失",出現數次,用的都是"達"字,没有例外。而《黄帝四經》中"失"這個詞出現頻率極高,其他地方用的都是"失"字,也没有例外。② 這一用字現象十分奇怪,且無法合理解釋。可見將這類"達"字讀爲"失"是有問題的。

《黄帝四經》大約抄寫於西漢初年劉邦在位之時,③其某些用字習慣與楚系文字的用字習慣相同,④應是西漢初年的抄寫者比照楚系抄本抄録而成。楚文字中用爲"失"的"達",與"達"字比較相似。所以,認爲《黄帝四經》中的"達"字是楚文字中的"達"字的誤抄,也不是没有根據。但仔細考慮之後,會發現這一説法和上一説法有著相似的問題。這類"達"字出現數次,它們如果是"達"的誤抄的話,數量有點多,而且被誤抄的都是用於"達刑"之中的"達",而其他語境下的"達"都轉抄爲"失"。這恐怕不能用巧合來解釋,應該是思路出現了問題。

我們現在認爲"達刑"之"達"應讀爲"褻"。

上古音"達"屬定母月部,"褻"屬心母月部,兩者韻部相同,聲母可通,如"怠"屬定母,"枲"屬心母,兩者都從"台"聲;"條"屬定母,"脩"屬心母,兩者都從"攸"聲。"達"與"舌"語音關係極爲密切。據孫剛先生與李瑶先生研究,戰國齊、楚文字中的大多數"達"字從"舌"聲。⑤ 據董珊先生研究,西周早期的盠父鼎(《集成》2671、2672)中的"達"字亦從"舌"聲。⑥ "舌"聲字與"褻"可通。《論語・鄉黨》"褻裘長"之"褻",《説

---

① 劉雲:《説〈黄帝四經〉中的一類"達"字》,復旦大學出土文獻與古文字研究中心網 2010 年 4 月 23 日,http://www.gwz.fudan.edu.cn/Web/Show/1134。
② 裘錫圭主編:《長沙馬王堆漢墓簡帛集成[肆]》第 127、130、134、138、140、141、143、146、147、159、161、162、165、166、170、172、176、185 頁。
③ 李裕民:《馬王堆漢墓帛書抄寫年代考》,《考古與文物》1981 年第 4 期,第 100 頁。
④ 周波:《秦、西漢前期出土文字資料中的六國古文遺迹》,《出土文獻與古文字研究》第二輯,復旦大學出版社 2008 年,第 240—292 頁。
⑤ 孫剛:《試説戰國文字中的"達"》,復旦大學出土文獻與古文字研究中心網 2011 年 12 月 20 日,http://www.gwz.fudan.edu.cn/Web/Show/1739;孫剛、李瑶:《試説戰國齊、楚兩系文字中的"達"》,《江漢考古》2018 年第 6 期,第 122—125 頁。
⑥ 董珊:《新見魯叔四器銘文考釋》,《古文字研究》第二十九輯,中華書局 2012 年,第 306 頁。

文·糸部》"紀"字下引作"䋣","䋣"從"舌"聲。上博簡《苦成家父》簡 5"今主君不适於吾"之"适",白於藍先生讀爲"褻"或"媟",①"适"從"舌"聲。

"褻"有輕慢之類的意思,②這種意思在古書中比較常見,如:

《禮記·表記》:"無禮不相見也,欲民之毋相褻也。"

《白虎通·社稷》:"社稷在中門之外,外門之内何? 尊而親之,與先祖同也。不置中門内何? 敬之,示不褻瀆也。"

《文選》卷第四十一陳孔璋(琳)《爲曹洪與魏文帝書》:"鴻雀戢翼於汙池,褻之者固以爲園囿之凡鳥,外廐之下乘也。"

《抱朴子·疾謬》:"婢使吏卒,錯雜如市,尋道褻謔,可憎可惡。"

"褻"有輕慢之類的意思,所以"褻刑"可以表示以輕慢的態度對待刑罰,也就是對刑罰不慎重,當刑而不處刑,不當刑而處刑,也就是用刑不當。上文已指出"達刑"是用刑不當的意思,這樣看來,我們將"達刑"之"達"讀爲"褻",將"褻刑"理解爲用刑不當,是很合理的。而且古書中有類似用法的"褻刑"。《禮記·緇衣》:"子曰:'政之不行也,教之不成也,爵禄不足勸也,刑罰不足恥也。故上不可以褻刑而輕爵。'"孔穎達疏:"刑罰不中,則懲勸失所,故君上不可輕褻之。"今本《緇衣》中的這段文字,也出現於郭店簡及上博簡《緇衣》中,三者内容基本相同,兩竹簡本《緇衣》中也都出現了"褻刑"一詞,不過兩者"褻刑"之"褻"都用通假字"埶"來表示。③

附記:本文初稿蒙陳劍先生審閲指正,謹致謝忱!

2018 年 3 月 30 日初稿
2018 年 4 月 19 日定稿

---

① 白於藍:《戰國秦漢簡帛古書通假字彙纂》,福建人民出版社 2012 年,第 511 頁。
② 《説文》衣部:"褻,私服。""褻"的本義是居家服。表示輕慢之意的"褻"字,按照《説文》的説法,其本字應是"嫢"或"媟"。《説文·日部》:"嫢,日狎習相慢也。"("嫢",通行本《説文》作"嫢",此據段玉裁説改。參段玉裁:《説文解字注》,上海古籍出版社 1981 年,第 308 頁。)《説文·女部》:"媟,嬻也。"但輕慢之意完全可以由"褻"的居家服的本義引申出來,並不一定要看作"嫢"或"媟"的通假字。"褻""嫢""媟"應該是音義密切相關的同源詞。考慮到以上因素,以及古書中表示輕慢之意多用"褻",罕用"嫢""媟"的用字習慣,我們文中徑將"達刑"之"達"讀爲"褻"。
③ 荆門市博物館:《郭店楚墓竹簡》,文物出版社 1998 年,第 130 頁;馬承源主編:《上海博物館藏戰國楚竹書(一)》,上海古籍出版社 2001 年,第 189—191 頁。

讀馬王堆帛書札記二則

蔡 偉

摘 要：本文認爲馬王堆帛書中"身調而神過"的"過"應讀爲"和"，"身調"與"神過（和）"互文相足；"捧禍存身"的"捧"應讀爲"拔除"之"拔"，"捧（拔）禍"即"除禍"，就是攘除凶禍以存身的意思。

關鍵詞：馬王堆帛書 神過 拜禍

一、身調而神過

馬王堆帛書《德聖》2/453-3/454 行有下引一段話：

> 清濁者，惪（德）之人（仁）；惪（德）者，清濁之瀟〈淵〉。身調而神過，胃（謂）之玄同。①

關於"神過"之"過"，馬王堆帛書整理小組及《長沙馬王堆漢墓簡帛集成》皆無説。研究者大致有以下一些意見：

1. 魏啓鵬對"過"字是這樣解釋的：調，和也。《廣雅·釋詁三》："調，和也。"過，越也。《易·大過》疏："過，謂過越之過。"身調，謂其身調和得養，即《樂記》所云"血氣和平"。神過，謂精神超越，即《樂記》所云"氣盛而化神，和順積中，而英華發外"之意。《莊子·刻意》："精神四達並流，無所不極，上際於天，下蟠於地。"亦可發明斯旨。②
2. 齊木哲郎《德聖譯注》說："過，超越。《吕氏春秋》：'天（高誘注：天，身也。）

---

① 裘錫圭主編：《長沙馬王堆漢墓簡帛集成·肆》，中華書局 2014 年，第 119 頁。
② 魏啓鵬：《簡帛文獻〈五行〉箋證》，中華書局 2005 年，第 125 頁。

全則神和矣、目明矣、耳聰矣、鼻臭矣、口敏矣,三百六十節皆通利矣。若此人者……精通於天地,①神覆乎宇宙。'與此義近。"②

3. 韓宇嬌則認爲"過"或通"化","身調神過"或即"身和神化",指以音樂調和身心,精神得到感化。③

又蕭旭先生提出這樣一種意見:

過,當作"適",字形相近而致誤也。《玄應音義》卷6"適其"條引《三蒼》:"適,悅也。"《廣韻》:"適,樂也。"④

檢帛書"過"字作 ,其爲標準的"過"字,與馬王堆帛書中"適"字之作 (《春秋事語》80行)者,有着明顯的區別。所以從文義尤其是字形上看,誤字説似無成立之可能。另外魏啓鵬先生如字説於文義亦不甚合,現在就來談談我們的看法。

結合帛書文義,我們認爲齊木哲郎雖然還是將"過"解釋爲"超越",但他引了《吕氏春秋》"天全則神和矣、目明矣、耳聰矣、鼻臭矣、口敏矣,三百六十節皆通利矣。若此人者……精通乎天地,神覆乎宇宙"這段話,認爲與帛書此處的文義相近,則甚具啓發性。

我們認爲帛書的"過"即可讀爲"和"。"過""和"二字古音並屬歌部,聲母則一爲見母,一爲匣母,古音極近。從文獻的異文來看,如《淮南子·説山》:"咼氏之璧,夏后之璜,揖讓而進之以合歡,夜以投人則爲怨,時與不時。"高誘注:"咼,古和字。"⑤又云"得咼氏之璧,不若得事之所適"。又《文選》盧諶《覽古詩》云"趙氏有和璧,天下無不傳,秦人來求市,厥價徒空言",李善注:"蔡邕《琴操》曰:'楚明光者,楚王大夫也,昭王得瑈氏璧,欲以貢於趙王,於是遣明光奉璧之趙。'瑈,古和字。"⑥又《六韜·文韜·守

---

① 引者案:文見於《吕氏春秋·本生》,其原文作"精通乎天地"。
② 轉引自韓宇嬌:《馬王堆帛書〈德聖〉校讀》,清華大學出土文獻研究與保護中心編:《出土文獻》第4輯,中西書局2013年,第293頁;又收入《出土文獻與中國古代文明——李學勤先生八十壽誕紀念論文集》,中西書局2016年,第451頁。
③ 同上注。
④ 蕭旭:《馬王堆帛書(一)〈九主〉〈明君〉〈德聖〉校補》,收入蕭旭《群書校補(續)》第一册,臺灣花木蘭文化出版社2014年,第73頁。
⑤ 何寧:《淮南子集釋》下册,中華書局2010年,第1139頁。
⑥ 參高亨:《古字通假會典》,齊魯書社1989年(1997年第二次印刷),第668—669頁。

國》"天下和之",敦煌寫本作"天下禍之"。① 凡此皆可證"過""和"二字古音相近而可以通借。

案馬王堆漢墓竹簡《十問》有下引一段文字:

> 桉(接)陰之道,以静爲强,平心如水,……精氣淩楗(健)久長。神和内得,云(魂)柏(魄)皇□,五臧(藏)軔白,玉色重光,壽參日月,爲天地英。②

即"神和"二字連文之證。檢傳世文獻中,"神和"一詞習見,尤其是多見於道家文獻,如《文子·自然》云:

> 若夫規矩句繩,巧之具也,而非所以爲巧也。故無絃,雖師文不能成其曲,徒絃則不能獨悲,故絃悲之具也,非所以爲悲也。至於神和,遊於心手之間,放意寫神,論變而形於絃者,父不能以教子,子亦不能受之於父,此不傳之道也。

《淮南子·齊俗》有類似的文句作:

> 若夫工匠之爲連䥫、運開、陰閉、眩錯,入於冥冥之眇,神調之極,游乎心手{衆虚}之閒,而莫與物爲際者,父不能以教子。瞽師之放意相物,寫神愈舞,而形乎絃者,兄不能以喻弟。今夫爲平者準也,爲直者繩也。若夫不在於繩準之中,可以平直者,此不共之術也。③

根據劉殿爵先生的研究意見,《淮南子·齊俗》"神調"本亦作"神和",今本《淮南子》作"調"者,蓋許慎注本避吳太子諱改。④

又漢荀悦《申鑒·雜言下》云:

> 故君子本神爲貴,神和德平而道通,是爲保真。

又《雲笈七籤》卷十四《三洞經教部》:

> 吸玄宫之黑氣入口九吞之,以補吹之損,以符呦鹿之詞,以致玉童之饌。益腎氣,神和體安,則群祅莫害,可致長生之道矣。⑤

---

① 法 Pel.chin.3454《六韜》,收入上海古籍出版社、法國國家圖書館編:《法藏敦煌西域文獻》(第24册),上海古籍出版社2002年,第267頁。
② 裘錫圭主編:《長沙馬王堆漢墓簡帛集成·陸》,中華書局2014年,第150頁。
③ 何寧:《淮南子集釋》中册,第802—803頁。
④ 參劉殿爵:《淮南子韻讀及校勘》,香港中文大學出版社2013年,第410頁。
⑤ 《雲笈七籤》,中華書局2015年,第369頁。

卷六十九《金丹部》：

> 每日清晨東向，叩告三清上聖仙官，然可服此英丹後，自然嗜欲無嬰，葷血不入，端居净室，而神和體輕，與真人爲儔矣。①

卷八十八《仙籍旨訣部》：

> 聖人知外用之無益，所以還元返本，握固胎息，洞明於内，調理於中，取合元和之大朴，不死之福庭。夫神和則可以照徹於五藏，氣和則可以使用於四胑。②

卷一百一十五《紀傳部·王氏》：

> 王氏感道力救護，乃詣天師，受籙精修，焚香寂念，獨處静室，志希晨飛。因絶粒嚥氣，神和體輕。時有奇香異雲，臨映居第，髣髴真降，密接靈仙，而人不知也。③

尤其是《吕氏春秋·本生》下引這一段話：

> 故聖人之制萬物也，以全其天也，天全則神和矣、目明矣、耳聰矣、鼻臭矣、口敏矣，三百六十節皆通利矣。若此人者，不言而信，不謀而當，不慮而得。

高誘注："天，身也"，則《吕覽》之"天全則神和"與帛書之言"身調而神過（和）"，語意尤爲近似，亦可證我們的意見也是較爲可信的。

二、拜　　禍

馬王堆帛書《戰國縱横家書》185-186 行有下引一段話：

> 今事來矣，此齊之以母質之時也，而武安君之棄禍存身之夬（訣）也。

案所謂的"棄"字，郭永秉先生改釋爲"捧（拜）"，可信。但他認爲"捧（拜）"字似應讀爲

---

① 《雲笈七籤》，中華書局 2015 年，第 1536 頁。
② 同上，第 1965 頁。
③ 同上，第 2549 頁。

"滅",①則與我們的理解頗有不同。

我們認爲"捧(拜)"可讀爲"拔",《詩·召南·甘棠》"勿翦勿拜",鄭玄箋:"拜之言拔也。""勿翦勿拜",阜陽漢簡《詩經》簡 S007 相對應的文字作"譏勿捧",②安徽大學藏《詩經》相對應的文字作"勿戔勿掇",黄德寬先生認爲"掇"在此詩中當讀"剟"。並引《漢書·王嘉傳》"掇去宋弘",顔師古注"掇讀曰剟。剟,削也,削去其名也"爲證,文義允恰,可從。但黄先生據安大簡《詩經》異文"掇",進而推測《毛詩》和阜陽漢簡《詩經》"拜"可能是傳抄謡誤字。黄先生又解釋説:在古文字中"掇"與"拜"形音俱近,因而可能發生謡誤。③

我們認爲,《毛詩》作"拜"、阜陽簡《詩經》作"捧",安大簡《詩經》作"掇",這本是因音近以致異文,不當據安大簡《詩經》之作"掇(剟)"以改《毛詩》及阜陽簡《詩經》之"拜"以求一律,而應當各依本文以釋。就好比郭店簡《老子》"明道女(如)孛(費),遲(夷)道女(如)纇,【進】道若退",我們不能據傳世本作"夷道如類/纇",就認爲郭店簡的"纇"字是"類/纇"的誤字一樣,而是應該認爲"纇"與"類/纇"聲近而義同,"纇",可認爲是"隤"的假借字。④

檢《廣雅·釋詁三》:"揣、拂、糞、埽、寫、雪、擎、摒、篋、揪、耘、撥、祓,除也。"王念孫《疏證》云:

> 揣者,《説文》:"湍,剟也;剟,刊也。"刊與除同義。
>
> 拂者,《曲禮》"進几杖者拂之",鄭注云:"拂,去塵。"《大雅·生民篇》"茀厥豐草",《韓詩》作"拂",云"拂,弗也",茀、弗並與拂通。
>
> 撥者,《史記·太史公自序》云:"秦撥去古文,焚滅詩書。"《説文》:"发,以足蹋夷草也。"又云:"鏺,兩刃有木柄可以刈草,讀若撥。"義並相近也。
>
> 祓者,《説文》:"祓,除惡祭也。"《周官》:"女巫掌歲時祓除釁浴。"《大雅·生民篇》"以弗無子",鄭箋云:"弗之言祓也,祓除其無子之疾而得福也。"《檀弓》云:"巫先拂柩",祓與拂、弗亦通。⑤

---

① 郭永秉:《馬王堆帛書〈戰國縱横家書〉整理瑣記(三題)》,收入郭永秉《古文字與古文獻論集續編》,上海古籍出版社 2015 年,第 281—282 頁。

② 胡平生:《阜陽漢簡〈詩經〉異文初探》,《中華文史論叢》1986 年第 1 輯,第 4 頁。

③ 黄德寬:《略論新出戰國楚簡〈詩經〉異文及其價值》,《安徽大學學報(哲學社會科學版)》2018 年第 3 期,第 74 頁。

④ 蔡偉:《讀書叢札》,收入《出土文獻與古文字研究》(第三輯),復旦大學出版社 2010 年,第 510 頁。

⑤ 王念孫:《廣雅疏證》,中華書局 1983 年,第 98 頁。

其中的"拂""撥""祓"與"勿剪勿拜"之"拜(拔)"並音近而義同。《國語·周語上》"民之所急在大事,先王知大事之必以衆濟也,是故祓除其心,以和惠民",韋昭注:"祓,猶拂也。"也是用的聲訓。又《新唐書·循吏傳序》:"唐興,承隋亂離,戔祓荒荼,始擇用州刺史、縣令。"其中的"戔祓"猶云"剪除",即用《詩經》"勿剪勿拜"之"剪""拜(拔)"造詞。

已有學者指出漢代鄭玄學者對《詩·召南·甘棠》"勿剪勿拜"的文義理解是正確的,應該讀爲"勿剪勿拜(拔)",①案"拜(拔)"就是拔除之"拔"。《爾雅·釋詁下》"拔,盡也",邢昺疏:"拔者,搴除使盡也。"又《詩·大雅·緜》"柞棫拔矣"、《大雅·皇矣》"柞棫斯拔",陳奂傳疏:"拔,讀爲跋,猶剪除也。"②

綜上所述,馬王堆帛書"捧(拔/拂/撥/祓)禍存身",即"除禍存身",就是攘除凶禍以存身的意思。

---

① 如季旭昇先生引述諸家對"拜"字構形之説,指出《甘棠》"勿剪勿拜","用的是'捧(拜)'字的本形本義,鄭《箋》釋爲'拔',非常精確適當"。詳細的論述可參見季旭昇:《〈召南·甘棠〉"勿剪勿拜"古義新證》一文,收入氏著《詩經古義新證》(增訂本),臺北文史哲出版社 1995 年,第 37—43 頁。
② 參宗福邦、陳世鐃、蕭海波:《故訓匯纂》,商務印書館 2003 年,第 871 頁。

讀北京大學藏西漢竹書札記二則*

劉建民

摘　要：北京大學藏西漢竹書《反淫》簡28整理者釋爲"鵻"的字，應改釋爲"䳺"，讀爲"䭹"。"䭹鸃"是一種類似山雞的飛禽。竹書《節》簡1—3記載有立春、春分之時的物候時令。其中的"除術"，並不是整理者所説的整治邑中道路。竹書中的"術"應讀爲"遂"，指"田首受水小溝"，是一種農業水利設施。

關鍵詞：《反淫》　䭹鸃　《節》　術

一

北京大學藏西漢竹書《反淫》，現存竹簡五十九枚。竹書以魂與魄子的對話構成，其内容與漢代枚乘的《七發》有許多相合之處。這篇竹書記載魄子患病，魂鋪敍聽琴、登臨、射御、校獵、美食、宴歡、弋射、美人進御以及至言妙道等各種情事以爲説辭，最終使得魄子"涣然病愈"。

竹書《反淫》簡27、28記述魂向魄子稱舉弋射之事時，提到多種飛禽的名稱，具體文字如下：

前有沼池，後有莞蒲；中有洲坻，①往來復路。鴻鵠鴛鴦，鳶鷄鶺鴒，連翅比翼，接沓柯閒。<u>菌鶴鵻義(鸃)</u>，孔鵠鷉鵻，紛紜幽晦，浩洋於上。②

---

* 本文爲2019年教育部人文社會科學研究青年基金項目"北京大學藏西漢竹書疑難字詞研究"（編號：19YJC740036）成果之一。

① "坻"字，整理者原誤釋爲"堆"，此從陳劍先生的意見改釋。陳劍：《〈妄稽〉〈反淫〉校字拾遺》，復旦大學出土文獻與古文字研究中心網站2016年7月4日，http://www.gwz.fudan.edu.cn/Web/Show/2850。

② 北京大學出土文獻研究所編：《北京大學藏西漢竹書（肆）》，上海古籍出版社2015年，第97頁。

竹書"菌鶴"之後的字,整理者釋爲"鷦",並認爲"鷦"在文獻中單用罕見,此處或指鷦鵬。"鷦鵬"文獻中亦作"鷦明""焦明",《史記·司馬相如列傳》:"猶鷦明已翔乎寥廓,而羅者猶視乎藪澤。"《司馬相如列傳》:"捷鴛鷯,掩焦明。"裴駰集解曰:"焦明似鳳。"張守節正義曰:"長喙,疏翼,員尾,非幽閒不集,非珍物不食。"此鳥是傳說中鳳凰之類的神鳥,品性高潔,不與尋常飛鳥爲伍,不大可能會被常人弋射獲得。而竹書此段講的是弋射之樂,文中出現的弋射對象應該是現實中較爲常見的飛禽,而不應是傳說中的神鳥。

竹書釋爲"鷦"的字,左側偏旁的下部並不是"火"旁,而是橫寫的"弓"。長沙馬王堆一號漢墓遣册簡3有"鹿雋(膌)一鼎",其中"雋"字的"弓"旁就是如此寫法。秦漢文字中的"弓"旁橫着書寫,並不僅見於"雋"。睡虎地秦簡、馬王堆帛書以及銀雀山竹簡的"弩"字,下部的"弓"旁都有橫寫的。① 所以北大竹書釋爲"鷦"的字,其左側偏旁並不是"焦",而是"雋"。此字應釋爲"鵘",讀爲"鵔"。

"雋"聲之字與"夋"聲之字相通的情況,在文獻中很常見。《書·皋陶謨》"俊乂在官",其中的"俊",《文選·責躬詩》李善注引作"雋"。《禮記·月令》"贊桀俊",其中的"俊",《吕氏春秋·孟夏紀》作"雋"。《鹽鐵論·散不足》"狗臐馬朘",其中的"朘",應讀爲義爲少汁肉羹的"臇"。

竹書"鵘(鵔)"下所謂的"義"字,左側是"義"旁,右側實際上還有一個較爲模糊的偏旁"鳥",整個字應釋爲"鸃(鸃)"。《說文》:"鵔,鵔鸃,鷩也。"段玉裁注曰:"師古注《上林賦》曰:鵔鸃,鷩也,似山雞而小。冠、背毛黃,腹赤,項綠,尾紅……劉逵注《蜀都賦》曰:蜘蛦,鳥名也,如今之所謂山雞。注《吳都賦》:今所謂山雞者,鷩蜙也,合浦有之。"竹書中的弋射對象"鵘(鵔)鸃(鸃)",指的正是這種山雞一類的飛禽。

二

北京大學藏西漢竹書《節》,主要是講陰陽、刑德原理及相關的政事、軍事宜忌。竹書簡1—3記載有立春、春分之時的物候時令:

　　日至四十六日,陽凍釋,<u>四海雲至</u>,虞土下,雁始登。<u>田脩封疆</u>,司空脩

---

① 漢語大字典字形組編:《秦漢魏晉篆隸字形表》,四川辭書出版社1985年,第913頁。朱德熙:《馬王堆一號漢墓遣册考釋補正》,《朱德熙文集》,商務印書館1999年,第5卷122頁。

社稷，鄉騷(掃)除術，伐枯挙瘠，天將下享氣。① 又四十六日，蝦蟆鳴，燕降，天地氣通，司空徹道，令關市輕政(徵)賦。②

其中的"鄉騷(掃)除術"一句，整理者注釋說："'術'，邑中的道路。"整理者的這一意見是不正確的。如果竹書此處的"除術"是指整治邑中道路的話，則與四十六日之後春分時"司空徹道"的語義就有重複的嫌疑了。這顯然是不合適的。

傳世文獻中有一些記載，與上引竹書《節》的文字有關：

> 故先王之政，四海之雲至而脩封疆，蝦蟆鳴、燕降而達路除道，陰降百泉則修橋梁，昏張中則務種穀，大火中則種黍菽，虛中則種宿麥，昴中則收斂畜積，伐薪木。 （《淮南子·主術》）

> 是月也，命司空曰："時雨將降，下水上騰；循行國邑，周視原野；修利隄防，導達溝瀆，開通道路，無有障塞；田獵罼弋，罝罘羅網，餧獸之藥，無出九門。" （《呂氏春秋·季春紀》）

從上述引文可以看出，整治道路是在春分之後或是季春之月才做的工作。所以上引竹書《節》在立春後整治的"術"，不應是指邑中道路。竹書記載的立春之日後的工作還有"田脩封疆""司空脩社稷""伐枯挙瘠"等等，這些工作都與農事活動有關。我們認為竹書中所說的對"術"進行的工作，也應是與農業生產有關的活動。

《呂氏春秋》記載孟春之月的物候時令，有如下文字：

> 是月也，天氣下降，地氣上騰，天地和同，草木繁動。王布農事：命田舍東郊，皆修封疆，審端徑術，善相丘陵阪險原隰，土地所宜，五穀所殖，以教道民，必躬親之。田事既飭，先定準直，農乃不惑。 （《呂氏春秋·孟春紀》）

這段話也記載了孟春之月的一些農事活動。在"修封疆"之後的"審端徑術"一句，也提到了"術"。這個"術"字，與竹書"田脩封疆，司空脩社稷"之後的"術"意思應該是一樣的。"審端徑術"，高誘注曰："端正其徑路，不得邪行敗稼穡。"高誘認為"術"是田間

---

① 此句"氣"前之字，陳劍先生已指出不能釋為"享"。陳先生認為"係'𩫖'（"郭"所從）或'𩫤'（"淳、敦"等所從）。秦漢文字獨體之此形理應為'𩫖'，但'郭氣'實不知如何讀通。如視為'𩫤'，則古書有'淳氣'，謂醇和之氣，施於此講春氣者似頗好。'𩫤'字秦漢文字似已罕見獨立成字使用者"。陳劍先生的意見，見"補白"《關於〈北京大學藏西漢竹書[伍]〉釋文注釋的幾點意見》文後跟帖，復旦大學出土文獻與古文字研究中心網站 2015 年 11 月 14 日，http://www.gwz.fudan.edu.cn/Web/Show/2634。按，此字有可能是"雲"字的譌寫。

② 北京大學出土文獻研究所編：《北京大學藏西漢竹書(伍)》，上海古籍出版社 2014 年，第 12—13 頁。

的路徑。

《禮記·月令》有與上引《吕氏春秋·孟春紀》幾乎一樣的文字,對於"審端徑術"一句,鄭玄注曰:"術,《周禮》作遂,'夫閒有遂,遂上有徑'。遂,小溝也。步道曰徑。"《周禮·地官·稻人》:"稻人掌稼下地。以瀦畜水,以防止水,以溝蕩水,以遂均水,以列舍水,以澮寫水,以涉揚其芟作田。"鄭玄注:"遂,田首受水小溝也。"孫詒讓正義:"云'遂,田首受水小溝也'者,即《遂人》云:'夫閒有遂'是也。匠人爲溝洫,田首廣二尺,深二尺,謂之遂,故云田首受水小溝,五溝以遂爲最小也。"

鄭玄讀"術"爲"遂",認爲"遂"是"田首受水小溝"。我們認爲鄭玄的這一意見是正確的。古人在立春之後,要進行各項農事活動。將田首"廣二尺,深二尺"導水的小溝,也就是"術(遂)"進行一番整飭是非常必要的。

竹書《節》的第14簡又有如下一句:

　　十一月毋□□溝術。

其中"溝"與"術"連言。此處的"術"亦應讀爲"遂"。"遂"與"溝"均爲"五溝"之一。《周禮·地官·司徒》:"凡治野,夫閒有遂,遂上有徑。十夫有溝,溝上有畛。百夫有洫,洫上有涂。千夫有澮,澮上有道。萬夫有川,川上有路,以達于畿。"由於竹書此處的"溝"前缺失了兩個字,所以我們並不能確定"溝"在此處是名詞(表示"五溝"之一),或是動詞(表示挖溝之意)。但不論情況如何,都不影響我們將此處的"術"讀爲"遂"。

另外,竹書在春分之後面所布政令有"令關市輕政賦"一句。其中的"政"字,整理者讀爲"徵"不正確。"政"爲章母耕部字,而"徵"爲端母蒸部字,二字的上古音聲、韻皆異。此處的"政",應該讀爲"征"。"征"字有征收賦稅之義。《左傳》僖公十五年:"於是秦始征晉河東,置官司焉。"杜預注:"征,賦也。""征"亦可指所征的賦稅,《左傳》文公十一年:"宋公於是以門賞耏班,使食其征。"杜預注:"門,關門。征,稅也。"在表示征收的賦稅時,"征"與"賦"亦可連言。《國語·吳語》:"舍其愆令,輕其征賦。"

《肩水金關漢簡》散簡編連八例*

姚 磊

摘 要：依據出土地、筆迹、内容、書寫格式、形制等原則，討論了肩水金關8組簡的分類、歸屬問題，認爲編連過程中要考慮到各種可能性，對同一册書可能出現的筆迹與材質的差異，都要全方面的考慮，應關注的是"出土地同一"而非"出土點同一"，爲有關西北漢簡的綴合、編連等研究提供了參考。

關鍵詞：肩水金關漢簡　編連　年代

肩水金關漢簡的一些簡册在出土時"有的堆儲在一處，有的與雜草、畜類混合堆成積薪，有的墊在圈底，或當作垃圾拋在各處。"①由此，許多原本屬一個簡册的簡在出土時便已成散簡。對這些散簡進行編連，恢復它們本來的面貌就顯得較爲重要。關於西北漢簡簡册編連的方法，張俊民、沈剛等曾寫專文論述過，對王國維、勞榦、森鹿三、大庭脩、魯惟一、永田英正、謝桂華、何雙全、李天虹等學者的册書編連進行過仔細梳理。② 本文擬從出土地、筆迹、内容、書寫格式、形制等角度出發，對一些散簡提出編連方案。不足之處，敬請方家指正。

---

* 本文係河南省哲學社會科學規劃項目"《肩水金關漢簡》文本整理與研究"（2019CKG002）階段性研究成果，得到"信陽師範學院'南湖學者獎勵計劃'青年項目（Nanhu Scholars Program for Young Scholars of XYNU）"的支持。
① 甘肅居延考古隊：《居延漢代遺址的發掘和新出土的簡册文物》，《文物》1978年第1期。
② 代表性的如張俊民：《居延漢簡册書復原研究緣起》，《簡牘學研究》第4輯，甘肅人民出版社2004年，後收入《簡牘學論稿：聚沙篇》，甘肅教育出版社2014年；沈剛：《居延漢簡册書復原方法述論》，《甘肅省第二届簡牘學國際學術研討會論文集》，上海古籍出版社2012年。（本文關於沈剛的意見均出自此文，不另注。）

一

　　　戍卒鉅鹿南䜌元里郭廣利☒　　　　　　　　　73EJT1∶28
　　　戍卒鉅鹿南䜌延年里安都☒　　　　　　　　　73EJT1∶154
　　　戍卒鉅鹿曲迎利里□☒　　　　　　　　　　　73EJT1∶167

將73EJT1∶28、73EJT1∶154、73EJT1∶167簡的紅外圖版製圖(見附圖1)。

首先,從出土地分析,三簡的出土地點相同,均是73EJT1,出土地同一;其次,從内容分析,三簡都屬於"出入籍",①籍貫都是"鉅鹿",且73EJT1∶28、73EJT1∶154號簡都是"南䜌",内容相關;第三,從字體筆迹分析,選取相關字形,對比如下:

簡　號	戍	卒	鉅	鹿	里
T1∶28					
T1∶154					
T1∶167					

對比可見三簡字形、書風一致,當由同一書手寫就。如"里"字尾筆,均有拖筆,再如"卒"字下部的横,均有上揚,且諸簡均存在傾斜,書寫風格相同,均屬"隸草"。綜合比較分析,可知筆迹相同,成於一人之手;第四,從書寫格式分析,三簡都是簡的上部書寫,具有相同的範式;第五,從簡牘形制分析,三簡的材質相同,均是松木,簡寬方面,除73EJT1∶28號簡外,73EJT1∶154、73EJT1∶167簡均是1.4釐米,大體而言,三簡形制趨同。

綜上,73EJT1∶28、73EJT1∶154、73EJT1∶167三簡疑屬同一册書,可編連。另有73EJT5∶34、73EJT22∶16兩簡與73EJT1∶28、73EJT1∶154、73EJT1∶167三簡字形、内容也頗爲一致,不排除也有編連的可能,值得我們重視。

---

① 參李天虹:《居延漢簡簿籍分類研究》,科學出版社2003年,第156頁。

二

戍卒梁國睢陽秩里不更丁姓年廿四　　庸同縣駝詔里不更廖亡生年廿四☒
　　　　　　　　　　　　　　　　　　　　　　　　　73EJT1∶81
戍卒梁國睢陽中丘里不更李☒　　　　　　　　　　　73EJT1∶137
☒□陽東昌里不更☒　　　　　　　　　　　　　　　73EJT1∶149
☒□夏奉世年廿八今睢陵里不更張德年廿六　一丿　　73EJT1∶150
☒□不更蔡野年廿四　　　一丿　　　　　　　　　　73EJT1∶182

　　將 73EJT1∶81、73EJT1∶137、73EJT1∶149、73EJT1∶150、73EJT1∶182 五簡的紅外圖版製圖（見附圖2）。

　　首先，從出土地分析，五簡的出土地點相同，均是 73EJT1，其中 73EJT1∶149、73EJT1∶150 兩簡簡號相鄰，出土地同一；其次，從內容分析，五簡都屬於"出入籍"，爵位都是"不更"，除 73EJT1∶182 號簡殘斷難識外，籍貫都是"梁國睢陽"，內容相關；第三，從字體筆迹分析，選取相關字形，對比如下：

簡　號	梁	陽	里	不	更
T1∶81					
T1∶137					
T1∶149	—				
T1∶150	—				
T1∶182	—	—	—		

　　對比可見五簡字形、書風一致，當由同一書手寫就。如"里"字上部的"田"，均省作"口"，再如"更"字，起筆運筆幾乎一致，且諸簡均存在傾斜，書寫風格相同，均屬"隸草"。綜合比較分析，可知筆迹相同，成於一人之手；第四，從書寫格式分析，具有相同的範式，比如 73EJT1∶150、73EJT1∶182 兩簡的勾校符號，均是"一"與"丿"；第五，從簡牘形制分析，五簡的材質相同，均是松木，簡寬方面，諸簡均在 0.9—1.1 釐米間，形制相同。

綜上,73EJT1∶81、73EJT1∶137、73EJT1∶149、73EJT1∶150、73EJT1∶182 五簡疑屬同一册書,可編連。

三

  戍卒濟陰郡冤句義陽里大夫晉橫年卅　長☑　　　　73EJT37∶306+267
  戍卒濟陰郡冤句南昌里大夫許毋傷年卅八長七尺二寸黑色 ～
　　　　　　　　　　　　　　　　　　　　　　　　　　73EJT37∶987
  戍卒濟陰郡冤句廣里大夫☑　　　　　　　73EJT37∶1335+1359

將 73EJT37∶306+267、73EJT37∶987、73EJT37∶1335+1359 簡的紅外圖版製圖(見附圖 3)。

首先,從出土地分析,三簡的出土地點相同,均是 73EJT37,出土地同一;其次,從内容分析,三簡都屬於"出入籍",籍貫都是"濟陰郡冤句",且爵位都是"大夫",内容相關;第三,從字體筆迹分析,選取相關字形,對比如下:

簡　　號	戍	卒	句	里
T37∶306+267				
T37∶987				
T37∶1335+1359				

對比可見三簡字形、書風一致,當由同一書手寫就。如"戍"字尾筆,均有拖筆加粗的情況存在,如"卒"字下部的横,均有上揚,如"里"字尾筆的横,亦有上揚,再如"句"字的"勹"部"丿"和"丁"連筆在一起。綜合比較分析,可知筆迹相同,成於一人之手;第四,從書寫格式分析,三簡都是簡的上部書寫,具有相同的範式;第五,從簡牘形制分析,三簡的材質相同,簡寬在 0.8—1.0 釐米間,形制相同。

綜上,73EJT37∶306+267、73EJT37∶987、73EJT37∶1335+1359 三簡疑屬同一册書,可編連。

四

  田卒梁國睢陽東弓里孫聖年☑　　　　　　　　　　73EJT24∶706

☐卒梁國睢陽東弓里欒邊年廿四☐	73EJT24：709
田卒梁國睢陽東☐	73EJT24：776①
☐國睢陽東弓里吕姓年廿四　庸樂☐	73EJT24：791

　　將 73EJT24：706、73EJT24：709、73EJT24：776、73EJT24：791 四簡的紅外圖版製圖（見附圖 4）。

　　首先，從出土地分析，四簡的出土地點相同，均是 73EJT24，出土地同一；其次，從内容分析，四簡都屬於"名籍"，且籍貫相同，均是"睢陽東弓里"，同郡同縣同里，内容相關；第三，從字體筆迹分析，四簡均是"隸書"，但字形、書風存在一定差異，難以確認是否爲同一書手；第四，從書寫格式分析，四簡都是簡的上部書寫，具有相同的範式；第五，從簡牘形制分析，四簡的材質相同，簡寬在 0.9—1.0 釐米間，形制相同。

　　綜上，73EJT24：706、73EJT24：709、73EJT24：776、73EJT24：791 四簡疑屬同一册書，可編連，可能都是"田卒"名籍。

五

戍卒淮陽郡陳宜民里不更苟城年廿四	73EJT30：3
田卒淮陽長平東陽里不更鄭則年卅八	73EJT30：8
戍卒淮陽郡陳安衆里不更舒畢年廿四　庸同里不更夏歸來年廿六	
	73EJT30：12
戍卒淮陽郡陳高里不更宋福年廿四　庸張過里不更孫唐得年卅	
	73EJT30：13
戍卒淮陽郡苦魯里不更葉横年卅四	73EJT30：14
戍卒淮陽郡陳逢卿里不更許陽年廿七　庸進賢不更☐常年卅三	
	73EJT30：15
戍卒淮陽郡苦平陽里不更金☐廣年卅二☐	73EJT30：25
戍卒淮陽郡陳隱丘里不更趙從年卅	73EJT30：118
戍卒淮陽郡陳思孝里不更蓋寬年卅八　☐☐	73EJT30：135
戍卒淮陽郡陳安夷里不更鄰廬年廿四	73EJT30：262

---

① "東"字整理者未釋，張俊民補釋，並認爲是"東弓"。

　　　　田卒淮陽郡長平北親里不更費畢年卅五　　庸西陽里不更莊登年卅八
　　　　　　　　　　　　　　　　　　　　　　　　　　　　　73EJT30∶263
　　　　田卒淮陽郡長平高間里不更李范年廿六　　庸南垣不更費充年廿五
　　　　　　　　　　　　　　　　　　　　　　　　　　　　　73EJT30∶267

　　以上十二枚簡具有很大的共性。首先，從出土地分析，諸簡的出土地點相同，均是73EJT30，一些簡甚至簡號相鄰，出土地同一；其次，從内容分析，諸簡都屬於"出入籍"，籍貫都是"淮陽"，且爵位均是"不更"，内容相關；第三，從字體筆迹分析，諸簡字形、書風雖然彼此存在差異，但在很多方面又極爲相似；第四，從書寫格式分析，諸簡都是簡的上部書寫，具有相同的範式；第五，從簡牘形制分析，諸簡的材質基本相同，除73EJT30∶12、73EJT30∶13兩簡外，都是松木簡。簡寬方面，簡寬均是0.9釐米，形制相同。由此，懷疑諸簡可編連成册。① 按照簡文内容又可細分爲三組，如下：

　　(1)
　　　　戍卒淮陽郡陳宜民里不更苟城年廿四　　　　　　　　　　73EJT30∶3
　　　　戍卒淮陽郡陳安衆里不更舒畢年廿四　　庸同里不更夏歸來年廿六
　　　　　　　　　　　　　　　　　　　　　　　　　　　　　73EJT30∶12
　　　　戍卒淮陽郡陳高里不更宋福年廿四　　庸張過里不更孫唐得年卅
　　　　　　　　　　　　　　　　　　　　　　　　　　　　　73EJT30∶13
　　　　戍卒淮陽郡陳逢卿里不更許陽年廿七　　庸進賢不更□常年卅三
　　　　　　　　　　　　　　　　　　　　　　　　　　　　　73EJT30∶15
　　　　戍卒淮陽郡陳隱丘里不更趙從年卅　　　　　　　　　　　73EJT30∶118
　　　　戍卒淮陽郡陳思孝里不更蓋寬年卅八　　□☑　　　　　　73EJT30∶135
　　　　戍卒淮陽郡陳安夷里不更鄡盧年廿四　　　　　　　　　　73EJT30∶262

該組六枚簡的紅外圖版製圖(見附圖5)。

　　(2)
　　　　戍卒淮陽郡苦魯里不更葉橫年卅四　　　　　　　　　　　73EJT30∶14
　　　　戍卒淮陽郡苦平陽里不更金□廣年卅二☑　　　　　　　　73EJT30∶25

---

① 此例編連更多地側重於内容、形制與文義的關聯，筆迹相同作爲一個參考因素。(沈剛認爲："材料與筆迹同一的標準顯得過於謹慎，如果嚴格遵循這一標準，或可能錯過一些本應屬於同一簡册上的簡。與其把它當作一種復原原則，不如將其視爲對復原簡册進行校驗的一種參考更爲合適。")

(3)

　　田卒淮陽長平東陽里不更鄭則年卅八　　　　　　　　　　73EJT30∶8
　　田卒淮陽郡長平北親里不更費畢年卅五　庸西陽里不更莊登年卅八
　　　　　　　　　　　　　　　　　　　　　　　　　　　　73EJT30∶263
　　田卒淮陽郡長平高間里不更李范年廿六　庸南垣不更費充年廿五
　　　　　　　　　　　　　　　　　　　　　　　　　　　　73EJT30∶267

該組三枚簡的紅外圖版製圖（見附圖7）。

　　第一組身份是戍卒，來自陳縣，從筆迹分析，字形的相似性與差異性共存，難以確定書手；第二組身份也是戍卒，來自苦縣，從筆迹分析，同一書手的可能性較大，但也存在差異，字形方面73EJT30∶14號簡運筆較細；第三組身份是田卒，來自長平縣，從筆迹分析，73EJT30∶263與73EJT30∶267號簡可能爲同一書手。

　　據《漢書·地理志》，長平歸屬汝南郡。周振鶴曾考證認爲："宣帝元康三年，復置淮陽國，立子欽爲淮陽憲王。居延漢簡屢見淮陽郡長平之名，長平縣於《漢志》屬汝南，由漢簡知其本屬淮陽郡。長平改屬汝南當在淮陽復置國時，因爲此後淮陽未再爲郡……宣帝元康三年，（汝南郡）得淮陽郡長平縣。"①由此，可以推測此簡册的時間下限是"漢宣帝元康三年"（前63）。

六

　　大河郡東平陸東平里孫遺年廿四　𠃊　　　　　　　　　　73EJT24∶258
　　大河郡東平陸合里單當時年卅六☐　　　　　　　　　　　73EJT24∶550
　　大河郡東平陸禾成里夏樂年廿八☐　　　　　　　　　　　73EJT24∶974

　　將73EJT24∶258、73EJT24∶550、73EJT24∶974簡的紅外圖版製圖（見附圖8）。

　　首先，從出土地分析，三簡的出土地點相同，均是73EJT24，出土地同一；其次，從內容分析，三簡都屬於"名籍"，且籍貫相同，均是"大河郡東平陸"，內容相關；第三，從字體筆迹分析，選取相關字形，對比如下：

---

① 周振鶴：《西漢政區地理》，人民出版社1987年，第42—43頁。

簡　　號	郡	東	平	陸	里	年
T24：258						
T24：550						
T24：974						

對比可見三簡字形、書風一致，當由同一書手寫就。如"郡"字，三簡"君"的書寫"丿"均出頭，"口"都寫成"△"，且"阝"都在右下角。如"東"字，三簡末尾兩點的提筆、頓筆幾乎一致。如"平"字，第二、三筆的兩點三簡都寫成一條直綫貫通。再如"年"字尾筆的豎劃，三簡均向左側上揚。三簡書寫風格相同，均屬"隸書"。綜合比較分析，可知筆迹相同，成於一人之手；第四，從書寫格式分析，三簡都是簡的上部書寫，具有相同的範式；第五，從簡牘形制分析，三簡的材質相同，簡寬度也相差無幾，73EJT24：258 簡寬 1.0 釐米，73EJT24：550 號簡簡寬 0.9 釐米，73EJT24：974 號簡簡寬 0.9 釐米，形制相同。

綜上，73EJT24：258、73EJT24：550、73EJT24：974 號簡疑屬同一册書，可編連。《漢書·地理志》載："東平國，故梁國，景帝中六年別爲濟東國，武帝元鼎元年爲大河郡，宣帝甘露二年爲東平國。"黄浩波認爲此類簡爲"元鼎元年至甘露二年間之物"。[1] 可從。

七

河南雒陽芷陽里大夫菅從年卅五長七尺二寸黑色
五月辛未出　六月乙巳入
牛二車一兩弩一矢五十　　　　　　　　　　73EJT37：713＋624
河南郡雒陽柘里大夫蘇通年五十五長七尺二寸黑色
五月辛未出　六月乙巳入
牛一車一兩弩一矢五十　　　　　　　　　　73EJT37：1084

將 73EJT37：713＋624、73EJT37：1084 兩簡的紅外圖版製圖（見附圖 9）。

---

[1] 黄浩波：《〈肩水金關漢簡（壹）〉所見郡國縣邑鄉里》，簡帛網 2011 年 12 月 1 日，http://www.bsm.org.cn/show_article.php？id＝1586。

首先，從出土地分析，兩簡的出土地點相同，均是 73EJT37，出土地同一；其次，從內容分析，兩簡同屬出入名籍，都來自河南雒陽，而且出入關時間一致，均是"五月辛未出 六月乙巳入"，內容相關；第三，從字體筆迹分析，兩簡書風存在差異，73EJT37：1084 號簡書寫呈現傾斜，而 73EJT37：713＋624 號簡相對規整，疑非同一書手；第四，從書寫格式分析，兩簡都是分三欄書寫，第一欄是個人信息，第二欄是出入信息，第三欄是交通工具和所攜武器信息，具有相同的範式；第五，從簡牘形制分析，兩簡材質相同，都是松木，簡長在 23.4—23.5 釐米間，簡寬在 1.1—1.2 釐米間，形制相同。

綜上，73EJT37：713＋624、73EJT37：1084 兩簡疑屬同一册書，可編連。編連後可發現菅從、蘇通結伴出行，同時出入關。另有 73EJT1：164 號簡，釋文作：

☐柘里蘇通☐　　　　　　　　　　　　　　　　　73EJT1：164

該簡與 73EJT37：1084 號簡所記"河南郡雒陽柘里大夫蘇通"當爲同一人，兩簡可對讀研究。

八

王錦城在《〈肩水金關漢簡〉校讀札記（叁）》一文中指出 73EJF3：101、73EJF3：106、73EJF3：107、73EJF3：192、73EJF3：405、73EJF3：459、73EJT21：145＋73EJF3：463、73EJF3：474、73EJF3：553 等 9 簡當可編聯爲同一簡册，並把九簡稱之爲"轉車入關名籍"或"轉車名籍"。①

筆者同意他"9 簡當可編聯爲同一簡册"的判斷，但簡册仍不完整，似可補充 73EJF3：537、73EJF3：558 兩簡。釋文如下：

☐□戴順就人敬老里毛☐　　　　　　　　　　　73EJF3：537
☐延累山里趙彭就人角得博庠里王成☐　　　　　73EJF3：558

兩簡在出土地點、内容、字體筆迹、書寫格式、簡牘形制方面與其他諸簡趨於一致，當可編入。

經查，始建國二年十月是"癸巳朔"，②據此，筆者依據簡文不同的時間，暫復原排序如下：

---

① 王錦城：《〈肩水金關漢簡〉校讀札記（叁）》，簡帛網 2017 年 10 月 15 日，http：//www.bsm.org.cn/show_article.php?id=2924。
② 饒尚寬：《春秋戰國秦漢朔閏表》，商務印書館 2006 年，第 191 頁。

1. 入居延轉車一兩粟大石二十五石　始建國二年十月丁未肩水掌官士吏惲
   受貲家廣都里社惲就人平明里□☑　　　　　　　　73EJF3∶106
2. 入居延轉車一兩粟大石二十五石　始建國二年十月丁未肩水掌官士☑
   　　　　　　　　　　　　　　　　　　　　　　　73EJF3∶405
3. 入居延轉車一兩粟大石二十五石　始建國二年十月丁未肩水掌官士吏惲
   受□☑
   　　　　　　　　　　　　　　73EJT21∶145＋73EJF3∶463①
4. ☑兩粟大石二十五石　始建國二年十月戊申肩水掌官士吏惲受適吏李
   忠就人居延市陽里席便　　　　　　　　　　　　　73EJF3∶107
5. 入居延轉車一兩粟大石二十五石　始建國二年十月戊申肩水☑
   　　　　　　　　　　　　　　　　　　　　　　　73EJF3∶459
6. ☑□粟大石二十五石　始建國二年十月甲寅肩水掌官士吏惲受貲家居
   延萬歲里衣戎就人西道里王竟　　　　　　　　　　73EJF3∶101
7. 入居延轉車一兩粟大石二十五石　始建國二年十月甲寅肩水掌官士吏惲
   □□□☑　　　　　　　　　　　　　　　　　　　73EJF3∶192

73EJF3∶474、73EJF3∶537、73EJF3∶553、73EJF3∶558 四簡由於殘缺，暫時還無法確定具體時間，暫不列入排序（見附圖10）。

另有 73EJF3∶334＋299＋492 號簡，釋文如下：

　　始建國二年七月乙丑朔庚午甲渠守塞尉忠將領右部轉移卅井縣索
　　肩水金關遣就人車兩粟石斗人名如牒書到出入如律令
　　　　　　　　　　　　　　　73EJF3∶334A＋299A＋492A

　　張掖甲渠塞尉
　　七月十九日入白發
　　徐襃棄毋
　　梁黨
　　延新市員同　佐放　　　　　73EJF3∶334B＋299B＋492B

73EJF3∶334＋299＋492 號簡簡文內容與諸簡有一定關聯，且時間較爲接近，可參考借鑒。由此，懷疑也應有一份十月的同類文書。另有相關釋文如下：

---

① 雷海龍：《〈肩水金關漢簡（伍）〉釋文補正及殘簡新綴》，《簡帛》第 14 輯，上海古籍出版社 2017 年。

遣就人車兩人名如牒書到出入如律令　　　　　　　73EJT23∶907A
　　　居延城倉丞印　嗇夫當發　　　　　　　　　　　　73EJT23∶907B
　　　☑延=水丞就迎鐵器大司農府移肩水金關遣就人名籍如牒
　　　　　　　　　　　　　　　　　　　　　　　　　73EJT37∶182A+1532A

　　　候史丹發
　　　君前　嗇夫豐　　　　　　　　　　　　　　　　73EJT37∶182B+1532B

　　由此，筆者懷疑此類文書並非王錦城所言的"轉車入關名籍"或"轉車名籍"，可能是"就人名籍"或"就人車兩粟名籍"。

　　此外，73EJF3∶101號簡簡文中"居延萬歲里衣戎"，依據73EJF3∶24號簡的記載（右前騎士萬歲里衣戎），身份當是"右前騎士"，由此，結合復原諸簡的時間"始建國二年"，也可以推定73EJF3∶24簡的時間可能是"始建國二年"，亦或據此不遠。

　　以上我們通過八個例子，分析了肩水金關漢簡編連的方法，從中可看出有相同的切入點，比如簡牘形制、出土信息、簡文內容等。雖然編連簡冊有法可依，但也存在很大的不確定性和複雜性，比如字體筆迹、形制、材料的出土地等問題就非常難協調。對此，沈剛已有過討論。筆者傾向陳偉的論述："外在形態的分析只能説是具有重要的參考意義，而不能當作絕對的標準，需要與簡牘文本的分析綜合運用。"[1]也即我們在編連過程中要考慮到各種的可能性，對同一冊書可能出現的筆迹與材質的差異，都要納入考慮，多方面甄別。

　　對於大庭脩提出的"出土地同一"這個原則我們也要客觀解讀。《中國簡牘集成》一書第十二冊曾復原《隧長休代册》，其中T27、T40、T44隸屬於三個不同的探方，[2]沈剛測量了三個探方最近直綫距離約爲61米，懷疑一個冊書不同部分不會散布得如此之遠，認爲："以遺址爲單位作爲復原的標準有失之過寬之嫌。特別是新簡有出土位置、探方等更爲詳細資訊的情況下，出土地同一的標準有必要進行重新確定。以探方爲單位，並兼顧彼此間相互位置，或許會更爲準確。"我們從跨探方綴合的情況來看，非鄰近探方綴合較爲普遍，以肩水金關漢簡爲例，73EJT7可與73EJT28、73EJF3綴合，73EJH1可與73EJF3綴合，73EJH2可與73EJT23綴合，其中73EJT7、73EJH1、73EJH2甚至不在遺址院内，與73EJT28、73EJF3、73EJT23相距更遠。考慮到簡牘出土時情況較爲複雜，故以遺址爲單位作爲復原標準是合適的。由此，我們應該着重強

---

[1] 陳偉：《楚簡册概論》，湖北教育出版社2012年，第92頁。
[2] 中國簡牘集成編輯委員會：《中國簡牘集成》第12册，敦煌文藝出版社2001年，附表。

調的是"出土地同一"而非"出土點同一",由於不同"出土點"的簡是可以綴合的,自然不同"出土點"的簡也可編連。

簡的"再次編連"問題,也需要引起我們的注意。"再次編連"是指由於某些原因,某枚簡或某些簡被拆開編連到新的簡册中去。形成"再次編連"的原因也比較多,如編繩斷裂、舊簡回收再用、審核上計、所屬管轄變更等等,都可能重新造册重新編連,這就會形成同一册書材質、筆迹不同。

簡册編連與殘簡綴合有很大的趨同性,實踐過程中,都涉及簡牘原信息、文字信息以及出土信息,都是文書復原的重要構成,目的也都是恢復其原來的形式,甚至編連過程中亦會相伴綴合,以致"綴合工作所用的步驟和方法在編册也同樣適用。"① 故我們在編連時也要考慮到綴合的問題,兩者緊密結合方能提高文書復原的準確性。

附圖:

1	2	3	4

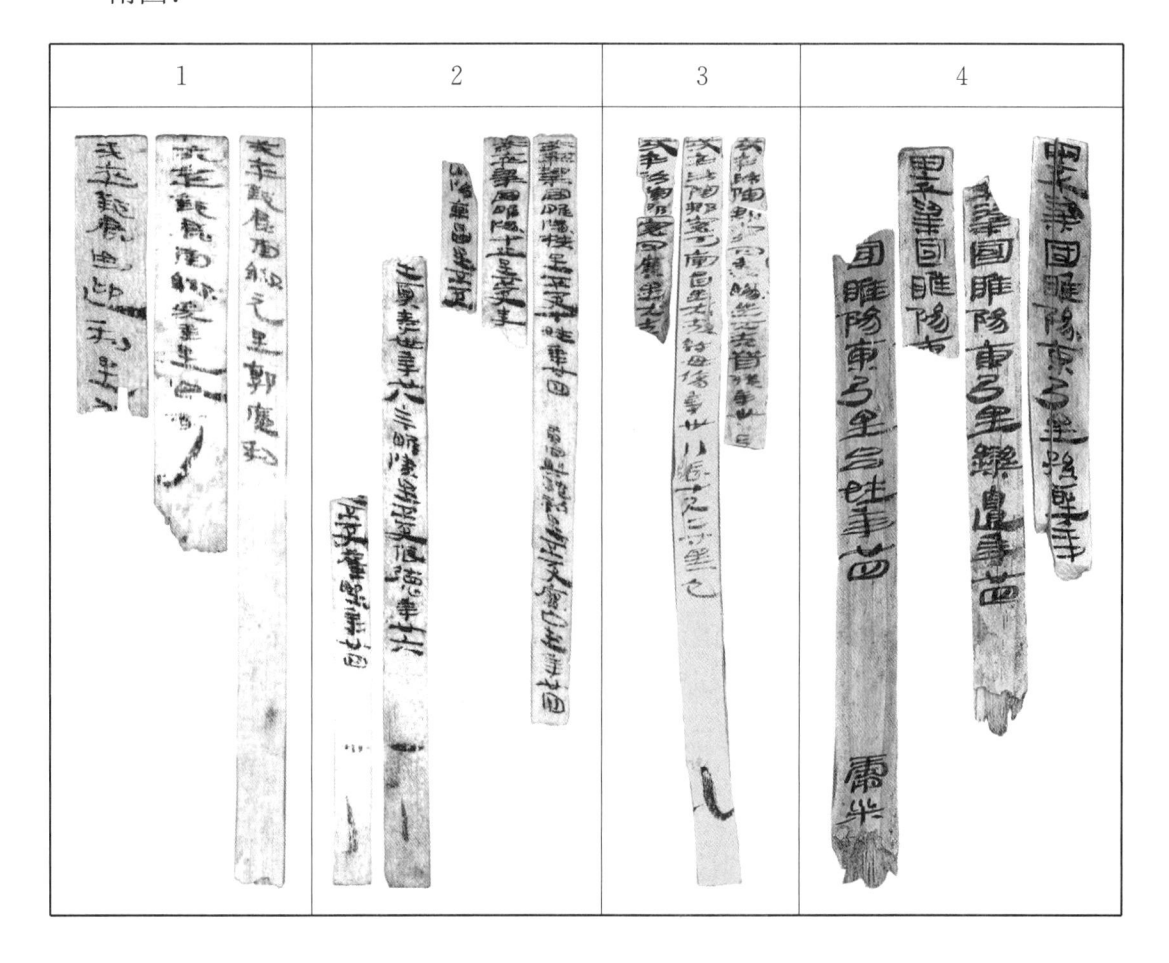

① 何雙全:《雙玉蘭堂文集》,蘭臺出版社2001年,第237頁。

《肩水金關漢簡》散簡編連八例 · 121 ·

| 5 | 6 | 7 | 8 | 9 |

10

《地灣漢簡》釋文校讀札記*

秦鳳鶴

摘　要：本文以新近公佈的《地灣漢簡》紅外綫圖版和釋文爲基礎，通過簡文字形比對，將簡 86EDT2：3"八月"改釋爲"閏"，86EDT3：1"周"改釋爲"同"。新釋出簡 86EDT2：2B"部從"、86EDT4：2"倫"、86EDT79：2"急"、86EDHT：81"造"、86EDT5H：49"刺"、86EDT5H：176B"及""共"、86EDT5H：205"余"、86EJC：13"貢"等。

關鍵詞：地灣漢簡　釋文　校讀

新近公佈的《地灣漢簡》收錄 1968 年地灣遺址出土的全部漢簡 778 枚，以及當年在肩水金關遺址採集的散簡 25 枚，共收簡牘 803 枚。① 地灣漢簡出自漢代張掖郡邊塞肩水候官，簡文内容主要包括被兵簿、守禦器簿、日迹簿、錢出入簿、郵書課、吏受奉名籍、穀出入簿、吏卒廩名籍、出入關的記録等多種文書檔案，爲研究兩漢時期的政治、經濟、軍事、典章制度等方面提供了珍貴資料，值得研究者重視。通過逐條研讀，我們發現其中仍有剩義可尋。今條陳如下，以就教於方家。

一

　　……　　　　　　　　　　　　　　　86EDT2：2A
　　……封□□　　　　　　　　　　　　86EDT2：2B

---

* 本文得到 2018 年度湖南省社會科學評審委員會項目（XSP18YBZ082）、湖南省社會科學基金項目（16YBA169）及湖南省漢語方言與文化科技融合研究基地的資助。
① 甘肅簡牘博物館等編：《地灣漢簡》，中西書局 2017 年。

按：該簡兩端殘損，簡文正面、背面尚有多字因模糊而無法釋讀，且不能確定字數，故整理者用省略號代替。經仔細辨認，發現仍有部分字形可識。其中"封"下一字，原簡寫作 ，魏振龍先生改釋爲"泥"。① 從字形及簡文用例來看，該釋讀意見可從。細審圖版，"封"前尚存三個字未釋讀。第一個字原簡寫作 ，當釋"部"。《敦煌漢簡》119"車師戊部孤軍大都護"、《居延新簡》EPT20：13"之萬世亭部載茭騎士夏良言"、《居延新簡》EPT51：123"誼循行部教告卒率道毋狀"中"部"原簡分別寫作 、② 、③ ，可資參看。第二個字原簡寫作 ，當釋"從"。《敦煌漢簡》491"月十日護從候長貸"、《敦煌漢簡》2322"移書延壽調從吏白"、《武威漢代醫簡》45"從治"中"從"原簡分別寫作 、 、 ，④可資參照。該簡文應釋讀作："……部從□封泥□"。

二

假八月十日□後□□李□受甯非　　　　　　　　　　　86EDT2：3

按：該簡文墨痕殘泐，故字跡較爲模糊。"八月"原簡寫作 ，當釋"閒"。經過仔細核對漢代簡牘中已有的"八"字寫法，尚未發現其撇、捺兩筆省寫後接近一橫筆的字形。《居延漢簡》130·15"北書八封二合"、《居延漢簡》158·6"八月乙丑"中"八"原簡分別寫作 、⑤ ，可資比對。該字上部應爲"門"字草書寫法。如《敦煌漢簡》41"羸瘦困亟閒以當與第一輩兵俱去"、《居延新簡》EPT59：39"唯府令閒田除補"中"閒"原簡分別寫作 、 ，可資參照。閒，即間隔。"李"字之前的"□"原簡寫作

---

① 魏振龍：《讀〈地灣漢簡〉劄記之二》，簡帛網 2018 年 5 月 15 日，http：//www.bsm.org.cn/show_article.php? id＝3097。
② 甘肅省文物考古研究所編：《敦煌漢簡》，中華書局 1991 年，圖版壹貳；張德芳：《敦煌馬圈灣漢簡集釋》，甘肅文化出版社 2013 年，第 200 頁。
③ 張德芳主編：《居延新簡集釋（三）》，甘肅文化出版社 2016 年，第 221 頁。文中涉及《居延新簡集釋（一—七）》中的字形，均簡稱《居延新簡》，以簡號區別。
④ 甘肅省博物館等編：《武威漢代醫簡》，文物出版社 1975 年，第 7 頁。
⑤ 中國社會科學院考古研究所編：《居延漢簡甲乙編》，中華書局 1980 年，乙圖版玖陸。以下簡稱《居延漢簡》，以簡號區別。

![image]，據孫占宇、馬智全兩位先生改釋爲"時"。① 從簡文字形及詞例兩方面來看，此釋讀意見可從。該簡文應釋讀作："假閒十日□後□時李□受甯非"。

三

東平陸中里周竟人入　　　　　　　　　　　　　　　　　　　　　　　86EDT3：1

按：該簡文内容爲簿籍類文書，簡文字迹較爲完整、清晰。"周"原簡寫作![image]，當釋"同"。細審圖版，該字"口"部上面僅有一短横，並非"周"字所從之"用"的省筆寫法。《金關簡》73EJT5：39"庸同縣敬上里大夫朱定"、《居延漢簡》188·21+194·11"食當曲卒同受收降"中"同"原簡分别寫作![image]、②![image]，可參。《居延新簡》EPF68：16、《居延新簡》EPF22：505 中"周"原簡分别寫作![image]、![image]，可資比對。同竟，爲人名。簡文"東平陸中里"是地名。該簡文應釋讀作："東平陸中里同竟人入"。

四

趙君□十五錢 丿
□子親十五錢　　　　　　　　　　　　　　　　　　　　　　　　　　86EDT4：2

按：該簡文内容爲簿籍類文書。簡文右側稍殘損，但字迹較爲清晰、完整。"□"原簡寫作![image]，當釋"倫"。《居延漢簡》332·16"綱紀人倫"中"倫"原簡寫作![image]，可參看。該字所從"册"旁的中間筆畫因墨迹填實，故近似點狀。趙君倫，爲人名。其中"倫"是漢印文字中較常見的人名用字，如"賈倫印信"（《新出汝南郡秦漢封泥集》321）、③"費倫印信"（《新出封泥彙編》7691）、④"駱過倫印"（《虛無有齋摹輯漢印》1549）。⑤ 該簡文應釋讀作："趙君倫，十五錢。丿。□子親，十五錢"。

---

① 孫占宇、馬智全：《〈地灣漢簡〉研讀札記（一）》，簡帛網 2018 年 5 月 18 日，http：//www.bsm.org.cn/show_article.php? id=3114。
② 甘肅簡牘保護研究中心等編：《肩水金關漢簡（壹）》，中西書局 2011 年，第 107 頁。文中涉及《肩水金關漢簡（壹—伍）》中的字形，均簡稱《金關簡》，以簡號區别。
③ 王玉清：《新出汝南郡秦漢封泥集》，上海書店出版社 2009 年。
④ 楊廣泰：《新出封泥彙編》，西泠印社 2010 年。
⑤ 施謝捷：《虛無有齋摹輯漢印》，（京都）藝文書院 2014 年。

五

　　　　□□□令□　　　　　　　　　　　　　　　86EDT79∶2

按：該簡兩端均殘斷，且簡文縱裂，僅存的簡文右邊字迹較爲清晰。"□"原簡寫作[圖]，當釋"急"。此簡文左側筆畫略有殘損，但不影響對其進行釋讀。《居延漢簡》276·16"事當白急"、《居延漢簡》4·36"急譚伏地言"中"急"原簡分別寫作[圖]、[圖]，可資參照。急，即緊急。該簡文應釋讀作："□急□□令□"。

六

　　　　……　　　　　　　　　　　　　　　　　86EDHT∶81

按：該簡兩端均殘損。從存留的簡文字迹來看，有四字可見，均尚未釋讀。簡文中間兩字原簡分別寫作[圖]、[圖]，當釋"造""復"。《居延新簡》EPT5∶5"上造"、《居延新簡》EPT68∶24"上造"中"造"原簡分別寫作[圖]、[圖]，可參照。《敦煌漢簡》1693"反復百八十八里"、《居延漢簡》178·8"不當復償"、《居延新簡》EPT52∶292"復上合"中"復"原簡分別寫作[圖]、[圖]、[圖]，可參考。關於該"復"字的釋讀，魏振龍先生在《讀〈地灣漢簡〉劄記之三》一文中亦進行過論證，① 其考釋意見可從。該簡文應釋讀作："□造復□"。

七

□長伸中起居此人明勅諸部有行者輒苛捕致尉以爲賞□

　　　　　　　　　　　　　　　　　　　　　　86EDT5H∶49

按：該簡文内容爲録課類文書。簡首縱向斷裂，簡文下部殘斷。"□"原簡寫作[圖]，當隸定爲"刺"，用爲"刺"。細審圖版，該字左側類似豎筆之處應爲裂紋，並非簡文原有筆畫。《尹灣漢墓簡牘》YM6D3A"揚州刺史"、《居延新簡》EPT52∶39"詣刺史

---

① 魏振龍：《讀〈地灣漢簡〉劄記之三》，簡帛網 2018 年 5 月 22 日，http：//www.bsm.org.cn/show_article.php? id=3121。

趙掾在所"、《居延新簡》EPT52：166"過書刺"中"刺"原簡分別寫作 ▨ 、① ▨ 、▨ ，可資參考。"刺"，爲漢代的一種官文書。李均明先生在《漢簡所見"行書"文書述略》一文中指出："刺，通報情況的一種文書形式。"②《中國簡牘集成》："刺爲公文之一種。刺，意同本字，即刺取其要，用法如名刺、刺史，是過往郵書的摘要記録。"③刺書内容簡明扼要，如同當今的"摘要""紀要"等。簡牘文獻有郵書刺、過書刺等。"尉"原簡寫作 ▨ ，據孫占宇先生改釋爲"辟"，用爲"壁"。④ 從簡文字形及文例用法來看，此考釋意見可從。該簡文應釋讀作："刺長伸中起居，此人明勑諸部，有行者輒苛捕致辟以爲賞□"。

八

　　　　□當用成□　　　　　　　　　　　　　　　86EDT5H：176A
　　　　□□小□　　　　　　　　　　　　　　　　86EDT5H：176B

　　按：該簡兩端均殘斷，從圖版存留的簡文字迹來看，仍有兩個字尚未釋讀。前一"□"原簡寫作 ▨ ，當釋"及"。《居延新簡》EPS4T2：151"非及吏受奉"、《居延新簡》EPT49：77"五女及不"中"及"原簡分別寫作 ▨ 、▨ ，可參。後一"□"原簡寫作 ▨ ，當釋"共"。《敦煌漢簡》159"共奴虜來爲寇於使君先知其必怨"、《敦煌漢簡》83"共奴桀黠侵"、《敦煌漢簡》73"暴深人民素惠共奴尚隱匿深山危谷"中"共"原簡分別寫作 ▨ 、▨ 、▨ ，可資參考。該簡文應釋讀作："□當用成□。□及共小□。"

九

　　　　不敬仰不任□　　　　　　　　　　　　　　86EDT5H：205

　　按：該簡下端殘斷，簡文字迹清晰可見。"□"原簡寫作 ▨ ，當釋"余"。《金關

---

① 連雲港市博物館等編：《尹灣漢墓簡牘》，中西書局1997年，第86頁。
② 李均明：《漢簡所見"行書"文書述略》，甘肅省文物考古研究所編：《秦漢簡牘論文集》，甘肅人民出版社1989年，第121頁。
③ 中國簡牘集成編委會編：《中國簡牘集成（九）》，敦煌文藝出版社2001年，第236頁。
④ 孫占宇：《〈地灣漢簡〉研讀札記（六）》，簡帛網2018年6月16日，http：//www.bsm.org.cn/show_article.php？id=3168。

簡》73EJT24:914B"□余"、《居延漢簡》126·8A"余官毋受"中"余"原簡分別寫作 ![字]、![字]，可資參照。該"余"字應爲第一人稱代詞。從簡文句式來看，"不任余"與"不敬仰"相對應。敬仰，敬重對象是他人。任余，指的是任由自己所爲。不敬仰，不任余，應是指不盲從，保持理智、謹慎。該簡文應釋讀作："不敬仰，不任余"。

十

□□簿部　　　　　　　　　　　　　　　　　　　　　　86EJC:13

按：該簡兩端均殘斷，簡文右側稍殘損，但不影響釋讀。從存留的簡文字跡來看，僅有兩字完整、清晰可見。已釋出來的"部"字略存頂部字跡。細審圖版，"簿"前僅有一個字未釋。"□□"原簡寫作![字]，當釋"貢"。《敦煌漢簡》316"以迫卒貢秋正月食"中"貢"原簡寫作![字]，參看其上部所從"工"字的寫法。《居延新簡》EPT61:4"甲溝護自言責三十井谷口"、《居延漢簡》265·45"收責願之居延候視元爲治"、《金關簡》73EJT7:25"願令史以時收責迫卒且罷亟報"中"責"原簡分別寫作![字]、![字]、![字]，可參照三者下部所從"貝"字的寫法。該簡文應釋讀作："貢簿部"。

張家山漢代醫簡《脈書》
目病病名釋義考辨*

袁開惠　和中浚

摘　要：對張家山《脈書》中的㳋(浸)、脈㳋(浸)、赧三個病名詳加考辨，從訓詁學和中醫眼科學進行了論述。現有釋義多將㳋(浸)與脈㳋(浸)兩病相混，認爲其爲白内障之類，不妥；㳋(浸)爲目淚出，爲目生膚導致；脈㳋(浸)是翳狀胬肉一類的黑睛外障病症；從病位和症狀分析"赧"爲眼弦赤爛。

關鍵詞：《脈書》　㳋(浸)　脈㳋(浸)　赧　釋義

張家山漢代醫簡《脈書》出土以來，其學術價值受到學者的廣泛關注和高度評價，不少古文字學、歷史學、中醫醫史文獻學的研究者積極參與了簡文的考釋，發表了一批很有水準的論著，但一些簡文的釋義在不同論著中存在明顯分歧。雖然 2006 年《張家山漢墓竹簡【二四七號墓】》釋文修訂本已經出版，但其中有些醫簡文字未注，一些醫學術語的闡釋不盡符合醫理，有待進一步探究。僅就眼科病症而言，病候中目病"㳋(浸)"與"脈㳋(浸)"是兩個相關病症，還是同一病症？"脈㳋(浸)"是白膜浸睛，或是白内障，還是翳狀胬肉？"赧"的病位"目際"究竟指什麽部位，何以得名？這些問題都有必要進一步研究並一一釐清。

---

* 教育部人文社會科學青年課題"三部西漢墓出土簡帛醫書病證名比較研究"(19YJC740112)；上海市哲學社會科學一般項目(2018BTQ004)。

一、浸和脈浸諸家釋解

《脈書》曰："在目，泣出爲浸（浸）；脈敝童（瞳子）爲脈浸（浸）。在目際，麋（糜）爲赦。"整理小組釋文等認爲浸即浸，是。簡文所言病症名稱有三：浸、脈浸、赦；脈浸是目浸病的一個特殊類別。但有學者認爲此處僅言兩種目病，即將"浸（浸）"和"脈浸（浸）"視爲一病。如，劉慶宇論及張家山《脈書·病候》病名時，目病只列 4、5 兩個序號，將"浸（浸）"和"脈浸（浸）"一起編號爲 4，釋爲"似爲今日白內障"。① 爲何有此目病歸類與釋義？或與早期連劭名、高大倫的論述有關。1989 年連劭名引述《說文》"無聲出涕曰泣"後言"脈浸，疑即白內瘴"，並引《釋名·釋形體》"脈，幕也"作爲脈浸爲白內障的主要依據。② 連劭名並没有直接説"浸"爲眼病名稱，也未指出這一病名爲後世中醫沿用，模糊處理了"浸"與"脈浸"兩個病症的關係。1992 年高大倫《江陵張家山漢簡〈脈書〉病名考釋》《江陵張家山漢簡〈脈書〉校釋》説："脈浸，據泣出、脈敝童子兩種症狀，當爲白膜侵睛，即白內障。"③ 將"浸"與"脈浸"混同爲一，且將白內障與白膜侵睛兩個不同的病症混淆爲同一病。此後學者或承此説。《張家山漢墓竹簡【二四七號墓】》釋文修訂本對"泣出爲浸（浸）"和"脈浸（浸）"分別出注，注脈浸（浸）爲"瞳孔被擋住"。④ 周祖亮對於浸、脈浸的注釋與釋文修訂本同。⑤ 劉春語、張顯成認爲浸與脈浸爲一種目病，症狀有三：目生膚、泣出、脈蔽瞳子，説"該病爲黑色瞳孔邊緣有小皰侵蝕眼睛的白內障"。⑥ 李璟認爲高大倫説可從，並説"古醫文獻中與此（脈浸）類似的症狀有白內障、綠內障"。⑦

細繹張家山《脈書》簡文的表述體例，其遵循病位、症狀、病名的敘述範式，現舉數例如下：

---

① 劉慶宇：《簡帛疾病名研究》，博士學位論文，上海中醫藥大學 2008 年，第 21 頁。
② 連劭名：《江陵張家山漢墓竹簡〈脈書〉初探》，《文物》1989 年第 7 期，第 75—81 頁。
③ 高大倫：《江陵張家山漢簡〈脈書〉病名考釋》，《四川大學學報》（哲學社會科學版）1992 年第 4 期，第 91—101 頁；《張家山漢簡〈脈書〉校釋》，成都出版社 1992 年，第 2—3 頁。
④ 張家山二四七漢墓竹簡整理小組：《張家山漢墓竹簡【二四七號墓】釋文修訂本》，文物出版社 2006 年，第 115—116 頁。
⑤ 周祖亮：《簡帛醫藥文獻校釋》，學苑出版社 2014 年，第 341 頁。
⑥ 劉春雨、張顯成：《釋張家山漢簡〈脈書〉中的"戒""弱""閉""馬蛕"》，《古籍整理研究學刊》2015 年第 2 期，第 22—27；51 頁。
⑦ 李璟：《戰國秦漢簡帛所見病症名研究》，博士學位論文，復旦大學 2017 年，第 150 頁。

病在頭，農（膿）爲䡆，疕爲禿，養（癢）爲鬌。

在目，泣出爲浕（浸）；脈蔽童（瞳）爲脈浕（浸）。

在目際，靡（糜）爲赧。

在鼻，爲肌（衄）；其疕，痛，爲蝕食。

在耳，爲聾；其農（膿）出，爲𦖥。

在脣（唇），爲□。

在口中，靡（糜），爲篡。

在齒，痛，爲蟲禹（齲）；其瘜，爲血禹（齲）。

以上病候表述依循"病位＋症狀＋病名"的敘述體例，病症名爲謂語動詞"爲"後的賓語，這樣的疾病名稱共 63 種；又，馬繼興將"身時僨，沫出，羊鳴，（爲）□□"句補入"爲"，是。因此，這種體例敘述下的病症計 64 種，占了《脈書》病症的絕大多數。洞悉該表述體例，對掌握病症表述有着非常大的價值，而"浕（浸）""脈浕（浸）""赧"三者前都有"爲"字，用作動詞"是"，可知簡文所言爲三個目病名稱。但後二者並見於目，又都以"浸"爲名，故同見於一簡。

二、脈浕不是目内障病

將"浸"與"脈浸"視爲一種目病，將"脈浸"視爲白内障、綠内障，這與對古代眼科病症的研究不夠充分有關。什麽是白内障、綠内障呢？現代醫學認爲如老化等原因，導致的晶狀體蛋白質變性而發生混濁，即爲白内障。患此病後，患者視物模糊。綠内障則指青光眼，古代中醫稱青盲等。這是由於眼内壓力增高而引起視神經病變的眼病，嚴重時症狀或爲角膜水腫，瞳孔呈灰綠色，若不醫治，可致失明。[1] 所謂内障，言該病發生在眼睛内部，單純性内障目病，很難從患者眼睛外部觀察到眼内病變。《外臺秘要·青盲及盲方六首》："《病源》青盲者，謂眼本無異，瞳子黑白分明，直不見物耳。但五臟六腑之精氣，皆上注於目，若臟虛有風邪痰飲乘之，有熱則赤痛，無熱但内生障，是腑臟血氣不榮於睛，故外狀不異，只不見物而已，是謂之青盲。"[2] 隋唐時期的中醫學已經認識到目内障病，眼外部及瞳神、氣色、形態與正常人並無明顯不同，僅視物漸漸模糊不明；後期則視力嚴重下降，甚至失明。後世中醫眼科著作仍持此論，並強調黑睛内的變化如紙窗裏面懸掛布幔，非常人和一般醫生所能目見。《目經大成·内

---

[1] 李曉禄：《原發性青光眼的稱謂及辨治》，《中國中醫基礎雜志》2001 年第 7 期，第 50—51 頁。
[2] 〔唐〕李燾撰，高文鑄校注：《外臺秘要方》，華夏出版社 1993 年，第 399 頁。

障》:"此症蓋目無病失明,金井之中,有瞖障於神水之上,曰内障。非精藝莫識所以,且疑爲詐。詎知障在睛内,猶懸布幔於紙窗之上,外人安知其蔽而不明也。"①由此可知,目生膚、淚出不止的目浸病並非古醫籍所言白内障。

其實,早在1991年,杜勇就曾撰文論述浸、脈浸兩種目病。他認爲"浸爲目生膚瞖之類的眼病,……脈浸即爲脈蔽瞳子,則應該是後世所説的'赤脈貫睛'或'瞖狀胬肉'之類的眼病。"其立論的依據在於"浸,古與侵通",並引《説文》段注"浸,漸進也……浸淫也作侵淫"爲證。② 這一重要的見解,或因文章短小,未能引起學界足够的重視。

三、浸爲目外障病初起

"浸"是哪種眼病? "脈浸"又屬於是哪種眼病呢? 張家山《脈書·病候》:"在目,泣出爲浸;脈蔽童子爲脈浸。"《廣雅·釋言》:"泣,淚也。"據此,目浸的突出症狀是泣出,應與成都老官山醫簡所言"目多泣"相近。參《釋名·釋疾病》:"目生膚入眸子曰浸。浸,侵也,言侵明也,亦言侵淫轉大也。"又《説文·目部》新附:"眸,目童子也。"眸指童子,即黑睛中央瞳孔;《玉篇·肉部》:"膚,皮也。"《廣韻·虞韻》:"膚,皮膚。"古醫籍中"膚瞖""膚肉"常連言。《諸病源候論·目病諸侯》:"膚瞖者,明眼睛上有物如蠅翅者即是。"③膚瞖薄而透。"目生膚入眸子",指眼珠上生出薄如皮膚的瞖膜並逐步侵入黑睛中心之瞳孔。綜合《釋名》與《脈書》二者文字,目浸病主要症狀有二:一者,眼珠上生出薄如皮膚的瞖膜並逐步侵入瞳孔。二者,淚流不止。《明目神驗方·玉瞖外障》曰:"脾肺積熱。詩曰:'赤脈縱橫二眥中,時時疼痛淚頻衝。此疾皆因脾肺熱,漸生血瞖損雙瞳。'"④可見,淚出是目睛外障病初起時的主要症狀之一。"目浸"這一病名,也見於傳世醫書。《靈樞·熱病》:"筋瘈目浸,索筋於肝。"目浸爲熱病類目病的一種,以淚出、淚流不止爲主要特徵。《太素》卷二十五"熱病":"瘈,筋攣也。目浸,目眥淚出也。"《類經·針刺類》"諸熱病死生刺法":"筋瘈者,足不能行也。目浸者,淚出不收也。皆爲肝病,肝屬木,其合在筋,故但求之於筋,即所以求於肝也。"正如劉春語、張顯成所言"目生膚入童(瞳)子"是眼睛淚流不止的原因。因此,郭靄春說"'浸'謂目

---

① 〔清〕黃庭鏡著,汪劍、張曉琳、徐梅校注:《目經大成》,中國中醫藥出版社2015年,第152頁。
② 杜勇:《漢簡脈書"浸"與"脈浸"考》,《中華醫史雜志》1991年第4期,第218頁。
③ 南京中醫學院校釋:《諸病源候論校釋》上册,人民衛生出版社1980年,第774頁。
④ 〔明〕無名氏撰,楊華森校注:《明目神驗方》,中國中醫藥出版社2015年,第22頁。

障,俗謂之瞖。"①深得醫典奧旨。《備急千金要方》卷六目病第一:"治熱上出,攻目生障瞖、目熱痛汁出方。"因熱而致的目病可伴隨目生瞖障與目熱痛淚出二症,這與《靈樞》《釋名》《脈書》等記載相吻合。此外,《外臺秘要·目膚瞖方》:"《病源》:陰陽之氣,皆上注於目。若風邪痰氣乘於腑臟,腑臟之氣虛實不調,故氣衝於目,久不散,變生膚瞖。膚瞖者,明眼睛上有物如蠅翅者即是……故令目睛上生瞖,瞖久不散,漸漸長,侵覆瞳子。"②目睛生瞖有一個漸漸發展、最後侵覆瞳子的過程,即《釋名》所載"(浸)目生膚入眸子"。《備急千金要方·目病》載"治熱瞖漫睛方",《外臺秘要》卷二十一載"療眼黑瞖覆瞳子膚起方""主白瞖覆瞳睛不見物方"等,均記述了膚瞖覆瞳子症。綜上,"目浸"爲熱病之眼病的一種,以目生膚瞖、淚流不止爲主要症狀,亦即後世醫書中所言目病瞖障類中黑睛外障類疾病輕淺者,非指白內障、緑內障。醫書多注爲淚流不止,與目膚瞖的主要症狀爲淚流不止有關。

四、脈㴷爲赤脈遮蔽黑睛

"脈蔽童子爲脈浸"。首先,解"脈"。高大倫等均讀脈爲幎,解爲覆義。其實,此處"脈"應讀如字。《説文·永部》:"脈,血理分衺行體(一本有"中"字)者。"脈指身體內循行的血管,可引申指脈絡,或兼言血管脈絡。馬王堆帛書《五十二病方》記有"脈者",③張家山漢簡《脈書》有"左右血先出,爲脈"語,④二者"脈"均指脈痔,是一種以大便時出清血爲主要特徵的痔瘡,與脈絡病變有關。老官山醫簡及《黃帝內經》中所言"經脈"之"脈"可能包含了血脈,實際上從整體上來講均指人體內氣血運行的主要通道。"脈"之脈絡義爲後世中醫眼科著作所沿用。《銀海精微》有"大眥赤脈傳睛"與"小眥赤脈傳睛"等病名,《審視瑶函》有"赤絲虬脈";《原機啓微·淫熱反克之病》有"赤脈貫睛",同書《奇經客邪之病》有"生脈如縷";《眼科龍木論》混睛障有"赤脈如絲"。如此,脈爲脈絡之義已經非常清楚,中醫眼科著作則多言赤脈。

第二,"蔽"爲遮擋義,因脈絡反復積聚叢生發展,侵入黑睛中央後,必然遮擋光綫進入眼內。

第三,童子指黑睛。張家山《脈書》中脈浸屬於目浸的一個特殊類別,目浸指目外

---

① 郭靄春:《黃帝內經素問校注語譯》,天津科學技術出版社1981年,第213頁。
② 〔唐〕李燾撰,高文鑄校注:《外臺秘要方》第400頁。
③ 周一謀、蕭佐桃:《馬王堆醫書考注》,天津科學技術出版社1988年,第152頁。
④ 高大倫:《張家山漢簡〈脈書〉校釋》第20頁。

膚翳,而脈浸指目之膚翳病情發展,導致脈絡積聚叢生嚴重者。簡文"脈蔽童(瞳)子爲脈滯(浸)",《釋名·釋疾病》:"目生膚入眸子曰浸。浸,侵也,言侵明也,亦言浸淫轉大也。"童子、眸子可指眼珠,更具體地說是指眼珠的黑睛,"脈浸"的病位當是眼珠表面的黑睛。古人對"膚"的認識是證明其病位於眼珠表面的主要依據。中醫眼科稱生於黑睛的膚翳爲膜,且有白膜和赤膜之分。如《眼科龍木論》"眼赤膜下垂外障":"此眼初患之時,忽然赤澀,淚下痛癢,摩隱瞳人,黑睛漸生翳障,赤膜下垂,直覆眼睛,有此障閉,如雲霞之色。"同書論"眼黃膜上衝外障":"此眼初患之時。疼痛發歇。作時赤澀淚出。漸生黃膜。直覆黑睛。難辨人物。"赤膜、白膜也即隋唐醫著所言"赤白翳"。《外臺秘要·傷寒攻目生瘡兼赤白翳方六首》:"病源:目者,臟腑之精華,肝之外候也,傷寒熱毒壅滯,薰蒸於肝,上攻於目,則令目赤腫痛,若毒氣盛者,眼生翳膜。又肝開竅於目,肝氣虛,熱乘虛上衝於目,故目赤痛,重者生瘡翳、白膜、息肉。"①因此,童子、眸子非專指瞳孔和眼珠,也指黑睛。

第四,依《釋名·釋疾病》:"浸,侵也,言侵明也,亦言浸淫轉大也。"浸,兼有侵犯義與逐漸轉大義,老官山醫簡《諸病二》625簡有"膏侵",言轉大且嚴重的膏瘕。② 張家山漢簡《脈書》:"在踝下,瘻,爲寖。"③浸、侵、寖聲符均爲㑴,音近義通,均有浸淫轉大義。"脈侵"言說病變由白睛向黑睛侵入發展,病症轉大而病情轉重。具有這種向黑睛中央侵入發展的眼病有多種,如胬肉攀睛、赤脈貫睛、白膜侵睛、目生珠管、風輪赤豆、垂簾翳、血翳包睛等不一而足。結合"脈蔽童子"的特徵,"脈浸"則應爲後世醫書所言赤脈貫睛、胬肉攀睛、白膜侵睛、赤膜下垂等。《外臺秘要方·眼熱磣痛赤腫方三首》論及眼生赤脈:"《刪繁》:療眼熱赤,生赤脈息肉,急痛開不得開,如芒在眼磣痛。"④《明目神驗方》:"(赤脈深翳)白睛赤脈貫瞳仁,澀痛羞明癢不禁。"赤脈深翳,又稱赤脈侵睛、赤脈傳睛、赤脈貫睛等。⑤ 胬肉攀睛的症狀特徵是胬肉初生於白睛,逐漸橫向發展攀向(侵入)黑睛中央。《目經大成》卷之二上論"白膜蔽睛":"此症初起,勢甚輕微,次後始赤澀有淚,渾睛生障,多脈與胗,日久諸輪廓皆壞,雖略能行走,瞳孔不見影動,且障稍高於睛,狀如小小狗腎,故獨以膜名。""多脈與胗",白膜上脈絡增加、

---

① 〔唐〕李燾撰,高文鑄校注:《外臺秘要方》第28頁。
② 梁繁榮、王毅、李繼明:《揭秘敝昔遺書與漆人》,四川科學技術出版社2016年,第190頁。
③ 高大倫:《張家山漢簡〈脈書〉校釋》第20頁。
④ 〔唐〕李燾撰,高文鑄校注:《外臺秘要方》第396頁。
⑤ 〔明〕無名氏撰,楊華森校注:《明目神驗方》第24頁。

眼睛分泌物增多,是白膜侵睛的一個主要特徵。①《銀海精微》:"胬肉攀睛者,與大眥赤脈之症同……胬肉漸漸生侵黑睛。"②垂簾翳也稱垂簾外障、垂簾膜、赤膜下垂等,症見眼目之中赤脈密集,從黑睛上緣垂向黑睛中央,甚至遮蔽黑睛。《龍木論》卷六:"此眼初患之時,忽然赤澀,淚下痛癢,摩隱瞳仁,黑睛漸生翳障,赤膜下垂,直覆眼睛。"③赤膜下垂嚴重者即黑睛被赤膜完全包圍,稱血翳包睛,一般認爲其由沙眼引起,也名沙眼性角膜血管翳。赤膜下垂、血翳包睛有明顯的沙澀流淚症狀。

可見,脈浸爲浸病中的特殊一類,以覆蓋黑睛之翳膜脈絡爲特徵,兼具淚流的症狀,可對應於後世的赤脈貫睛、胬肉攀睛、白膜侵睛、赤膜下垂、垂帘翳等。相較於目浸,目之脈浸病病情更爲嚴重,膚翳更大更厚,流淚更爲嚴重,侵犯黑睛,直接影響視力,甚至失明。正因爲浸與脈浸病狀相關,又有病程上的先後關係,因此醫簡並在一處論述,而表述中則既重視二者聯繫,也不忽略二者差異。

五、赧爲瞼緣赤爛

"在目際,麇(糜),爲赧。""赧"的病位爲目際,症狀特點是"麇(糜)"。目際,指目之邊緣,即眼瞼邊緣,屬眼弦。《秘傳眼科龍木論》名胞沿、《原機啓微·卷之上》名眼楞,《證治準繩·雜病·七竅門》名眼沿、睥沿等。史常永說:"目際,古或稱'眼弦',俗稱眼邊,今謂瞼緣。"是。但其言"'目赤痛、眥瘍'及'目赤皆瘍'並皆'赧'病之屬",④與簡文"麇(糜)"相比較,則稍有偏差。後世眼病既符合其病位又符合其症狀特點的是眼弦赤爛。眼弦赤爛即瞼弦赤爛,是以瞼弦紅赤、潰爛、刺癢爲特徵的眼病。《外臺秘要》卷二十一名風眼爛弦,《銀海精微》稱風弦赤爛、爛弦風,《目經大成》稱眥帷赤爛。⑤俗稱爛弦風、爛眼邊,又名風弦赤眼、沿眶赤爛、風沿爛眼、迎風赤爛等。《諸病源候論·目病諸候》言若赤爛僅局限於眥角者,名目赤爛眥,也稱瞢(《廣韻·屑韻》言俗作"瞎")。《釋名·釋疾病》:"目眥傷赤曰瞢,瞢,末也,創在目兩末也。"嬰幼兒患此病者,稱胎風赤爛。瞼弦赤爛相當於西醫學的瞼緣炎。本病常爲雙眼發病,病程較長,病情時輕時重,纏綿難愈。

---

① 〔清〕黃庭鏡著,汪劍、張曉琳、徐梅校注:《目經大成》第107頁。
② 《銀海精微》,人民衛生出版社1956年,第7頁。
③ 〔明〕無名氏撰,楊華森校注:《明目神驗方》第47頁。
④ 史常永:《張家山漢簡〈脈書〉〈引書〉釋文通訓》,《中華醫史雜志》1992年第3期,第129—136頁。
⑤ 〔清〕黃庭鏡著,汪劍、張曉琳、徐梅校注:《目經大成》第114頁。

周祖亮認爲目際爲眼眶，或受高大倫"目際，即眼眶，古亦稱目眥"的影響。《眼科龍木論》卷之上所言眼眶均指眼周骨形成的骨空眶，《素問·玉機真臟論》名目匡。又《醫宗金鑒·刺灸心法要訣》卷八十："目眶者，目窠四圍之骨也……"①《證治要訣》亦名眼眶骨。眼眶爲骨，位於面部皮膚肌肉之內，不會出現糜爛症狀，故周祖亮"赧，指眼眶赤爛"的説法似欠妥當。

赧作爲眼病名稱的理據，還可從其詞義來考察。赧在文獻中常用意義有三：一者，因羞愧而臉紅。《説文》："赧，面慚赤也。"二者，赤色、紅色。李白《秋浦歌十七首》之十四："爐火照天地，紅星亂紫煙。赧郎明月夜，歌曲動寒川。"爐火映照著小伙子的臉在夜晚顯得紅彤彤的。三者，憂懼。《國語·楚語上》："夫子踐位則退，自退則敬，否則赧。"韋昭注："赧，懼也。"赧之因羞愧而臉紅義最爲常用，爲人熟知；紅色義與憂懼義都與面紅、面赤有關。可以説，紅赤是赧的核心義。"在目際，靡（糜），爲赧。"糜爛部位往往呈紅色，故名眼弦糜爛爲赧。

因此，從病位與病狀綜合判斷，"赧"爲眼弦赤爛。

綜上，張家山漢簡《脈書》中目病病名有三：浸、脈浸、赧。從醫書記載來看，三者均屬熱病。目浸，以流淚和目生膚翳爲主要特徵，是伴隨流淚症狀的目外障病之初起階段，即隋唐醫書中的目赤白膚翳等；脈浸，以脈蔽瞳子、翳膜遮蔽黑睛爲主要特徵，是目外障病翳膜聚集黑睛的危重階段，即古醫書所言赤脈貫睛、胬肉攀睛、白膜侵睛、赤膜下垂、垂簾翳等；赧，以眼弦糜爛爲主要特徵，病變部位往往呈紅色，即後世的瞼弦赤爛病。浸、脈浸、赧，三個病名的命名均注重疾病的主要特徵，屬依症狀命名的病名；浸與脈浸有病程先後、病情輕重的差異，有一定的發展聯繫，因此《脈書》寫入一條簡文。

---

① 吴謙：《醫宗金鑒·刺灸心法要訣》，人民衛生出版社1982年，第37頁。

漢簡醫書疑難字校釋三則*

張 雷

摘 要：本文對漢簡醫學文獻中三個疑難字進行了校釋，認爲張家山漢簡《引書》譯爲"勤勞"的"勞"字當譯爲"活動"；認爲《武威漢代醫簡》中原釋爲"箴"的字，當釋爲"歲"字；認爲《武威漢代醫簡》中原釋爲"涷"，當釋爲"涷"字，是"爛"的異體字。

關鍵詞：漢簡 勞 歲 涷

漢簡醫學文獻是祖國醫學的一座重要寶庫，學界對其進行了深入研究，但有些文字的字形字義仍然存在爭議，我們對其中一些疑難字進行了研究，現把這些意見編綴成文，請方家指教。

一、釋 "勞"

張家山漢簡《引書》簡 112 釋文："燥則婁（數）虖（呼）婁（數）臥，濕則婁（數）炊（吹）毋臥實陰（陰），暑則精婁（數）昫（呴），寒則勞身，此與燥濕寒暑相應（應）之道也。"

文中"勞"字整理者没有解釋。① 高大倫也没有單獨解釋，而在其"譯文"譯爲"勤

---

* 本文得到教育部人文社會科學研究規劃基金項目"簡帛醫方文獻研究"（16YJAZH039）、安徽省哲學社會科學規劃項目重點項目"漢代簡帛導引文獻研究"（AHSKZ2019D022）、安徽省高校人文社會科學研究項目重點項目"出土秦漢醫方資料研究"（SK2016A049）、安徽中醫藥大學校級教學研究項目"探究式教學模式在簡帛上的秦漢醫學課程應用研究"（2017xjjy_yb015）的資助。

① 張家山二四七號漢墓竹簡整理小組：《張家山漢墓竹簡〔二四七號墓〕》（釋文修訂本），文物出版社 2006 年，第 186 頁。

勞"。① 我們認爲此種譯釋近是,但還不夠確切。簡文中的"勞"當譯爲"活動"。《周易·說卦》:"勞卦也。"惠棟《周易述》:"勞,動也。"②《國語·越語下》:"勞而不矜其功。"韋昭注:"勞,動而不已也。"③《吕氏春秋·孟春紀·重己》:"昔先聖王之爲苑囿園池也,足以觀望勞形而已矣。"李寶洤注:"古人以勞形爲養生,故華佗語吴普曰:'人體欲得勞動,但不得使極耳。動摇則穀氣得銷,血脈流通,病不能生,譬猶户樞終不朽也。'注未明。"④李説甚是。《莊子·讓王》:"春耕種,形足以勞動;秋收斂,身足以休食。"⑤《養性延命録·教戒篇》亦曰:"夫流水不腐,户樞不朽者,以其勞動數故也。"該書"食戒篇"又曰:"人欲小勞,但莫至疲及强所不能堪勝耳。……故流水不腐,户樞不蠹,以其勞動數故也。"⑥

二、釋 "歲"

《武威漢代醫簡》木簡 25 釋文:"已過百歲者,不可灸刺,氣脈壹絶,灸刺者,隨筬灸死矣。"⑦

文中所釋"筬"字,整理者將其和下一字"灸"合在一起組成詞組"筬灸",看似合理,實則誤釋。今檢該字原圖版作:[圖],該字當釋爲"歲"字。

從簡 19 至簡 25"筬"和"歲"字都有,部分字形確實很相似,容易混淆,如簡 21"人生一歲"的"歲"和同簡的"乃出筬"的"筬",其上部均作"丷"形。還有簡 22"人生二歲""人生四歲"和簡 23"人生八歲"等中的"歲"字上部也是"丷"形。這些簡文中是"歲"還是"筬",只有聯繫辭例才能分别清楚。縱觀簡 19 至簡 25,簡文中"歲"上部多作"止"形,但"筬"字上部均作"丷"形,故簡 25 所釋"筬"實爲"歲"字。

原釋文當改爲:"已過百歲者,不可灸刺,氣脈壹絶,灸刺者,隨歲灸死矣。"前面的簡文講五十歲至九十歲之間分别采用的灸法與五歲至九歲之間的相同,接着强調百歲之人不可像前文那樣灸刺,因爲百歲之人氣脈一旦斷絶,采用隨歲灸就會死亡。"隨歲灸",傳世文獻稱爲"隨年壯",是指根據年齡的大小來决定艾灸的壯數。《黄帝

---

① 高大倫:《張家山漢簡〈引書〉研究》,巴蜀書社 1995 年,第 173 頁。
② 〔清〕惠棟著,周易工作室點校:《周易述》,九州出版社 2005 年,第 823 頁。
③ 徐元誥撰,王樹民、沈長雲點校:《國語集解》,中華書局 2002 年,第 575 頁。
④ 〔戰國〕吕不韋著,陳奇猷校釋:《吕氏春秋新校釋》,上海古籍出版社 2002 年,第 43 頁。
⑤ 〔清〕郭慶藩撰,王孝魚點校:《莊子集釋》,中華書局 1961 年,第 966 頁。
⑥ 〔梁〕陶弘景集,王家葵校注:《養性延命録校注》,中華書局 2014 年,第 76、88 頁。
⑦ 甘肅省博物館、武威縣文化館:《武威漢代醫簡》,文物出版社 1975 年,第 4 頁。

內經素問·骨空論》:"灸寒熱之法,先灸項大椎,以年爲壯數。"王冰注:"如患人之年數。"①《肘後備急方》卷三:"治卒中急風、悶亂欲死方:灸兩足大指下橫文中,隨年壯。"卷四:"葛氏治卒腰痛諸方、不得俛仰方:正立倚小竹,度其人足下至臍,斷竹,及以度後,當脊中,灸竹上頭處,隨年壯,畢,藏竹,勿令人得矣。"②

細品簡文,文中已有"刺"表示針刺的動作,此處應當不會再用"箴"字來表示針刺了。

三、釋 "湅"

《武威漢代醫簡》木牘87乙第二行釋文:"治湯火湅方。"

整理者注:"'湯'即'燙','湯火湅'即指燙傷。"③並沒有指出"湅"字涵義。張延昌、朱建平認爲是"湅"是"凍"之誤,此處義爲皮膚被燙傷。④ 後來又改釋爲"湅"。⑤ 張仁壽認爲"湯火湅"是指"燙傷、火傷,可以水或藥湅之"。⑥ 田河認爲"湅"爲"凍"異體,"湯火湅"應指三種情況,即燙傷、燒傷、凍傷。⑦ 我們認爲以上説法可商。

跟醫簡同樣字形的"湅"字,在漢代銅器銘文中屢見,⑧是作"湅"字來用的,假借爲"冶煉"之"煉"。古代"煉"字也寫作"爛"。《集韻·去聲·换韻》:"爛、爛、燗、煉。郎肝切。《説文》:'孰也。'或從闌、從閒、從柬。"⑨醫簡的"湅"當讀爲"腐爛"之"爛"。"湯"指熱水,"湯火爛"指熱水燙傷和火燒傷造成表皮層組織潰爛。葛洪《肘後備急方》有"治湯火爛者方""治爲沸湯煎膏所燒火爛瘡方""治火瘡敗壞方"等。⑩《五十二病方》也有"□爛者"方,即治療燒傷的方劑。⑪

附記:小文部分内容得到李家浩教授的指導,謹致謝忱;感謝外審專家對小文的指點。

---

① 〔唐〕王冰:《黄帝内經素問》,人民衛生出版社1979年,第324頁。
② 〔晉〕葛洪:《葛洪肘後備急方》,人民衛生出版社1996年,第65、123頁。
③ 甘肅省博物館、武威縣文化館:《武威漢代醫簡》第17頁。
④ 張延昌、朱建平:《武威漢代醫簡研究》,原子能出版社1996年,第42頁。
⑤ 張延昌等:《武威漢代醫簡注解》,中醫古籍出版社2006年,第137頁。
⑥ 張仁壽:《醫簡論集》,蘭臺出版社2000年,第180頁。
⑦ 楊耀文:《甘肅河西出土醫藥簡牘整理與研究》,碩士學位論文,西北師範大學2013年,第90頁。
⑧ 徐正考:《漢代銅器銘文綜合研究》,作家出版社2007年,第742頁。
⑨ 〔宋〕丁度等編:《集韵》(附索引),上海古籍出版社1985年,第559頁。
⑩ 尚志鈞:《補輯肘後方》,安徽科技出版社1983年,第292—293頁。
⑪ 馬王堆漢墓帛書整理小組:《馬王堆漢墓帛書》【肆】,文物出版社1985年,第60頁。

劉林衣物疏所記服飾釋文補正*

王 谷

摘 要：青島土山屯 6 號漢墓出土的劉林衣物疏牘記載了墓主劉林隨葬的衣服、佩飾及文具等物。本文討論了其中四則記錄服飾的簡文，將整理者釋文中的"月"改釋爲"丹"，"于巾"改釋爲"手巾"，"帛練"讀爲"白練"，"囬（回）衣"釋爲"面衣"。

關鍵詞：土山屯漢墓　衣物疏　服飾

青島土山屯墓地二號封土中的 6 號漢墓屬雙棺墓，其中的 1 號棺出土了 1 件衣物疏木牘（M6 棺 1∶3），長 23 釐米、寬 7 釐米、厚 0.7 釐米，木牘兩面墨書文字，記載墓主隨葬的衣器物。棺内出土有一方木印（M6 棺 1∶24），篆刻"劉林"之名。① 發掘簡報僅公佈了此枚衣物疏牘反面照片。2018 年出版的《琅琊墩式封土墓》在報道 6 號墓的發掘情況的同時，公佈了衣物疏牘正、反兩面照片，並發表了釋文。② 釋文大多可信，有個別之處需要再討論。本文在整理者釋文基礎上，擬對衣物疏牘所記部分服飾名物提出文字釋讀方面的一些看法。不對之處，敬請指正。以下我們首先列出《琅琊墩式封土墓》發表的釋文，再逐一討論。

一、繻丸袷月丸緣一領

此條寫在衣物疏正面第一欄第 5 列。

---

* 本文得到國家社科基金一般項目"出土文獻所見楚王族資料整理與研究"（18BZS027）資助。
① 青島市文物保護考古研究所、黃島區博物館：《山東青島市土山屯墓地的兩座漢墓》，《考古》2017 年第 10 期，第 32—59 頁。
② 青島市文物保護考古研究所、青島市黃島區博物館編著：《琅琊墩式封土墓》，科學出版社 2018 年，第 32 頁。

"月",圖版作 [圖], 釋"月"誤,當釋爲"丹",指紅色。北大漢簡《蒼頡篇》簡10的"丹"寫作 [圖],①可参。《廣雅·釋器》:"丹、彤、朱、赨、纁、絳、䞓、烊、赫、緹、烾、赭,赤也。"《玉篇·丹部》:"丹,朱色。"侍其繇衣物疏所記襜褕有"紅丸緣",②"丹丸"與"紅丸"義同。土山屯墓地1號封土的8號墓也出土了一件衣物疏牘,③牘正面依次記有"月縠合衣綠縠緣""剽丸合衣綠丸緣""白縠畫衣綠縠緣""綪綺袍月縠畫緣","合衣"即"袷衣"。兩處整理者所釋"月縠"之"月",我們也懷疑是"丹"字的誤釋。

"纕",疑讀爲"縹",指青白色。《急就篇》卷二"縹綟綠紈皁紫硟",顏師古注:"縹,青白色。"《説文·糸部》:"縹,帛青白色也。"段玉裁《説文解字注》改爲"縹,帛白青色也",注云:"'白青',各本作'青白',今正。此金剋木之色,所剋當在下也。縹,《禮記正義》謂之'碧'。《釋名》曰:'縹,猶漂。漂,淺青色也。有碧縹,有天縹,有骨縹。各以其色所象言之也。'"

"丸",讀爲"紈",指素繒。《説文·糸部》:"紈,素也。"段玉裁注:"素者,白致繒也。紈即素也。故从丸,言其滑易也。《商頌》毛傳曰:'丸丸,易直也。'《釋名》曰:'紈,涣也。細澤有光,涣涣然也。'"

綜上,此條簡文可釋寫作:

　　　　纕(縹)丸(紈)袷,丹丸(紈)緣,一領。

簡文記"纕紈袷""一領"是指一件用"縹紈"做的袷衣。"丹紈緣"是説袷衣的衣緣是用"丹紈"做成。袷衣是一種有夾層的衣服。"袷"介於襌、複之間,雙層、無絮。《急就篇》卷二"襜褕袷複褶袴襌",顏師古注:"衣裳施裏曰袷,褚之以綿曰複。"《説文·衣部》:"袷,衣無絮。"徐鍇《繫傳》:"夾衣也。"朱駿聲《説文通訓定聲》:"衣有表裏而不著絮者。"

漢簡中屢見袷衣,如:

　　　　帛纕(縹)合(袷),直領,一領。　　　　　　　　　(尹灣M2衣物疏)④
　　　　霜(緗)合(袷)衣一領。　　　　　　　　　　　　(武漢大學藏衣物數)⑤

---

① 北京大學出土文獻研究所編:《北京大學藏西漢竹書(壹)》,上海古籍出版社2015年,第72頁。
② 南波:《江蘇連雲港市海州西漢侍其繇墓》,《考古》1975年第3期,175頁。
③ 青島市文物保護考古研究所、青島市黃島區博物館編著:《瑯琊墩式封土墓》第113頁。該書公佈了牘的反面照片,發表了正、反兩面的釋文。
④ 連雲港市博物館、中國社會科學院簡帛研究中心等:《尹灣漢墓簡牘》,中華書局1997年,第151頁。
⑤ 李静:《武漢大學簡帛研究中心藏衣物數試釋》,《簡帛》第10輯,上海古籍出版社2015年,第212頁。

二、帛練小絝一

此條寫在衣物疏正面第四欄第 3 列，末尾有表述核驗數量的"｜"符號。

"帛"，應讀爲"白"，白色。"白練"是指白色的練。《説文·糸部》："練，湅繒也。"段玉裁注："湅者，㶕也。㶕者，浙也。浙者，汏米也。湅繒汏諸水中，如汏米然。《考工記》所謂湅帛也。已湅之帛曰練。引申爲精簡之偁。如《漢書》'練時日''練章程'是也。"《急就篇》卷二"綈絡縑練素帛蟬"，顏師古注："練者，煮縑而熟之也。"出土文字資料中屢見記載使用白練製成的衣物，如：

白練襌襦一領，白丸（紈）領、紬（袖）。　　　　　（土山屯 M147 衣物名）①

白練絝二。　　　　　　　　　　　　　　　　　　（土山屯 M147 衣物名）②

白練單（襌）帬（裙）一。　　　　　　　　　　　　（曹操墓石楬 103）③

白練單（襌）衫二。　　　　　　　　　　　　　　　（曹操墓石楬 291）

除"白練"外，漢墓遣册記有皂練、縹練、絳練、緗練等，可見練可以染成不同的顏色。《淮南子·說林》："墨子見練絲而泣之，爲其可以黃可以黑"，高誘注："練，白也。"練的本色應是素帛之色，即白色。因此，漢代遣册衣物名中的"練"，若無顏色詞限定，大概都應是指白練。

三、囬（回）衣一

此條寫在衣物疏反面第二欄第 4 列。

"囬"，圖版作 ▨，細審，當是"面"字。武威《儀禮》簡 10"立于門外北面"之"面"寫作 ▨，④字形與牘文"面"基本一致，所從"百"旁省形。海曲 M129 - 04 衣物疏的

---

① 青島市文物保護考古研究所、黃島區博物館：《山東青島土山屯墓群四號封土與墓葬的發掘》，《考古學報》2019 年第 3 期，第 428 頁。

② 青島市文物保護考古研究所、黃島區博物館：《山東青島土山屯墓群四號封土與墓葬的發掘》第 428 頁。

③ 洛陽市文物考古研究院：《河南洛陽市西朱村曹魏墓葬》，《考古》2017 年第 7 期，第 71—81 頁。

④ 中國科學院考古研究所、甘肅省博物館：《武威漢簡》，文物出版社 1964 年，圖版拾肆。

"面"寫作 ▨，①土山屯 M147 衣物名的"面"寫作 ▨，②"百"未省形。

"面衣"，漢代衣物疏屢見，如：

  流黃面衣一。   （西郭寶衣物疏）③
  面衣一。   （海曲 M129-04 衣物疏）④
  面衣一。   （土山屯 M147 衣物名）⑤

"流黃面衣一"中的"面衣"，中國簡牘集成編輯委員會指出是"指遮蓋在臉部、禦寒擋沙塵的布帛。"⑥馬怡先生對漢晉簡牘中"面衣"有很好的討論，她說：

> "面衣"，服飾名。《後漢書·劉玄傳》："其所授官爵者，皆群小賈豎，或有膳夫庖人，多著繡面衣、錦袴、襜褕、諸于，罵詈道中。""繡面衣"即有刺繡的面衣……面衣是一種漢時男女通用的服飾。面衣用來蔽面，可抵禦風寒，略如後世的帷帽或風帽。《晉書·孝惠帝記》："行次新安，寒甚，帝墮馬傷足，尚書高光進面衣，帝嘉之。""面衣"亦見於西北邊塞漢簡，可與"行縢"（綁腿）和"禪衣"（一種無夾裏的外衣）並提。例如，《居延新簡》E.P.T52:92："面衣一枚。"E.P.T52:141："行勝（縢）、面衣各一。"⑦E.P.T52:94："白布禪衣一領，面衣一枚。"……用面衣隨葬的例子，亦見甘肅武威旱灘坡 19 號晉墓所出衣物疏。該墓有男、女棺各一，男棺的衣物疏記載："故白練尖一枚，故巾幘一枚，故練面衣一枚。"女棺的衣物疏記載："故褐幘一立，故白襦衽一立，故黑袍□□百枚，故面衣一枚。"這兩件衣物疏表明，面衣在晉代仍男女通用。⑧

四、帛緒兩幅巾一、細練于巾一、帛浮于巾一

此三條分別寫在衣物疏反面第五欄第 3、4、5 列。

---

① 劉紹剛、鄭同修：《日照海曲漢墓出土遺策概述》，《出土文獻研究》第 12 輯，圖版三。
② 青島市文物保護考古研究所、黃島區博物館：《山東青島土山屯墓群四號封土與墓葬的發掘》第 428 頁。
③ 連雲港市博物館：《連雲港市陶灣黃石崖西漢西郭寶墓》，《東南文化》1988 年第 2 期，第 20 頁。
④ 劉紹剛、鄭同修：《日照海曲漢墓出土遺策概述》第 204 頁。
⑤ 青島市文物保護考古研究所、黃島區博物館：《山東青島土山屯墓群四號封土與墓葬的發掘》，圖版拾捌。
⑥ 中國簡牘集成編輯委員會編：《中國簡牘集成》第十九冊，敦煌文藝出版社 2001 年，第 1879 頁。
⑦ 此處所引簡 E.P.T52:141 釋文當作"行勝（縢）、幘、面衣各一"。
⑧ 馬怡：《西郭寶墓衣物疏所見漢代名物雜考》，《簡帛》第 4 輯，上海古籍出版社 2009 年，第 345—347 頁。

兩處"于巾"之"于",圖版作 ▢、▢,字迹不是太清晰。所謂的"于",字的竪筆是否出頭,不好確定。"于巾"不詞,我們認爲原釋"于"的字似當釋爲"手"。土山屯 M147 衣物名中的"手"寫作 ▢,① 肩水金關漢簡 73EJT37：861 中的"手"寫作 ▢,② 茂陵出土陽信家銅温手爐 K1：012 蓋銘中的"手"寫作 ▢,③ 均可參。"手巾",漢墓遣册屢見,如：

素手巾,皆績緣。　　　　　　　　　　　　　　(鳳凰山 M8 遣册 54)④
手巾一。　　　　　　　　　　　　　　(尹灣 M6 君兄節司小物疏)⑤
手巾二。　　　　　　　　　　　　　　(肩水金關漢簡 73EJT37：861)⑥

君兄節司小物疏所記"手巾",張顯成、周群麗先生認爲指"拭面或揩手用的巾,即手帕,《太平御覽》卷七一六引晉陳壽《漢名臣奏》：'王莽斥出王閎,太后憐之。閎伏泣失聲,太后親自以手巾拭閎泣'"。⑦

"帛緒",疑讀爲"白紵",指白色紵布。《説文・糸部》："紵,䕸屬。細者爲絟,粗者爲紵。从糸,宁聲。或从緒省"。西郭寶衣物疏記有"白緒(紵)巾一",⑧與牘文所記"帛(白)緒(紵)兩幅巾一",蓋爲同類物。這裏的"兩幅",疑指巾的寬幅。《説文・巾部》："幅,布帛廣也。"《漢書・食貨志》："布帛廣二尺二寸爲幅,長四丈爲匹。"

"帛浮",圖版字迹模糊不清,據上下文推測,疑爲"帛練"二字,讀爲"白練"。土山屯漢 M8 衣物疏記有"練于巾一",⑨雷海龍先生改釋爲"練手巾一",⑩可從。M8 衣物

---

① 青島市文物保護考古研究所、黄島區博物館：《山東青島土山屯墓群四號封土與墓葬的發掘》第 428 頁。
② 甘肅簡牘博物館等編：《肩水金關漢簡(肆)》(下册),中西書局 2015 年,第 74 頁。
③ 咸陽地區文管會、茂陵博物館：《陝西茂陵一號無名冢一號從葬坑的發掘》,《文物》1982 年第 9 期;張天恩主編：《陝西金文集成》第 10 册,三秦出版社 2016 年,第 160 頁。
④ 湖北省考古研究所：《江陵鳳凰山西漢簡牘》,中華書局 2012 年,第 27 頁。
⑤ 連雲港市博物館、中國社會科學院簡帛研究中心等：《尹灣漢墓簡牘》第 132 頁。
⑥ 甘肅簡牘博物館等編：《肩水金關漢簡(肆)》(下册)第 74 頁。
⑦ 張顯成、周群麗：《尹灣漢墓簡牘校理》,天津古籍出版社 2011 年,第 116 頁注釋③。
⑧ 連雲港市博物館：《連雲港市陶灣黄石崖西漢西郭寶墓》第 20 頁。
⑨ 青島市文物保護考古研究所、青島市黄島區博物館編著：《瑯琊墩式封土墓》第 113 頁。
⑩ 雷海龍：《西朱村曹魏墓 M1 石楬文字補説》,簡帛網 2019 年 11 月 23 日,http://bsm.org.cn/show_article.php?id=3458。

疏又記有"于衣一具",①疑即"手衣一具"。漢代遣册屢記手衣,如:尹灣 M6 君兄節司小物疏記"手衣一具",土山屯 M147 衣物名記"手衣一具",②尹灣 M2 衣物疏分别記有"繡手衣二□""青綺手衣一具"等。③

---

① 青島市文物保護考古研究所、青島市黄島區博物館編著:《瑯琊墩式封土墓》第 113 頁。
② 青島市文物保護考古研究所、黄島區博物館:《山東青島土山屯墓群四號封土與墓葬的發掘》第 430 頁。
③ 連雲港市博物館、中國社會科學院簡帛研究中心等:《尹灣漢墓簡牘》第 75 頁。

秦簡牘中"牒"字的使用及含義*

蘇俊林

摘　要： 秦簡牘中有不少使用"牒"字的情況。關於"牒"，學界存在"用簡數量說""文書（附件）說""用簡數量、文書數量及名詞混合說"等多種說法。通過對"牒書""名詞＋數詞＋牒""爲/上奏若干牒"等使用實例、以及"上若干牒"與呈文數量關係等的分析，認爲"牒"材質爲"二尺牒"，少量場合表示簡牘數量，但文書中的"牒"字具有量詞化名詞的意義，表示附在呈文上的若干（正文）文書。西漢初年已用"枚"表示簡牘數量。

關鍵詞： 秦簡牘　用簡數量　文書附件　若干牒　使用場合

已經公佈的睡虎地秦簡、里耶秦簡、嶽麓秦簡等秦簡牘中，有不少使用"牒"字的情況。使用場合不同，含義也不完全一樣。關於秦簡牘中"牒"字的具體含義，學界存有爭議。"牒"的含義具體如何，其在秦簡牘中如何使用，本文將對此進行分析。

一、關於"牒"的幾種理解

較早出土的睡虎地秦簡中，《秦律十八種·倉律》一條律文這樣記載：

> 稻後禾孰（熟），計稻後年。已獲上數，別粲、穤（糯）秙（黏）稻。別粲、穤（糯）之裛（釀），歲異積之，勿增積，以給客，到十月牒書數，上内【史】。　倉①

---

* 本文爲國家社科基金冷門"絕學"研究專項項目"嶽麓秦簡《秦讞文書》彙校與研究"（19VJX009）的階段性成果。

① 睡虎地秦墓竹簡整理小組：《睡虎地秦墓竹簡》，文物出版社1990年，"釋文"部分第28頁。

此律文中有"十月牒書數"。關於此,整理者注釋:"牒,薄小的簡牘。"譯文爲:"到十月用牒寫明數量。"①其將"牒"視作名詞,側重於其材質。這是秦簡牘中出現"牒"字較早的簡例。

睡虎地秦簡《封診式》的《毒言》爰書中,也出現了"牒"字。其内容如下:

> 毒言 爰書:某里公士甲等廿人詣里人士五(伍)丙,皆告曰:"丙有寧毒言,甲等難飲食焉,來告之。"即疏書甲等名事關諜(牒)北(背)。・訊丙,辭曰:"外大母同里丁坐有寧毒言,以卅餘歲時罷(遷)。丙家節(即)有祠,召甲等,甲等不肯來,亦未嘗召丙飲。里節(即)有祠,丙與里人及甲等會飲食,皆莫肯與丙共栖(杯)器。甲等及里人弟兄及它人智(知)丙者,皆難與丙飲食。丙而不把毒,毋(無)它坐。"②

此爰書中出現了"即疏書甲等名事關諜(牒)北(背)"一句。關於此句中的"牒",整理者的注釋和譯文都將其解作"文書"。③ 結合前文整理者的注解,可將睡虎地秦簡整理者對"牒"的理解,稱爲"材質、文書説"。

此後,張家山漢簡《奏讞書》,以及後出的同類文獻嶽麓秦簡《奏讞文書》,都有"牒"的記録,其書寫格式一般爲"爲/上奏若干牒"。先將相關簡文謄録如下:

> 爲奏九牒,上。　　　　　　　　　　　　　　　　（嶽麓《奏讞文書》0643）
> 爲奏十六牒,上。　　　　　　　　　　　　　　　 （嶽麓《奏讞文書》1821）
> 上奏七牒,謁以聞。　　　　　　　　　　　　　　 （張家山《奏讞書》68）
> 爲奉〈奏〉、當十五牒上謁。　　　　　　　　　　　（張家山《奏讞書》98）
> 爲奏廿二牒。　　　　　　　　　　　　　　　　　 （張家山《奏讞書》228）④

對於上述用語中的"牒"字,學界存有不同理解。張家山漢簡整理小組這樣注釋:"七牒,指原件由七支簡組成","指原上奏所用簡的支數"。⑤ 嶽麓秦簡整理小組注釋"爲奏九牒"爲:"牒,簡牘,在此用爲簡牘量詞。"⑥雖然二者表述不同,但所指

---

① 睡虎地秦墓竹簡整理小組:《睡虎地秦墓竹簡》"釋文"部分第 28 頁。
② 睡虎地秦墓竹簡整理小組:《睡虎地秦墓竹簡》"釋文"部分第 162—163 頁。
③ 睡虎地秦墓竹簡整理小組:《睡虎地秦墓竹簡》"釋文"部分第 163 頁。
④ 分别參見:朱漢民、陳松長主編:《嶽麓書院藏秦簡[叁]》,上海辭書出版社 2013 年,第 181、191 頁;張家山二四七號漢墓竹簡整理小組:《張家山漢墓竹簡[二四七號墓](釋文修訂本)》,文物出版社 2006 年,第 97、99、111 頁。
⑤ 張家山二四七號漢墓竹簡整理小組:《張家山漢墓竹簡[二四七號墓](釋文修訂本)》第 98、112 頁。
⑥ 朱漢民、陳松長主編:《嶽麓書院藏秦簡[叁]》第 183 頁。

意思一致，都將"牒"視爲表示所用簡牘數量的量詞。可以將此稱爲"用簡數量説"。

對於"爲/上奏若干牒"中的"牒"，高恒先生有不同理解：

> 漢簡中所見的"牒"，多指公文的附件。"上奏七牒"，當指此奏讞書的七種附件。將本書中的"七牒""十五牒"中的"牒"，解釋爲"七枚簡""十五枚簡"不妥。
>
> 牒，簡札，此處（按：即"爲奏廿二牒"）指與案件有關的附件，如當事人的供詞、證人證言、調查筆録等等。①

高先生認爲"牒"表示《奏讞書》（或案件）的附件，不同於整理者的意見。可稱之爲"文書附件説"。②

實際上，張家山漢簡整理者也曾將某些"牒"視作文書。張家山《奏讞書》簡 177 載："案其上功牒。"整理者注釋："上功牒，申報功勞的文書。"③很明顯，此處"牒"已被視作"文書"，不同於"用簡數量説"，而與"文書附件説"相似。

隨着簡牘的不斷出土，里耶秦簡中也出現了不少關於"牒"的記録。里耶秦簡 8-5 載："者　牒令☐。"學者注解爲：

> 牒，簡札。《左傳》昭公二十五年："右師不敢對，受牒而退。"孔穎達疏："牒，札也。于時號令輸王粟具戍人。宋之所出人粟之數書之於牒。"《漢書·路温舒傳》："取澤中蒲，截以爲牒，編用寫書。"顏師古注："小簡爲牒，編聯次之。"秦漢時書寫一份文書所用簡牘的數量，每稱"××牒"，如里耶 8-42＋8-55"事志一牒"，8-135"今寫校券一牒上謁言之"，8-183＋8-290＋8-530"上卅三年黔首息耗八牒"。④

雖然這一論斷所用材料較新，但其將"牒"解釋爲"書寫一份文書所用簡牘的數量"，仍在"用簡數量説"的範圍之内。

關於"牒"，除了這幾種觀點之外，還有一種比較有代表性的觀點，如下：

---

① 高恒：《秦漢簡牘中法制文書輯考》，社會科學文獻出版社 2008 年，第 365 頁注⑤、第 404 頁注③。
② 陶安先生認爲"七牒"是 7 枚簡書寫的文書附件，與高恒先生觀點有同有異，參見氏著《張家山漢簡〈奏讞書〉編排二則》，劉釗主編：《出土文獻與古文字研究》（第 4 輯），上海古籍出版社 2011 年，第 421 頁。
③ 簡文和注釋俱出自：張家山二四七號漢墓竹簡整理小組：《張家山漢墓竹簡［二四七號墓］（釋文修訂本）》第 107 頁。
④ 簡文及注解俱出自：陳偉主編：《里耶秦簡牘校釋（第一卷）》，武漢大學出版社 2012 年，第 29 頁。

> 本義是指古代書寫用的木片或竹片,引申作竹簡的個體單位量詞。
> 簡文中用作公文的個體單位量詞,"一牒"即"一簡"。
> 這些用例中,①"牒"顯然還有很強的名詞意味。值得注意的是,借用量詞"牒"和數語組成的數量結構似乎還可以前置於名詞。②

該觀點不僅指出了"牒"的原始含義,還對秦漢時期"牒"的含義進行動態考察。概括而言,其認爲"牒"字有兩層意思:(1)表示竹簡或公文的量詞;(2)具有名詞意味。不過,仔細審讀發現,將"牒"做量詞解時,其既將"牒"解釋爲表示公文數量的量詞,又用了"'一牒'即'一簡'"進行補充説明,似有"一牒"文書寫於"一簡"的意思。可以將其稱爲"用簡數量、文書數量及名詞混合説"。

關於秦簡牘文書中"牒"的含義,學界存有不小的分歧。甚至對一批簡中"牒"字的理解也不統一。關於"牒"的含義,概括説來,目前至少有以下 4 種觀點:(1)"材質、文書説",(2)"文書附件説",(3)"用簡數量説",以及(4)"用簡數量、文書數量及名詞混合説"。相較而言,(1)和(2)的理解比較接近。如此,可將學界對"牒"的理解合併爲:

  A. 文書(附件)説。
  B. 用簡數量説。
  C. 用簡數量、文書數量及名詞混合説。

A、B 兩種觀點明顯不同,C 則有調和的意味。各種觀點似都能自圓其説,但究竟哪種觀點更符合"牒"字的真正含義,需要仔細分析。

二、秦簡牘中"牒"的使用實例

秦簡牘中使用"牒"的簡例很多,既有出自各類文書,也有出自法律條文。現按書寫格式或用語,分別對其進行討論。

(一)"牒"與"牒書"

睡虎地秦簡《秦律十八種·倉律》中有"牒書"字樣,整理者解釋爲"用牒書寫"。但其具體作何解,此處並不明晰。嶽麓秦簡中也有"牒書"的記録,如下:

---

① 其所舉簡例較多,如《居延漢簡》20.12A:"詔所名捕及鑄僞錢、盜賊、亡未得者牛延壽、高建等廿四牒。"
② 張顯成、李建平:《簡帛量詞研究》,中華書局 2017 年,第 126—127 頁。

1. 即各日夜別薄譜(潛)訊都官旁縣中、縣中城旦及**牒書**其亡□□。(0329-1)①
2. 奔敬(警)律曰…(中略)…黔首老弱及疒(癃)病,不可令奔敬(警)者,**牒書**署其故,勿予符。(1253)
3. □實,完爲城旦。以**尺牒牒書**當免者,人一牒,署當免狀,各上,上攻所執瀻。執瀻上其日,史以上牒丞(0523)【相】、御史,御史免之,屬、尉佐、有秩吏,執瀻免之,而上牒御史丞相乚,後上之恒與上攻皆(偕)乚,獄史、令史、縣(0520)官,恒令令史官吏各一人上攻勞吏員,會八月五日。(2148)②
4. ●制詔御史:聞獄多留或至數歲不決,令無辠者久毄(繫)而有辠者久留,甚不善。其舉留獄上(1125)之乚。御史請:至計,令執瀻上㝡最者,各**牒書**上其餘獄不決者一牒,③署不決歲月日及毄(繫)者人數爲(0968)㝡最,偕上御史,御史奏之,其執瀻不將計而郡守丞將計者,亦上之。制曰:可。·卅六(0964)
5. ●黔首或事父母孝,事兄姊忠敬,親弟兹(慈)愛,居邑里長老,衛(率)黔首爲善,有如此者,**牒書**□(1165)④
6. 興不更以下車牛各比爵繇(徭)員椽,以**二尺牒牒書**不更以下當使者、車、牛,人一牒,上(0107)⑤

這些律文中都有"牒書"字樣。除第5條"牒書"後殘缺外,其他律文"牒書"後都有內容。整理者注釋律令1中的"牒書"爲:"用簡牘書寫。"⑥簡3、6中有"以尺牒牒書……""以二尺牒牒書……"字樣,簡3在"以"與"尺牒"之間可能脫漏"二"字。"二

---

① 朱漢民、陳松長主編:《嶽麓書院藏秦簡[叁]》第186頁。
② 所引律令2、3兩條出自:陳松長主編:《嶽麓書院藏秦簡[肆]》,上海辭書出版社2015年,第126—127、210—211頁。
③ 何有祖先認爲"一牒"屬上讀,今從。參見氏著《嶽麓書院藏秦簡〔伍〕讀記(一)》,簡帛網2018年3月10日,http://www.bsm.org.cn/show_article.php?id=3004。
④ 所引律令4、5兩條出自陳松長主編:《嶽麓書院藏秦簡[伍]》,上海辭書出版社2017年,第58—59、134頁。
⑤ 周海鋒:《嶽麓書院藏秦簡〈繇律〉研究》,西北師範大學歷史文化學院等編:《簡牘學研究》(第8輯),甘肅人民出版社2019年,第24頁。簡號與標點有校改。
⑥ 朱漢民、陳松長主編:《嶽麓書院藏秦簡[叁]》第193頁。

尺牒"表示簡牘材質。"牒書"的"牒",從材質上講是竹木製成的"二尺牒",①但"牒書"本身不再是材質之意。

"牒書"一詞,《漢書》亦有記載。《漢書·薛宣傳》載:

> 始高陵令楊湛、櫟陽令謝游皆貪猾不遜,持郡短長,前二千石數案不能竟。及宣視事,詣府謁,宣設酒飯與相對,接待甚備。已而陰求其罪臧,具得所受取。宣察湛有改節敬宣之效,乃手自牒書,條其姦臧,封與湛曰:"吏民條言君如牒,或議以爲疑於主守盜。馮翊敬重令,又念十金法重,不忍相暴章。故密以手書相曉,欲君自圖進退,可復伸眉於後。即無其事,復封還記,得爲君分明之。"湛自知罪臧皆應記,而宣辭語溫潤,無傷害意。湛即時解印綬付吏,爲記謝宣,終無怨言。

關於"牒書",顏師古注曰:"牒書謂書於簡牒也。""封"與文書的封檢制度有關。薛宣親手將楊湛的罪行寫成"牒書","封"好之後交與楊湛。里耶秦簡中有"牒書"按"封"統計的簡例:

> 卅四年後九月壬辰朔己亥,□□□□□敢告□主,主□□□□□□ Ⅰ
> 春鄉黔首爲除道通食【牒】書六封,粟米三石三斗□□□□□□ Ⅱ
> 子署,署前死,書後到,毋責殹(也)。寫□環,當更券,它如律令。Ⅲ
> 敢【告】主。Ⅳ　　　　　　　　　　　里耶9-1079＋9-1520(正面)②

"牒書"作爲寫在"牒"上的文書,發信時需要封印,並按"封"計數。這6封"牒書"當在該文書之外獨立存在,分別封印。里耶秦簡中很多寫在木牘上的文書,多與"牒書"有關。不過,大多只有呈文,或是呈文與內容已經分離。③ 居延新簡中有一份完整的"牒書",將其整理如下表(表1):

---

① 《漢書·郊祀志》載:"封泰山下東方,如郊祠泰一之禮。封廣丈二尺,高九尺,其下則有玉牒書,書祕。""玉牒書"當爲"牒書"之一種,爲玉所製成的"牒書",材質不同於簡牘。"玉牒書"當在特殊場合方才使用,日常行政文書中的"牒書"應都是用竹木簡牘製成。
② 陳偉主編:《里耶秦簡牘校釋(第二卷)》,武漢大學出版社2018年,第251頁。
③ 籾山明先生曾指出,官吏製作的文書和記錄被編成束或册書,並要附上標題簡,然後單獨或與同類束或册書放入笥(文書箱)中。參見氏著《簡牘文書學與法制史——以里耶秦簡爲例》,柳立言主編:《史料與法史學》,中研院歷史語言研究所2016年,第66頁。目前所見里耶秦簡大多不成束或册書狀態。籾山先生所論應是在官府的保存狀態,簡牘放入井窖時這種狀態已被打破。

表 1 "居延令移甲渠吏遷補牒"層次表

層次	簡文内容	簡號
呈文	牒書 吏遷庠免給事補者四人人一牒 建武五年八月甲辰朔丙午居延 令　丞審告尉謂鄉移甲渠 候官聽書從事如律令	E.P.F22∶56A
	甲渠●此書已發傳致官亭閒相付前　掾黨令史循	E.P.F22∶56B
附件	甲渠候官尉史鄭駿　　遷缺	E.P.F22∶57
	故吏陽里上造梁普年五十　今除補甲渠候官尉史　代鄭駿	E.P.F22∶58
	甲渠候官斗食令史孫良　　遷缺	E.P.F22∶59
	宜穀亭長孤山里大夫孫況年五十七　薰事　今除補甲渠候官斗令吏　代孫良	E.P.F22∶60

　　整理者認爲這是"居延令移甲渠吏遷補牒"。永田英正先生和大庭脩先生認爲其是由5枚簡構成的册書,第1簡表示人事調動的通知,後4簡表示内容。① 我們將第1簡視作呈文,後4簡視作附件。因爲缺乏文書中常用的抬頭語和結束語,所以該文書應當不是使用中的"牒書",更可能是一份存檔用的"牒書"。

　　秦漢時期確實存在文書意義上的"牒書"。卜憲群先生曾指出,牒書是用牒書寫公文,"廣泛用於驗問、責問,用於名籍登録、官吏升遷任免,也可用作法律文書、財務管理公文等。牒書既可用於下行文書,也可用於平行、上行文書"。② 這些被廣泛運用的"牒書",已經不是書寫材質,而具有名詞、文書意義。③ 諸如"功牒"(張家山《奏讞書》簡177)"奔牒"(里耶9-752)、"診牒"(里耶9-705+9-1111+9-1426、9-2308)等,可能是"牒書"的具體文書形式。

---

① 該"牒書"的圖版、釋文以及學者成果分别參見:甘肅居延考古隊:《居延漢代遺址的發掘和新出土的簡册文物》,《文物》1978年第1期;甘肅省文物考古研究所等編:《居延新簡:甲渠候官與第四燧》,文物出版社1990年,第480—481頁;[日]永田英正:《新居延漢簡中の若干の册書について》,《富山大學人文學部紀要》3,1979年;[日]大庭脩:《秦漢法制史の研究》,(東京)創文社1982年,第561—563頁。中譯稿[日]大庭脩著,徐世虹等譯:《秦漢法制史研究》,中西書局2017年,第397—398頁;[日]永田英正著,張學鋒譯:《居延漢簡研究》,廣西師範大學出版社2007年,第397—401頁。
② 卜憲群:《秦漢官僚制度》,社會科學出版社2002年,第264頁。
③ 何有祖先生推測"牒書""疏書"可能是兩種並存的文書形式,參見氏著《〈嶽麓書院藏秦簡〔伍〕〉讀記(一)》。

(二)"名詞＋數詞＋牒"中的"牒"

上引嶽麓秦簡的律文中,已有"數詞＋牒"的用法。如簡3、6中的"人一牒",簡4中的"一牒"。"數詞＋牒"的用法,在里耶秦簡中更爲常見。選擇較完整簡例謄錄如下:

7. ☑**事志一牒**。有不定者,謁令饒定。敢☑　　　　（里耶8-42＋8-55）

8. ☑【年九月□□朔□□遷陵丞□】☑ ☑**志四牒**。有不定者,謁令【饒定。敢告主】。　　（里耶8-602＋8-1717＋8-1892＋8-1922）

9. 廿六年八月庚戌朔丙子,司空守樛敢言:前日言竟陵漢陰狼假遷陵公船一,袤三丈三尺,名曰□,Ⅰ以求故荆積瓦。未歸船。狼屬司馬昌官。謁告昌官,令狼歸船。報曰:狼有逮在覆獄已卒史Ⅱ衰、義所。今寫**校券一牒**上,謁言已卒史衰、義所,問狼船存所。其亡之,爲責券移遷陵,弗□□屬。Ⅲ謁報。敢言之。/【九】月庚辰,遷陵守丞敦狐卻之:司空自以二月叚（假）狼船,何故弗蚤辟□,今而Ⅳ誧（甫）日謁問覆獄卒史衰、義。衰、義事已,不智（知）所居,其聽書從事。/應手。即令走□行司空。Ⅴ（正面）

    □月戊寅走己巳以來。/應半。　　□手。（背面）　　（里耶8-135）

10. ☑【八】年三月庚子朔丙寅,廄守信成敢言之:前日言啓陽丞歐叚（假）啓陽傳車Ⅰ☑乘及具徒【洞庭郡,未智（知）署縣。寫**校券一牒**,校□□□上,謁□洞庭。】Ⅱ（正面）

    祛手。（背面）　　　　（里耶8-677）

11. ☑□□年後九月辛酉朔丁亥,少内武敢言之:上計☑Ⅰ□□而後論者**獄校廿一牒**,謁告遷陵將計丞☑Ⅱ上校。敢言之。☑Ⅲ（正面）

    ☑九月丁亥水十一刻刻下三,佐欣行廷。欣手。☑（背面）

    （里耶8-164＋8-1475）

12. 卅五年八月丁巳朔　　,貳春鄉兹敢言之:受西陽盈夷Ⅰ鄉户隸計大女子一人,今**上其校一牒**,謁以從事。敢Ⅱ言之。（正面）

    如意手。（背面）　　　　（里耶8-1565）

13. 廿八年五月己亥朔甲寅,都鄉守敬敢言之:☑Ⅰ得虎,**當復者六人,人一牒**,署復□于☑Ⅱ從事,敢言之。☑Ⅲ（正面）

    五月甲寅旦,佐宣行廷。（背面）　　　　（里耶8-170）

14. ☑□敢言之:今日上見辒輬輜乘車及Ⅰ☑守府,今**上當令者一牒**,它毋Ⅱ

（正面）

☐□恒會正月七月朔日廷。Ⅰ☐佐午行。　　午手。Ⅱ（背面）

(里耶 8-175)

15. ☐午,倉歇敢言☐☐Ⅰ☐□□□今**上當令者三牒**☐Ⅱ（正面）

☐如☐（背面） 　　　　　　　　　　　　　　(里耶 8-369＋8-726)

16. 廿九年四月甲子朔辛巳,庫守悍敢言之：御史令曰：各弟（第）官徒丁【鄰】

☐Ⅰ勮者爲甲,次爲乙,次爲丙,各以其事勮（劇）易次之。·令曰各以☐

☐Ⅱ上。·今**牒書當令者三牒**,署弟（第）上。敢言之。☐Ⅲ（正面）

四月壬午水下二刻,佐圂以來。/槐半。（背面）　　　　(里耶 8-1514)

17. 卅四年十月戊戌朔辛丑,遷陵守【丞】説敢言之：上卅三Ⅰ年**黔首息秏八**

牒。敢言之。Ⅱ（正面）

壬手。（背面） 　　　　　　　　　　　　(里耶 8-183＋8-290＋8-530)

18. ☐**爲式十一牒** 　　　　　　　　　　　　　　(里耶 8-235)

19. ☐□御史聞代人多坐從以敼,其御史往行,☐其名☐所坐以敼☐Ⅰ縣☐

奏軍初□□到使者至,其當于秦下令敼者衞（率）署其所坐☐Ⅱ令且解

盗戒（械）。卅五年七月戊戌,御史大夫緄下將軍下☐叚（假）御史警往行

☐Ⅲ☐下書都吏治從入者,☐大□□□見下校尉主軍☐都吏治從☐Ⅳ

☐**書從事各二牒**,故何邦人爵死越☐從及有以當制【秦】☐Ⅴ（正面）

☐書丞言求代盗書都吏治從入者所毋當令者☐ Ⅰ ☐□□留日騎行書

留。/□手。☐Ⅱ（背面） 　　　　　　　(里耶 8-528＋8-532＋8-674)

20. 廿九年九月壬辰朔辛亥,貳春鄉守根敢言之：**牒書水**Ⅰ**火敗亡課一牒上**。

敢言之。Ⅱ（正面）

九月辛亥旦,史邙以來。/感半。　　邙手。（背面） 　　(里耶 8-645)

21. 廿九年九月壬辰朔辛亥,遷陵丞昌敢言之：令令史感Ⅰ**上水火敗亡者課**

一牒。有不定者,謁令感定。敢言之。Ⅱ（正面）

已。Ⅰ九月辛亥水下九刻,感行。感手。Ⅱ（背面）　　(里耶 8-1511)

22. 元年八月庚午朔朔日,遷陵守丞固☐Ⅰ之。守府書曰：上真見兵會九月朔

日守府·今☐Ⅱ**書者一牒**,敢言之。/九月己亥朔己酉,遷陵☐Ⅲ（正面）

敢言之。□□主□□□之。/贛手。☐Ⅰ贛☐Ⅱ（背面） 　(里耶 8-653)

23. 卅三年六月庚子朔丁未,遷陵守丞有敢言之：守府下Ⅰ四時獻者上吏缺

式曰：放（仿）式上。**今牒書應（應）**Ⅱ**書者一牒**上。敢言之。Ⅲ（正面）

六月乙巳旦,守府即行。　　　履手（背面） 　　　　(里耶 8-768)

24. 卅五年九月丁亥朔乙卯,貳春鄉守辨敢言Ⅰ之:**上不更以下繇(徭)計二 牒**。敢言之。Ⅱ　　　　　　　　　　　　　　　　（里耶 8-1539）

25. 卅一年五月壬子朔辛巳,將捕爰,叚(假)倉兹敢Ⅰ言之:**上五月作徒薄及 冣(最)卅牒**。敢言Ⅱ之。Ⅲ（正面）

　　五月辛巳旦,佐居以來。氣發。　　　居手。（背面）　　（里耶 8-1559）

26. **下十牒**及☐　　　　　　　　　　　　　　　　　　　（里耶 8-1715）

27. 居赀亦雜診☐**上診一牒**。敢言之。（正面）

　　　☐　　巨手。（背面）　　　　　　　　　　　　　（里耶 8-2035）①

28. 元年八月庚午朔庚寅,田官守獵敢言Ⅰ之:**上狠(墾)田課一牒**。敢言之。 ☐Ⅱ（正面）

　　八月庚寅日入,獵以來。/援發。獵手。（背面）　　　（里耶 9-1865）②

這 22 條記錄大多完整。其中,有"事志一牒""校券一牒""獄校廿一牒""當令者三牒""黔首息耗八牒""式十一牒""水火敗亡課一牒""不更以下繇(徭)計二牒""五月作徒薄及冣(最)卅牒""診一牒""狠(墾)田課一牒"等。這些記錄中,在"數詞＋牒"之前,都是"事志""校券""水火敗亡課""繇(徭)計""作徒薄""診""狠(墾)田課"等表示文書性質的名詞,爲"名詞＋數詞＋牒"格式。按照一般理解,此格式中的"牒"應爲量詞。如果此"牒"爲量詞,它是表示所用簡牘數量的量詞,還是表示文書的量詞？

這些文書還有一個共同之處,即都只有呈文內容,沒有"牒"的內容。里耶秦簡中還有幾份文書,如下:

29. 卅三年六月庚子朔丁巳,【田】守武爰書:高里士五(伍)吾武【自】言:謁 狠(墾)草田六畝Ⅰ武門外,能恒籍以爲田。典縵占。Ⅱ（正面）

　　六月丁巳,田守武敢言之:**上黔首狠(墾)草一牒**。敢言之。/ 衡手。Ⅰ

　　【六】月丁巳日,水十一刻下四,佐衡以來。/☐發。Ⅱ（背面）

　　　　　　　　　　　　　　　　　　　　　　　　　　（里耶 9-2344）

30. 【廿】八年三月庚申,啓陵鄉趙爰書。士五(伍)胸忍蘇滦居臺告曰:居貣 (貸)署酉陽,傳送牽遷陵拔乘馬一匹,駵(騮),牡,兩鼻刪,取左、右、耳 前、後各一所,名曰犯難。行到暴【詔】Ⅰ谿反(阪)上,去谿可八十步,馬

---

① 里耶秦簡 7—27 的內容,引自:陳偉主編:《里耶秦簡牘校釋(第一卷)》第 38、184、72—73、201、100、362、103、104、139、342、106、120、173—174、189、341—342、192、222、353、358、381、421 頁。

② 陳偉主編:《里耶秦簡牘校釋(第二卷)》第 377 頁。

不能上,即遺(墮)。今死。敢告。/鄉趙、令史辰、佐見即居臺雜診犯難:死在暴詔谿中,西首,右卧,□傷其右□下一所。它如居臺告。·即以死ⅡI馬屬居臺。Ⅲ

【三月】庚申,啓陵鄉趙敢言之:**上診一牒**。敢言之。/見手。Ⅳ(正面)

三【月戊】辰,遷陵守丞膻之告田主:聽書從事。當負,以律令負。/朝手。/即水下七刻,居臺行。Ⅰ

三月乙丑日中時,高里士五(伍)敞【以來】。/□□。見手。Ⅱ(背面)

(里耶 9-2346)①

31. 廿九年八月乙酉,庫守悍作徒薄(簿):受司空城旦四人、丈城旦一人、春五人、受倉隸臣一人。·凡十一人。AⅠ

城旦二人繕甲□□。AⅡ

城旦一人治輪□□。AⅢ

城旦一人約車:登。AⅣ

丈城旦一人約車:缶。BⅠ

隸臣一人門:負劇。BⅡ

春三人級:姱、□、娃。BⅢ

廿廿年上之□ C(正面)

八月乙酉,庫守悍敢言之:**疏書作徒薄(簿)牒北(背)**上,敢言之。逐手。Ⅰ

乙酉旦,隸臣負解行廷。Ⅱ(背面) (里耶 8-686+8-973)

32. 卅二年五月丙子朔庚子,庫武作徒薄:受司空城旦九人、鬼薪一人、春三人;受倉隸臣二人。·凡十五人。Ⅰ

其十二人爲莢:獎、慶忌、憨、憨、船、何、最、交、頡、徐、娃、聚;Ⅱ

一人絍:竄。Ⅲ

二人捕羽:亥、羅。Ⅳ(正面)

卅二年五月丙子朔庚子,庫武敢言之:**疏書作徒日薄(簿)一牒**。敢言之。橫手。Ⅰ

五月庚子日中時,佐橫以來。/圂發。Ⅱ(背面)

(里耶 8-1069+8-1434+8-1520)②

---

① 陳偉主編:《里耶秦簡牘校釋(第二卷)》第 477、479 頁。
② 所引 31、32 俱出自:陳偉主編:《里耶秦簡牘校釋(第一卷)》第 203、272—273 頁。

將簡29—32與簡7—28對照可知,簡29和簡28都與"墾田課"有關,簡30和簡27與"診"有關,簡31、32和簡25與"作徒簿"有關。它們雖然有相同之處,但也有差異。與簡28、27、25只有呈文不同,簡29—32在呈文之外,牘中還記有報告內容即文書正文。更言之,"狠(墾)田課一牒""診一牒""作徒日薄(簿)一牒"等在呈文之外,都應有一份記載正文的文書。簡29—32直接將正文與呈文記在同一枚簡牘上。或是"牒北(背)"即另面書寫呈文;或是正文寫在前,呈文書寫在正文之後。據此推斷,簡7—28中未將正文與呈文寫在同一簡牘上,則正文應書寫在其他簡牘上。意即簡7—28在上呈之時,還應附有用另外簡牘書寫正文的文書。何有祖先生也注意到呈文與正文分寫的情況,並認爲正文内容是作爲附件另簡抄寫呈送。① 唐俊峰先生注意到呈文不包括文書内容時其記述方式也不一樣,並舉里耶秦簡簡8-768爲例,認爲呈文中没有提及的牒的内容,將作爲附件與呈文編在一起。② 牒書的呈文與附件之關係,由此可見。

嶽麓秦簡中有《内史倉曹令甲卅》,其中有這樣的内容:

●令曰:【黔首居縣】③官(?)作徒隷及徒隷免復屬官作□□徒隷者自一以上及居隱除者,黔首居☑(2142)及諸作官府者,皆**日劈(徹)薄(簿)之,上其廷,廷日校,案次編,月盡爲冣(最)**,固臧(藏),令可案殹(也)。(後略)(1854)④

這是要求以"簿"報告黔首、徒隷等人作於官府情況的令文。其中,"皆日劈薄(簿)之,上其廷,廷日校案次編月盡爲冣(最)"一句,可斷爲"皆日劈(徹)薄(簿)之,上其廷,廷日校,案次編,月盡爲冣(最)",即將"廷日校"與"案次編"斷開。關於"劈",整理者注釋:"分條記録。"⑤此句可理解爲:所有人的情況都要分條記録在每日的簿上,(將簿)上呈給縣廷,縣廷每日核校,並按日期順序編聯。前引簡32中有"作徒日薄(簿)一牒",書寫内容符合"日劈(徹)薄(簿)之"的要求,即每日製作作徒簿。簡25中説"上五月作徒薄及冣(最)卅牒",即上呈的"五月作徒簿及最"有30牒。但牘25只有呈文,

---

① 何有祖:《〈嶽麓書院藏秦簡〔伍〕〉讀記(一)》。
② 唐俊峰:《秦漢劾文書格式演變初探》,中國政法大學法律古籍整理研究所編:《中國古代法律文獻研究》(第11輯),社會科學文獻出版社2017年,第135頁。
③ 原釋爲"縣官□□",齊繼偉先生據圖釋爲"黔首居縣",參見氏著《讀〈嶽麓書院藏秦簡(伍)〉札記(三)》,簡帛網,2018年3月9日,http://www.bsm.org.cn/show_article.php?id=2996。
④ 陳松長主編:《嶽麓書院藏秦簡〔伍〕》第181頁。
⑤ 陳松長主編:《嶽麓書院藏秦簡〔伍〕》第212頁。

當另有由30牒構成的正文。《內史倉曹令甲卅》中"廷日校、案次編"即縣廷每日校核、編聯的簿,應是每日上呈簿的原件。秦始皇三十一年五月的"作徒日簿"和"徒簿冣"編在一起,①最後形成了"上五月作徒薄及冣(最)卅牒"。② 因爲編聯的是獨立文書的原件,這30牒就不能簡單看作是用了30塊簡牘,而應看作是30份文書。

簡11中有"獄校廿一牒"。因爲簡牘殘缺無法得知其具體年份,但月份爲"後九月"。即"獄校廿一牒"是後九月的獄校結果。該月不止21天,則"獄校廿一牒"不是按天製作,而是另有所指。嶽麓秦簡簡0912載:"●獄校律曰:黥舂、完城旦舂、鬼薪、白粲以下到耐罪皆校。"③意即對每位罪犯都要"校",然後寫一份"獄校"。由此可知,"廿一牒"的"廿一"不是表示天數,而是表示"獄校"的數量。因爲"獄校"對應着不同的刑徒,不同刑徒各寫一份"獄校",則該月共形成獄校"廿一牒"。

雖然可在同一木牘上書寫呈文和正文,但將呈文與正文分開書寫的情況似乎更爲普遍。文書正文與呈文的書寫,至少存在兩種形式:(1)文書正文寫在呈文的背面,則以"牒北(背)"表示;(2)呈文之外以它"牒"書寫文書正文,則以"名詞+數詞+牒"表示並記於呈文之中。"名詞+數詞+牒"的"牒"不應簡單看做是用簡數量。

(三)其他場合的"牒"

除了以上用法之外,秦簡牘中的"牒"還有以下用法:

33. 尉卒律曰:爲計,鄉嗇夫及典、老月辟其鄉里之入穀(穀)、徒除及死亡者,謁於尉,尉月**牒**部之,到**十月乃(1397)比其牒**,里相就殹(也)以會計。(1372)

(嶽麓秦簡)④

34. ●居室言:徒隸作官,官別離居它縣畍(界)中,遠。請:居室徒隸、官屬

---

① 整理者曾對里耶秦簡中的"徒簿"進行過集中公佈,其中既有"作徒日簿"也有"徒簿冣(最)",還有徒簿的呈文。詳見湖南省文物考古研究所《龍山里耶秦簡之"徒簿"》,中國文化遺產研究院編:《出土文獻研究》(第12輯),中西書局2013年,第101—131頁。

② 胡平生先生認爲該月30天,每天一塊作徒簿牒加上一塊"最"牒,應是31牒。文書中之所以是30牒,是因爲沒有記錄五月最後一日的數據。李勉、俞方潔先生則認爲"捕爰"可能耗時共29天,每天書寫一牒"作徒簿",加上"徒簿冣",一共30牒。分別參見:胡平生:《也説"作徒簿及最"》,簡帛網2014年5月31日,http://www.bsm.org.cn/show_article.php?id=2026;李勉、俞方潔:《里耶秦簡"徒簿"類文書的分類解析》,《重慶師範大學學報》(哲學社會科學版)2017年第4期。

③ 陳松長主編:《嶽麓書院藏秦簡[肆]》第146頁。

④ 陳松長主編:《嶽麓書院藏秦簡[肆]》第114頁。

有皋當封,得作所縣官,作所縣官令獄史封,(1704)其得它縣官當封者,各告作所縣官,作所縣官□□□**移封牒居室**。(J35+J34)

(嶽麓秦簡)①

35.【廿】六年五月辛巳朔庚子,啓陵鄉庫敢言之。都鄉守嘉言:渚里不劾等十七户徙都鄉,皆不移年籍／。令曰:移言。・今問之劾等徙書,告都鄉曰啓陵鄉**未有枼(牒)**,毋以智(知)劾等初產至今年數【皆自占】,謁令都鄉自問劾等年數。敢言之。(正面)

遷陵守丞敦狐告都鄉主以律令從事。／逐手。即甲辰,水十一刻刻下者十刻,不更成里午以來。／狴半。(背面)　　　　(里耶博物館 16-9)②

上引簡文中有"到十月乃比其牒""移封牒居室""未有枼(牒)"等內容。其所"比""移""未有"的"牒",不宜做量詞解,也不能做材質解,將其理解爲表文書的名詞更爲合適。

不僅簡 33—35 中的"牒"應視作表文書的名詞,"名詞+數詞+牒"中的"牒"可能也應如此理解。前文已經論述,"牒"即"二尺牒"。進言之,"一牒"可能是一份寫在"二尺牒"上的文書。那麼,數牒就是數份文書。"獄校廿一牒"即 21 份獄校文書,③"黔首息耗八牒"即 8 份黔首"息耗"即人口增減的文書,"五月作徒薄及㝡(最)卅牒"即五月的 30 份"作徒日簿"文書,"當令者三牒"即爲 3 份"當令者"的文書——簡 14 是 1 份當令者的文書。簡 13"當復者六人,人一牒",1 人 1 份文書,共 6 份文書。"名詞+數詞+牒"中的"牒",雖可看作表示文書數量的量詞,但將其視作量詞化的名詞更爲合適。

三、"上若干牒"與呈文的數量關係考察

將簡 7—32 這些文書中的"牒"解作所附正文文書的數量,學者或有疑慮。因爲按照現代漢語的理解,"名詞+數詞+牒"這類用法中的"牒"一般作爲量詞。不與呈文書寫在同一簡牘上的正文,完全可能因爲呈文相同,每"牒"正文的性質相同,而用

---

① 陳松長主編:《嶽麓書院藏秦簡[伍]》第 204—205 頁。
② 里耶秦簡博物館、出土文獻與中國古代文明研究協同創新中心中國人民大學中心編:《里耶秦簡博物館藏秦簡》,中西書局 2016 年,第 70 頁。
③ 彭浩先生認爲"獄校廿一牒"是指文書的附件有 21 份案件,分別寫在 21 塊牘上,與居延漢簡一事一牘的"獄計"相同。參見氏著《居延和肩水金關漢簡中的"獄計"文書》,第七屆出土文獻與法律史研究學術研討會論文集,長沙:嶽麓書院,2017 年,第 332 頁。

若干簡牘逐一書寫正文內容。意即，"二牒""三牒""廿一牒""卅牒"等表示的是所用簡牘的數量。不過，需要特別注意的是，此種理解必須滿足以下 2 個條件才能成立：(1) 使用同一呈文；(2) 每"牒"正文性質相同。呈文＋若干"牒"組成的正文，然後構成一份完整的文書。也就是説，在一份文書之内，雖然正文是由若干"牒"構成，且不與呈文同簡牘書寫，但每一"牒"並不具有單獨文書的功能，而是正文乃至整份文書的一部分。此種觀點雖不無道理，但只有在"名詞＋數詞＋牒"的使用場合、滿足上述 2 個條件時才可能成立。可是，"牒"的使用場合並非都是如此，還有奏讞類文書中"爲／上奏若干牒"這樣的形式。很明顯，"爲／上奏若干牒"的"牒"不會都使用同一呈文，正文内容與性質也多有差別。

里耶秦簡"名詞＋數詞＋牒"的使用實例中，導致學者將"牒"理解爲表示用簡牘數量的重要原因之一，可能在於"牒"前的數詞似能與實際使用簡牘的數量對應。用 1 枚簡牘完整記録呈文和正文的文書，文中記爲"一牒"。簡 16 中"牒書當令者三牒"的"三"，也對應着甲、乙、丙 3 人。簡 25 中"五月作徒薄及冣（最）卅牒"的"卅"，似能與天數對應。這種數量對應關係，很容易將"名詞＋數詞＋牒"之"牒"誤解爲所用簡牘數量。但是，這種數量對應關係，在"牒"字的使用實例中並不完全成立。我們曾對"爲／上奏若干牒"與《奏讞書》的用簡數量進行數量分析，認爲：

> 牒數與《奏讞書》的用簡數並不相符。"上奏七牒"所在案例（簡 63—簡 68）用簡 6 枚，"爲奉〈奏〉、當十五牒上謁"所在案例（簡 75—簡 98）用簡 24 枚，"爲奏廿二牒"所在案例（簡 197—簡 228）用簡 32 枚。牒數與《奏讞書》用簡數的數額差距，説明"牒"並不表示該《奏讞書》的用簡數量。[①]

這種數量不對應的情況，不僅在張家山《奏讞書》中存在，嶽麓秦簡《奏讞文書》中也同樣存在。"爲奏九牒"所在案件《同、顯盜殺人案》中，整理者拼合之後簡（含殘簡）的數量爲 8 枚，與"九牒"數量不符。雖然該案還有缺簡，但就内容看很難説只缺 1 枚簡。"爲奏十六牒"所在案件《魏盜殺安、宜等案》，整理者拼合之後簡（含殘簡）的數量爲 21 枚，超過"十六牒"的數量。即便不計算"爲／上奏若干牒"之後的簡，用簡數量與"爲／上奏若干牒"所記數額也無法對應。也就是説，目前所見奏讞類文書中的"爲／上奏若干牒"，與其所在案件的用簡數量都無法對應。[②] 由此可知，將"牒"解作簡牘數量可能

---

① 參見拙文：《秦漢時期的"狀"類司法文書》，武漢大學簡帛研究中心主辦：《簡帛》第 9 輯，上海古籍出版社 2014 年，第 308 頁。
② 或認爲這種數量不對應關係是因爲抄寫所致，書寫原始文書時所用簡牘的數量能與此對應。不過，數量對應關係中並非都是多或都是少，而是有多有少。此或可作爲前文假設的某種反證吧。

存在問題。

"爲/上奏若干牒"與其所在奏讞類文書的用簡數量無法對應,某種程度上説明將此"牒"解爲用簡數量並不妥當。那麽,此"牒"與奏讞類文書是什麽關係? 廣而言之,包括里耶秦簡在内,秦簡牘中所説的"上若干牒"與呈文是什麽關係?

前列 20 餘份里耶秦簡中與"上若干牒"相關的文書,除少數文書是呈文與正文記在同一簡牘之外,大多數都是只有呈文而未見正文——正文記在另外的簡牘上。但呈文中都有若干"牒"的數量記録。如果説那些記在同一簡牘的文書爲"一牒"符合其數量,那麽,呈文與正文分牘書寫的文書,所用簡牘都要超過所記"牒"的數量。簡 28 中有"上垠(墾)田課一牒",但簡中只有呈文,正文當記在其他簡牘上。與墾田相關的簡 29 中,背面記載呈文,正面記載正文。表明墾田課的正文能在一枚牘上書寫完畢。那麽,對於簡 28 而言,書寫呈文的 1 枚簡牘,加上書寫正文的 1 枚簡牘,完整的文書共 2 枚牘。這超出了"一牒"的數額。其他簡例亦同此理。更言之,呈文和正文分牘書寫的文書,所用簡牘都要比其所記"牒"的數額多出 1 枚。從數量關係看,"上若干牒"的"牒"一般是不包括呈文,而是針對正文而言的。對於"上若干牒"中的"牒","用簡數量説"已經無法解釋。文書中所用"上若干牒"用語,可能表示的是呈文之外還有若干份文書。

在奏讞類文書中,"爲/上奏若干牒"所在部分都是呈文内容,這從後文的"敢言之"可知。即便如此,"爲/上奏若干牒"的位置也可説明上奏之"牒"與呈文的關係。"爲/上奏若干牒"在奏讞類文書中的位置情況如下:

1. (前略)敗傷,洋毋(無)得同、顯。同、顯☐大害殹(也)。已論磔同、顯。●**敢言之**。☐令曰:獄史能得微難獄,【上。今獄史洋】得微難獄,【……】(0452/殘 385)**爲奏九牒,上**。此黔首大害殹(也)。毋(無)徵物,難得。洋以智治訮(研)詗,謙(廉)求而得之。洋精(清)絜(潔)毋(無)害,敦毅(愨)守吏(事),心平☐端☐禮☐。【勞、年】(0643)中令。綏任謁以補卒史,勸它吏,卑(俾)盜賊不發。敢言之。(0517)

(嶽麓秦簡《同、顯盜殺人案》)

2. (前略)觸等以智戠(識)微,謙(廉)求得。五年,觸與史去疢謁爲【☐☐☐☐】☐之。今獄史觸、彭沮、衷得微難獄,磔皋(罪)(0307/1830)一人。**爲奏十六牒,上**。觸爲令史廿二歲,年卌三;彭沮、衷勞、年中令。皆請(清)絜(潔)毋(無)害,敦毅(愨)守吏(事),心平端禮。任謁(1821)課以補卒史,勸它吏。敢言之。(1819)　　(嶽麓秦簡《巍盜殺安、宜等案》)

3.（前略）八年四月甲辰朔乙巳，南郡守強敢言之，**上奏七牒**，謁以聞，種縣論，敢言之。(68)　　　　　　　　　　　　　（張家山《奏讞書》案例十四）

4.（前略）敢言之(92)…（中略）…新郪甲、丞乙、獄史丙治(笞)。(97)**爲奉〈奏〉、當十五牒上謁**，請謁報，敢言之。(98)（張家山《奏讞書》案例十六）

5.（前略）六年八月丙子朔壬辰，咸陽丞鷫、禮敢言之。令曰：獄史能得微難獄，上。今獄史舉關得微(227)|難|獄，**爲奏廿二牒**。舉關毋害謙(廉)絜(潔)，敦愨守吏(事)也，平端，謁以補卒史，勸它吏，敢言之。(228)

（張家山《奏讞書》案例二十二）①

以文書格式看，"爲/上奏若干牒"所處的位置，1、3、5可視作第二重文書的一部分。"爲奏九牒，上"寫在3枚簡的第2枚簡上，"上奏七牒"寫在有且只有的1枚簡上，"爲奏廿二牒"寫在2簡的最後一枚簡上。若2中"之。今獄史觸"前所缺若是"敢言"，則"爲奏十六牒，上"也屬於第二重文書，寫在3枚簡的中間一枚簡上。4中有兩個"敢言之"，若第一個"敢言之"之後的内容爲第二重文書，則"爲奉〈奏〉、當十五牒上謁"寫在8枚簡的最後一枚上。"爲/上奏若干牒"在奏讞類文書的位置説明：（1）第一重文書多不書寫"爲/上奏若干牒"的内容；（2）"爲/上奏若干牒"之後的用簡數量不同，"牒"前數字不能統計所有簡數。此與里耶秦簡中上若干"牒"的情況極爲相似，"牒"不統計呈文所用簡牘數量。

通過對里耶秦簡、嶽麓秦簡、張家山漢簡中"上若干牒"與呈文的數量分析，以及奏讞類文書中"爲/上奏若干牒"的位置判斷，可知這些文書中所上的"牒"難以用"用簡數量"解釋。

嶽麓秦簡中有這樣一條令文：

● 制曰：吏上請乚、對乚、奏者，皆**傅牒牘數**。節(即)不具而卻，復上者，令其牒牘毋與前同數。以爲恒。·廷卒乙(1737)②

令文規定，官吏在上報"請""對""奏"等文書時，都要附上"牒牘"的數目，駁回之後再上報時，所附"牒牘"數目不能相同。前引里耶秦簡文書中的"上＋名詞＋數詞＋牒"，奏讞類文書中的"爲/上奏若干牒"用語等，應是該《廷卒》令文要求的體現。這表明正文與呈文之間存在着"傅"與被"傅"的關係。至於所傅"牒""牘"的數目，如前所述，一

---

① 所引内容分别出自：朱漢民、陳松長主編：《嶽麓書院藏秦簡[叁]》第180—181、191頁；張家山二四七號漢墓竹簡整理小組：《張家山漢墓竹簡[二四七號墓]（釋文修訂本）》第97、99、110—111頁。標點有改動。

② 陳松長主編：《嶽麓書院藏秦簡[伍]》第129頁。

般是在呈文之外另外計算,不與呈文合計。

嶽麓秦簡中有《卒令丙四》,內容如下:

112/1698:● 諸上對、請、奏者,其事不同者,勿令同編及勿連屬⌐,事別編之。有請,必物一牒,各勶(徹)之,令易〈易〉智(知)。其一事

113/1707:而過百牒者⌐,別之,毋過百牒而爲一編,必皆散取其急辤(辭),令約具別白,易〈易〉智(知)殹(也)。其獄奏殹(也),各約爲鞫

114/1712:審,具傅其律令,令各與其當比編而署律令下曰:以此當某某,及具署皋人毄(繫)不毄(繫)。雖同編者,必章 片 ①

115/1718:之,令可別報、繫御殹(也)。用牘者,一牘毋過五行。五行者,牘廣一寸九分寸八,

116/1729: 四 行者,牘廣一寸泰半寸;·三行者,牘廣一寸半寸。·皆謹調謹〈護〉好浮書之,尺二寸牘一行毋過廿六字。·尺

117/1731:牘一行毋過廿二字。書過一章者,章 次 ②之⌐,辤(辭)所當止皆殹之,以別易〈易〉智(知)爲故。書卻,上對而復與卻書及

118/1722:事俱上者,繫編之,過廿牒,階(界)其方,江(空)其上而署之曰:此以右若左若干牒,前對、請若前奏。·用疏者,如故。

119/1814:不從令及牘廣不中過十分寸一,皆赀二甲。

120/1848:請:自今以來,諸縣官上對、請書者,牘厚毋下十分寸一⌐,二行牒厚毋下十五分寸一,厚過程者,毋得各過

121/1852:其厚之半。爲程,牘牒各一⌐。不從令者,赀一甲⌐。御史上議:御牘尺二寸⌐,官券牒尺六寸。·制曰:更尺一寸牘

122/1702:牒。　　　　　　·卒令丙四③

這條被稱爲《卒令丙四》的令文,對日常文書中所用"牒""牘""疏"的形制、使用和編聯

---

① 此字原釋文闕,陳偉先生據殘留字迹補釋爲"片"字,"章片"表"分章"之意;何有祖先生認爲可能是"手"字,表示要書寫書手的名字。分別參見:陳偉:《〈嶽麓書院藏秦簡〔伍〕〉校讀(續)》,簡帛網,2018年3月10日,http://www.bsm.org.cn/show_article.php?id=3006;何有祖:《〈嶽麓書院藏秦簡〔伍〕〉讀記(二)》,簡帛網,2018年3月10日,http://www.bsm.org.cn/show_article.php?id=3005。今據前後文義,從陳氏意見。

② 此字原釋文闕,何有祖先生據殘留字迹補釋爲"次"字。參見氏著《〈嶽麓書院藏秦簡〔伍〕〉讀記(二)》。

③ 陳松長主編:《嶽麓書院藏秦簡[伍]》第105—108頁。

等進行了原則性規定。在"對""請""奏"所用文書中,同一事可以編在一起,事情不同則要分開編聯。"有請,必物一牒",即請示時必須一件事物用"一牒","令易(易)智(知)",即讓人容易理解。同一事"百牒"之內編在一起,超過"百牒"則要分開編聯。該規定中有兩條內容值得特別注意:

(1) 雖同編者,必章 片 之,令可別報、縶卻殹(也)。
(2) 書卻,上對而復與卻書及事俱上者,縶編之,過廿牒,階(界)其方,江(空)
其上而署之曰:此以右若左若干牒,前對、請若前奏。

這兩條內容不僅與編聯有關,還與文書中"牒"的使用有關。(1) 中說即便是同編在一起的"牒",也必須以"章"分開,以便後面處理時能夠分別"報"(回復)、"卻"(駁回)。按"章"分開的文書必須內容能夠獨立,才可以分別進行"報"(回復)和"卻"(駁回)。如果 1 "章"只有"一牒",那麼這"一牒"就具有獨立文書的功能。(2) 中說"卻"(駁回)之後再次上報時,必須將"卻書"與事情一起上報,並編在一起。超過 20 "牒",則要書寫"此以右若左若干牒,前對、請若前奏"語句。該用語對區分"牒"與文書的關係至關重要。按此規定,表示文書所用簡牘數量時,要用"此以右若左若干牒"來表示。即編在此文右邊或左邊的內容,對用"牒"數量統計之後,要以"此以"字樣提示進行書寫。類似表達在傳世文獻亦可見到,如《史記》中的《惠景間侯者年表》,《漢書》中的《諸侯王表》《王子侯表》《高惠高後文功臣表》《景武昭宣元成功臣表》《外戚恩澤侯表》等,都以"右若干人"字樣來統計前列人數。無疑,"此以右若左若干牒"類似用語中的數字,是前文即該文書的用"牒"數量。

"此以右若左若干牒"與"上若干牒""爲/上奏若干牒",雖都統計了"牒"的數量,但並不表示其含義完全一致。二者用語的差異,可能正好說明其含義不同。加上前文對"牒"字使用場合及其含義的分析,以及統計文書內用"牒"數量時使用"此以右若左若干牒"的用語,可以判斷"此以右若左若干牒"中"牒"的含義,與"上若干牒""爲/上奏若干牒"中"牒"的含義存在差別。"上若干牒""爲/上奏若干牒"中的"牒"不是表示文書內使用"牒"的數量,而是表示在本文書或呈文(呈文也可視作單獨的文書)之外所用"牒"的數量。此時,"牒"不限於表示用"牒"數量的量詞,而是具有文書意義、量詞化的名詞。對於那些與呈文分別書寫的"牒",可能具有獨立文書的功能。

四、餘　　論

有學者將"牒"理解爲所用簡牘的數量,這也並非沒有簡例。嶽麓秦簡中有這樣的令文：

138/1168+1192：● 令曰：吏及黔首有貲贖萬錢以下而謁解爵一級以除，【及】當爲疾死、死事者爲後，謁毋受爵⌐，以除貲贖，

139/1140：皆許之。其所除貲贖，[皆許之其所除貲贖]過萬錢而謁益【解】爵、【毋受爵者，亦許之。一級除貲贖毋過萬】

140/C8-1-12+2130：錢，其皆謁以除親及它人及並自爲除，毋過三人。貲贖不盈萬錢以下，亦皆【許之。其年過卌五以上者，不得解】

141/1692：爵、毋受爵，毋免以除它人。年睆老以上及罷癃(癃)不事從睆老事及有令終身不事、疇吏解爵而當復

142/1862：爵者，皆不得解爵以自除、除它人。鼎者勞盜〈盈〉及諸當捧(拜)爵而即其故爵如鼎及捧(拜)後爵者，皆不

143/1863：得解其故爵之當即者以除貲贖。爲人除貲贖者，內史及郡各得爲其盼(界)中人除，毋得爲它郡人除。⌐【中】縣、

144/1789+1804：它郡人爲吏它郡者，得令所爲吏郡黔首爲除貲贖。屬邦與內史通相爲除。爲解爵者，獨得除貲

145/1878：贖。**令七牒。**　　　　● 尉郡卒令第乙七十六①

此令的最後有"令七牒"字樣，應是説書寫此令用了7枚牒。此處將"牒"作所用簡牘數量解，應能成立。雖然現在所見此令用了8枚簡，但整理者已經指出，"皆許之其所除貲贖"可能是衍文，②是抄手誤寫所致。如果除去這些內容，"七牒"書寫此令並非完全沒有可能。"令七牒"所包含的內容目前並不清楚。如果其不包括"·尉郡卒令第乙七十六"，則"七牒"書寫此令完全沒有問題。去掉衍文"皆許之其所除貲贖"可以空出8字的空間，完全可以書寫"贖令七牒"4字。③ 但如果"·尉郡卒令第乙七十六"也在"令七牒"所指範圍之內，去掉衍文空出8字的空間，"贖令七牒·尉郡卒令第乙七十六"已有13字，還有1墨點，即便"贖令七牒"與"·尉郡卒令第乙七十六"之間的留白不計，寫下這些字似有難度。不過，《卒令丙四》中規定，尺牘每行字數不錯過22字即可。按此規定，二尺牒可以書寫到44字。若最先書寫此令文時按照每簡40字以上

---

① 陳松長主編：《嶽麓書院藏秦簡[伍]》第113—116頁。
② 陳松長主編：《嶽麓書院藏秦簡[伍]》第156頁。
③ 整理者認爲，"令七牒"不是令文的內容，而是頒布令文時的格式記錄。參見陳松長主編：《嶽麓書院藏秦簡[伍]》第156頁。

書寫,則該令 276 字完全能夠寫在"七牒"之上。①

雖然"令七牒"的"牒"表示用簡數量,但其與"上若干牒"及"爲/上奏若干牒"的用法並不相同,不能以此來否定"上若干牒"及"爲/上奏若干牒"中"牒"表文書數量的含義。而且,秦簡牘中還有作名詞用的"牒",也與"令七牒"中"牒"的含義不同。由此可見,秦簡牘中"牒"的含義並不完全相同,具有多樣性。某處"牒"是何種含義,需要視具體情況而定。

"牒"原本的形制可能爲"二尺牒",但《卒令丙四》中御史商議將"官券牒"改爲"尺六寸",秦始皇以"制書"形式將其定爲"尺一寸"。② 這是秦統一天下之後的事情。至遲到西漢初期,"牒"的形制可能又改爲"二尺"。張家山漢簡《二年律令·田律》記載:

> 官各以二尺牒疏書一歲馬、牛它物用稟數,餘見芻稟數,上内史,恒會八月望。③

此"牒疏"明顯是用於官府文書,尺寸已是"二尺"。

雖然秦統一天下之後,官牒的尺寸有所變化,但從里耶秦簡的文書實例可知,一"牒"完全能夠寫一份文書。將"上若干牒""爲/上奏若干牒"中的"牒"解作文書,書寫角度上也能成立。當然,雖然寫在"牒"上的文書是報告内容的正文,但從文書角度講,其作爲呈文文書的附件,"傅"在呈文後也符合秦律規定。

到了漢代,"牒"的使用也很廣泛,諸多漢簡中都有"牒"之使用。整體而言,漢簡牘中"牒"的含義,並未超出秦簡牘中"牒"字的含義。④ 不過,有這樣一條記録,可以説

---

① 這 276 字是按照現有釋文統計,包括整理者補出文字,但除去了衍文。不過,C8-1-12+2130 中字數超過 40 字,其他簡都未超過 40 字。C8-1-12+2130 中"許之其年過卌五以上者不得解"這 13 字爲整理者補出,原令文是否如此難以確定。即便原令文如此,總字數也不到 280 字。

② 里耶秦簡 9-2284 中有"二尺牒疏書"字樣,時間爲秦始皇卅三年,簡 9-1624 中有"尺六寸牒"字樣。何有祖先生關注過官牒的尺寸,參見氏著《里耶秦簡所見官牒的尺寸》,簡帛網 2018 年 8 月 10 日,http://www.bsm.org.cn/show_article.php?id=3202。不過,目前來看,秦時期官牒的尺寸較爲複雜,有待進行專門考察。

③ 張家山二四七號漢墓竹簡整理小組:《張家山漢墓竹簡[二四七號墓](釋文修訂本)》第 44 頁。

④ 關於漢簡中"牒"的含義,觀點較多,存有爭議。沈剛先生曾對漢代"牒"及"牒書"的意義有過總結,可以參見。冨谷至先生研究居延漢簡時,曾説由多枚簡構成的調查報告(C)(D)是(B)文書所説的"牒"。藤田勝久先生對西北簡中的"如牒"進行討論時,將其視作表示文書附件的用語。分别參見:沈剛:《居延漢簡語詞匯釋》,科學出版社 2008 年,第 265—266 頁;[日]冨谷至著,劉恒武、孔李波譯:《文書行政的漢帝國》,江蘇人民出版社 2013 年,第 56—57 頁;[日]藤田勝久:《中國古代國家と情報—秦漢簡牘の研究—》,(東京)汲古書院 2016 年,第 182—184 頁。

明漢代"牒"的含義,其内容如下:

> 五年十一月癸卯朔庚午,西鄉辰敢言之:郎中[五]大夫昌自言,母大女子恚死,以衣器、葬具及從者子、婦、偏下妻、奴婢、馬、牛,物、人一牒。牒百九十七枚。昌家復毋有所與,有詔令。謁告地下丞,以從事。敢言之。①

該木牘出自荆州謝家橋一號漢墓,從内容看應爲告地策。發掘者認爲該墓下葬年代爲"五年十一月癸卯朔庚午",即西漢吕后五年(前183)十一月二十八日。② 牘中記有"以衣器、葬具及從者子、婦、偏下妻、奴婢、馬、牛,物、人一牒",即衣服及奴婢等"物""人"各"一牒"。又説"牒百九十七枚",即總共用"牒"197枚。牘中"牒""枚"同現,且用"枚"來表示"牒"的數量。墓中還出土了197枚記録隨葬器物的簡,③與"百九十七枚"數量相符。劉國勝先生認爲"百九十七枚"的遣册是該告地策的附件,是所移徙人員、物品的清單。④

謝家橋一號漢墓的這塊木牘爲民間所用,"牒""枚"的用法應是當時社會慣常用法的表現,而非特别事例。此文書中,用簡數量用"枚"而不是用"牒"表示。從用法看,既然"枚"是量詞,則"牒"就不是量詞,而具有名詞意味。更值得注意的是,用"枚"來表示用簡數量的時間點——西漢吕后五年。此時距離秦並不久遠,不用"牒"而用"枚"來表示用簡數量,或許有助於我們理解秦時期"牒"字的含義。

"牒"在秦時期使用較爲頻繁,意義也不完全相同。我們無意否定個别場合中"牒"表示材質甚至用簡數量,但並非所有場合都是如此。"牒書"原本是寫在"牒"上的文書,因無量詞修飾,實際上可能就是"一牒"文書。在使用更爲廣泛的文書如里耶秦簡、嶽麓秦簡等的行政文書、奏讞類文書中,特别是在使用"名詞+數詞+牒""上若干牒""爲/上奏若干牒"等用語的場合,"牒"字不再表示簡牘數量,而是作爲量詞化的名詞使用,表示附在呈文上的若干(正文)文書。

---

① 圖版和釋文載於:荆州博物館:《湖北荆州謝家橋一號漢墓發掘簡報》,《文物》2009年第4期,第36、41頁;楊開勇:《荆州謝家橋一號漢墓》,荆州博物館:《荆州重要考古發現》,文物出版社2009年,第191、194頁。學者對釋文有所考釋,參見:劉國勝:《謝家橋一號漢墓〈告地書〉牘的初步考察》,《江漢考古》2009年第3期,第120頁;王貴元:《謝家橋一號漢墓〈告地策〉字詞考釋》,《古漢語研究》2010年第4期,第57頁。本文對標點略有改動。
② 荆州博物館:《湖北荆州謝家橋一號漢墓發掘簡報》第42頁;楊開勇:《荆州謝家橋一號漢墓》第194頁。
③ 荆州博物館:《湖北荆州謝家橋一號漢墓發掘簡報》第41頁;楊開勇:《荆州謝家橋一號漢墓》第194頁。
④ 劉國勝:《謝家橋一號漢墓〈告地書〉牘的初步考察》第121頁。

"黄豆瓜子"何以支付"地下賦"*

——從《泰原有死者》、馬王堆遣策看東漢張叔敬鎮墓文

蔣　文

摘　要：東漢熹平二年張叔敬鎮墓文有"黄豆瓜子，死人持給地下賦"之語。本文認爲，"黄豆瓜子"實係黄金之替代物，北大秦牘《泰原有死者》"黄圈以當金"、馬王堆漢墓遣策"彩金如大菽"皆爲大豆代金觀念的反映；黄豆、瓜子與天然的砂金形貌相似，故可代金，用以繳納地下賦。

關鍵詞：鎮墓文　泰原有死者　馬王堆　黄豆　黄圈

一、引　言

1935年春的山西忻州，在同蒲鐵路建設的過程中出土了一件朱書陶器，原器不知下落，器形、大小皆不明。① 幸運的是，器物上的朱書文字有馬鏡清摹本留存於世，研究者多稱之爲"熹平二年張叔敬鎮墓文"或"熹平二年張叔敬墓券"。全篇

---

* 本文係2019年度上海市哲學社會科學規劃青年課題"馬王堆漢墓遣策綜合研究"（編號：2019EYY001）成果之一。

① 馬鏡清稱之爲"瓦盆"，摹本亦作侈口深腹的盆形（馬鏡清：《漢張叔敬墓避央瓦盆文（附考釋）》，民國雙色印本。轉引自陳直：《漢張叔敬朱書陶瓶與張角黄巾教的關係》，《文史考古論叢》，天津古籍出版社1988年，第390—392頁；李明曉：《山西忻州熹平二年（173）張叔敬鎮墓文集注》，簡帛網2016年3月20日，http：//www.bsm.org.cn/show_article.php？id=2508）；陳直稱之爲"陶瓶""陶缶"；郭沫若稱之爲"瓦缶"（郭沫若：《蘭亭論辯》，文物出版社1977年，第32頁）、"瓦盆"（郭沫若：《奴隸制時代》，《郭沫若全集·歷史編》卷三，人民出版社1984年，第92頁）。

釋文如下：①

> 熹平二年十二月乙巳朔十六日庚申，天帝使者告張氏之家、三丘五墓、墓左墓右、中央墓主、塚丞塚令、主塚司命、魂門亭長、塚中游擊等：
> 敢告移丘丞櫨（墓）柏（伯）、地下二千石、東塚侯、西塚伯、地下擊犆卿、② 耗（蒿）里伍長等：今日吉良，非用他故，但以死人張叔敬薄命蚤（早）死，當來下歸丘墓。黃神生五嶽，主死人錄；召魂召魄，主死人籍。生人築高臺，死人歸深自貍（埋）。眉須以（已）落，下爲土灰。今故上復除之藥，欲令後世無有死者：上黨人參九枚，欲持代生人；鉛人，持代死人；<u>黃豆瓜子，死人持給地下賦</u>；立制牡厲（蠣），辟除土咎，欲令禍殃不行。傳到，約敕地吏，勿復煩擾張氏之衆。急急如律令。

這是一篇較爲典型的東漢鎮墓文，其中提到爲讓死者張叔敬在陰間過上好日子、不再糾纏牽連生人，埋入各種"復除之藥"，包括代替"生人"的"上黨人參"、代替"死人"的"鉛人"，以及死人用以交付"地下賦"的"黃豆瓜子"等。"人參""鉛人"亦數見於其他鎮墓文，然"黃豆"頗爲罕見，"瓜子"迄今僅見此一例。前人在談及張叔敬鎮墓文時，似均未深究"黃豆瓜子，死人持給地下賦"一句的涵義。"黃豆瓜子"所指爲何？爲什麽可以支付"地下賦"？這些問題有待解釋。本文將結合北大藏秦牘《泰原有死者》、馬王堆遣策等材料對此進行探討。

二、"黃豆瓜子"並非以實物形式繳納之賦

要理解"黃豆瓜子，死人持給地下賦"，最直接的思路當然是——"黃豆瓜子"是以實物形式繳納的"地下賦"。衆所周知，古人事死如事生，對陰間制度的想象多參考陽

---

① 最早的釋文爲馬鏡清釋文（轉錄於陳直：《漢張叔敬朱書陶瓶與張角黃巾教的關係》第 390—392 頁）。除陳直外，較早的引用張叔敬鎮墓文的學者還有郭沫若（郭沫若：《蘭亭論辯》第 32 頁；郭沫若：《奴隸制時代》第 92、94 頁）。較晚近的收錄研究張叔敬鎮墓文的論作如：黃景春：《早期買地券與鎮墓文整理與研究》，博士學位論文，華東師範大學 2004 年，第 125—127 頁；張勛燎、白彬：《中國道教考古》，綫裝書局 2006 年，第 160—162 頁；劉昭瑞：《漢魏石刻文字繫年》，新文豐出版公司 2001 年，第 202—203 頁；呂志峰：《東漢熹平二年張叔敬朱書瓦缶考釋》，《中文自學指導》2007 年第 2 期，第 19—23 頁；李明曉：《山西忻州熹平二年（173）張叔敬鎮墓文集注》。本文所引釋文主要據李明曉文。

② 按：鎮墓文中"擊犆卿"僅此一見，疑本當作"遊擊、犆（值）卿"。

世,如果地下賦可直接徵收黄豆瓜子,想必也是現實世界賦税制度的映射。那麽在現實世界中,生人可用"黄豆瓜子"繳納地上之賦嗎?

漢代賦税大體可分爲租、賦、税三宗:租指田租(即地税),徵收實物(穀物、芻稿);賦指諸賦,按人或户徵收,形式是貨幣;税大致指按行業或地區徵收的雜税,形式以貨幣爲主。從文獻來看,"賦"既可泛指各種租、賦、税,也可專指按人或户徵收的、以貨幣形式繳納的諸賦,但以後者爲常,前一種用法較爲罕見。①

能够影響到喪葬習俗的必然是陽世普遍通行的情況。由於漢代"賦"絶大多數情況下專指諸賦,張叔敬鎮墓文之"賦"大概率是專指;又由於諸賦的徵收形式是貨幣,便不太可能以實物"黄豆瓜子"納賦了。漢代確實也偶見以實物"叔(菽)粟"納賦的情況。《漢書·昭帝紀》載昭帝元鳳二年"三輔、太常郡得以叔粟當賦",又載元鳳六年昭帝昭令曰:"夫穀賤傷農,今三輔、太常穀減賤,其令以叔粟當今年賦。"表面上看,這兩條材料似表明至少豆類(菽)是可以直接納賦的,但是我們必須考慮到"叔粟當賦"並非常態,只是於局部地區施行的臨時性政策,並且這些"叔粟"其實也是在充當貨幣的替代品(顔師古注:"諸應出賦算租税者,皆聽以叔粟當錢物也。叔,豆也。")。因此,作爲特例的"叔粟當賦"恐怕不太可能影響到喪葬習俗。

以上討論是基於"賦"爲專指的情況,退一步説,如果張叔敬鎮墓文之"賦"泛指租賦税呢? 即便如此,以實物"黄豆瓜子"納"賦"的可能性恐怕也不高。以實物繳納的主要是田租,而田租所徵收的穀物主要是粟、黍之類的糧食,"黄豆"作爲豆類尚可計入,"瓜子"則不是一般意義上可以果腹的農作物,很難計入其間。

總之,根據漢代賦税制度,陽世間的生人恐怕不太可能以實物"黄豆瓜子"繳納"地上賦";相應地,陰間的死人應該也不會用"黄豆瓜子"來繳納"地下賦"。那麽張叔敬鎮墓文何以言"黄豆瓜子,死人持給地下賦"呢?

三、"黄豆瓜子"爲黄金之替代物

我們認爲,張叔敬鎮墓文中用以繳納"地下賦"的"黄豆瓜子"其實是作爲黄金的替代物。這類觀念在時代更早的出土文獻中有痕迹可尋。

---

① 馬怡:《漢代的諸賦與軍費》,《中國史研究》2001 年第 3 期,第 27—37 頁。

(一)《泰原有死者》"黄圈以當金"①

最堅實的證據來自北京大學藏秦牘《泰原有死者》：②

> 泰(太)原有死者,三歲而復產(生)。獻之咸陽,言曰：
> 死人之所惡⌐：解予死人衣,必令產(生)見之；弗產(生)見,鬼輒奪而入之少内⌐。死人所貴：<u>黄=圈=(黄圈,黄圈)以當金</u>；黍粟,以當錢；白菅,以當緤〈縣〉。③ 女子死三歲而復嫁,後有死者,勿并其冢⌐。祭死人之冢勿哭,須其巳(已)食乃哭之。不須其巳(已)食而哭之,鬼輒奪而入之厨⌐。祠毋以酒與羹沃祭(?),而沃祭前⌐。收死人勿束缚,毋決其履,毋毀其器,令如其產(生)之卧殹(也),令其魌(魄)不得若思⌐。<u>黄圈者,大叔(菽)殹(也),斄(熬)去其皮,</u>④置於土中,以爲黄金之勉。

《泰原有死者》中"黄圈"前後出現了兩次。整理者李零認爲"黄圈"即《神農本草經》等

---

① 姜守誠亦將《泰原有死者》"黄圈以當金"與張叔敬鎮墓文"黄豆瓜子"聯繫,但他認爲"黄圈"是大豆黄芽,"黄豆是可以視作冥界貨幣、錢財、資費而使用的,乃財富的象徵"(姜守誠：《北大秦牘〈泰原有死者〉考釋》,《中華文史論叢》2014 年第 3 期,第 167—168 頁),與我們的看法有所不同。我們認爲"黄圈"是豆而非豆芽,"黄豆瓜子"也並非僅是籠統地象徵財富,詳見下文。

② 李零：《北大秦牘〈泰原有死者〉簡介》,《文物》2012 年第 6 期,第 81—84 頁；圖版見北京大學出土文獻研究所：《北京大學藏秦簡牘概述》,《文物》2012 年第 6 期,第 71 頁。本文的釋文與原釋文不完全相同,與相關研究論著中的釋文亦有差異,不一一注明,與本文討論關係較大的釋文改動將在注釋中說明。

③ 李零讀"緤"爲"紬"。姜守誠認爲"緤"當讀爲"縣"或爲"縣"之訛字,表徭役(姜守誠：《北大秦牘〈泰原有死者〉考釋》第 153—154 頁),不少學者持類似觀點。陳劍指出："緤"當爲"縣(縣)"之誤；"白菅"與"縣"形貌相似,故以"白菅"充死人之"緤"；漢代西北簡及山東鄒城邾國故城遺址所出新莽"貨版"證明"縣"與"貨幣、財富"存在關係。詳參陳劍：《據出土文獻說"懸諸日月而不刊"及相關問題》,《嶺南學報》第 10 輯,2018 年,第 71—72 頁。

④ "斄",原形作 ▮。李零隸作"斄",認爲當讀作"斄"意爲割,研究者未有異議。我們認爲,此字左上部不是"未"而是"秂",全字當釋作"斄",讀爲"熬"。"秂"的上部在秦漢文字中可寫作三重,亦可寫作兩重或一重。比如,馬王堆一、三號墓遣策出現了大量的"熬"字(後接/豚/兔/鳧/雁/鵁鵠/鶉鷃/雀/雞"等),絶大多數時候寫作 ▮、▮ 這類形體,但有時亦寫作 ▮(一號墓遣策簡 69),同時,馬王堆中"熬"字也寫作 ▮(《五十二病方》行 61)。馬王堆《陰陽五行甲篇·上朔》中的"敖"字就寫作 ▮,▮ 與之當爲一字,只不過左上部寫法略有訛變。如果仔細觀察還會發現, ▮ 左上部的起筆其實並不是一橫,而是左右各兩小筆,而這也正符合秦漢文字"熬""敖"中"秂"的起筆特徵。"斄去其皮"當讀爲"熬去其皮",指用乾炒、乾煎的手段去掉黄卷(大菽)的皮。豆類炒熟後略加搓揉,很容易去皮。馬王堆《五十二病方》行 300 有"取大叔(菽)一斗,熬孰(熟)"之語。

本草書中記載的"大豆黃卷",是用大豆發出的黃色豆芽,研究者似皆從之。此外,前人在討論"黃圈"時,亦多聯繫遣策中的"黃卷"。漢代遣策"黃卷"數見,包括:馬王堆一號墓遣策簡161"黃卷一石,縑囊一笥合",三號墓遣策簡148"黃卷一石,縑囊今笥",一號墓45號簽牌、三號墓2號簽牌"黃卷笥";鳳凰山八號漢墓遣策簡139"黃卷囊二,錦"、簡140"黃卷囊一,白繡"、簡141"黃卷囊一,赤繡";張家山二四七號漢墓遣策簡6"黃卷□一,棺中"、簡8"黃卷一囊"。研究者皆將遣策中的"黃卷"和《本草綱目》《黃帝内經》《神農本草經》《金匱要略》等中的"大豆黃卷/豆黃卷/黃卷"等同,認爲黃卷指一種大豆生芽而成、可以入藥的食品。①

我們認爲,《泰原有死者》"黃圈"、遣策"黃卷"可能並非指大豆所發之蘗芽,恐怕就是大豆之別稱。證據有二:一是《泰原有死者》明確説"黃圈者,大叔(菽)殿(也)",而非"大菽之蘗也"之類;二是馬王堆三號墓2號簽牌上書"黃卷笥",發掘整理者認爲當繫於東97笥,東97笥内現存大豆。② 除此之外,馬王堆一號墓45號"黃卷笥"簽牌,發掘整理者描述説:"出土時與'黃穎笥'木牌同在353號笥上,該笥盛梨,而其南側的355號笥缺木牌,與實物對照,可能屬之。"③ 按:353號盛梨之竹笥位於西邊箱下層,355號同樣位於西邊箱下層,内存"絹質藥草袋6個",將45號簽牌附於355號笥未必合理;與此同時,西邊箱中層的341號竹笥現存"黃絹袋内盛黑、白豆等",而341號竹笥尚未找到對應簽牌。④ 我們懷疑45號簽牌本繫於中層的341號竹笥,後掉落至下層的353號竹笥之上,若這一猜測符合事實,則爲"黃圈/黃卷"指豆又添一條證據。

總之,如果抛開出土文獻的"黃圈/黃卷"與本草書中的"大豆黃卷/豆黃卷/黃卷"所指必定相同的成見,僅從《泰原有死者》文本本身及馬王堆簽牌所對應之實物出發,會發現"黃圈/黃卷"更可能指大豆而非大豆所生之芽,"黃圈/黃卷"與本草書中的"大豆黃卷/豆黃卷/黃卷"或許名同實異。雖然《泰原有死者》末句"以爲黃金之勉"的意思暫時尚難確定,但"黃圈以當金"這句足以證明大豆可作黃金之替代物。

(二) 馬王堆遣策"彩金如大菽"

大豆當金的觀念不僅見於北大秦牘《泰原有死者》,在時代稍晚的馬王堆漢墓遣

---

① 例如,湖南省博物館、中國科學院考古研究所:《長沙馬王堆一號漢墓》,文物出版社1973年,第143頁;田河:《張家山二四七號漢墓遣册補正》,《社會科學戰綫》2010年第11期,第86—87頁。
② 湖南省博物館、湖南省文物考古研究所:《長沙馬王堆二、三號漢墓》,文物出版社2004年,第188、200頁。
③ 湖南省博物館、中國科學院考古研究所:《長沙馬王堆一號漢墓》第117頁。
④ 湖南省博物館、中國科學院考古研究所:《長沙馬王堆一號漢墓》第118頁。

策中亦有反映：

菜（彩）金如大叔（菽）者千斤，一筥。　　　　　（一號墓遣策簡296）
菜（彩）金如大村（叔—菽）五百斤。　　　　　　（三號墓遣策簡302）

唐蘭認爲"菜即彩字，疑是土質畫彩的金幣"。① 按：唐說大致可從。"菜"用爲"彩"的用字習慣馬王堆遣策内部數見。一號墓遣策簡217、三號墓遣策簡274"木五菜（彩）畫并（屏）風"、一號墓遣策簡232"布檢（奩）五菜（彩）文一合"，皆爲"菜"讀爲"彩"之例。依馬王堆遣策記載，下葬的"菜金"數量巨大（"千斤""五百斤"），在墓中卻沒有發現相應之實物，可判定"菜金"並非不腐朽之真金。② 馬王堆遣策還記載了其他金錢珠寶的仿品，所記數量亦驚人：一號墓遣策"土珠璣一縑囊"（簡294）、"土金二千斤"（簡295）、"土錢千萬"（簡297）；三號墓遣策"土錢百萬"（簡301）、"土金千斤"（簡303）、"土珠璣一縑囊"（簡304）。一號墓中出土泥郢稱三百餘塊、泥半兩四十篓（每篓約二千五百至三千枚）、盛於絹袋之中的泥丸，發掘整理者認爲分別對應於遣策之"土金""土錢""土珠璣"。③ 雖然這些"如大菽"的"菜（彩）金"因爲某種原因不見於墓中（至少是不見於發掘報告中），但它和"土金""土錢""土珠璣"性質相同當無問題。

馬王堆遣策中"如大菽"的"彩金"就是狀如大豆的表面塗色的土質之物，④它和《泰原有死者》"以當金"的"黃圈"實質相同——皆爲黃金之替代物。之所以要將這種土質塗色之物製作成大豆的形狀，正是爲了盡可能逼真地模仿可以代金的大豆。《泰原有死者》以真的大豆（"黃圈"）象徵黃金，"黃圈"是"僞黃金"；馬王堆則用土質塗色的豆狀之物仿擬大豆（"大菽"，亦即"黃圈"），繼而象徵黃金，可視作"僞黃圈"或"僞僞黃金"。

綜上所述，《泰原有死者》和馬王堆遣策表明在秦漢人觀念中大豆（"黃圈/黃卷""大菽"）可以代金，這完全支持了我們的觀點，即張叔敬鎮墓文"黃豆瓜子"中"黃豆"實係黃金之替代物。"瓜子"代金目前雖然還沒有到見到直接的出土文獻證據，但從情理來說也是頗爲合適的，詳見下節。

---

① 唐蘭：《長沙馬王堆漢軑侯妻辛追墓出土隨葬遣策考釋》，《文史》第10輯，1980年，第55頁。
② 周世榮認爲"菜金"當讀爲"采金"，爲真金（周世榮：《西漢長沙國貨幣新探》，《中國錢幣論文集》第3輯，1998年，第188—189頁），恐不可從，但謂"作顆粒狀，粗細如豆，當屬顆粒狀的自然金塊或顆粒"（第189頁），有一定啓發性。
③ 湖南省博物館、中國科學院考古研究所：《長沙馬王堆一號漢墓》第126頁。
④ "泥郢稱"等也是塗彩的。馬王堆一號墓報告謂"泥郢稱"係"泥模板製成後，在字面上塗一層黃粉，再經火燒，以象徵金版"（湖南省博物館、中國科學院考古研究所：《長沙馬王堆一號漢墓》第126頁）。

四、"黄豆瓜子"與黄金形貌相似，故可爲黄金之替代物

要論證"黄豆瓜子"實係黄金之替代物，還需要回答一個關鍵的問題：爲什麽"黄豆瓜子"可以作黄金替代物？

"黄豆瓜子"之前的"上黨人參九枚，欲持代生人""鉛人，持代死人"兩句，爲解答這個問題提供了重要參考——"人參""鉛人"之所以可用來替代生人死人，關鍵在於它們具有人形。

人參具有人形當無疑。而且從其他鎮墓文來看，人參不僅如張叔敬鎮墓文所言可以代生人，其實也可以代死人。熹平四年胥氏鎮墓文"大(泰)山將閲，人參應□"（按："應"後之字當是"之"），説的是泰山長檢閲時人參會替代死者去應答。① 換言之，不管是生人還是死人，人參皆與之形狀相似，皆可替代。鉛人具有人形當然更容易理解。漢魏南北朝墓葬中隨葬鉛人的例子有不少（有時鉛人内置於陶瓶之内，陶瓶上或書有鎮墓文）。這些鉛人往往是由很薄的鉛片製成，有的做得比較逼真，甚至還有男女之别。② 除張叔敬鎮墓文明確提及鉛人是死人之替身外，其他鎮墓文對鉛人代人還有更具體的描述。建和元年加氏鎮墓文："故以自代鉛人，鉛人池池（佗佗），能舂能炊，上車能御，把筆能書。"可看出鉛人在地下代替死者從事各種雜役。又，建興九年張雪光鎮墓文："謹以桐人、鉛人，廣肩大背，可以自代。"栩栩如生地强調鉛人身强力壯，足以替代死者進行勞動。此外，漢魏南北朝鎮墓文亦見"蜜人"（熹平四年胥氏鎮墓文"蜜人代行□作"，蜜人可能由蜜蠟製作）、"木人"（河南鄭師正始五年鎮墓文）、"柏人/松人/松柏人"（香港中文大學文物館藏建興廿八年松人解除簡），此外文獻亦見"錫人"（《赤松子章曆》），時代更晚的鎮墓文中還有"石人"等。

總之，無論是天然具有人形的人參，還是使用各種材質製作的人工製品，都是因爲具有人形，所以可代人。"黄豆瓜子，死人持給地下賦"既與"上黨人參九枚，欲持代

---

① 漢魏鎮墓文在强調生死有隔時，多有"生人屬西長安""死人屬東泰山"一類語，可見在人們的觀念中，人死後魂歸泰山。鎮墓文多見"泰山長閲，死者某某自往應之"之語，如：建興四十六年傅女芝鎮墓文"太(泰)山長閲，死者傅女芝自往應之"，咸安五年姬令熊鎮墓文"太(泰)山長問見，死者姬令熊自往應之"（按："問見"可能當作"閲見"或"閲視"），甘肅敦煌新店臺阿平鎮墓文"太(泰)山長[閲]，死者阿平自往應之"。可推知熹平四年胥氏鎮墓文中的"人參"是作爲死者的替身去應對泰山長的檢閲。

② 劉衛鵬、程義：《漢晉墓葬中隨葬陶瓶内盛物的初步研究》，《江漢考古》2008年第3期，第78—85頁。

生人"及"鉛人,持代死人"並舉,其背後的邏輯很可能是一致的。那麽,"黄豆瓜子"很可能與所替代之物在外形上存在某種聯繫。

"黄豆瓜子"的形貌和黄金有相似之處嗎? 答案是肯定的。

自然金或産自砂礦或産自脈礦。金礦石露出地表,長期風化侵蝕後碎裂成顆粒、碎屑等,又經風力、流水等外力的搬運和分選,沉積於山坡、河床、湖海濱岸等處,便形成了砂金礦床。由於開採較易,早期採金都是開採砂金,開採脈金則是較晚時候的事情。秦漢時人們所能見到的自然金也應該是砂金。從文獻記載的一些對砂金形狀的描述來看,在古人眼裏砂金金塊可與大豆、瓜子形狀接近:①

> 凡金不自礦出,自然融結於沙土之中。小者如麥麩,大者如豆,更大如指面,皆謂之生金。昔江南遺趙韓王瓜子金即此物也。
>
> (〔南宋〕周去非《嶺外代答》"金石門·生金")
>
> 廣西諸洞産生金,洞丁皆能淘取。其碎粒如蚯蚓泥,大者如甜瓜子,故世名瓜子金。其碎者如麥片,名麩皮金。
>
> (〔元〕周密《癸辛雜識續集》"金紫銀青")
>
> 麩金出五溪、漢江,大者如瓜子,小者如麥。
>
> (〔明〕李時珍《本草綱目》"金石·金")
>
> 山石中所出,大者名馬蹄金,中者名橄欖金、帶胯金,小者名瓜子金;②水沙中所出,大者名狗頭金,小者名麩麥金、糠金;平地掘井得者,名麪沙金,大者名豆粒金。　　　(〔明〕宋應星《天工開物》"五金·黄金")

"黄豆瓜子"與天然的砂金形貌相似,可能不僅體現在形狀上,亦體現在顔色上。文獻關於自然金的顔色有如下描述:

> 麩金即在江沙水中,淘汰而得,其色淺黄。
>
> (〔宋〕寇宗奭《本草衍義》"金屑")
>
> 其色七青、八黄、九紫、十赤,以赤爲足色金也。
>
> (〔明〕曹昭撰〔明〕王佐增《新增格古要論》"金")
>
> 金有山金、沙金二種,其色爲七青、八黄、九紫、十赤,以赤色爲足色也。
>
> (〔明〕宋應星《天工開物》"金石·金")

---

① 以下所引關於自然金形狀及顔色的文獻記載,多據夏湘蓉、李仲均、王根元:《中國古代礦業開發史》,地質出版社 1980 年,第 298—299 頁。均已核對原始出處。

② 此處"瓜子金"應是脈金。不過此亦反映出古人常用"瓜子"來描述自然金的形狀。

由此可知，包括砂金在内的自然金，其色並不全然爲黄，根據純度的不同，會呈現出青、黄、紫、赤等不同的色彩。"黄豆瓜子"之黄豆當然是與"八黄"的砂金最爲相似(《泰原有死者》的"黄圈"也最可能象徵黄色的砂金)；馬王堆遣策的"菜(彩)金"則有可能外塗了不同的顔色，以象徵各種顏色的天然砂金。

總之，自然産生的砂金與黄豆、瓜子在形狀和顔色方面皆有相似之處，故"黄豆瓜子"可爲黄金之替代物。① 東漢靈寶張灣楊氏鎮墓文有言："謹以鉛人、金玉爲死者解謫，生人除過。""鉛人"與"金玉"並舉，此亦可與張叔敬鎮墓文對讀，佐證我們的觀點。

五、結論及餘論

本文觀點可大致總結如下：東漢熹平二年張叔敬鎮墓文有"黄豆瓜子，死人持給地下賦"之語，我們認爲，"黄豆瓜子"實係黄金之替代物，北大秦牘《泰原有死者》"黄圈以當金"、馬王堆遣策"彩金如大菽"皆爲大豆代金觀念的反映，支持了這一解釋；黄豆、瓜子與天然的砂金在形狀及顔色方面皆相似，故可代金，繳納地下賦。

最後需補充的是，東漢魏晉南北朝鎮墓文、買地券中出現的各種"豆"，其性質並不單純，大致可分爲四系：

一、張叔敬鎮墓文"黄豆瓜子，死人持給地下賦"爲一系，"黄豆"是代金納賦之物，最終達到"復除"即解除重復的目的。②

二、"焦大豆"爲另一系(見於光和二年王當買地券、光和五年劉公則買地券、景元元年張氏鎮墓文等)，"焦大豆生"常和"鉛卷(券)榮華""雞子之鳴"並舉，它們是故意設置的陰陽往來的前提條件，是絕無可能實現的，從而達到隔絕生死的目的；③又，建興十三年自芝鎮墓文有"鉛人能行，人參能語，黑豆生英，桃李生勐，瓦狗能吠，五穀自甌"之語，"黑豆生英"爲"焦大豆生"之變體。

三、還有一系"豆"是較爲籠統的解除重復的法物，如："今下斗瓶、五穀、黄豆、荔子、鉛人，用當重復生人"(永興三年趙詡鎮墓文、永興三年缺文鎮墓文)；"今下斗瓶、

---

① 可補充的是，《泰原有死者》説"黍粟""白营"可分别代替錢、縣，恐怕亦與其形貌和錢、縣相似有關。上引文獻有"麩麥金""糠金"之名，可見在古人看來糧食穀物的形狀和金錢存在相似之處，如果是一堆穀物和一堆金錢，則總體感官上更爲接近；白营和白縣皆爲白色綫狀物，若皆捆紮爲一卷，則更爲相像。
② 廣義的"重復"指死者返回陽世作祟的各種形式。關於"重復"，可略參黄景春：《中國宗教性隨葬文書研究——以買地券、鎮墓文、衣物疏爲主》，上海人民出版社2018年，第97—111頁。
③ 可略參黄景春：《中國宗教性隨葬文書研究——以買地券、鎮墓文、衣物疏爲主》第111—124頁。

黑豆、離子、五穀、鉛人,用生者當重復,死者解除憂"(建興十九年李興初鎮墓文)。在這裏,"黃豆/黑豆"和"斗瓶""五穀""荔子/離子""鉛人"並舉,①是解除重復的法物,"黃豆/黑豆"的這種法力,很可能源自大豆的代金功能,也可能源於"焦大豆生/黑豆生英",或二者兼有。

　　四、鎮墓文中的"豆"也可以只是單純地作爲穀物糧食。建興廿四年周振鎮墓文"送死人周振、阿惠:金銀錢財、五穀糧食、荔子黃遠、牛羊車馬、豬狗雞雛、樓舍帷(帷)帳(帳)、梧杆槃案、彩帛脂粉,諸入什物,皆於方市買賈。"這裏的"黃遠"當讀爲"黃卷/圈",②應是最普通的、作爲穀物糧食的豆,似乎不承擔什麽額外的功能(至少没有直觀地反映在鎮墓文的敘述中)。又,光和□年王氏鎮墓文有"……五穀黃豆,□酒馬賄……",這裏的"黃豆"有可能也是穀物之豆。總之,這兩篇鎮墓文中的"黃遠(卷/圈)""黃豆",應與前引馬王堆、鳳凰山、張家山遣策簽牌中的"黃卷"一樣,都是指作爲穀物的豆。

　　附記:本文基本觀點(即張叔敬鎮墓文"黃豆瓜子"當與《泰原有死者》"黃圈以當金"、馬王堆遣策"彩金如大菽"聯繫,"黃豆"爲代金之物)成形於2010年11月,當時曾草撰一稿。2012年《泰原有死者》正式公佈後,我對初稿進行了修改並作爲課程論文提交,論述粗淺,未敢示人。2017年初,爲參加芝加哥大學顧立雅中心舉辦的"Prayer, Sacrifice and Funerary Documents of Ancient China"會議,我將主綫觀點撰成"To Turn Soybeans into Gold: a Case Study of Mortuary Documents from Ancient China"一文,後發表於 *Bamboo and Silk* 第2卷第1期,但囿於自身的英語水平,加之英文論文的信息承載量有限,一些枝節問題無法納入。今以舊稿爲基礎,參考近年學界的相關研究,在結構、材料、論證各方面進行了相當幅度的增補和調整,重新撰寫了本文。請祈讀者師友批評指正。

---

① 舊將"荔子"讀爲"荔枝"或"梨子";"離子"舊或釋爲"雞子"。按:疑"荔子""離子"皆讀爲"藜子",藜子爲穀物。

② "荔子黃遠"顯然可與上文所引"黃豆、荔子""黑豆、離子"對讀,故"黃遠"當讀爲"黃卷/圈"。已有學者提出"黃遠"指黃豆,見寇克紅:《高臺駱駝城出土簡帛考釋二則》,簡帛網2008年11月18日,http://www.bsm.org.cn/show_article.php?id=897。

嶽麓秦簡所見異地死亡吏卒歸葬考*

張韶光

摘　要：秦漢時期，在外地從事公務的吏員和戍卒死亡，官府會授予槥、枲等物資，槥是用於臨時裝斂屍體的小型棺材，枲是用於捆扎槥的麻。裝殮完畢後，由專門官員負責運送回鄉，到達後由當地官吏賜予棺材、衣物等，並重新裝殮下葬。由於槥形制偏小，故其中的屍體必屈肢，但由此推定秦葬式爲屈肢葬的觀點是不成立的。

關鍵詞：異地死亡　吏卒　歸葬　槥　枲　屈肢

《嶽麓書院藏秦簡（肆）》簡 364-365 記載："●內史吏有秩以下□□□□□爲縣官事□而死所縣官，以縣官木爲槥，槥高三尺，廣一【尺】八寸，袤六尺，厚毋過二寸，毋木者，爲賣（買），出之，善密緻其槥，以枲堅約兩敦（槨），勿令解絕。"[1]整理小組注："袤六尺：槥長僅六尺，葬必屈肢。'有秩以下'小吏乃秦社會中下層，此令揭示其葬式，與考古發現秦庶民多數屈肢葬的現象互相印證。"[2]周海鋒也認爲由此可見秦采用屈肢葬的形式。[3] 也就是說，可根據槥的形制判斷秦的葬式。但筆者結合《漢書》《後漢書》、居延漢簡等材料，認爲嶽麓秦簡整理小組的解釋是可以商榷的。嶽麓秦簡這條材料應當是說用槥臨時裝殮在異地從事公務期間死亡吏員和戍卒的情況，並非裝入

---

* 本文爲吉林大學研究生創新基金資助項目"嶽麓秦簡所見訴訟史料的整理與研究（項目編號：101832018C102）"階段性成果。
[1] 陳松長主編：《嶽麓書院藏秦簡（肆）》，上海辭書出版社 2015 年，第 215—216 頁。
[2] 陳松長主編：《嶽麓書院藏秦簡（肆）》第 230 頁。
[3] 周海鋒：《新出秦簡禮俗考》，《中國文化研究》2016 年夏之卷，第 103—104 頁。

梘中正式下葬的情況，因此不能由此判斷秦的葬式。

下面就此談幾點不成熟的看法，敬請專家批評指正。

秦漢時期，國家針對吏員和戍卒在異地從事公務期間死亡的情況，會采取一系列救助措施。這些措施多體現在對服兵役者及其家屬拜爵封侯、授予田宅等方面，①但也存在針對死者本身的措施，即由官府負責送其歸葬，主要分爲授梘、束梘、歸葬這三個步驟，現分别進行論述。

一、授　梘

梘是指臨時簡易的棺材，秦漢時期，若吏卒在異地從事公務期間死亡，所在官府會提供梘進行裝殮，以便運送回鄉。

新出的嶽麓秦簡對梘的授予有詳細記載。《嶽麓書院藏秦簡（肆）》簡 364-365："●内史吏有秩以下□□□□□爲縣官事□而死所縣官，以縣官木爲梘，梘高三尺，廣一【尺】八寸，袤六尺，厚毋過二寸，毋木者，爲賣（買）。"②整理小組注："梘：小棺材。《漢書·高帝紀》：'十一月，令士卒從軍死者爲梘。'服虔曰：'梘，音衛。'應劭曰：'小棺也，今謂之櫝。'"③《説文·木部》："梘，棺櫝也。"段玉裁注："櫝，匱也。棺之小者，故謂之棺櫝。"④所謂"縣官事"，邢義田認爲"泛指所有爲公事服務的，包括官吏和服徭役的百姓在内"。⑤也就是説，官吏或百姓在爲公事服務期間死亡的，會被分配到一具小棺材，即梘。

一般情况下，從事公務所在部門會有梘的庫存，并定期統計梘的數量。居延漢簡 176·54："☑月簿餘棐櫝六具，帛六匹，經枲。"⑥"棐"，裘錫圭認爲是"梘"的簡體。⑦這條材料反映了記録在簿籍上的梘有六具。居延新簡 EPT59：125："七月餘見棐櫝六具。"⑧也就是説，七月餘下的梘櫝的數量是六具。此外，對梘要進行嚴格保管，偷盜

---

① 王文濤：《春秋戰國時期優撫思想管見》，《史學月刊》2002 年第 10 期，第 24—29 頁；王文濤：《秦漢社會保障研究》，中華書局 2007 年。
② 陳松長主編：《嶽麓書院藏秦簡（肆）》第 215—216 頁。
③ 陳松長主編：《嶽麓書院藏秦簡（肆）》第 229 頁。
④ 段玉裁：《説文解字注》，上海古籍出版社 1981 年，第 270 頁。
⑤ 邢義田：《地不愛寶》，中華書局 2011 年，第 155 頁。
⑥ 中國簡牘集成編委會編：《中國簡牘集成》第 6 分册，敦煌文藝出版社 2001 年，第 171 頁。
⑦ 裘錫圭：《漢簡零拾》，《古文字論集》，中華書局 1992 年，第 567 頁。
⑧ 中國簡牘集成編委會編：《中國簡牘集成》第 11 分册，第 134 頁。

槨者會受到嚴重懲罰。龍崗秦簡122:"盜繫(槃)槥,罪如盜□□□□□□□□□□。"①整理者認爲:"'盜'後二字,有可能是'宗廟'。"②可見國家對槨的重視。

此外,官府在一定情況下還可以購買槨。《嶽麓書院藏秦簡(肆)》簡365記載:"毋木者,爲賣(買)。"③也就是説,如果從事公務所在縣没有足夠的槨或者用來製作槨的木材,可以由縣出錢購買槨。並且當時已經出現了專門販賣棺材的場所,如《嶽麓書院藏秦簡(叁)》中所記的"棺列""棺肆"等。④而且,官府有較爲靈活的出資標準。張家山漢簡《二年律令·賜律》簡290:"諸當賜,官毋其物者,以平賈(價)予錢。"⑤可見,官府所批准的價格是以當時正常的市場價格爲準。並且官府出錢購買槨等喪葬用品要有詳細的記録。居延漢簡160·21:"□子真計。出錢卅,買盆二。出錢卅八,買槃一。出錢廿四,買𡎦三束。"⑥即是對花費三十八錢購買一具槃的記録。

領用槥時需要有文書申請。居延漢簡267·4:"●甲渠候官五鳳四年戍卒病不幸死用槥檟帛枲致。"整理者注:"致,漢代文書之一,猶今通知書。"⑦裘錫圭認爲:"致是領用東西所用的文書。"⑧也就是説,領取槥等喪葬物品時,需要憑藉"致"。在收到致後,有關機構應按照要求發放槥。居延漢簡157·20A:"□戊辰朔丙子,甲渠塞尉元移南陽新野:塼束里瞿諸病死,爲槃一檟,書到,□取,如律令。"⑨裘錫圭認爲:"這大概是甲渠塞尉爲送亡卒槥檟而發的文書的底稿。槥一檟猶言槥一具。"⑩這則材料是説,瞿諸病死,需要領用一具槥,並且出具了申請文書,有關機構在見到文書後,按律令發放。從中可以看出,在領用槥的申請文書中,應指明使用者的基本情況,並且領用應有記録。

槥發放後,還會對槥的使用情況進行核實。首先,通過領用槥的文書,即"槥書",進行核實。里耶秦簡8-648:"卅一年七月辛亥朔甲子,司空守□敢言之:今以初爲縣

---

① 中國文物研究所、湖北省文物考古研究所編:《龍崗秦簡》,中華書局2001年,第113頁。
② 中國文物研究所、湖北省文物考古研究所編:《龍崗秦簡》第113頁。
③ 陳松長主編:《嶽麓書院藏秦簡(肆)》第216頁。
④ 朱漢民、陳松長主編:《嶽麓書院藏秦簡(叁)》,上海辭書出版社2013年,第129、132頁。
⑤ 張家山二四七號墓漢墓竹簡整理小組:《張家山漢墓竹簡〔二四七號墓〕》(釋文修訂本),文物出版社2006年,第49頁。
⑥ 中國簡牘集成編委會編:《中國簡牘集成》第6分冊,第143頁。
⑦ 中國簡牘集成編委會編:《中國簡牘集成》第7分冊,第150頁。
⑧ 裘錫圭:《漢簡零拾》第592頁。
⑨ 中國簡牘集成編委會編:《中國簡牘集成》第6分冊,第132頁。
⑩ 裘錫圭:《漢簡零拾》第569頁。

卒癘死及傳楬書案致,毋癰(應)此人名者。上真書。書癸亥到,甲子起,留一日。案致問治而留。敢言之。章手。"①陳偉等認爲"案致"是指"考察",②"真書"是指"簿書原件"。③ "傳"是傳遞的意思,睡虎地秦簡《秦律十八種》簡184記載:"行傳書、受書,必書其起及到日月夙莫(暮),以輒相報殹(也)。"④整理小組將"行傳書"解釋爲傳送文書。⑤ 由此來看,里耶秦簡的這則材料是説,楬發放後,通過核實楬書,發現楬書上的人名與實際情況有所出入,需要進一步通過簿籍原件進行核實,從而達到確認楬使用情況的目的。其次,對楬的使用情況進行跟蹤核實。里耶秦簡8-1394:"☐死,【楬】未到家。"⑥可見,通過調查楬是否運送到家,來核實楬的使用以及死亡吏卒的真實情況。

二、束　楬

秦漢時期,異地死亡吏卒出喪時,官府會提供枲,用來捆扎楬,即束楬,以便於運送。

嶽麓秦簡對束楬也有記載。《嶽麓書院藏秦簡(肆)》簡365:"出之,善密緻其楬,以枲堅約兩敦(椁),勿令解絶。"⑦整理小組注:"出之:指出喪。""密緻:見《說文》:'緻,密也。'緻,通'致',密致,同義複詞。"⑧

筆者認爲整理小組的看法是可以討論的。"善密"當爲"緊密""嚴密"的意思。馬王堆漢墓帛書《房内記》41-42:"善密蓋以瓦甌,令虫(蟲)勿能入。"⑨馬繼興將"善密"解釋爲"嚴密的"。⑩ 對嶽麓秦簡的理解當與此相同。關於"緻",《周禮·考工記·函人》記載:"橐之而約,則周也。"鄭玄注:"周,密緻也。"⑪《禮記·檀弓上》記載:"天子之棺四重,水、兕革棺被之,其厚三寸,杝棺一,梓棺二,四者皆周。"鄭玄

---

① 陳偉主編:《里耶秦簡牘校釋》(第一卷),武漢大學出版社2012年,第190頁。
② 陳偉主編:《里耶秦簡牘校釋》(第一卷)第94頁。
③ 陳偉主編:《里耶秦簡牘校釋》(第一卷)第72頁。
④ 睡虎地秦墓竹簡整理小組:《睡虎地秦墓竹簡》,文物出版社1990年,第61頁。
⑤ 睡虎地秦墓竹簡整理小組:《睡虎地秦墓竹簡》第61頁。
⑥ 陳偉主編:《里耶秦簡牘校釋》(第一卷)第320頁。
⑦ 陳松長主編:《嶽麓書院藏秦簡(肆)》第216頁。
⑧ 陳松長主編:《嶽麓書院藏秦簡(肆)》第230頁。
⑨ 裘錫圭主編:《長沙馬王堆漢墓帛書集成》第6分冊,中華書局2014年,第82頁。
⑩ 馬繼興:《馬王堆古醫書考釋》,湖南科學技術出版社1992年,第765頁。
⑪ 孫詒讓:《周禮正義》第10分冊,中華書局2015年,第3970頁。

注：“周，匝也。”孫希旦云：“四者皆周，言其皆並有底、蓋也。”① 也就是説，緻可以指從四周包裹、捆扎嚴密。而且，束棺在文獻中也多有記載。《釋名·釋喪制》：“棺束曰緘。緘，函也。古者棺不釘也。”②《漢書·楊王孫傳》記載：“斂木爲匵（櫝），葛藟爲緘。”師古曰：“緘，束也。”北周庾信《傷心賦》：“藤緘轊櫝，栭掩虞棺。”③倪璠注：“轊與槥，古字通。轊櫝，小棺也。”“藤緘”，“謂爲蔓草所縈”。④ 也就是説，可以用蔓草等物品將棺或者槥捆扎起來。由此來看，嶽麓秦簡中的“善密緻其槥”可以理解爲將槥捆扎結實牢靠。

束槥所用之物是枲。《説文·木部》：“枲，麻也。”裘錫圭曾指出：“枲是用作捆棺的棺束。”⑤而且，枲也可以憑藉文書從官府領取。居延漢簡267·4：“●甲渠候官五鳳四年戍卒病不幸死用槥櫝帛枲致。”整理者注：“致，漢代文書之一，猶今通知書。”⑥裘錫圭曾指出這就是“五鳳四年甲渠候官屬下爲病死戍卒領取帛枲的那些文書”。⑦可見，枲也由官府提供。

束槥的方法是用枲將槥捆扎兩道。《嶽麓書院藏秦簡（肆）》簡365記載：“善密緻其槥，以枲堅約兩敦（橄），勿令解絶。”⑧整理小組注：“敦：通‘橄’，棺材上的覆蓋物。《玉篇·木部》：‘橄，棺覆也。’”“解絶：解，散也；絶，斷也。解絶，指捆槥的繩子散開或斷裂。”⑨也就是用枲將橄捆扎牢固，不要使繩子散開。《禮記·檀弓》記載：“棺束縮二衡三，衽每束一。”孫希旦云：“縮，縱也。縱者二，以固棺之首、尾與底、蓋之材也。”⑩可見，從頭、尾兩處捆扎棺材的做法也是符合禮俗的。

漢代也用枲束槥。居延漢簡7·31：“☐壽王敢言之。戍卒鉅鹿郡廣阿臨利里潘甲，疾瘟，不幸死。謹與☐☐槥櫝參絜堅約，刻書名縣爵里槥敦三辨券，書其衣器所以收。”⑪裘錫圭指出：“簡文中的'參絜'當指三束枲。漢代人稱麻、枲一束爲一絜。《説

---

① 孫希旦：《禮記集解》，中華書局1989年，第235頁。
② 王先謙：《釋名疏證補》，上海古籍出版社1984年，第424頁。
③ 倪璠：《庾子山集注》，中華書局1980年，第59頁。
④ 倪璠：《庾子山集注》第62頁。
⑤ 裘錫圭：《漢簡零拾》第568頁。
⑥ 中國簡牘集成編委會編：《中國簡牘集成》第7分冊，第150頁。
⑦ 裘錫圭：《漢簡零拾》第570頁。
⑧ 陳松長主編：《嶽麓書院藏秦簡（肆）》第216頁。
⑨ 陳松長主編：《嶽麓書院藏秦簡（肆）》第230頁。
⑩ 孫希旦：《禮記集解》第235頁。
⑪ 中國簡牘集成編委會編：《中國簡牘集成》第5分冊，第22頁。

文·糸部》：'絜，麻一耑(端)也'，段注：'一耑猶一束也'。江陵鳳凰山十號漢墓的竹簡記'……枲四絜，絜七，直(值)廿八'，居延簡也有'出枲一絜'之語。'參絜堅約'大概是把用作棺束的三束枲緊緊捆上的意思。"①也就是說，漢代束椁的方式存在分三處捆扎的情況。俞偉超也用考古材料證實了棺束用三束的存在。②

死亡吏員的姓名等個人信息需要刻在椁上。《嶽麓書院藏秦簡(伍)》簡131—132："●令曰：諸軍人、漕卒及黔首、司寇、隸臣妾有縣官事不幸死，死所令縣將吏劫〈刻〉其郡名椁及署送書，可以毋誤失道回留。·卒令丙卅四。"③整理小組注："郡名：郡籍、姓名。"④也就是說，秦有將死者姓名、籍貫等信息刻在椁上的規定。居延漢簡7·31："謹與☒□椁櫝參絜堅約，刻書名縣爵里椁敦三辨券，書其衣器所以收。"⑤可見，漢同樣存在將死者的姓名、爵級、籍貫等信息刻在椁上的規定。

封椁櫝時，需要用令丞印封緘。張家山漢簡《二年律令·津關律》簡500-501："相國、御史請關外人宦爲吏若繇(徭)使，有事關中，不幸死，縣道若屬所官謹視收斂，毋禁物，以令若丞印封櫝椁，以印章告關，關完封出，勿索(索)。"⑥可見去異地從事公務的吏卒，因公死亡時，所在縣會將死者裝入椁櫝之中，並由令丞檢查，若没有違禁物品，就用令丞印封緘，且以此作爲通關憑證。

三、歸　葬

異地死去的吏卒被放入椁中之後，官府會派專人負責送其回鄉安葬。

漢初高帝下令規定了對異地死亡吏卒的優撫政策。《漢書·高帝紀》記載："八年十一月令士卒從軍死者，爲櫝歸其縣，縣給衣衾棺葬具，祠以少牢，長吏視葬。"臣瓚曰："初以椁致其尸於家，縣官更給棺衣更斂之也。《金布令》曰：'不幸死，死所爲櫝，傳歸所居縣，賜以衣棺也。'"師古曰："初爲椁櫝，至縣更給衣及棺，備其葬具耳。"陳偉指出"居縣"是指"死者歸葬所在的家鄉之縣"。⑦也就是説，將死亡的吏卒送回鄉之

---

① 裘錫圭：《漢簡零拾》第568頁。
② 俞偉超：《先秦兩漢考古學論集》，文物出版社1985年，第128頁。
③ 陳松長主編：《嶽麓書院藏秦簡(伍)》，上海辭書出版社2017年，第111頁。
④ 陳松長主編：《嶽麓書院藏秦簡(伍)》第155頁。
⑤ 中國簡牘集成編委會編：《中國簡牘集成》第5分册，第22頁。
⑥ 張家山二四七號墓漢墓竹簡整理小組：《張家山漢墓竹簡〔二四七號墓〕》(釋文修訂本)第85頁。
⑦ 陳偉：《秦漢簡牘"居縣"考》，《歷史研究》2017年第5期，第181頁。

後，由所在縣發給棺材、衣服等，將其安葬，並且賜以少牢。

懸泉漢簡也反映了官吏送死亡吏卒返鄉的情況。懸泉漢簡 I0309③：237："神爵四年十一月癸未，丞相史李尊，送獲（護）神爵六年戍卒河東、南陽、潁川、上黨、東郡、濟陰、魏郡、淮陽國詣敦煌郡、酒泉郡。因迎罷卒送致河東、南陽、潁川、東郡、魏郡、淮陽國並督死傳枼（柩）。爲駕一封軺傳。御史大夫望之謂高陵，以次爲駕，當舍傳舍。如律令。"①胡平生、張德芳認爲："從簡文看，丞相史李尊不僅護送上述八郡、國戍卒前往戍邊，而且還有迎接河東、南陽、潁川、東郡、魏郡、淮陽國等六郡、國的罷卒返回故里，同時還有督運亡故士卒的傳車。"②可見當時送死亡吏卒返鄉歸葬的措施是較爲完善的。

秦漢之際送執行公務期間死亡吏卒歸葬的措施中所體現的社會優撫意識，是有所本的，同時也被後世所傳承。《通典》記載周初太公曰："凡行軍，吏士有傷亡者，給其葬具，使歸邑墓，此堅軍全國之道也。"③《管子·揆度》記載："管子曰：匹夫爲鰥，匹婦爲寡，老而無子者爲獨。君問其若有子弟師役而死者，父母爲獨，上必葬之，衣衾三領，木必三寸，鄉吏視事，葬於公壤。"④馬非百云："木必者，必通匧。""木匧即木棺。《荀子·禮運篇》：'棺槨三寸，衣衾三領。'是其證。"⑤這些材料都反映了優待因公亡故的吏卒及其家屬的思想與措施由來已久。後世對此也多有傳承。《三國會要·兵政》記載："延康元年令：士卒死亡者，郡國給槥櫝殯斂，送至其家，官爲設祭。"⑥在宋代依然存在。《宋史·仁宗本紀》記載："凡戰歿者，給槥櫝護送還家，無主者葬祭之。"以上這些措施，對緩和社會矛盾、穩定社會秩序產生了重要的作用，對我國現行的社會保障事業，也具有借鑒意義。

四、結　　論

整理小組通過嶽麓秦簡中的槥，對秦的葬式進行了分析，筆者也就此談談自己的看法。

---

① 胡平生、張德芳：《敦煌懸泉漢簡釋粹》，上海古籍出版社 2001 年，第 45 頁。
② 胡平生、張德芳：《敦煌懸泉漢簡釋粹》第 46 頁。
③ 杜佑：《通典》第 4 分册，中華書局 1988 年，第 3808 頁。
④ 黎翔鳳：《管子校注》，中華書局 2004 年，第 1386 頁。
⑤ 馬非百：《管子輕重篇新詮》，中華書局 1979 年，第 469 頁。
⑥ 錢儀吉：《三國會要》，上海古籍出版社 1991 年，第 631 頁。

《嶽麓書院藏秦簡(肆)》對槥的形制有如下規定:"槥高三尺,廣一【尺】八寸,袤六尺,厚毋過二寸。"①整理小組注:"袤六尺:槥長僅六尺,葬必屈肢。'有秩以下'小吏乃秦社會中下層,此令揭示其葬式,與考古發現秦庶民多數屈肢葬的現象互相印證。"②周海鋒認爲"秦代一尺大約相當於現在 23.1 釐米",由此換算,槥的尺寸爲"高 69.3 釐米,寬 41.58 釐米,長 138.6 釐米,厚度不超過 46.2 釐米"。③睡虎地秦簡《秦律十八種》簡 51-52 記載:"隸臣、城旦高不盈六尺五寸,隸妾、舂高不盈六尺二寸,皆爲小;高五尺二寸,皆作之。"④因此,周海鋒得出結論,"令文抄寫時屈肢葬依舊盛行","雖然秦代法律明確規定若由政府負責喪葬,必須采用屈肢葬的形式;但是對於普通百姓或自行安葬的官吏,沒有強制要求其必須遵循這一喪葬方式。最典型的例子就是雲夢睡虎地 11 號墓的主人喜爲秦下層官吏,采用的是直肢葬的形式,同時發掘的其他秦墓也都如此"。⑤

首先,周海鋒對槥尺寸的換算以及死亡吏卒放入槥中需要屈肢的判斷大致是不錯的。丘光明考證戰國秦一尺長 23.2 釐米,並指出唐蘭所推得商鞅量尺長 23.1 釐米爲戰國尺的實際長度,雖然相差甚微,但 23.2 釐米是經過精密測量所得。⑥周文采用秦一尺相當於如今 23.1 釐米的觀點,相差甚微,誤差或可忽略。彭衛指出:"秦漢時期黃河流域和以北地區成年男性的中等身高大約 166—168 釐米,成年女性的中等身高大約爲 150—152 釐米。長江流域和以南地區成年男性的中等身高大約爲 161 釐米,成年女性的中等身高大約爲 150 釐米。"⑦由此來看,將死亡的吏卒放入槥確需屈肢。

其次,對雲夢睡虎地 11 號墓的墓主人喜的葬式的判斷不够準確。發掘者指出,湖北雲夢睡虎地 1977 年發掘的秦墓中,M7、M9 的葬式爲仰身直肢葬,M11 爲仰身屈肢葬,M11 的墓主人就是睡虎地秦簡《編年記》的主人公"喜"。⑧(雲夢睡虎地 M11 秦墓棺内平面圖見圖一)⑨戴春陽認爲:"睡虎地'秦人的墓地'雖有一部分屈肢

---

① 陳松長主編:《嶽麓書院藏秦簡(肆)》第 215—216 頁。
② 陳松長主編:《嶽麓書院藏秦簡(肆)》第 230 頁。
③ 周海鋒:《新出秦簡禮俗考》第 103 頁。另,此處周文有誤,厚應是不超過 4.62 釐米,而非 46.2 釐米。
④ 睡虎地秦墓竹簡整理小組:《睡虎地秦墓竹簡》第 32 頁。
⑤ 周海鋒:《新出秦簡禮俗考》第 103—104 頁。
⑥ 丘光明:《中國歷代度量衡考》,科學出版社 1992 年,第 10—11 頁。
⑦ 彭衛:《秦漢人身高考察》,《文史哲》2015 年第 6 期,第 20 頁。
⑧ 《雲夢睡虎地秦墓》編寫組編:《雲夢睡虎地秦墓》,文物出版社 1981 年,第 8 頁。
⑨ 《雲夢睡虎地秦墓》編寫組編:《雲夢睡虎地秦墓》第 10 頁。

葬，但以'仰身直肢爲主'，且屈肢者亦多與十一號墓主喜的蜷屈程度相若而與秦人'蜷屈特甚'的典型屈肢葬已相去甚遠。"①從中可見，雖然蜷屈程度已不屬於"蜷屈特甚"，但仍屬屈肢葬的範疇。俞偉超認爲："根據現有發現，最遲從春秋時起，秦人之墓主要是這種屈肢葬（指'蜷屈特甚'），一直到秦始皇時期。這幾乎成爲區別秦人墓與其它各春秋戰國墓的重要特徵。甚至一直到漢初，一些秦人後裔的墓，還是采用屈肢葬，不過蜷屈程度慢慢減弱；大概要到漢武帝以後，這種現象才基本消失。"②王學理認爲："戰國後期在秦本土之外的秦墓中，屈肢葬相對地減少了許多，而且蜷屈的程度也頗爲舒展。這種情況應是受當地直肢葬文化影響所致。至於秦本土的秦人屈肢葬儀進入西漢初年之後也就很快消失了。"③也就是説，雖然"屈肢葬"是春秋戰國秦墓的重要特征，但發展到後期，與秦墓典型的"蜷屈特甚"（見圖二）相去較遠。④

最後，由椑的形制判斷秦的葬式是不合適的。因爲椑只是起到臨時收斂屍體的作用，並不是下葬時所用。《後漢書·戴封傳》記載："封還京師卒業。時同學石敬平溫病卒，封養視殯斂，以所齎糧市小棺送葬到家。家更斂，見敬平行時書物皆在棺中，乃大異之。"這則材料中返鄉所用的也是椑，回家之後便更換了棺。也就是説，椑只是臨時使用的，形制較小，這是出於方便運輸的需要。正如郭浩所認爲："'椑櫝'形制狹小，只不過是爲了運輸方便，並不是死者最終下葬的棺具。"⑤因此，由臨時所用的椑，來判斷秦的葬式，這種方法是有待商榷的。

圖一

---

① 戴春陽：《秦墓屈肢葬管窺》，《考古》1992 年第 8 期，第 752 頁。
② 俞偉超：《先秦兩漢考古學論集》第 187—188 頁。
③ 王學理主編：《秦物質文化史》，三秦出版社 1994 年，第 319—320 頁。
④ 金學山：《西安半坡的戰國墓葬》，《考古學報》1957 年第 3 期，第 72 頁。
⑤ 郭浩：《漢代地方財政研究》，博士學位論文，山東大學 2009 年，第 124 頁。

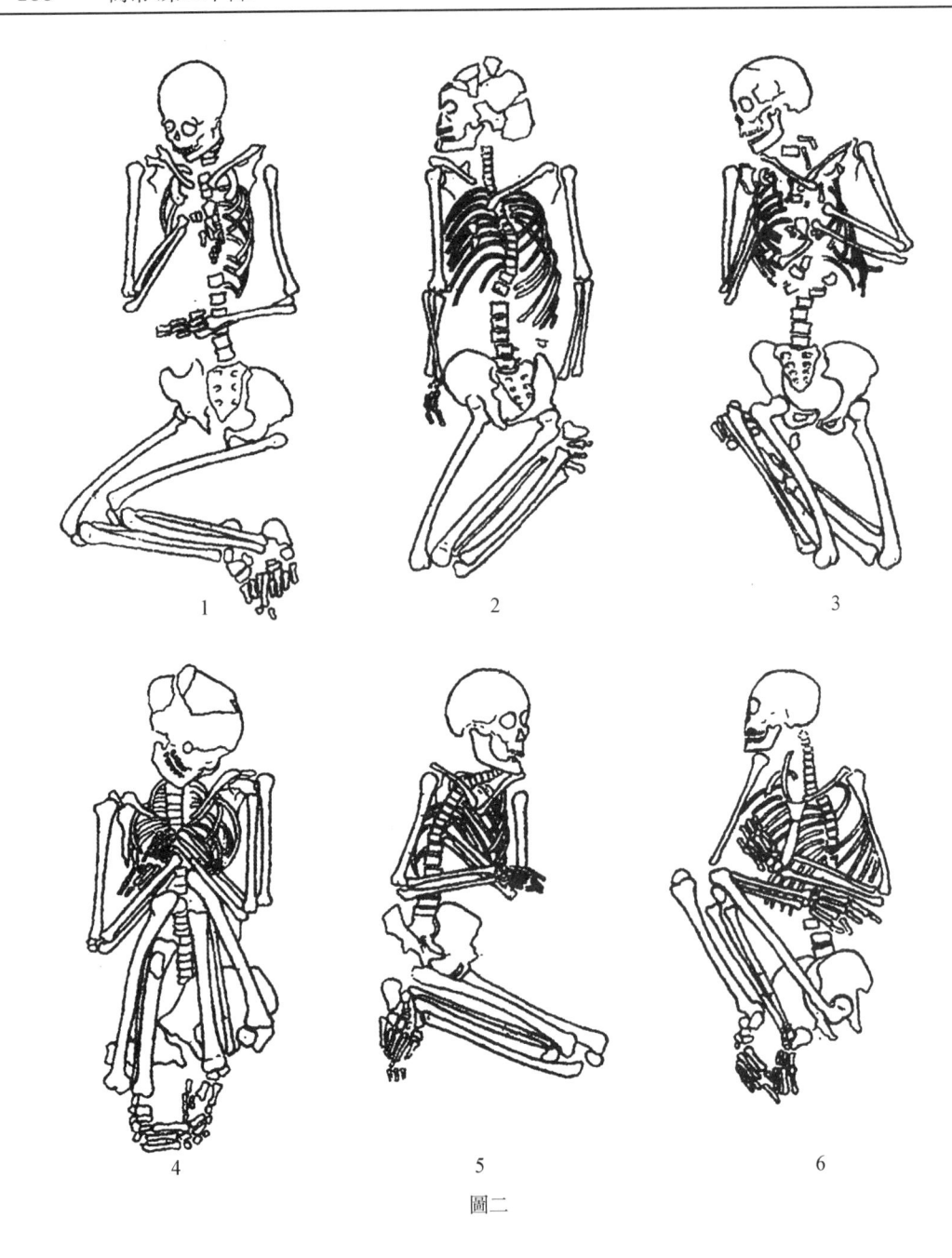

1

2

3

4

5

6

圖二

秦遷陵縣的物資出入與計校

——以三辨券爲綫索*

曹天江

摘　要：里耶秦簡中的出入券書原本都是三辨券，中辨券"輒上"縣廷，右券則留在諸官；每到年底，縣廷令史持中辨券校對諸官統計文書，如有問題，還可要求諸官上呈相應右券以供核驗；最後製作出各曹"計錄"。這一事務過程位處秦代國家支配的終端，是基層官府上計的重要基礎。

關鍵詞：出入券　三辨券　計校　里耶秦簡

已發表的里耶秦簡牘中，有大量的"券"，或稱券書、券類文書，①內容是確認物資

---

* 本研究爲國家社會科學基金重點項目"秦漢三國時期的日常統治與國家治理"(17AZS013)的階段性成果，並得到國家留學基金資助。

① 關於里耶秦簡中券類文書的整理，可見張馳：《〈里耶秦簡(壹)〉文書學研究》，碩士學位論文，武漢大學2016年，第135—141頁；于洪濤：《里耶秦簡經濟文書分類整理與研究》，知識産權出版社2019年，第110—180頁。其中出糧券最受研究者矚目，《里耶秦簡(壹)》出糧券整理可參宮宅潔：《征服から占領統治へ——里耶秦簡に見える穀物支給と駐屯軍——》附表3-1"穀物支給簡一覽"，宮宅潔編：《多民族社會の軍事統治——出土史料が語る中國古代——》，(京都)京都大學學術出版會2018年，第80—85頁。也有學者認爲這些券書應屬於"校券"(湖南省文物考古研究所：《里耶秦簡(壹)》前言，文物出版社2012年，第3頁；張春龍、大川俊隆、籾山明：《里耶秦簡刻齒簡研究——兼論嶽麓秦簡〈數〉中的未解讀簡》，《文物》2015年第3期，第53頁)，但"校券"定義目前亦有爭議，可參吳方基：《里耶秦簡"校券"與秦代跨縣債務處理》，《中國社會經濟史研究》2017年第4期，第26—27頁。陳偉、熊北生通過對睡虎地漢簡中券書的考察，明確了校券與出入券不同，"校券"之"校"並非核校，疑讀爲"交"或"效"，授予義，參陳偉、熊北生：《睡虎地漢簡中的券與相關文書》，《文物》2019年第12期，第60頁。

流通品類及參與各方,往往加以刻齒,①大致可分爲出入券書、付受券書、借貸與買賣券書等類型。其中占比最大的出入券書,記録秦代洞庭郡遷陵縣之"官方"與官吏、百姓、刑徒等"個人"之間的物資往來。憑這些看似不起眼的券書,位處基層的遷陵縣官府得以掌握各項物資的收入來源與支給對象,成爲秦代國家管理與分配全國物資的終端。

以往關於秦代券書相關事務的研究,多立足於睡虎地秦簡、嶽麓秦簡和張家山漢簡的"入錢缿中"諸律,即以下四則律文:

  爲作務及官府市,受錢必輒入其錢缿中,令市者見其入,不從令者貲一甲。 關市 97
睡虎地秦簡《秦律十八種·關市》②

  •田律曰:吏歸休,有縣官吏乘乘馬及縣官乘馬過縣,欲貰芻稾、禾、粟米及買菽者,縣以朔日 111/1284 平賈(價)受錢〾,先爲錢及券缿,以令、丞印封,令令史、賦主各挾一辨,月盡發缿令、丞前,以中辨券案 112/1285 雠(讎)錢,錢輒輸少内,皆相與靡(磨)除封印,中辨臧(藏)縣廷。113/1281
《嶽麓秦簡(肆)》③

  •金布律曰:官府爲作務、市受錢,及受齎、租、質、它稍入錢,皆官爲缿,謹爲缿空(孔),㜎(須)毋令錢 121/1411 能出,以令若丞印缿封而入,與入錢者參辨券之,輒入錢缿中,令入錢者見其入。月壹輸 122/1399 缿錢,及上券

---

① 關於刻齒簡牘的研究,可參籾山明:《刻齒簡牘初探——漢簡形態論のために》,1995 年初出,漢譯《刻齒簡牘初探——漢簡形態論》,胡平生譯,中國社會科學院簡帛研究中心編:《簡帛研究論叢》第 2 輯,湖南人民出版社 1993 年,修訂後收入所著《秦漢出土文字史料の研究—形態・制度・社會—》,(東京)創文社 2015 年,第 17—61 頁;何雙全:《漢簡"刻齒"的再認識》,國際簡牘學會會刊編委會編:《國際簡牘學會會刊》第 5 號,蘭臺出版社 2008 年,第 21—34 頁;張俊民:《懸泉置出土刻齒簡牘概説》,《簡帛》第 7 輯,上海古籍出版社 2012 年,第 235—256 頁;張春龍、大川俊隆、籾山明:《里耶秦簡刻齒簡研究——兼論嶽麓秦簡〈數〉中的未解讀簡》第 53—69 頁。
② 本文所引睡虎地秦簡,皆據睡虎地秦墓竹簡整理小組編:《睡虎地秦墓竹簡》,文物出版社 1990 年;釋文參考陳偉主編:《秦簡牘合集.釋文注釋修訂本(壹、貳)》,武漢大學出版社 2016 年。
③ 本文所引嶽麓秦簡,皆據陳松長主編:《嶽麓書院藏秦簡(肆)》,上海辭書出版社 2015 年。本簡中,"粟米"原作"粟、米","先爲錢及券缿"一句,原斷爲"先爲錢及券,缿以令、丞印封,令、令史、賦主各挾一辨",皆據陳偉:《秦與漢初律令中馬"食禾"釋義》《秦簡牘校讀及所見制度考察》,武漢大學出版社 2017 年,第 210 頁)改。關於此句的理解,有若干不同意見,可參朱紅林:《〈嶽麓書院藏秦簡(肆)〉校讀四則》,"首屆中日韓出土簡牘研究國際論壇暨第四屆簡帛學的理論與實踐學術研討會"論文,北京 2019 年,第 449—451 頁。

中辨其縣廷,月未盡而䘍盈者,輒輸之。不如律㇄,貲一甲。123/1403

《嶽麓秦簡(肆)》

官爲作務、市及受租、質錢,皆爲䘍,封以令、丞印而入,與參辨券之,輒入錢䘍中,上中辨其廷。

張家山漢簡《二年律令·金布律》429 號簡①

從中可知一些特定的"入錢"事項所涉及的出入券書,原本應以三辨券的形式製作出來,且其中辨券上呈縣廷。② 邢義田則將這些律令中的規定擴展到秦漢所有三辨券的行用。③

此外,秦簡中個別特殊的券書,④乃至漢代及魏晉的券書,⑤都引起了熱烈的討論。已有研究描述了三辨券行用的大概情況,但尚不夠具體,尤其對里耶秦簡中大量出入券的製作、收發與流轉,所論往往失之泛泛,尚需進一步探討。再者,近年來對秦代縣

---

① 彭浩、陳偉、工藤元男主編:《二年律令與奏讞書:張家山二四七號漢墓出土法律文獻釋讀》,上海古籍出版社 2007 年,第 46、254 頁。

② 參柿沼陽平:《戰國及秦漢時代官方"受錢"制度和券書制度》,《簡帛》第 5 輯,上海古籍出版社 2010 年,第 452—453 頁;陳偉:《嶽麓秦簡肆校商(壹)》,簡帛網 2016 年 3 月 27 日,http://www.bsm.org.cn/show_article.php?id=2503;陳偉:《"發繇"與"券繇"》,《秦簡牘校讀及所見制度考察》,198—199 頁;朱紅林:《〈嶽麓書院藏秦簡(肆)〉校讀四則》第 449—451 頁。關於"入錢䘍中"諸律的細節解讀,可參陳偉:《關於秦與漢初"入錢䘍中"律的幾個問題》,陳偉等:《秦簡牘整理與研究》,經濟科學出版社 2017 年,第 66—82 頁。準此,許多學者同意里耶秦簡中的券書都應爲兩辨券或三辨券,如張春龍、大川俊隆、籾山明:《里耶秦簡刻齒簡研究——兼論嶽麓秦簡〈數〉中的未解讀簡》第 56 頁;張馳:《〈里耶秦簡(壹)〉文書學研究》第 207—208 頁;于洪濤:《里耶秦簡經濟文書分類整理與研究》第 120、132 頁。

③ 邢義田:《再論三辨券——讀嶽麓書院藏秦簡札記之三》,《今塵集:秦漢時代的簡牘、畫像與文化流播》,中西書局 2019 年,第 354—356 頁。

④ 彭浩對里耶秦簡中的"祠先農"類簡有專門研究,見《讀里耶"祠先農"簡》,中國文物研究所編:《出土文獻研究》第 8 輯,上海古籍出版社 2007 年,第 21 頁。龍崗秦簡中出現了"三辨券"一語,馬彪有討論,見《龍崗秦簡に見る「參辦(辨)券」について(特集 東アジアの歷史と現代研究會)》,2009 年初出,《秦帝國の領土經營:雲夢龍崗秦簡と始皇帝の禁苑》,(京都)京都大學學術出版會 2013 年,第 227—238 頁。

⑤ 可參胡平生:《木簡出入取予券書制度考》《木簡券書破別形式述略》,《胡平生簡牘文物論稿》,中西書局 2012 年,第 52—64、65—73 頁;籾山明:《刻齒簡牘初探——漢簡形態論のために》第 17—61 頁;宮宅潔:《漢代の敦煌戰綫と食糧管理》,冨谷至編:《邊境出土木簡の研究》,(京都)朋友書店 2003 年,第 234—240 頁;邢義田:《一種前所未見的別券——讀〈額濟納漢簡〉札記之一》,《地不愛寶:漢代的簡牘》,中華書局 2011 年,第 200—204 頁;陳偉、熊北生:《睡虎地漢簡中的券與相關文書》。

廷、列曹與諸官之關係的認識愈益深入，①作爲官府物資出入憑據的券書也應放在這一關係下探討，可惜目前所見研究多是孤立展開。進言之，以三辨券爲綫索，深入秦代基層官府的工作現場，解明物資出入與計校的事務過程，可自下而上地窺見秦代國家通過物資流通實現全國性支配之一斑。

一、中辨券：即時上交，入筍統計

由下簡可知秦官府出糧使用三辨券，且中辨券須上交縣廷：

1. 【廿六】年十二月癸丑朔己卯，倉守敬敢言之。出西廥稻五十Ⅰ□石六斗少半斗、輸粲粟二石，②以稟乘城卒夷陵士五（伍）陽□Ⅱ□□□。今上出中辨券廿九。敢言之。　□手。Ⅲ　8-1452
   □申水十一刻刻下三，③令走屈行。　　操手。8-1452背④

---

① 仲山茂：《秦漢時代の「官」と「曹」—縣の部局組織—》，《東洋學報》第82卷第4號，2001年，第35—65頁；青木俊介：《里耶秦簡に見える縣の部局組織について》，中國出土資料學會編：《中國出土資料研究》第9號，（京都）朋友書店2005年，第103—111頁；土口史記：《戰國・秦代の縣—縣廷と「官」の關係をめぐる一考察—》，《史林》第95卷第1號，2012年，第5—37頁；郭俊然：《實物資料所見漢代諸"曹"叢考》，《聊城大學學報》（社會科學版）2012年第4期，第77—82頁；郭洪伯：《稗官與諸曹——秦漢基層機構的部門設置》，卜憲群、楊振紅主編：《簡帛研究二〇一三》，廣西師範大學出版社2014年，第101—127頁；土口史記：《里耶秦簡にみる秦代縣下の官制構造》，《東洋史研究》第73卷第4號，2015年，第507—544頁；孫聞博：《秦縣的列曹與諸官》，《簡帛》第11輯，上海古籍出版社2015年，第75—87頁；黎明釗、唐俊峰：《里耶秦簡所見秦代縣官、曹組織的職能分野與行政互動——以計、課爲中心》，《簡帛》第13輯，上海古籍出版社2016年，第131—158頁；土口史記：《秦代的令史與曹》，2015年初出，《中國中古史研究》第6卷，中西書局2019年，第3—35頁。
② "粲"同"粲"，即稷，但稷爲何物，歷來有爭議。吳榮曾利用出土資料與傳世文獻互證，主張稷、粟、禾爲同一物，都是指粟，即小米，至少在雲夢秦簡和秦《日書》中是如此，此說最爲可信，見吳榮曾：《稷粟辨疑》，《北大史學》1994年，第1—10頁。
③ 謝坤推算此日可能爲庚申、壬申，所殘字形似庚，故定爲庚申，見謝坤：《讀〈里耶秦簡（壹）〉札記（三）》，簡帛網2016年12月28日，http://www.bsm.org.cn/show_article.php?id=2689。但謝坤的推算是將己卯誤看成了乙卯，不可從。從癸丑朔己卯日往後推算，最近的申日是甲申日，即己卯後五日，秦始皇二十六年正月四日。
④ 本文所引里耶秦簡，皆據湖南省文物考古研究所：《里耶秦簡（壹）》《里耶秦簡（貳）》，文物出版社2012年、2017年，及里耶秦簡博物館、出土文獻與中國古代文明研究協同創新中心中國人民大學中心：《里耶秦簡博物館藏秦簡》，中西書局2016年；綴合及釋文參考陳偉主編：《里耶秦簡牘校釋（第一卷）》《里耶秦簡牘校釋（第二卷）》，武漢大學出版社2012年、2018年。

簡1是秦始皇二十六年(前221)十二月二十九日,名叫敬的遷陵倉官守在出糧之後,將出糧的中辨券二十九枚上呈縣廷的文書。倉守敬出手兩種穀物,一爲稻,五十餘石,一爲粱粟,二石。

"輸"字前後斷句從邢義田,①但原作分號,改爲頓號。《里耶秦簡牘校釋》則斷爲:"出西庿稻五十□石六斗少半斗輸,粱粟二石以稟乘城卒夷陵士五(伍)陽□□□□",並注"輸,輸送。《秦律十八種·金布律》70號簡云:'官相輸者,以書告其出計之年,受者以入計之。'"②也即這五十餘石稻用於官府之間的糧食輸送。

《校釋》的理解在文義上並無大礙,但若將它與後文"上出中辨券廿九"連讀,則意味着"官相輸"的憑證是三辨券;但《校釋》所引秦律業已提示,"官相輸"只有付受券,其形制並非三辨券。③ 倉守敬如果向其他官府機構輸出稻而須向縣廷上交憑證,也應是上交"付券",如下簡所示:

2. 卅四年七月甲子朔癸酉,啓陵鄉守意敢言之:廷下倉守慶書Ⅰ言令佐贛載粟啓陵鄉。今已載粟六十二石,爲付券一上。Ⅱ謁令倉守。敢言之。•七月甲子朔乙亥,遷陵守丞巸告倉Ⅲ主:下券,以律令從事。/壬手。/七月乙亥旦,守府印行。Ⅳ　8-1525

七月乙亥旦,□□以來。/壬發。　　恬手。　　8-1525背

倉官守慶命令佐贛到啓陵鄉去載粟,啓陵鄉將六十二石粟交付佐贛之後,寫成了一份付券,呈交縣廷,由縣廷再轉達倉官。可見官府之間的糧食輸送使用付受券,其中具體操作雖然不明者多,但可肯定不存在中辨券一說。

因此,簡1應斷讀如上,其内容可理解爲兩步:第一步,倉官從西庿拿出五十餘石稻,又從別處輸入二石粱粟;④第二步,倉官將這些糧食出稟給乘城卒陽等人。所上中辨券是第二步稟糧的記錄,而非輸糧的記錄。

---

① 邢義田:《再論三辨券——讀嶽麓書院藏秦簡札記之三》第356頁。
② 陳偉主編:《里耶秦簡牘校釋(第一卷)》第330頁。
③ 關於付受券的形制與使用,可參吳方基:《里耶秦簡"付受"與地方國有財物流轉運營》,《中華文化論壇》2018年第4期,第59—67頁;于洪濤:《里耶秦簡經濟文書分類整理與研究》第150—158頁。里耶秦簡中的付受券多數有刻齒,于洪濤認爲這種付受券可能原本是兩辨券(第150—151頁)。里耶秦簡中付受券的行用與意義還可進一步探討,筆者擬另稿詳論。
④ 承匿名審稿專家指出,因此簡所涉乃遷陵縣内稟食事務,故輸送糧食亦更可能是在縣内不同官署之間展開。特此致謝。

準此,邢義田認爲,這一次呈報即合於上引嶽麓秦簡《田律》所言的"月盡"上交中辨券一事,屬於每月月底的定期呈報工作。① 不過,二十九日與月底畢竟相差一日,且僅倉中所轄隸臣妾即有上百,很難想象倉守一個月僅出糧五十餘石。② 從簡 1 内容來看,這二十九枚中辨券更可能是在"禀乘城卒某人等"這一具體事項結束後而即時上交縣廷的。

在一次物資出入事務完成後,即將該事務相關中辨券上交縣廷的做法,還可見:

3. 廿六年六月辛亥朔乙亥,少内守不害敢言☒ Ⅰ

  錢二千二百卌四,以禀徒隸夏衣。今爲出中辨券十Ⅱ上,敢言之。

  9-1872

  丙子水下三刻,令守府封□行☒   9-1872 背

4. 卅年九月庚申,少内守增出錢六千七百廿,環(還)令佐朝、義、佐㽟貲各一甲,史狂二甲。Ⅰ

  九月丙辰朔庚申,少内守增敢言之:上出券一。敢言之。/欣手。九月庚申日中時,佐欣行。Ⅱ   8-890＋8-1583

簡 3 是秦始皇二十六年,遷陵縣少内供給徒隸夏衣而製作出中辨券上呈縣廷的文書。雖言"錢二千二百卌四",但從中辨券十枚這一數量來看,或視作出禀衣物十次的出物類券書更爲合適。③

簡 4 是一枚綴合簡,簡 8-1583 上原有刻齒"六千八百二十",説明是在券上添寫呈

---

① 邢義田:《再論三辨券——讀嶽麓書院藏秦簡札記之三》第 356 頁。
② 關於遷陵縣每月出糧數額,趙岩認爲:"以平均每月每個刑徒食粟米 1.5 石估算,300 名刑徒每月約需供應口糧粟米 450 石"。見趙岩:《里耶秦簡所見秦遷陵縣糧食收支初探》,《史學月刊》2016 年第 8 期,第 37 頁。據簡 10-1170,秦始皇卅四年十二月(前 213)倉官有隸臣妾 4 376 /30≈146 人,則其當月爲隸臣妾所耗費口糧即達 219 石;此外,倉還需負責官吏、戍卒等多類對象的口糧,數額更應增加。
③ 此因無刻齒可證,且"出中辨券十"的表述不似出錢類事務(如簡 4),故言。且于洪濤已有研究,考證秦代官府向部分徒隸免費發放衣物實物,或其半成品、布料,不會直接發放購衣用錢,此說可從,見于洪濤:《試析睡虎地秦簡中的"禀衣"制度》,《古代文明》2012 年第 3 期,第 38—43 頁。但此簡中的 2244 錢,究竟是少内實際支出的爲徒隸購置衣物的錢,還是這些衣物估值的金額,當前尚難斷言。于洪濤認爲禀衣相關律令中寫明的金額應爲官府規定的指導價(第 42 頁),但里耶秦簡中,確實存在官府出錢"以衣"徒隸的案例,如簡爲 9-1931＋9-2169:"卅四年十一月【丁卯朔】甲午,倉守壬、佐卻出錢千五百一十八錢,以衣大隸妾嬰等廿八人冬衣,人五十五,其二人各【卌】☒"不僅簡文明言"出錢",且刻齒對應出錢數目,故此 1518 錢必倉官實際支出的錢數。此疑問尚待未來研究進一步解明。

文形成此文書。從圖版來看，簡文前後字迹一致，有一氣呵成之感，應全由佐欣書寫；在書寫前段券書內容時，已預留出後段呈文的空間。券書記録了少内守增拿出 6720 錢歸還另外四人的貰錢，並向縣廷上呈出券。雖然只説"上出券一"，但據後引簡 9-720 與簡 9-86＋9-2043 可知，"入貰錢"的憑證也是以三辨券形式做出；那麽簡 4"出錢歸還貰錢"這一事項相關券書，很可能原本也是三辨券，只是少内守增在呈文中省略了"中辨"二字。

簡 3 呈文時間是在該月二十五日，簡 4 在該月五日；且呈文都清楚説明了出券所記具體事項，一爲出衣物，一爲出錢，表明這些事務相關的中辨券也是每次事畢即時上交縣廷的。

簡 1 的許多注釋亦將睡虎地、嶽麓秦簡和張家山漢簡的"入錢缿中"諸律附綴於後。不過，陳偉已指出，秦及漢初律令中提到的户賦、園池之入、頃芻稿、貰罰、贖金等錢款收入，都不在《二年律令》規定入缿的受錢種類之中，它們很可能不受該律條的規範。① 由上文分析，亦知出糧與若干出衣物、出錢事務的中辨券是即時上交縣廷，並不入缿封存，與"入錢缿中律"恐應分别討論。

此外，下簡與簡 1、3、4 或屬同類，但殘斷太多，不能確定：

5. 入所買出□辨券一□☑　9-437②
6. 卅四年九月癸亥☑ Ⅰ
　　言之，上出☑ Ⅱ
　　□敢【言之】☑ Ⅲ　9-2002

綜上，出糧、出物與出錢的中辨券，都是在每次事務完畢之後，便由經手官吏即時上交縣廷，以秦代文書用語來説就是"輒上"。如睡虎地秦簡《秦律十八種·田律》10 號簡："禾、芻槀勞（撤）木、薦，<u>輒上</u>石數縣廷。"《倉律》29-30 號簡："禾、芻槀積索（索）出日，上贏不備縣廷。出之未索（索）而已備者，言縣廷，廷令長吏雜封其襜，與出之，<u>輒上</u>數廷。"《嶽麓秦簡（肆）》尉卒律："鄉官<u>輒上</u>奔書縣廷，廷轉臧（藏）獄，獄史月案計日，盈三月即辟問鄉 137/1258 官，不出者，輒以令論，削其爵，皆校計之。1270/138"較爲緊急，或不容事後篡改的事務，都須即時向縣廷上呈文書，物資出入時的中辨券應亦屬此類。

---

① 陳偉：《關於秦與漢初"入錢缿中"律的幾個問題》第 76—77 頁。
② 劉盼認爲前一□字疑作"中"字，見秦漢簡讀書會：《〈里耶秦簡（貳）〉9－431－9－460 號簡研讀記》，簡帛網 2019 年 6 月 4 日，http://www.bsm.org.cn/show_article.php? id=3379。

廣而言之，我認爲，里耶秦簡中所見的出入券，除出糧、出物、出錢以外，其他的入錢(指除"入錢缿中律"所言之外的一般性入錢)、入物等類型，很可能也都以這種方式、即時而直接地集中到縣廷。

這些中辨券上交縣廷之後的命運如何？前引"入錢缿中律"四條，提及縣廷會定期將中辨券與實際所得的錢展開校對。至於更爲一般性的出糧事務，可從一枚笥牌入手討論：

7. 卅年四月盡九月，Ⅰ
　倉曹當計禾Ⅱ
　稼出入券。Ⅲ
　已計及縣Ⅳ
　相付受Ⅴ
　廷Ⅵ
　茦甲Ⅶ　8-776

圖1　簡8-776圖版

這枚笥牌簡首塗黑,上部有兩孔。細察圖版,可根據筆迹將簡文分爲四個部分:

    (1)卅年四月盡九月,倉曹當計禾稼出入券。(2)已計。(3)廷。
(4)及縣相付受。苐甲。

從(1)到(2),筆迹相似,尤其"計"字筆畫書風皆一致,但墨色濃淡有別,可判斷爲同一人不同時間所書:(1)謂笥中盛裝著秦始皇三十年(前 217)四月至九月的"當計"即尚待統計的禾稼出入券,①(2)"已計"謂這些出入券已統計完成,前後有明顯的時間差。這些出入券,我認爲就是諸官(尤其是倉官)在處理禾稼出入事務時製作的三辨券之中辨,前引簡 1 所言"上出中辨券廿九"即是此類。

(3)"廷"字筆迹與(1)(2)相近,亦是倉曹官吏所署,但筆畫拉長,有總結意味,表示統計事務的完成。

(4)筆迹與前不同,似後來所補。所謂"相付受"與付受文書有關,或即遷陵縣與其他各縣官府之間物資往來的付受券書。這些券書內容不明,可能是涉及倉事務(如簡 2)的付受券,也可能是縣廷的所有付受券。"苐(第)甲",即該笥編號,説明它無法完全裝下"縣相付受"的所有文書,至少還有"第乙"笥。也即,這同一個笥在盛裝倉曹的半年禾稼出入券之後還剩餘了一些空間,縣廷用以盛裝了一部分"縣相付受"文書,沒有裝完,另笥繼續。

除簡 7 外,里耶秦簡中還見以下盛裝中辨券的笥的簽牌:

8. 卅七年,廷Ⅰ倉曹當計Ⅱ出券□一。Ⅲ　　8-500
9. 倉曹Ⅰ廿九年Ⅱ當計出入Ⅲ券甲Ⅳ笥。[圖案]Ⅴ　8-1201
10. 卅三年當計Ⅰ券出入笥Ⅱ具此中。Ⅲ　8-1200

  瀘瀘Ⅰ

  瀘Ⅱ　8-1200 背

11. 金布廿九年Ⅰ庫工用器、兵Ⅱ車、少内器計Ⅲ出入券丁。Ⅳ　9-1115
12. 卅二年十月Ⅰ以來廷倉Ⅱ司空曹已Ⅲ計。Ⅳ　　9-1131

簡 8 是倉曹官吏將三十七年(前 210)應計出券放入一笥;簡 9 中"甲"字與其他字書

---

① "當"謂"應當","當計"與"不當計"相對,可參籾山明:《簡牘文書學與法制史——以里耶秦簡爲例》,柳立言主編:《史料與法史學》,中研院歷史語言研究所 2016 年,第 57 頁;黃浩波:《里耶秦簡牘所見"計"文書及相關問題研究》,楊振紅、鄔文玲主編:《簡帛研究二〇一六(春夏卷)》,廣西師範大學出版社 2016 年,第 110 頁。

風不同、墨色有別，倉曹將二十九年（前 218）應計出、入券放入一笥後，或因笥的容量不夠，而標注了笥的編號爲"甲"，以示還有別笥；簡 10 不知是何曹將三十三年（前 214）應計出入券放入一笥，背面還有習字；簡 11 是金布曹將廿九年的庫工用器、兵車、少内器計之出入券皆放入一笥以備統計；簡 12 是倉曹、司空曹已統計完畢的三十二年（前 215）十月以來文書，文書内容不明，很可能是券書或記有數目的簿籍。①

　　簡 8-11 皆是以一年爲單位，與簡 7 以半年爲單位不同。沈剛認爲這或是由於禾稼出入券具有特殊性；②我認爲簡 7 所指既是後半年，不排除是因券書太多而采取的一種統計策略，總體而言，這些出入券仍以一年一計爲主。

　　在"入錢缿中"律的場景下，因爲所涉金錢需要更嚴密的管控，故與中辨券一同入缿封存，校驗時才破缿清查；禾稼出入則或不然。可以想象，這些盛裝出入券的笥，或許一直置於當曹官吏的手邊，有時會先掛好"某年某曹當計出入券（具此中）"的笥牌（如簡 8、10），每有下級官吏"輒上"中辨券，就將中辨券扔入笥中，若是容量不夠，則在笥牌末尾綴上"甲笥"（如簡 9），有時是先盛裝，裝滿之後，到清點時再書寫笥牌（如簡 7(1)）；清點過程中、或清點完畢後，可能會將"已計"券書換到另一個笥、甚至與其他曹的放入同笥（如簡 12），也可能會在原笥牌上直接標明"已計"（如簡 7(2)）。

　　通過上引諸簽牌，可以形象地理解列曹官吏每年處理中辨券的過程。接下來，將進一步探討列曹官吏手持中辨券展開文書計校的方式與細節，突破口則在於諸官官吏手中留存的那一辨右券。

二、右券：諸官統計的基礎與縣廷核查的憑證

　　如前所述，遷陵縣官吏在處理物資出入事務時製作三辨券，其中中券即時上呈縣

---

① 沈剛認爲這是倉曹與司空曹合併歸檔，"可能是因爲兩曹都有管理刑徒的職能所致"，意即笥中盛裝的可能是作徒簿。見沈剛：《里耶秦簡文書歸檔問題蠡測》，《出土文獻研究》第 15 輯，中西書局 2016 年，第 230 頁。

② 沈剛：《〈里耶秦簡〉【壹】中的"課"與"計"——兼談戰國秦漢時期考績制度的流變》，《魯東師範大學學報》（哲學社會科學版）2013 年第 1 期，第 65 頁。

廷列曹,剩下兩辨旁券,至少一枚會留存在經手官吏處。① 邢義田認爲,由於秦代尚右,經手官吏手中的一般是右券,漢代則相反。② 而張馳延續胡平生對漢代刻齒券書 "'出'字冠右券,'入'字冠左券" 的解釋,考證里耶秦簡中的券書應是以左券交予入受方、右券交予出付方,且中辨券謄録時也遵此規制。③ 二説的根本不同,在於對 "左券" "右券" 的定義。邢説以收執人身份的高低定義之,而未注意到券書上的刻齒;張説則立足於張春龍、大川俊隆、籾山明對於三辨券製作方法的解釋,④ 從形制定義左券的刻齒應在文字面的右側,右券的刻齒應在文字面的左側。張説似更易於理解,但存在兩個問題:

其一,如何解釋那些未加刻齒的券書、以及正反兩面書寫的券書?

其二,參考附表,仍可見若干與張説不吻合者,如簡 8-2247、9-763＋9-775、9-323 爲出券而刻齒在右,簡 9-86＋9-2043、9-119、9-720、9-745＋9-1934 爲入券而刻齒在左,它們僅僅是偶然出錯嗎?

準此,在更多材料發現之前,本文暫以邢義田説爲是,以右券指稱留存在經手官吏處的那一辨旁券。因里耶秦簡所見物資出入事務皆發生於諸官,此經手官吏即諸官官吏。

可以想知,諸官製作本機構的定期統計文書時,這些留在諸官的右券會成爲重要的材料。

遷陵縣諸官每年年底都要準備並上交自己的統計文書,如下簡所示:

13. 秋矣謁　9-1862

---

① 柿沼陽平、陳偉、邢義田根據 "入錢缿中" 諸律認爲,秦代的物資出入事務中兩枚旁券的一枚留存在經手官吏處,另一枚應交給當事個人。見柿沼陽平:《戰國及秦漢時代官方 "受錢" 制度和券書制度》第 452—453 頁;陳偉:《嶽麓秦簡肆校商(壹)》;邢義田:《再論三辨券——讀嶽麓書院藏秦簡札記之三》第 356—358 頁。但至今並無確證表明其中一枚會交給當事個人。于洪濤主張,里耶秦簡中的糧食出入券,皆由經手官吏執兩份,監察官吏(視平的令史或令佐)執一份;經手官吏手中的一份存檔,一份作爲每年的 "計" 上交到縣廷,見《里耶秦簡文書簡分類整理與研究》第 132 頁。宮宅潔認爲,糧食出入券存在多種形制,其中如多人多日寫於一券者,不知如何分發給 "當事人",且關涉刑徒的物資出入事務或許與一般百姓不同;因此,不同事務中,三辨券的最後一辨很可能作不同處理,而非一定交給當事個人。此承宮宅先生當面賜教,特此致謝。

② 邢義田:《再論三辨券——讀嶽麓書院藏秦簡札記之三》第 358—359 頁。

③ 張馳:《〈里耶秦簡(壹)〉文書學研究》第 20—24 頁。

④ 張春龍、大川俊隆、籾山明:《里耶秦簡刻齒簡研究——兼論嶽麓秦簡〈數〉中的未解讀簡》(第 56 頁):"首先將木材加工成可以切割成三片的、具有足夠厚度的木條,然後將其切割爲正面、中間、反面三片,但下端不切割到底,正面和背面的記録完成後刻入刻齒,再將剩餘部分切割到底。中間的一片一面削平,謄寫好簡文即可完成。這大概就是 '三辨券' 的製作方法。"

　　　　令鄉官各具其官當計者　9-1862背

到秋季時,縣廷要做年終統計,故要求下屬鄉官準備好本機構當統計的文書。

年終統計雖然重要,但一年之中各個週期的定期彙報也不能懈怠。我們已經知道諸官作徒簿須每日、每月上交縣廷,①此外,還有這樣的實物清點賬目:

14. 遷陵已計:卅四年餘見弩臂百六十九。Ⅰ
　　・凡百六十九。Ⅱ
　　出弩臂四輸益陽。Ⅲ
　　出弩臂三輸臨沅。Ⅳ
　　・凡出七。Ⅴ
　　今九月見弩臂百六十二。Ⅵ　8-151

它是在三十四年(前 213)所餘弩臂基礎上,計算之後輸出弩臂,從而得出今年度九月時現有弩臂數量的賬目;②弩臂出入事務爲庫官主管,故簡 14 應是基於庫官掌握的出入賬目而做出的文書。

總而言之,諸官管理本署物資,不論是倉官掌握的禾稼還是庫官掌握的武器,都要定期向縣廷彙報現存賬目。簡 14 表明,賬目中應包含"餘……出/入……見……"四項內容。此亦見於律令規定,如睡虎地秦簡《秦律十八種·效》:

15. 嗇夫免而效,效者見其封及題(題),以效之,勿度縣,唯倉所自封印是度縣。終歲而爲出凡曰:"某廥出禾若干 171 石,其餘禾若干石。"172

---

① 關於作徒簿整理及其製作、呈送等研究,可參湖南省文物考古研究所:《龍山里耶秦簡之"徒簿"》,中華文化遺產研究院編:《出土文獻研究》第 12 輯,中西書局 2014 年,第 101—131 頁;高震寰:《從〈里耶秦簡(壹)〉"作徒簿"管窺秦代刑徒制度》,《出土文獻研究》第 12 輯,第 132—143 頁;沈剛:《里耶秦簡所見作徒管理問題探討》,《史學月刊》2015 年第 2 期,第 22—29 頁。

② 關於此簡內容,有三種解讀:一說認爲"卅四年餘見"數目,乃卅四年年初統計所得,"今九月見"數目,則是卅四年九月(年底)統計所得,秦制規定統計截止八月,故在九月進行全年度統計,見胡平生:《讀里耶秦簡札記》,《胡平生簡牘文物論稿》,第 132 頁。二說在時間斷限上雖同前説,但因睡虎地秦簡《秦律十八種·金布律》有:"八月、九月中其有輸,計其輸所遠近,不能逮其輸所之計,□□□□□□□移計其後年……"認爲該簡即屬此類,卅四年九月的弩臂記錄被移計入卅五年(前 212),見吳方基:《里耶秦簡"付受"與地方國有財物流轉運營》第 66 頁。三說認爲"卅四年餘見"數目,乃卅四年年底記錄的追述,"今九月見"數目,則是卅五年九月統計所得,見李均明:《里耶秦簡"真見兵"解》,中國文化遺產研究院編:《出土文獻研究》第 11 輯,中西書局 2012 年,第 131 頁;何有祖:《釋里耶秦簡 8-458"遷陵庫真見兵"》,簡帛網 2018 年 5 月 15 日,http://www.bsm.org.cn/show_article.php?id=3096#_edn10。

年底製作"出凡"時，要寫明出禾若干、餘禾若干。①

這些賬目是怎樣做出來的？我認爲，諸官官吏唯有整理並核算此前每次出入事務中留下的右券，才能寫出具體的收支結餘狀況。這應是右券最重要的功能。

但若右券僅用於諸官的統計，它們就不會呈於縣廷，最終將廢棄於諸官；縣廷中也就只剩下中辨券。然則，在遷陵縣廷發現的出入券書中，卻存在若干右券。

彭浩曾經指出，里耶祠先農簡中存在內容一致的成對券書，即簡14-300＋14-764與14-641，其他若干殘斷簡亦有可能原本一致；②除此之外，筆者在里耶秦簡中還發現了若干內容相同、刻齒一致的成對券書，依書寫年代順序排列，並進行綴合比較如下：

表1 里耶秦簡中的成對券書

簡　　號	釋文（括號內阿拉伯數字爲干支換算後的日數）	刻　　齒	事　項
9-495＋9-498	卅四年十一月丁卯朔甲午（28），倉守壬、佐卻出襦【袍四、絝】……□隸妾欥等四人。袍一直（値）十五，絝一直（値）七。三人錢各卌，一人卌八。卻手。Ⅰ 令史連【監】。Ⅱ	左側，"一百六十"，以下殘斷。	出衣物
9-209	卅四年十一月丁卯朔甲午，倉守壬、佐卻出襦袍四、絝□ Ⅰ 一人【卌】八。　　　令佐連監。□Ⅱ	左側，"一百五十六"。	
8-845	卅五年六月戊午朔己巳（12），庫建、佐般出賣【祠】□ 銜（率）之，斗二錢。□	左側，"六"，上下殘斷。	出賣祠䉳餘徹酒
8-907＋8-923＋8-1422	卅五年六月戊午朔己巳，庫建、佐般出賣祠餘䉳徹酒二斗八升于□□ Ⅰ 銜（率）之，斗二錢。令史歜監。□Ⅱ	8-923 左側，"六"。	

---

① 郭道揚稱之爲"單式會計記錄法"，具有直入直出、序時流水、彼此獨立等特徵，並認爲"入－出＝餘"的基本公式爲後來的"四柱結算法"奠定了基礎。見郭道揚：《中國會計史稿》上冊，中國財政經濟出版社1982年，第156—161頁。我認爲，簡14已實際具備四柱結算法的基本要素。

② 彭浩：《讀里耶"祠先農"簡》第18—20頁。按，彭浩認爲"'祠先農'簡中現存的兩份券大概是府庫的經手人'倉是'和縣少內留存的，另一份則交給買者。"（見同文第21頁）。雖然難以判定是否由"倉是"和縣少內留存，但彭文正確指出了它們原是剖開的三辨券。沈剛稱此類簡"遷陵縣庫售賣祭品簡"，並認爲它們很可能是一個册書上的散簡，見沈剛：《里耶秦簡歸檔問題蠡測》第219頁；此說恐怕忽視了這些簡上的刻齒。

續 表

簡　　號	釋文（括號內阿拉伯數字爲干支換算後的日數）	刻　齒	事　項
8-1002＋ 8-1091	卅五年六月戊午朔己巳，庫建、佐般出賣祠嗇 □□□一胸于隸臣徐所，取錢一。　Ⅰ 令史歊監。　　般手。　　Ⅱ	8-1091 左側， "二"。①	出賣祠嗇餘徹脯②
8-1055＋ 8-1579	卅五年六月戊午朔己巳，庫建、佐般出賣祠嗇餘徹脯一胸于□□□所，取錢一。　Ⅰ 令史歊監。　　般手。　　Ⅱ	左側，"一"。	
8-891＋ 8-933＋ 8-2204	錦繒一丈五尺八寸。　　　卅五年九月丁……内 守繞出以爲獻。☒Ⅰ 令佐俱監。☒Ⅱ	8-891 左側， "十七"。	出獻繒
8-1751＋ 8-2207	錦繒一丈五尺八寸。　　　卅五年九月丁亥朔朔 日，少内守繞出以爲【獻】☒Ⅰ 令佐俱監。☒Ⅱ	左側，"一丈五尺八寸"。	
8-2186	☒□□□服弓弩橐二，橐各七尺，有殿入。Ⅰ 瘳手。Ⅱ	/	入射具
8-2200	☒□服弓弩橐二，橐七尺，有殿入。Ⅰ ☒　　瘳手。Ⅱ	/	
9-720	【元】年八月庚午朔戊戌（29），少内壬入陽里寡婦 變貲錢☒Ⅰ 令佐贛監。☒Ⅱ	左側刻齒爲"二千六百三十"，以下殘斷。第三、第四、第五個"百"僅刻劃有綫痕，未剝刻完整。	入貲錢
9-86＋ 9-2043	元年八月庚午朔戊戌，少内壬入陽里寡婦變貲錢 ☒Ⅰ 【令佐】贛監。☒Ⅱ	9-86 左側刻齒爲"二百二十"。9-2043 左側刻齒爲"二千四百"。	

---

① 整理者認爲此處刻齒爲"十"，據張春龍、大川俊隆、籾山明：《里耶秦簡刻齒簡研究——兼論嶽麓秦簡〈數〉中的未解讀簡》附表一（第 65 頁）改，原表中該簡簡號作 8-1093。

② 陳偉已注意到此兩件券書記載可能完全相同，見陳偉：《里耶簡所見行政與算術》，《秦簡牘校讀及所見制度考察》第 158 頁。

表 2　里耶秦簡成對券書圖版對照

簡號	9-495＋9-498	9-209	8-845	8-907＋8-923＋8-1422
圖版				

續 表

簡號	9-495＋9-498	9-209	8-845	8-907＋8-923＋8-1422
圖版	四九五			
分析	字迹風格接近,但文字布局不同,一刻齒明顯,一似無刻齒。 寬 1.5—1.6 釐米。		字迹基本一致。 寬 1.8 釐米。	

續　表

簡號	8-1002＋8-1091	8-1055＋8-1579	8-891＋8-933＋8-2204	8-1751＋8-2207
圖版				
分析	字迹基本一致，無刻齒。寬 2.0 釐米。		字迹基本一致，刻齒都在左側。簡-891 寬 1.3—1.4 釐米，8-933 寬 1.3 釐米，8-2204 寬 1.3—1.4 釐米；8-1751 寬 1.2—1.3 釐米，8-2207 寬 1.2—1.3 釐米。基本一致。	

簡號	8-2186	8-2200	9-720	9-86＋9-2043
圖版				
分析	字迹一致。 寬 1.6 釐米。		字迹一致。 寬 1.5—1.6 釐米。	

這 8 對券書主要涉及出物（其價值折算成錢）、出布、入物、入錢四種物資出入情況。每一對券書皆出土於同層，編號接近，內容相同，形制相似，尤其是寬度的高度一致，顯示它們每一對都很可能是同一木塊剖分、製作出的券辨；除第一對外，字迹也都明顯一致，故當初很可能是同時製作書寫、又同時廢棄。其中保留有刻齒者，刻齒都在左側，顯示兩枚券書中定有一枚是中券；那麼餘下的一枚也就只能是本由諸官官吏收存的右券了。

如附表所示，在里耶秦簡出入券書中所見最多者實爲出糧券，但出糧券中卻並未找到這樣明顯成對的券書。據張春龍等對《里耶秦簡（壹）》的調查研究，出糧券的形制以平坦型爲主，亦有不少刻齒在左的屋脊型簡（參表3），①張馳認爲前者是中辨券、後者是右券。② 此説可從。因此，雖然出糧券中未發現成對券書，但其中確實也同時存在中辨券和右券。

表3 《里耶秦簡（壹）》出糧券中的屋脊型簡一覽③

簡　　號	釋　　　文	刻　　齒
8-1088	卅二年八月乙巳□☒ Ⅰ 粟米四斗六升泰☒ Ⅱ	左側，"四斗二升"，以下殘斷。
8-761	粟米一石九斗少半斗。　　卅三年十月甲辰朔壬戌，發弩繹、尉史過出貲罰戍士五(伍)醴陽同□祿。廿Ⅰ 令史兼視平。　　過手。Ⅱ	左側，"一石九斗少半斗"。
8-1660＋ 8-1827	粟米二石。卅三年九月戊辰乙酉，倉是、佐襄、稟人藍出貸【更】☒ Ⅰ ☒令☒ Ⅱ	8-1660左側，"二石"。
8-1268	粟米三斗。　　卅五年七月戊子朔乙巳，倉守言、【佐】□□☒	左側，"三斗"。
8-1159	粟米二石。　　卅五年九月☒ Ⅰ 令史☒ Ⅱ	左側，"二石"。

---

① 張春龍、大川俊隆、籾山明：《里耶秦簡刻齒簡研究——兼論嶽麓秦簡〈數〉中的未解讀簡》附表二，第68—69＋96頁。
② 張馳：《〈里耶秦簡（壹）〉文書學研究》第21頁。
③ 此表據張春龍、大川俊隆、籾山明《里耶秦簡刻齒簡研究——兼論嶽麓秦簡〈數〉中的未解讀簡》附表2製作；張表簡號與現行簡號不同，一律換成現行簡號。依紀年排序。

續　表

簡　　號	釋　　文	刻　　齒
8-1762	粟米十二石三斗。　　卅五年☐	左側，"十二石三斗"。
8-1189	粟米二石☐	左側，"二石"。

可見，經手各種物資出入事務的官吏在即時上交中辨券到縣廷之後，不知何時又上交了某些特定的右券，以供縣廷檢查。這些右券數量較少，類型涵蓋出錢、入錢、出物、入物、出（貸）糧等各種類型，卻未見一例完整的"出稟"類券書，而"出稟"糧食的事務在遷陵縣是最爲繁劇、券書最爲雜多的，①可見這些右券出現在縣廷並非常規；它們原本應是保存在諸官官吏手中，很可能是因本機構統計文書出了若干問題，因此應縣廷臨時要求而上交的。上交之後，列曹官吏可以持之與中辨券、與諸官的統計文書進行對照核驗。雖然因爲現存材料有限，尚未見到這一校驗過程的直接證據，但這是最有可能的情況。

綜上，保留在諸官官吏手中的右券，發揮著兩個重要的功能：其一，它是諸官製作本機構統計文書的基礎材料；其二，在萬一之時，它可成爲縣廷校對諸官統計文書的第三項憑證。

接下來，讓我們將視綫拉回到縣廷，來觀察縣廷如何展開諸官統計文書的校對工作。

三、令史"掾計"

前引簡 7 已形象地展現出倉曹官吏處理禾稼出入券的過程。學者指出，簡 8-481"倉曹計録"的"禾稼計"或與之有關。② 我們將簡 8-481 與里耶秦簡中其他"計録"一同列出：

---

① 關於出稟、出貸、出食等糧食發放方式的討論，可參沈剛：《〈里耶秦簡〉（壹）所見廩給問題》，吉林大學古籍研究所編：《吉林大學古籍研究所建所 30 周年紀年論文集》，上海古籍出版社 2014 年，第 133—144 頁；平曉婧、蔡萬進：《里耶秦簡所見秦的出糧方式》，《魯東大學學報》（哲學社會科學版）2015 年第 4 期，第 78—96 頁；劉鵬：《秦代地方稟食的幾個問題》，《中國農史》2018 年第 1 期，第 57—68 頁；宮宅潔：《出稟與出貸——里耶秦簡所見戍卒的糧食發放制度》，《簡帛》第 17 輯，上海古籍出版社 2018 年，第 123—131 頁。

② 陳偉：《里耶簡所見行政與算術》第 161 頁。

表 4　里耶秦簡中的"計録"

簡號	8-481	8-480	8-488	8-493
圖版				

續 表

簡號	8-481	8-480	8-488	8-493
釋文	倉曹計録：ＡⅠ 禾稼計，ＡⅡ 貸計，ＡⅢ 畜計，ＡⅣ 器計，ＢⅠ 錢計，ＢⅡ 徒；ＢⅢ 畜官牛計，ＢⅣ 馬計，ＣⅠ 羊計；ＣⅡ 田官計。ＣⅢ 凡十計。ＣⅣ 史尚主。ＣⅤ	司空曹計録：ＡⅠ 船計，ＡⅡ 器計，ＡⅢ 贖計，ＢⅠ 貲責計，ＢⅡ 徒計。ＢⅢ 凡五計。ＣⅠ 史尚主。ＣⅡ	户曹計録：ＡⅠ 鄉户計，ＡⅡ 繇（徭）計，ＡⅢ 器計，ＡⅣ 租質計，ＡⅤ 田提封計，ＢⅠ 鬃計，ＢⅡ 鞫計。ＢⅢ ・凡七計。ＢⅣ	金布計録：ＡⅠ 庫兵計，ＡⅡ 車計，ＡⅢ 工用計，ＢⅠ 工用器計，ＢⅡ 少内器計，ＢⅢ 【金】錢計。ＣⅠ 凡六計。ＣⅡ
長寬	長約 23.2 釐米，寬 3 釐米；簡端至第二列抬頭約 7 釐米。	長約 23 釐米，寬約 2 釐米；簡端至第二列抬頭約 7.3—7.5 釐米。	寬 3.4 釐米；簡端至第二列抬頭約 7 釐米。	長約 19.5 釐米，寬 3—3.1 釐米；簡端至第二列抬頭約 7.3—7.4 釐米。

　　關於這些計録的性質，當前學界有兩種解讀：一是將"録"解作"目録"，李均明、沈剛持此説，①孫聞博進而認爲"計録"乃縣廷中的諸曹令史製作計後形成的目録；②二是將"録"解作"審核"，並認爲"計録"中諸計皆由諸官製作並上呈縣廷，由列曹校核成"計録"，王偉與黎明釗、唐俊峰持此説。③ 要之，二説的分歧在於最初的計文書、或曰

---

① 李均明：《里耶秦簡"計録"與"課志"解》，《簡帛》第 8 輯，上海古籍出版社 2013 年，第 150—151 頁；沈剛：《〈里耶秦簡〉【壹】中的"課"與"計"——兼談戰國秦漢時期考績制度的流變》第 68—69 頁。
② 孫聞博：《秦縣的列曹與諸官》第 79 頁。
③ 王偉：《里耶秦簡"付計"文書義解》，《魯東大學學報》（哲學社會科學版）2015 年第 5 期，第 59—60 頁；黎明釗、唐俊峰：《里耶秦簡所見秦代縣官、曹組織的職能分野與行政互動——以計、課爲中心》第 133—134 頁。按，黃浩波亦討論了禾稼計與金錢計兩者的形成過程，並籠統認爲"計録"中諸計乃是縣下各部門利用券書製作出的統計文書，此説恐忽視了官、曹之分及曹在縣廷的事實；但其言各部門定期上交券書和簿籍，年底上交本部門的計文書，再由縣廷展開核驗，大致亦屬此説。見黃浩波：《里耶秦簡牘所見"計"文書及相關問題研究》第 107—113、118—119 頁。

由券到計的最初一步,究竟是在哪一層級完成。

由前文可知,縣廷中保留的僅中辨券和少量右券,物資本身又多存於諸官,因此,筆者更傾向於後說。里耶秦簡有不少諸官呈送"計"的證據,如黎文所舉簡 8-75＋8-166＋8-485:"少内守公敢言之:……今遷陵已定以付郪少内金錢計,計廿☐□年……"則年度的"金錢計"是由少内製作並上交,正對應於簡 8-493"金布計録"中的"金錢計"。黎文進一步主張,計録中不明言何官計者,應是官、曹同名之故,官、曹不同名者則須寫明何官;如倉曹計録中的"畜計"爲倉官之畜計,"畜官牛計、馬計、羊計"則爲畜官之畜計。①

我們可從計録的負責官吏入手,進一步探討其功能與意義。牘 8-480 和 8-481,因都有"史尚主"落款,故一般認爲是同一人、即"史尚"所負責處理。里耶秦簡中名爲"尚"者,有"令史尚""(倉)佐尚""啓陵鄉守尚""隸臣尚",而學者已多番證明,從任職時間和工作地點等來看,"史尚"即"令史尚",且與里耶秦簡中屢見的"尚手""尚半"文書中的"尚"爲同一人;②另一方面,"史尚主"見於倉曹與司空曹兩份計録,使學者認爲令史尚同時值守兩個曹,更佐證了令史在縣廷列曹間的流動性。③ 郭洪伯、土口史記還引睡虎地秦簡《效律》:

16. 官嗇夫貲二甲,令、丞貲一甲;官嗇夫貲一甲,令、丞貲一盾。其吏主者坐以貲,誶 51 如官嗇夫。其它冗吏、令史掾計者,及都倉、庫、田、亭嗇夫坐其離官 52 屬於鄉者,如令、丞。53

17. 司馬令史掾苑計,計有劾,司馬令史坐貲,如令史坐官計劾然。55

並認爲令史尚承擔的正是"掾計"的工作,審查、校驗諸官呈上的計。④ 王偉同之,認爲某曹計録即"某曹令史對與本曹對應的某'官'或多'官'之計的核查('録')成果"。⑤ 此說可從。又見如下殘斷簡:

18. 令史尚掾☐ 9-1579

它無疑令我們聯想到令史尚"掾計"的工作。

但是,諸家都未提及文書筆迹的問題,應稍作補充。兹將四份計録的筆迹與"尚

---

① 黎明釗、唐俊峰:《里耶秦簡所見秦代縣官、曹組織的職能分野與行政互動——以計、課爲中心》第 146 頁。
② 土口史記:《秦代的令史與曹》第 8 頁;魯家亮:《里耶秦簡所見秦遷陵縣的令史》,西北師範大學歷史文化學院等編:《簡牘學研究》第 7 輯,甘肅人民出版社 2018 年,第 37—39 頁。
③ 魯家亮:《里耶秦簡所見秦遷陵縣的令史》第 50 頁。
④ 郭洪伯:《稗官與諸曹——秦漢基層機構的部門設置》第 121 頁;土口史記:《秦代的令史與曹》第 9 頁。
⑤ 王偉:《里耶秦簡"付計"文書義解》第 60 頁。

"手"類文書比對如下：

表 5　計録文書與"尚手"類文書（以 8-130＋8-190＋8-193 爲例）筆迹對照

	8-481	8-480	8-488	8-493	8-130＋8-190＋8-193
曹	曹	曹	曹	/	/
計録	計録	計録	計録	計録	/
器	器	器	器	器	/
凡	凡	凡	凡	（漫漶）	/
徒	徒	徒	/	/	徒
倉	倉	/	/	/	倉
官	官	/	/	/	官
尚	尚	尚	/	/	尚

四份計録俱格式工整，筆畫清晰，字迹秀氣，書風十分接近。其中，上下結構的字如"曹""器"，結構收攏，顯得敦實，四個"器"字的内部筆畫尤其一致；左右結構的字如"計""録"，則左右都拉長，左部略高於右部，"録"字尤其明顯，"金"部"人"頭都略高於"录"字頂端；單體字如"凡"則細小緊湊，"凡"字末筆俱往右下拉長——這些都是很具個人性的書寫習慣。因此，這四份計録很可能是同一人書寫。

那麽，它們的書手會不會就是計録的負責人——令史尚呢？從上表來看，很難證明。"尚手"類文書的字迹與以上四份計録完全不同，書風要散漫很多，架構鬆散使字形更大,具體而言,如"倉""官"二字,計録文書都將左部的丿拖長、形成嚴密的半包圍結構,簡 8-130+8-190+8-193 中,則筆觸皆短;與之相反,"尚"字的"冂"部在計録文書中十分短小,在簡 8-130+8-190+8-193 中卻較爲明顯地包住了内部的"口"。其他的"尚手"類文書,字迹皆彼此接近,可不贅舉。如認爲"手"即書手,則它們與上引的四份計録文書,很難認爲出自同一人之手。

因此,鑒於無其他證據,筆者暫時認爲,"史尚主"並不意味着由令史尚書寫;這四份計録應是由另一人書寫或謄抄下來。在牘 8-480 和 8-481 的場合,是令史尚要對倉曹、司空曹諸計負責,故有署名;此即《效律》律文所言"令史椽計"和"令史坐官計劾"。至於牘 8-488 和 8-493,有可能是校驗還未完成,或者只是草稿,所以還未有落款。

以上,以三辨券爲綫索,梳理了遷陵縣物資出入的定期計校過程。此外,上級機構有時還會根據律令提出對"真見"賬目的要求:

19. 元年八月庚午朔朔日,遷陵守丞固敢言Ⅰ之:守府書曰:上真見兵,會九月朔日守府。·今上應(應)Ⅱ書者一牒。敢言之。/九月己亥朔己酉,遷陵【守】丞固Ⅲ　8-653+9-1370

之:寫重。敢言之。/贛手。☐Ⅰ

贛☐Ⅱ　8-653 背

20. ☐縣嗇夫上見禾☐☐Ⅰ

☐十二月朔日,疑縣☐Ⅱ

☐☐書☐Ⅲ　8-740

☐上☐Ⅰ

☐慶以來。/綽手。☐Ⅱ　8-740 背

21. ☐☐五歲以來見船數具言歲☐　8-1067

22. 卅四年正月丁卯朔庚午,遷陵守丞肥敢言之:令曰:上見乘車,會二月朔Ⅰ日守府。今上當令者一牒,它毋當令者。敢言之。Ⅱ

兵曹。Ⅲ　9-49

正月辛未夕,居赀士五(伍)少里☐行。　　　敢手。9-49 背

"真見",指實見、現存。① 簡 19 是秦二世元年(前 209)年底,遷陵守丞向洞庭守府上呈的文書,回覆守府提出的"上真見兵"的要求。簡 20 可能是上級機構發給遷陵縣的文

---

① 李均明:《里耶秦簡"真見兵"解》第 130 頁;陳偉:《關於秦遷陵縣"庫"的初步考察》,《簡帛》第 11 輯,第 163 頁。

書,要求縣嗇夫上交實存禾數("見禾")。簡21殘存簡文可能是要求遷陵縣"具言"某歲以來的見船數。簡22言秦始皇三十四年正月,遷陵守丞因應"上見乘車"的"令",向守府上呈"當令者"也即實存的乘車數目,落款"兵曹",說明此賬目是兵曹處理;既言"令",則該項清點很可能是定期的常規要求。

爲應上級機構這些要求,遷陵縣廷會將文書下達給相應諸官,要求諸官清點實物,製作"真見"賬目,如以下兩簡:

23. ☐年八月丙戌朔甲寅,倉守妃敢言之:迺八月庚子言:疏書卅一年真見 Ⅰ禾稼牘北(背)上。•今復益出不定,更疏書牘北(背)上,謁除庚子書。敢Ⅱ【言】之。Ⅲ　9-700＋9-1888
　　☑☐卅一年真見Ⅰ
　　☑禾稼千六百五十六石八斗少☐Ⅱ
　　☑甲寅☐下七☐☐☐☐☐。　　感手。Ⅲ　9-700背＋9-1888背

24. 遷陵庫真見兵:AⅠ甲三百宛廿一。AⅢ鞪䩱卅九。AⅣ冑廿八。BⅠ弩二百五十一。BⅡ臂九十七。BⅢ弦千八百一。BⅣ矢四萬九百九十CⅠ。8-458

簡23謂卅一年(前216)八月丙戌朔甲寅日(二十九日),倉官守妃向縣廷彙報"卅一年真見禾稼"數,也即實物清點後的數目。之前在庚子日(十五日)已經彙報過一次,但因後來倉中又出手部分禾稼,導致數目有變,所以重新上書。

簡24是遷陵庫的實存兵器記錄。陳偉認爲它就是前引簡19之文書所呈送的簿籍,[1]游逸飛、陳弘音指出它與9-29(後綴合9-1164)數量大抵一致,記錄時間應相去不遠,[2]何有祖又指出它們與簡9-1547＋9-2041＋9-2049洞庭假守悆書中的統計數據幾乎一致,後者係重申追述秦二世元年年底遷陵所呈庫兵記錄。[3] 總之可知,簡24是庫官應縣廷要求,對實物進行清點後作出的賬目。

據此,也可推斷簡22的事務中,因爲乘車由遷陵縣的庫官掌管,兵曹應是向庫官要求過實存賬目之後,再整理上交"當令者一牒"的。

諸官使用右券製作定期的統計文書時,可能涉及"券—賬""券—物"或"賬—物"核對;而縣廷中的令史以中辨券核對諸官上呈的統計文書,或許還核對右券,這是

---

[1] 陳偉:《關於秦遷陵縣"庫"的初步考察》第162—163頁。
[2] 游逸飛、陳弘音:《里耶秦簡博物館藏第九層簡牘釋文校釋》,簡帛網2013年12月22日,http://www.bsm.org.cn/show_article.php?id=1968。
[3] 何有祖:《釋里耶秦簡8-458"遷陵庫真見兵"》。

"券—賬"乃至"券—券"核對；此外，縣廷有時還會接到上級的臨時或常規要求，需諸官清點某些物資庫存，作"賬—物"核對。通過多樣的計校方式，多番檢查確保統計結果無誤，此雖細緻繁瑣，但實爲秦代基層官府每年上計之前的基礎性事務。

四、結　　語

綜上，物資出入時製作出來的三辨券，各個經歷了一場漫長的旅行：首先，中辨券即時上呈縣廷列曹，右券則由經手事務的諸官官吏留存；諸官官吏根據右券製作統計文書，定期上交；縣廷列曹將中辨券置入"當計"的笥中，待一統計週期的中辨券皆收集完畢，便由負責"掾計"工作的令史持之與諸官統計文書相互校驗，最後形成各曹"計録"，相應的掾計令史承擔其連坐責任。此外，上級機構如洞庭郡府有時還會要求遷陵縣清點物資實存，這時遷陵縣廷會再下達命令給相應諸官，令後者製作"真見"賬目。

可以看出，這一過程中，至爲關鍵的是中辨券：正因爲中辨券在每次事務完畢後直接上交縣廷，所以大大縮小了經手官吏在漫長統計週期中上下其手的空間。根據前引"入錢缿中律"，涉及重要事務的中辨券還很可能會被縣廷密封起來，這就更加保證了事後校驗的準確性。

在這些券書的背後，可以看見官吏、百姓、刑徒等個人與遷陵縣的諸官、列曹之官吏們往來忙碌的身影。他們在一定規則下一步步完成物資出入與計校事務，在秦代國家支配的終端發揮着不可或缺的作用。遷陵縣廷的列曹令史們在校核下屬諸官統計文書的過程中，也利用這些統計文書及手中券書製作着自己一縣的計簿。縣之計簿上呈至郡，郡府校對後再製作一郡之計，上呈至朝廷……全國範圍內各官府的物資出入情況，最終會爲朝廷機構、甚至皇帝所掌握。縣級以上官府物資出入的計校過程具體如何，還待未來研究的進一步解明；但這一反復、漫長、龐大的過程，最初卻確實是從一辨辨出入券書縝密地展開的。

附記：本文寫作過程中，承蒙侯旭東、宮宅潔、籾山明、馬楠、郭偉濤、王彬、孫梓辛、屈濤、祁萌、吳貞銀、陳韻青、張琦、黃宗茹、王偲、成鵬等師友賜教及惠助；2019年3月23日，本文提交清華大學人文學院博士生論壇，曲禎朋、王正華等學友惠示意見；2019年4月11日，本文提交清華大學歷史系簡牘研讀班，侯旭東、任攀、郭偉濤、屈濤、陳韻青、張琦、成鵬等師友惠示意見；投稿之後，陳偉先生惠賜大作、教示意見，又蒙匿名審稿專家賜教；感恩在心，謹致謝忱！

附表 已刊里耶秦簡物資出入文書簡況

說明：

1. 表中所列除殘斷不明者外，多數爲券書，少量爲包含物資出入事務的往來文書。

2. 紀年明確或可考者依紀年順序排列，括號内以阿拉伯數字注出換算後的日期；①無紀年者依簡號順序綴於表末。

3. 表中包括若干簡文格式與出糧券相似的殘斷簡，但無明確"出"字樣，即使標明糧食重量並有刻齒，也可能屬於付受券，敬請注意。

4. 刻齒信息據原注釋，有不同處另注說明。

簡　　號	日　　期	出入機構	事　項	刻齒位置
廿六年				
9-2303＋9-2292	五月庚戌(30)	痹舍	出糧	左側
9-1872	六月乙亥(25)	少内	出衣物	/
9-1526＋9-502	七月庚戌(31)	痹舍	出糧	左側
9-1903＋9-2068	七月庚戌	痹舍	出糧	左側
9-1937＋9-1301＋9-1935	七月庚戌	痹舍	出糧	左側
9-1920＋9-1127	八月甲子(15)	倉	出糧	/
8-1452	十二月乙卯(29)	倉	出糧	/
廿七年				
8-1551	十二月丁酉(21)	倉	出糧	左側
9-134＋9-262	端月丁未(2)	倉	出糧	左側
廿八年				
8-409	八月乙酉(18)	少内	出錢	/
廿九年				
8-1690	三月丁酉(3)	倉	出糧	左側
卅年				
8-1647	六月辛亥(25)	司空	出糧	/

---

① 日期換算參考許名瑲：《秦曆朔日復原——以出土簡牘爲綫索》，簡帛網 2013 年 7 月 27 日，http://www.bsm.org.cn/show_article.php? id=1871。

續　表

簡　　號	日　期	出入機構	事　項	刻齒位置
8-890＋8-1583	九月庚申(5)	少内	出錢?	左側
8-1783＋8-1852	九月甲戌(19)	少内	入錢	右側
8-216＋8-351＋8-525①	九月己巳(14)	司空	出糧	/
8-1894	/	司空	出糧	/
卅一年				
8-56	十月乙酉(1)	倉	出糧	左側
8-1739	十月乙酉	倉	出糧	左側
8-1545	十月乙酉	倉	出糧	左側
8-915	/	倉	出糧	/
8-821＋8-1584②	十月甲寅(30)	倉	出糧	左側
9-85＋9-1493	十一月乙卯(2)	倉	出糧	左側
8-766	十一月丙辰(3)	倉	出糧	左側
9-13	十一月丙辰	倉	出糧	左側
9-2334	十二月甲申(1)	倉	出糧	左側
8-1081	十二月甲申	倉	出糧	左側
8-1239＋8-1334	十二月甲申	倉	出糧	左側
8-1590＋8-1839③	十二月庚寅(7)	啓陵鄉	出糧	左側
9-1466	十二月乙未(12)	貳春鄉	出糧	左側
8-762	十二月戊戌(15)	倉	出糧	左側

---

① 綴合據趙粲然、李若飛、平曉婧、蔡萬進：《里耶秦簡綴合與釋文補正八則》，《魯東大學學報》(哲學社會科學版)2015 年第 2 期，第 78 頁。
② 綴合據何有祖：《里耶秦簡牘綴合(七則)》，簡帛網 2012 年 5 月 1 日，http：//www.bsm.org.cn/show_article.php? id＝1679；但陶安あんど認爲不應綴合，見陶安あんど：《里耶秦簡綴合商榷》，中華文化遺産研究院編：《出土文獻研究》第 16 輯，中西書局 2017 年，第 113—115 頁。
③ 綴合據姚磊：《里耶秦簡牘綴合札記(二)》，簡帛網 2015 年 6 月 7 日，http：//www.bsm.org.cn/show_article.php? id＝2254。

續　表

簡　　號	日　　期	出入機構	事　項	刻齒位置
8-1257	□□月乙酉①	倉	出糧	左側
8-379	十二月□□	倉	出糧	左側
9-1033＋9-726	正月甲寅(1)	倉	出糧	左側
9-762	正月丙辰(3)	田官	出糧	/
8-764	正月丙辰	田官	出糧	左側
8-212＋8-426＋8-1632	正月丁巳(4)	司空	出糧	左側
8-1580	正月戊午(5)②	倉	出糧	/
9-813＋9-1122	正月壬戌(9)	倉	出糧	左側
8-474＋8-2075	正月己巳(16)	司空	出糧	左側
9-440＋9-595	正月丁丑(24)	倉	出糧	左側
8-925＋8-2195	正月壬午(29)	啓陵鄉	出糧	左側
8-1241	正月壬午	啓陵鄉	出糧	左側
8-2249	二月己丑(7)	倉	出糧	左側
8-800＋9-110	二月辛卯(9)	倉	出糧	左側
9-16	二月辛卯	倉	出糧	左側
8-606	三月癸丑(1)	倉	出糧	左側
8-448＋8-1360	三月癸丑	倉	出糧	/
8-763	三月癸丑	倉	出糧	左側
8-816	三月癸丑	貳春鄉	出糧	左側
8-1595	三月癸丑	貳春鄉	出糧	左側
8-760	三月丙寅(14)	倉	出糧	左側
8-1576	三月癸酉(21)	貳春鄉	出糧	左側
9-761	四月癸未(1)	貳春鄉	出糧	左側

① 謝坤擬補爲十二月，見《讀〈里耶秦簡（壹）〉札記（三）》，簡帛網 2016 年 12 月 28 日，http：//www.bsm.org.cn/show_article.php? id=2689。
② 該簡年份原闕釋，許名瑲補爲卅一年，見《〈里耶秦簡（壹）〉曆日校注補正》，簡帛網 2013 年 9 月 7 日，http：//www.bsm.org.cn/show_article.php? id=1888。

續　表

簡　　號	日　　期	出入機構	事　項	刻齒位置
8-1557	四月戊子(6)	貳春鄉	出糧	左側
8-1335＋8-1115①	四月辛卯(9)	貳春鄉	出糧	左側
9-901＋9-902＋9-960＋9-1575	四月□未②	田官	出糧	左側
8-1345＋8-2245	五月乙卯(4)	倉	出糧	左側
9-763＋9-775	五月己未(8)	田官	出糧	右側
8-45＋8-270③	五月壬戌(11)	倉	出糧	左側
8-1540	五月癸酉(22)	倉	出糧	左側
8-1014＋9-934	六月朔日(1)	田官	出糧	左側
9-1117＋9-1194	六月朔日	田官	出糧	左側
9-174＋9-908	六月甲申(3)	田官	出糧	左側
8-781＋8-1102	六月丁亥(6)	田官	出糧	左側
8-1406	/	田官	出糧	/
9-2337	六月己酉(28)	啓陵鄉	出糧	左側
8-2246	七月朔日(1)	田官	出糧	左側
9-41	七月朔日	田官	出糧	左側
8-1321＋8-1324＋8-1328④	七月朔日	田官	出糧	左側
8-1336	七月壬子(2)	倉	出糧	左側
8-1794	七月乙丑(15)	倉	出糧	左側
8-1574＋8-1787	七月癸酉(23)	田官	出糧	左側
8-1550	七月己卯(29)	啓陵鄉	出糧	左側
8-275	八月辛巳(1)	倉	出糧	左側

---

① 綴合據何有祖：《里耶秦簡牘綴合七則》，《簡帛》第 9 輯，上海古籍出版社 2014 年，第 183—184 頁。
② 《校釋》認爲□疑是"乙"，乙未爲十三日。
③ 綴合據何有祖：《里耶秦簡牘綴合（七則）》，簡帛網 2012 年 5 月 1 日，http：//www.bsm.org.cn/show_article.php? id＝1679。
④ 綴合據謝坤：《〈里耶秦簡(壹)〉綴合（一）》，簡帛網 2016 年 5 月 16 日，http：//www.bsm.org.cn/show_article.php? id＝2556。

續 表

簡　　號	日　　期	出入機構	事　項	刻齒位置
8-1031＋8-1375①	八月丙戌(6)	倉	出糧	/
8-1153＋8-1342	八月辛丑(21)	倉	出糧	/
8-217	八月壬寅(22)	倉	出糧	左側
8-7	九月辛亥(2)	倉	出糧	左側
8-211	九月庚申(11)	倉	出糧	左側
8-1905＋9-309＋9-976	後九月辛巳(2)	倉	出糧	左側
卅二年				
14-66②	三月丙申(20)	倉	出祠先農物	/
14-300＋14-764＋9-3331③	三月丙申(20)	倉	出祠先農物	/
14-641	/	倉	出祠先農物	/
14-375	三月丙申	倉	出祠先農物	/
14-639＋14-762	三月丙申	倉	出祠先農物	/
14-649＋14-679	三月丙申	倉	出祠先農物	/
14-650＋14-652	三月丙申	倉	出祠先農物	/
14-654	三月丙申	倉	出祠先農物	/
15-480	三月丙申	倉	出祠先農物	/
14-656＋15-434	三月丙申	倉	出祠先農物	/
14-675	三月丙申	倉	出祠先農物	/
15-490	三月丙申	倉	出祠先農物	/
14-685	三月丙申	倉	出祠先農物	/
14-698	三月丙申	倉	出祠先農物	/

---

① 綴合據張馳:《里耶秦簡券類文書綴合三則》,《簡帛》第12輯,上海古籍出版社2016年,第86頁。

② 以下諸枚來自14、15層的秦始皇卅二年"出祠先農物"類券書,皆據張春龍:《里耶秦簡祠先農、祠窨和祠隄校券》,《簡帛》第2輯,上海古籍出版社2007年,第393—395頁;及彭浩:《讀里耶"祠先農"簡》,部分參考里耶秦簡博物館、出土文獻與中國古代文明研究協同創新中心中國人民大學中心:《里耶秦簡博物館藏秦簡》。

③ 後綴9-3331據謝坤:《讀〈里耶秦簡(壹)〉札記(一)》,簡帛網2015年6月29日,http://www.bsm.org.cn/show_article.php?id=2266。

續表

簡　　號	日　　期	出入機構	事　項	刻齒位置
14-719	三月丙申	倉	出祠先農物	/
8-2194	三月癸巳(17)	貳春鄉	出糧	/
8-1793	三月丁……	/	出糧	左側
8-1189＋8-1383①	四月丙午(1)	/	出糧	左側
8-2247	八月壬戌(18)	貳春鄉	出糧	右側
8-1088	八月……	/	出糧	左側
12-2301	九月丁酉(20)	少内	出衣物	/
卅三年				
8-761	十月壬戌(19)	發弩	出糧	左側
8-1135	三月己丑(19)	司空	出糧	左側
8-956	四月辛……	/	出糧	左側
8-1263	八月丙寅(28)	/	出／入錢	右側
8-1660＋8-1827	九月乙酉(6)	倉	出糧	左側
卅四年				
9-495＋9-498	十一月甲午(28)	倉	出衣物	左側
9-209	十一月甲午	倉	出衣物	左側
9-1931＋9-2169	十一月甲午	倉	出錢	左側
9-528＋9-1129＋8-1621②	七月辛巳(18)	倉	出糧	/
8-1549	八月丙申(4)	倉	出錢	左側
8-1635	八月乙巳(13)	司空	出糧	/
9-323	八月戊申(16)	司空	出大枲	右側
9-745＋9-1934	九月己巳(7)	少内	入衣物	左側

---

① 綴合據何有祖：《里耶秦簡牘綴合(六)》，簡帛網2012年6月4日，http：//www.bsm.org.cn/show_article.php？id＝1708。

② 後綴8-1621據齊繼偉：《〈里耶秦簡(貳)〉綴補一則》，簡帛網2018年7月1日，http：//www.bsm.org.cn/show_article.php？id＝3183。唐強認爲此三簡綴合均有疑問，見唐強：《〈里耶秦簡〉9-528＋9-1129＋8-1621綴合商榷》，簡帛網2019年4月17日，http：//www.bsm.org.cn/show_article.php？id＝3353。

續　表

簡　　號	日　　期	出入機構	事　項	刻齒位置
卅五年				
9-56＋9-1209＋9-1245＋9-1928＋9-1973	十月乙酉(24)	少內	出肉	/
9-186＋9-1999＋9-1295＋9-1215	十月乙酉	少內	出肉	/
8-839＋8-901＋8-926	正月朔日(1)	倉	出糧	/
8-1167＋8-1392	四月庚申(2)	倉	出糧	左側
8-909	五月乙巳(17)	/	出／入糧	右側
6-12	五月己……	/	出／入糧	右側
8-447	五月甲□	少內	入繭	右側①
8-96	六月丁卯(10)	少內	入繭	右側
8-889	六月乙……	少內	入繭	右側
8-1673	/	少內	入繭②	/
8-845	六月己巳(12)	庫	出賣祠窨餘物	左側
8-907＋8-923＋8-1422	六月己巳	庫	出賣祠窨餘物	左側
8-993	六月己巳	庫	出賣祠窨餘物	左側
8-1002＋8-1091	六月己巳	庫	出賣祠窨餘物	左側
8-1055＋8-1579	六月己巳	庫	出賣祠窨餘物	左側
8-1162＋8-1289＋8-1709③	六月己巳	庫	出賣祠窨餘物	/
8-847	……己巳	庫	出賣祠窨餘物	/
8-1268	七月乙巳(18)	倉	出／入糧	左側
8-924	七月戊……	/	出／入糧	右側

---

① 整理者原作"左側",據鄔文玲:《里耶秦簡所見"戶賦"及相關問題瑣議》(《簡帛》第 8 輯,第 217 頁)改。
② 以上四枚"入繭"類簡,鄔文玲認爲與繭的徵收有關,"繭六兩"每戶應納的戶賦數額,由少內負責收取;參鄔文玲:《里耶秦簡所見"戶賦"及相關問題瑣議》第 217—219 頁。因此,它們應屬於入券。
③ 8-1162＋8-1289 綴合據雷海龍:《里耶秦簡試綴五則》,《簡帛》第 9 輯,第 195—196 頁;後綴 8-1709 據張馳:《里耶秦簡券類文書綴合三則》第 85—86 頁。

續表

簡　號	日　期	出入機構	事項	刻齒位置
8-836＋8-1779	七月乙未(8)	倉	出/入糧	左側
8-257＋8-937	七月丙辰	/	出/入糧	/
8-1029①	……朔日(1)	啓陵鄉	出糧	/
8-811＋8-1572	八月癸亥(7)	少内	出錢	左側
8-1214	八月戊寅(22)	少内	出錢/出物	/
8-2093＋8-2180	八月乙酉(29)	司空	入物	/
8-824＋8-1974	八月丙戌(30)	倉、司空	出/入糧	左側
8-1686	八月……	/	出莞席	左側
8-596	八月……	/	出/入糧	/
8-891＋8-933＋8-2204	九月朔日(1)	少内	出獻繒	左側
8-1751＋8-2207	九月朔日	少内	出獻繒	左側
8-1159	九月……	/	出糧	左側
8-941	/	/	出糧	/
卅七年				
9-738＋9-1981	八月……	/	出/入白翰羽	右側
9-1193	(疑爲全年)	尉司寇	出紺	/
元年				
9-2231	三月□寅	/	出炭	/
9-2232	五月丁未(7)	庫	出銅	/
9-89＋9-739	五月庚戌(10)	庫	出銅	/
9-2058	八月辛未(2)	庫	出牛革	/
6-23＋9-2049＋9-2164	八月辛未	庫	出牛革②	左側

---

① 趙岩據人名推定此簡時間最可能是卅五年八月丁巳朔，見《里耶秦紀日簡牘劄記》，簡帛網 2012 年 10 月 31 日，http://www.bsm.org.cn/show_article.php? id＝2689。

② 以上四簡，皆是爲製作車具而出手相關物資。可參羅小華：《里耶秦簡所見車及相關器物》，簡帛網 2018 年 5 月 29 日，http://www.bsm.org.cn/show_article.php? id＝3139。

續　表

簡　　號	日　　期	出入機構	事　項	刻齒位置
9-91＋9-2033	八月丁亥(18)	少内	入錢	右側
9-720	八月戊戌(29)	少内	入錢	内側
9-86＋9-2043	八月戊戌	少内	入錢	左側
9-119	八月……	/	入錢	左側
無紀年				
8-81	/	倉	出糧	/
8-125	/	/	出糧	/
8-262	/	/	出糧	/
8-337	/	/	出糧	/
8-511	/	/	出/入糧	左側
8-575	……丁卯	司空	出糧	/
8-827	/	/	出物	/
8-850	/	/	出糧	/
8-899	/	/	出糧	/
8-902	/	/	出糧	/
8-967	/	/	出物	/
8-980	/	/	出糧	/
8-992	/	/	出錢購賞	/
8-1000	/	/	出糧	/
8-1024	/	/	出糧	/
8-1030	/	/	出糧	/
8-1037	/	/	出糧	/
8-1059	……甲辰	倉	出糧	右側
8-1063＋8-1642①	……庚戌	倉	出糧	/
8-1094	/	/	出糧	/

---

① 綴合據謝坤:《里耶秦簡牘綴合八組》,《文獻》2018年第3期,第66—67頁。

續　表

簡　　號	日　　期	出入機構	事　項	刻齒位置
8-1101	/	/	出糧	/
8-1109	/	/	出糧	/
8-1134	/	倉	出糧	/
8-1177	/	/	出糧	/
8-1238	/	/	出糧	/
8-1710	/	/	出糧	/
8-2186	/	/	入射具	/
8-2200	/	/	入射具	/
8-2233	/	/	出糧	/
8-2501	/	/	入白翰羽	/
9-126	/	/	出布	/
9-202＋9-3238	/	倉	出糧	/
9-268	/	倉	出糧	/
9-363	……丁巳	倉	出糧	/
9-476	/	/	出糧	/
9-552	……朔日(1)	田官	出糧	/
9-577	/	/	出糧	/
9-715＋9-1849	/	/	出糧①	/
9-737	……己巳	少内	出禽	/
9-764	五月甲申	司空	出錢	/
9-778	/	/	出糧	/
9-888	……乙巳	/	/	/
9-943	/	/	入糧	/
9-1120	/	/	出糧	/
9-1138	/	/	出物	/

① 此文書包含多重結構。其中"出粟一斗大半斗，斗十二錢以貸冗……"是糧食出貸的内容。

續 表

簡　　號	日　　期	出入機構	事　項	刻齒位置
9-1231	/	啓陵鄉	入糧	/
9-1358	/	/	出糧	/
9-1432	/	/	入繭	/
9-1497＋9-2236	……己巳(7)	少内	入衣	/
9-1505	/	/	出糧	/
9-1527	/	/	出糧	/
9-1537	十二月？	/	入錢	/
9-1574＋9-1976	/	/	出糧	/
9-1636	/	/	出大枲	/
9-1663	/	/	出糧	/
9-1709	/	/	入錢	/
9-1780	/	倉	出糧	/
9-1906	/	/	出糧	/
9-1913	……癸巳	倉	出糧	/
9-3396	/	/	出糧	/

吕后元年"除三族罪妖言令"發覆
——兼談漢初的刑罰序列

宋　潔

摘　要: 吕后元年、文帝二年所除"三族""妖言"之法并非同指。吕后所除的是夷三族的酷刑,且"三族罪妖言令"最好理解爲"三族罪令"與"妖言令"。而文帝所除僅是三族的收坐。且"三族刑"似可加入漢初刑罰序列之中。

關鍵詞: 三族罪　妖言令　夷三族之令　辛垣平　刑罰序列

《漢書》所載吕后元年"除三族罪妖言令"的問題,一直以來受到中外學者的關注。該問題的複雜性在於吕后所除的"三族罪""妖言令",在其後不久的文帝時期又再次廢除,這就造成了短時期內重複廢除的問題。針對這一重複廢除的問題,學者提出了各自不同的看法。因此,有必要先對過往研究做一梳理分析。

一、吕后"除三族罪妖言令"問題之回顧

先看"妖言令"的問題。漢文帝二年(前178),詔除"誹謗妖言之罪"。《史記·孝文本紀》云:

> 今法有誹謗妖言之罪,是使衆臣不敢盡情,而上無由聞過失也。將何以來遠方之賢良? 其除之。

可見,在文帝剛登基不久就廢除了"誹謗妖言之罪"。其與吕后元年(前187)"除妖言令"相隔僅九年。針對這一現象,諸學者提出了各自的看法。顏師古認爲吕后與文帝

之間曾重設"妖言令";①梁玉繩、大庭脩認爲文帝詔文所説"誹謗妖言"中的"妖言"二字爲衍文;②張建國、高敏認爲吕后並未廢去"妖言令"。③

再看"三族罪"的問題。"三族罪"首先涉及到"三族"之所指。《史記集解》引張晏曰:"父母、兄弟、妻子也。"如淳曰:"父族、母族、妻族也。"

"三族"在法律範圍指父母、妻子、同産。這是學界主流觀點。最直接的證據可見《墨子·號令》:

> 若欲以城爲外謀者,父母、妻子、同産皆斷。左右知不捕告,皆與同罪。
> 以城爲外謀者三族。

岑仲勉云:"'以城爲外謀者三族'句,即前'若欲以城爲外謀者父母妻子同産皆斷'之複出,余前文謂三族是父母、妻子及兄弟,得此益足證實。"④確定了"三族"的範圍之後,再看《漢書·刑法志》所載文帝二年之詔:

> 孝文二年,又詔丞相、太尉、御史:"……今犯法者已論,而使無罪之父母、妻子、同産坐之及收。朕甚弗取。其議。"左右丞相周勃、陳平奏言:"父母、妻子、同産相坐及收,所以累其心,使重犯法也……"

這説明文帝二年之時,"三族罪"依然存在。正因此,學者就吕后元年到文帝二年之間"三族罪"的情形發表了各自的看法:閻若璩認爲吕后到文帝之間曾重設過"三族罪",只是史料缺載;⑤張建國認爲吕后根本沒有除去"三族罪",所除去的是"三族罪中的妖言令"。⑥

自從 2001 年《二年律令》刊佈之後,該問題更爲複雜。《二年律令·賊律》簡 1-

---

① 師古曰:"高后元年,詔除妖言之令,今此又有妖言之罪,是則中間曾重復設此條也。"《漢書·文帝紀》,中華書局 1962 年,第 118 頁。

② "《漢書》紀、志高后元年正月詔除妖言令,而此又有妖言之詔,師古以爲中間曾重復設之。然詔中無一語及妖言,《名臣表》止言除誹謗律,景帝元年十月詔,歷敘孝文功德,但云除誹謗而亦不及妖言,則師古重設之説未確,疑'妖言'二字是羨文。"梁玉繩:《史記志疑》,中華書局 1981 年,第 258 頁;大庭脩著,林劍鳴等譯:《秦漢法制史研究》,上海人民出版社 1991 年,第 94—95 頁。

③ 參見張建國:《夷三族解析》,《法學研究》1998 第 6 期,第 143—157 頁;高敏:《〈張家山漢墓竹簡·二年律令〉中諸律的製作年代試探》,《史學月刊》2003 第 9 期,第 32—36 頁。案:需要注明的是,張先生認爲吕后所除妖言令僅是"事涉三族罪的那一件妖言令",而其他"妖言令"並未廢除,所以才會有文帝的復除。

④ 岑仲勉:《墨子城守各篇簡注》,中華書局 2004 年,第 124 頁。

⑤ 參見閻若璩:《尚書古文疏證》,上海古籍出版社 2010 年,第 195 頁。

⑥ 參見張建國:《夷三族解析》第 156 頁。

2 云：

> 以城邑亭障反，降諸侯，及守乘城亭障，諸侯人來攻盜，不堅守而棄去之若降之，及謀反者，皆要斬。其父母、妻子、同產，無少長皆棄市。其坐謀反者，能偏捕，若先告吏，皆除坐者罪。①

該律文所誅殺的父母、妻子、同產，正是"三族"的範圍。而《二年律令》中因有呂后元年所封其父的諡號——呂宣王，故可以肯定《二年律令》曾針對呂后元年所下達的詔令進行過相應的律文修訂。正因此，這便與呂后元年"除三族罪"產生了矛盾，因爲"三族"既然指"父母、妻子、同產"，那爲何呂后元年"除三族罪"之後的《二年律令》中依然是"父母、妻子、同產"呢？按理，是不應該再有此"三族"的。針對這樣的矛盾，高敏認爲"所謂'至高后元年，乃除三族罪、妖言令'，已直接爲抄錄於呂后二年的《二年律令》中的《收律》所否定，故到文帝二年還有'議除無罪之父母妻子同產坐之及收'的必要"。②邢義田認爲呂后"詔除三族罪，事實上並未真廢，或甫廢即恢復，故仍見於《二年律令》"。③宮宅潔認爲"呂后詔書的實際效力乃至史實本身都令人懷疑"。④可見，三家都以《二年律令》質疑了呂后"除三族罪"的真實性。

此外，最近的成果當屬水間大輔的研究。水間氏認爲呂后二年的《二年律令》中之所以還存有"三族刑"的規定，是因爲"三族刑廢除後，若立刻從法文集刪除三族刑，則不能參閱並確認如何處理在廢除前犯三族罪的人的三族"。⑤即認爲詔令所廢除的法規，在法文集中還需要保存一段時日。這一觀點的提出，大輔本人似乎也有一絲猶豫，畢竟"高后元年追尊曰呂宣王"一事已反映在了《二年律令·具律》之中。並且，《秦律十八種·尉雜》簡199云："歲雠辟律于御史。"說明相關人員每年都要到御史處對律令進行校對。《具律》中"呂宣王"內容的出現正是這一規定的寫照。所以，呂后元年"除三族罪"的詔令未反映在《二年律令·賊律》之中，當有其他原因。

水間大輔並不否定呂后"除三族罪"這一記載，故在此基礎上着手找尋"三族罪"被重新制定的原因，提出"呂后八年呂后死後，太尉周勃與朱虛侯劉章等對呂氏政權發動政變，將呂氏男女全部抓捕，'無少長皆斬之'。'無少長皆斬之'這一表達很相似

---

① 張家山二四七號漢墓竹簡整理小組編著：《張家山漢墓竹簡〔二四七號墓〕》（釋文修訂版），文物出版社2006年，第7頁。
② 高敏：《〈張家山漢墓竹簡·二年律令〉中諸律的製作年代試探》第36頁。
③ 邢義田：《張家山漢簡〈二年律令〉讀記》，《燕京學報》2003年新第15期，第2頁。
④ 宮宅潔著，楊振紅、單印飛等譯：《中國古代刑制史研究》，廣西師範大學出版社2016年，第140頁。
⑤ 水間大輔：《漢初三族刑的變遷》，《廈門大學學報》（哲學社會科學版）2012年第6期，第67頁。

於《二年律令》第1-2號簡的'其父母、妻子、同産無少長皆棄市'"。① 故水間大輔認爲"三族罪"再次制定於吕后八年。

水間氏將"三族刑"重新制定的原因解釋爲吕氏男女"無少長皆斬之",這似乎是一個較爲合理的解釋。不過,《史記·吕太后本紀》云:"遂遣人分部悉捕諸吕男女,無少長皆斬之。"這實際上已經超出了"父母、妻子、同産"的三族範圍,可視爲一種敵對集團間應急性的措施。當然,此事件之後,是否通過正規立法程式重設"三族罪",僅從當時功臣們考慮新皇人選、等待新皇到來的緊張局勢來説,似乎無暇或無必要在新皇來臨之前去制定一個"三族罪"。何況,如果真是吕后八年由功臣們再次制定"三族罪",那文帝在剛登基、帝位不穩之時,就敢直接否定諸功臣的舉措?且諸臣在后少帝當位之際,滅吕氏,廢立后少帝、文帝,其本身就有謀反夷族之嫌,實無必要重設"三族罪"。

實際上,水間大輔所提出的解釋還需要面對一個更大的問題。這就是文帝二年不僅廢除了"三族罪",還除去了"妖言罪"。既然以誅滅吕氏一事來確定"三族罪"的再實施,那又以何事來確定"妖言"在文帝二年之前的再制定呢?可見,脱離"妖言令"而談"三族罪"就會受到限制。

水間大輔的這種解釋雖然讓人不安,但他此前曾提出、其後又放棄的一個看法,卻值得重視。他曾認爲:"吕后元年廢除的是施以'黥''劓'與'斬趾'等附屬的肉刑後處以死刑這一三族刑的執行方法,而三族刑本身没有被廢除。"此觀點的意思是,"當三族者,皆先黥、劓、斬左右止、笞殺之、梟其首、菹其骨肉於市。其誹謗詈詛者,又先斷舌"這一行刑方式被廢除了。對此,宫宅潔指出有此可能,但又指出:"如果吕后改革並非要廢除緣坐本身,而祇是想改變它的處刑方式的話,那麽《刑法志》將這一改制稱作'除三族罪、妖言令'顯然是誇大其詞,問題仍無法解決。"②宫宅潔的意思是,如果僅僅只是廢除夷三族的酷刑,吕后或者班固不會説成"除三族罪",因爲"三族罪"不僅牽涉到"酷刑",還涉及到"父母、妻子、同産"的緣坐。這一詰語,被水間大輔所接受,並進而改變了觀點,提出了上述所説的法文集刪除的滯後性以及吕氏被殺後重新制定三族罪的觀點。

二、吕后"除三族罪妖言令"之含義

筆者接下來在水間大輔所放棄觀點之上,來作出一些證明。我們還是要回到文

---

① 水間大輔:《漢初三族刑的變遷》第67頁。
② 宫宅潔著,楊振紅、單印飛等譯:《中國古代刑制史研究》第139頁。

獻上,去瞭解班固到底所要表達的意思。《漢書·刑法志》云:

> 【1】漢興之初,雖有約法三章,網漏吞舟之魚。然其大辟,尚有夷三族之令。令曰:"當三族者,皆先黥、劓、斬左右止、笞,殺之,梟其首,菹其骨肉於市。其誹謗詈詛者,又先斷舌。"故謂之具五刑。彭越、韓信之屬皆受此誅。至高后元年,乃除三族罪、袄言令。【2】孝文二年,又詔丞相、太尉、御史:"法者,治之正,所以禁暴而衛善人也。今犯法者已論,而使無罪之父母、妻子、同產坐之及收。朕甚弗取。其議。"左右丞相周勃、陳平奏言:"父母、妻子、同產相坐及收,所以累其心,使重犯法也。收之之道,所由來久矣。臣之愚計,以爲如其故便。"文帝復曰:"朕聞之,法正則民愨,罪當則民從。且夫牧民而道之以善者,吏也。既不能道,又以不正之法罪之,是法反害於民,爲暴者也。朕未見其便。宜孰計之。"平、勃乃曰:"陛下幸加大惠於天下,使有罪不收,無罪不相坐,甚盛德,臣等所不及也。臣等謹奉詔,盡除收律、相坐法。"其後,新垣平謀爲逆,復行三族之誅。

此記載可分爲兩段,全是講述漢初三族之法的經歷。先看第一段中的"三族罪",宮宅潔認爲"三族罪"要包括緣坐,實則未必。《漢書·高后紀》云:"除三族辠。""罪""辠"有學者做過考釋:"'罪'原作'辠','辠'原指以刑具加於人身,先指割鼻之劓刑,後引申泛指各種刑罰。'罪'本指以羅網捕飛鳥,引申爲捕罪人或監禁罪人。無論是'辠'還是'罪',原義均不是指'犯罪行爲',而是對待犯罪人的措施,即刑罰。"① 冨谷至也指出:"秦簡中'罪(辠)'除了犯罪的意思外,還有刑罰的意思……'罪'一詞具有'犯罪'和'刑罰'兩種含義,説明罪(crime)的概念和與其相對應的罰(punishment)的概念没有被嚴格地區分開來。至少在秦律中,還没有把罪和罰加以區分的意識……對於'加罪',首先要指出的是,秦律中的'罪'是刑罰的意思,就是説'加罪'是加罰即附加刑罰的意思。"② 由上可見,"三族罪"可指"三族刑罰"。

冨谷至和劉志松對"罪"字已做了詳細的說明,其說當可采信。在此基礎上,再舉幾例。《韓非子·説難》云:

> 衛國之法,竊駕君車者罪刖。彌子瑕母病,人聞,有夜告彌子,彌子矯駕君車以出。君聞而賢之,曰:孝哉!爲母之故,忘其犯刖罪。

"罪刖""刖罪"之"罪"用的是"刑罰"之義。又如賈誼《新書·鑄錢》云:

---

① 劉志松:《釋"罪"》,《江蘇警官學院學報》2008 第 4 期,第 105 頁。
② 冨谷至著,柴生芳、朱恒曄譯:《秦漢刑罰制度研究》,廣西師範大學出版社 2006 年,第 19—20 頁。

  法使天下公得顧租鑄錢,敢雜以鉛鐵爲它巧者,其罪黥。

再如青海大通縣上孫家寨漢墓木簡中記載:

  諸誅者皆劓之,以别死皋。①

此"死皋"之"皋"正是"刑罰"的意思。通過以上兩例,我們更加肯定"罪"所具備的"刑罰"義。

  正因此,"除三族罪"按照"犯罪""刑罰"兩義,便只能理解爲"除三族刑罰"與"除三族犯罪"。"三族犯罪"在《二年律令·賊律》中包括"謀反""以城邑亭障反""降諸侯"等行爲。吕后肯定不會除去"謀反""以城邑亭障反"等罪名,故"除三族罪"反而只能理解爲"除三族刑罰"。

  既然"除三族罪"是指"除三族刑罰",那結合上引《漢志》第一段内容,也便明白"夷三族之令"中的殘酷刑罰恰好與"三族罪"互爲關聯。《漢志》在描述了"夷三族之令""具五刑"之後,緊接着就提到"除三族罪妖言令",其間關係不言而喻,指的就是吕后廢除的是"具五刑"之刑罰。

  緊接着的一個疑問是:爲何在全段表述"三族刑"的時候要將"妖言令"放進來?實際上,理解了"三族罪"也就理解了"妖言令"。看"夷三族之令"中的一句話:"其誹謗詈詛者,又先斷舌",這應就是"妖言令"的内容。"妖言令"與"三族罪"一樣,皆是事關"夷三族"處刑方式的一個法令。

  既然我們提出"妖言令"是指"夷三族之令"中的"其誹謗詈詛者,又先斷舌"。那麽,至少應該讓"妖言"與"夷三族"或者"誹謗"或者"詈詛"建立聯繫,這樣才能認定"妖言令"並非唐突出現於《漢志》對夷三族的介紹之中。下面對四者之關係,做一些論述。

  "誹謗"與"妖言"往往難分。賈誼《新書·保傅》云:

  故今日即位,明日射人,忠諫者謂之誹謗,深爲之計者謂之妖言,其視殺人如艾草菅然。豈胡亥之性惡哉?

又《漢書·路温舒傳》云:

  臣聞秦有十失,其一尚存……正言者謂之誹謗,遏過者謂之妖言。

"遏過""深計"有指斥過誤、言辭情感深切的意思,故表達上强於"正言""忠諫"。或者

---

① 國家文物古文獻研究室、大通上孫家寨漢簡整理小組:《大通上孫家寨漢簡釋文》,《文物》1981年第2期,第25頁。

也可看成互文：忠諫者、深計者謂之誹謗妖言；正言者、遏過者謂之誹謗妖言。正因爲誹謗與妖言較難區分，所以，沈家本認爲"秦漢之妖言，乃誹謗之類"，①韓國磐也指出兩者性質相同。② 因此，如果誹謗都能適用夷三族，那麼妖言當也能適用夷三族。《史記·高祖本紀》云：

> 還軍霸上。召諸縣父老豪桀曰："父老苦秦苛法久矣，誹謗者族，偶語者棄市。"

又《史記·秦始皇本紀》云：

> 丞相李斯曰："……有敢偶語詩書者棄市。以古非今者族……"制曰"可。"

兩相比較，劉邦對父老豪傑所說的"偶語者棄市"，即爲李斯向始皇提議的"有敢偶語詩書者棄市"。而劉邦所說的"誹謗者族"也應當是李斯所說的"以古非今者族"。誹謗的手段有不同，通過托古以攻擊當朝便屬其手段之一。如《韓非子·忠孝》云"爲人臣常譽先王之德厚而願之，是誹謗其君者也"，表達了今不如古。此即爲"以古非今"。韓非子對此視之爲"誹謗其君"。當然，就算劉邦、李斯二人對此所指不同，也至少說明了秦法中的"誹謗者"和"以古非今者"是會遭受族刑的。"誹謗者"或"以古非今者"有被夷族的情形，故妖言者也當有被夷族的情形。

"以古非今"不僅被視爲誹謗，也有被視爲"妖言"的情形。《史記·秦始皇本紀》有李斯說"今諸生不師今而學古，以非當世，惑亂黔首"與始皇說"諸生在咸陽者，吾使人廉問，或爲妖言以亂黔首"。李斯所說是焚書一事，始皇所說是坑儒一事。此處"妖言"是否指"師今而學古，以非當世"，從"亂黔首"的影響來看，似乎當爲同指。另外，後世將被坑殺的人理解爲"儒生"，有很大一部分原因是基於太子扶蘇所說的一段話：

> "諸生在咸陽者，吾使人廉問，或爲訞言以亂黔首。"於是使御史悉案問諸生，諸生傳相告引，乃自除犯禁者四百六十餘人，皆坑之咸陽，使天下知之，以懲後。益發謫徙邊。始皇長子扶蘇諫曰："天下初定，遠方黔首未集，諸生皆誦法孔子，今上皆重法繩之，臣恐天下不安。唯上察之。"

始皇使人廉問"諸生"，扶蘇爲"諸生"求情。太子規諫之語中所提及的"諸生皆誦法孔子，今上皆重法繩之"，說明始皇已經對"亂黔首"的儒生展開了懲治，而誦法孔子的儒生的輿論武器，莫過於借詩書以評論時政，所以，只能說諸生確有違反焚書時所規定

---

① 沈家本：《歷代刑法考》，中華書局 1985 年，第 1860 頁。
② 韓國磐：《中國古代法制史研究》，人民出版社 1993 年，第 180 頁。

的"有敢偶語詩書者棄市,以古非今者族"的禁令。換言之,被坑殺的諸生"爲訞言以亂黔首"當屬於"語詩書、以古非今"的情形。《嶽麓秦簡(伍)》簡1017規定:

【●】自今以來,有誨傳言以不反爲反者,輒以行訞律論之。①

該法開始將"以不反爲反"的虛假傳言都納入到"行訞"之中,可見秦律對"訞"的認定是比較寬泛的。而"以古非今"是用切實的語言攻擊、反對當朝。所以,"以古非今"視爲"訞言"當在情理之中。這裏需要指出的是,"諸生"的懲處似乎並不符合"以古非今者族"的規定。對此,我們認爲需要考慮"坑殺"並非法定刑的性質。"訞言"行爲的認定是有據可依的,如"行訞律"中當囊括諸多"訞"性質的行爲,可作爲判定"訞"的依據。但在處罰"諸生"時,卻並未遵照法定刑的規定,而是改用了"坑殺"這一法外刑,且無法得知是否牽連了家人。所以,我們不能通過法外刑去判斷諸生"爲訞言"並非"以古非今"。史書中所載詔獄,往往任皇帝喜怒,死罪不殺,活罪不饒,罪刑不對等。

綜上可知,"誹謗者""訞言者""以古非今者"皆可適用族刑。三者有時候可同指互用。② 需要指出的是,並非所有的誹謗、訞言行爲都會遭受族刑。從上文可知,誹謗、訞言中的"以古非今"的行爲可適用族刑。

既然"訞言令"和"其誹謗詈詛者,又先斷舌"中的"誹謗"建立了聯繫了,那麼"詈詛"是否也能和"訞言"確立聯繫呢?"詈"有辱罵之意,不好判斷與"訞言"的關係。"詛"往往與"祝"連用。③ 文帝除誹謗訞言詔中就直接用的是"民或祝詛上以相約結而後相謾"。筆者曾針對文帝詔文中所說的"祝詛上"與"訞言"的關係進行過比較,認爲其"訞言"包括"祝詛上"。《孝文本紀》記載爲:

---

① 陳松長主編:《嶽麓書院藏秦簡(伍)》,上海辭書出版社2017年,第42頁。
② 筆者曾撰文指出"訞言罪"的特徵不易理解的原因:"以爲和'訞言'概念的模糊及其詞性有關。'訞言'主要是從言論所具有的性質來認定的。我們知道,'誹謗'一詞一般是作爲動詞使用,其後賓語一般是人或事,如:'今乃誹謗我''乃复數上書直言誹謗我所爲''誹謗政治';而'訞言'卻主要用作名詞,一般作爲賓語,如:'妄作訞言''爲訞惡言''謂勝爲訞言',包括我們所能見到的最早對'訞言罪'有明確界定的《唐律疏議》,都是提出的'諸造訞書及訞言者,絞'。揆之常理,罪名的認定,一般是以犯罪嫌疑人的行爲、動作來判定,如誹謗罪、殺人罪、盜竊罪等等;而'訞言'作爲一名詞,表述的是行爲動作所具有的一種性質,而不同的行爲都可能産生出一種'訞惡''不祥'的性質,如'以古非今'算訞言,'妄説天道'可爲訞言。所以,'訞言'一詞可以涵蓋許多具體的行爲。不同類型的言論都可能冠以爲'訞言'。"拙文:《兩漢"訞言"與"祝詛"關係探析》,《湖南大學學報》2014年第2期,第21—22頁。
③ "祝"有"詛"義。《後漢書·賈逵傳》云:"逵薦東萊司馬均……均字少賓,安貧好學,隱居教授,不應辟命。信誠行乎州里,鄉人有所計争,輒令祝少賓,不直者終無敢言"。李賢注:"祝,詛也。《東觀記》曰:'争曲直者,輒言"敢祝少賓乎"?心不直者,終不敢祝也。'"

上曰:"……今法有誹謗妖言之罪……其除之。民或祝詛上以相約結而後相謾,吏以爲大逆,其有他言,而吏又以爲誹謗。"

此"妖言"與"祝詛上"之關係,筆者之論述,撮其要,是以《睡虎地秦簡·封診式》中的一則"毒言"爰書展開,先通過《論衡·言毒》所云"太陽之地,人民促急,促急之人,口舌爲毒",能用來"祝樹樹枯""唾鳥鳥墜""延疾""愈禍"等;再繼之以《論衡·訂鬼》所云"天地之氣爲妖者,太陽之氣也。妖與毒同""天地之間,妖怪非一,言有妖,聲有妖,文有妖。或妖氣象人之形,或人含氣爲妖。象人之形,諸所見鬼是也;人含氣爲妖,巫之類是也。是以實巫之辭,無所因據,其吉凶自從口出,若童之謡矣。童謡口自言,巫辭意自出"。可見,"毒言"爲"妖言",而"祝詛上"正可視之爲"毒言""妖言"。①

"毒言"的"祝樹樹枯""唾鳥鳥墜"確在漢宮施用。《史記·外戚世家》有載:"長公主怒,而日讒栗姬短於景帝曰:'栗姬與諸貴夫人幸姬會,常使侍者祝唾其背,挾邪媚道。'"此中"祝唾其背",正是"祝樹樹枯""唾鳥鳥墜"在人身的施展。

通過以上論證,我們建立了"妖言令"與"夷三族""其誹謗詈詛者,又先斷舌"三者之間的聯繫。

另外,文帝時期又有除"妖言"之舉,文帝詔文説"今法有誹謗妖言之罪"。此"妖言之罪"當與吕后所除"妖言令"無關,而關乎《嶽麓秦簡(伍)》簡1017"有誨傳言以不反爲反者"之類的言語之罪。我們知道"令"有補充"律"的功能,正如"夷三族之令"只規定行刑的過程,而"夷三族"的具體罪名是分設在"律"之中的,《二年律令·賊律》簡1-2就有謀反、以城邑亭障反、降諸侯等夷三族的罪行或罪名。所以,我們結合"令"的功能以及"夷三族之令"與《二年律令·賊律》的關係,可以推斷"妖言令"是對"妖言律"的部分補充。而文帝所除的"妖言之罪"應該指的就是"妖言律"中的内容。

以往可能也忽視了"三族罪妖言令"與"夷三族之令"的關係。其實,"夷三族之令"並非具體的"令名",用現在的話解釋就是"夷三族的令",屬於一個概括性的説法。我們所知道的具體"令名",譬如"津關令""功令""金布令""田令"等等,都不會有"之"字。

"夷三族之令"既然作爲泛指,那應該有具體的"令名"與之相對應。結合上下文語境,若有所悟,這應是指"三族罪妖言令"。"三族罪妖言令"一般被理解爲"三族罪"與"妖言令"。實際上,"夷三族之令"應該至少包含兩個以上的"令",才采取

---

① 參見拙文:《兩漢"妖言"與"祝詛"關係探析》第21—23頁。

了泛指的説法。"三族罪妖言令"最好的理解應該是分爲"三族罪令"與"妖言令"。這在文法上也是成立的。"三族罪令"的"令"字因"妖言令"的"令"字而省去,兩者共用一個"令"字。譬如,《二年律令·秩律》簡 441 云"丞相、相國長史,秩各千石",便指丞相長史、相國長史,共用"長史"二字。此類例子甚多,不贅舉。因此可以説,班固是將事關三族酷刑的兩條"令",即"三族刑罰令"與"妖言令"合併論述而稱之爲"夷三族之令"。

"除三族罪妖言令"實際上是漢惠帝的動議。《漢書·高后紀》云"前日孝惠皇帝言欲除三族皋妖言令,議未決而崩,今除之"。可見吕后只不過是在完成兒子意願。惠帝是一個遭受過巨大心理創傷的皇帝。《史記·吕太后本紀》載:

> 太后遂斷戚夫人手足,去眼,煇耳,飲瘖藥,使居厠中,命曰"人彘"。居數日,乃召孝惠帝觀人彘。孝惠見,問,乃知其戚夫人,乃大哭,因病,歲餘不能起。使人請太后曰:"此非人所爲。臣爲太后子,終不能治天下。"孝惠以此日飲爲淫樂,不聽政,故有病也。

惠帝見"人彘"後,因病"歲餘不能起",言語中"此非人所爲""終不能治天下",足見其對酷刑的痛恨。而"三族刑"與"人彘"可算是"異曲同工"。這有助於我們理解吕后所除"三族罪、妖言令"背後的動機及含義。

接下來分析第二段的内容。第二段是關於漢文帝廢除對"父母、妻子、同産"的收坐,以及漢文帝因"新垣平謀爲逆,復行三族之誅"的事情。此句意思需留意,"復行三族之誅"是側重於"三族"二字,表示重新將"三族"納入到了誅殺範圍,但卻並非恢復"三族刑罰"。文帝所做的只不過是自己廢止"三族緣坐",又自己再次恢復而已。

事實上,"夷三族"之法包括三個要素:罪名、罪刑、坐罪範圍。謀反等"罪名"肯定不會被廢除,故而,能廢止的也就只會是"罪刑"與"坐罪範圍"。文帝二年詔文是將親屬收坐予以廢除,並不關涉主犯的"罪刑",文帝後元元年(前 163)"新垣平謀爲逆,復行三族之誅"之後,《史記》《漢書》除了"腰斬"之外,再也見不到關於"具五刑"的記載。有學者認爲"具五刑"的終止是因爲漢文帝十三年(前 167)除"肉刑"的緣故。[①] 但是,肉刑的廢除只包括黥、劓、左右趾,而"三族酷刑"中所剩下的笞、梟其首、菹其骨肉、斷舌等刑罰無法被廢除。所以,廢肉刑肯定不是三族酷刑被廢除的原因。又由於文帝二年詔文並無一語涉及到主犯的"罪刑"的問題,所以,"具五刑"的消失與漢文帝無

---

① 張建國:《夷三族解析》第 149 頁。

關。這說明"罪刑(具五刑)"的廢除早於漢文帝。所以,"罪刑"的廢除只能是吕后二年"除三族罪、妖言令"的結果。

正是因爲文帝"復行三族之誅",所以,新垣平之後的晁錯就逃脱不了"三族"被誅殺的厄運。《漢書·晁錯傳》云:

> "錯不稱陛下德信,欲疏群臣百姓,又欲以城邑予吴,亡臣子禮,大逆無道。錯當要斬,父母、妻子、同産,無少長皆棄市。臣請論如法。"制曰:"可。"

可見,文帝如果未"復行三族之誅",晁錯的"父母、妻子、同産"都將會因爲文帝"盡除收律、相坐法"而倖免。但是,"復行三族之誅"後,"父母、妻子、同産"的緣坐誅殺被再次啓用,又恢復到了《二年律令·賊律》簡1-2所規定的"皆要(腰)斬。其父母、妻子、同産,無少長皆棄市"的情形。晁錯及家屬也正是按照此律文被處決。

三、"三族罪"與漢初的刑罰序列

上文反復論述了吕后"除三族罪"並非是"罪名"的廢除,因爲其下統攝了諸如謀反、降諸侯、以城邑亭障反等等多種罪名。而這些罪名,吕后是不可能廢除掉的。在這種認識之下,我們再轉到"罪"所具有的"刑罰"義來做延伸理解。我們先看幾條史料。《周禮·秋官·司寇》云:

> 司刑掌五刑之法,以麗萬民之罪。墨罪五百,劓罪五百,宫罪五百,刖罪五百,殺罪五百。

這是説墨罪之下有五百條或者五百罪名,劓罪之下有五百條或五百罪名,宫罪、刖罪、殺罪也皆如此。這些都是以"刑罰"作爲標準統攝衆多法規。再如《後漢書·陳寵傳》所載陳寵上奏:

> 今律令死刑六百一十,耐罪千六百九十八,贖罪以下二千六百八十一,溢於甫刑者千九百八十九。

這也可看到漢人在對律令統計時,有以"刑罰"爲統計標準的。以上都是依照不同的"刑罰"來分類統計律令。

結合"刖罪五百""劓罪五百"的分類標準,"三族罪"似也可理解爲"刑罰"標準下所包含的諸多罪名與行爲。打個比方:"三族罪五百"。

綜上,"除三族罪"不能簡單地與"除誹謗罪""除妖言罪"等具體罪名比較,而應該用"除刖罪""除黥罪""除殺罪"去理解更爲穩妥。在"刖罪""黥罪"之下包括諸多罪名。如果是"除刖罪""除黥罪",那肯定不會是廢除"刖罪""黥罪"之下的全部罪名,而應該理解爲是廢除"刑罰"。原刑罰廢除之後,罪名將采用其他的刑罰來懲處。如漢文帝"除肉刑"就是最好的例證。肉刑改革之前,時人正有"黥罪"的叫法,賈誼《新語·鑄錢》"愿民陷而之刑僇,黥罪繁積""今公鑄錢,黥罪積下"。當肉刑改革之後,"黥罪"所屬的罪名便會轉移到其他刑罰之下。所以,當我們看到"除某某罪"之時,還是需要甄別的,畢竟有的是刑罰,有的是罪名。

在"三族刑罰"的理解之下,似乎可以引申出一個問題,值得今後進一步討論。這就是律令的分類可以按照行爲的性質分爲"賊律""盜律""囚律"等,也可按照"刑罰"如黥、劓等的不同來劃分。"三族罪"按照"刑罰"的標準來統攝諸多罪名,這便與上引《周禮》及陳寵所述漢律的情形相一致。因此,在這樣情況下,我們是不是能在漢初的刑罰序列中增添一個"三族罪"? 換言之,在呂后廢除三族酷刑前的漢初,"殺罪"之上是否還有一個"三族罪"呢?

呂后"除三族罪"後,"具五刑"等酷刑不再出現。故主犯所受的"三族刑"便轉入"死刑"(腰斬)之中,其刑罰序列中的最頂端便也消失。

"三族罪"取"刑罰"義,也可稱之爲"三族刑"。該刑的特點在於,"三族刑"的主犯雖然最終也是一死,但其"殺之"只是整個刑罰的一個中間性環節。我們將《二年律令》與"三族刑"作一比較。《二年律令·具律》簡88:

> 有罪當黥,故黥者劓之,故劓者斬左止,斬左止者斬右止,斬右止者府之。

此刑罰序列是黥刑→劓刑→斬左趾→斬右趾→腐刑。腐刑之後往往就是死刑。再比較"三族刑":

> "當三族者,皆先黥、劓、斬左右止、笞,殺之,梟其首,菹其骨肉於市。其誹謗詈詛者,又先斷舌。"故謂之具五刑。

此句慣有的斷句爲"笞殺之",筆者曾指出應改爲"笞,殺之"。"笞"在整個執刑過程中屬於替代刑,因爲符合《二年律令·具律》簡91、122云:"及老小不當刑、刑盡者,皆笞百。"[①]由於腐刑只針對男子且不便,故而三族刑中的女子在"斬右趾"之後就屬於刑

---

① 彭浩、陳偉、工藤元男主編:《二年律令與奏讞書:張家山二四七號漢墓出土法律文獻釋讀》,上海古籍出版社2010年,第127、141頁。

盡,所以,"笞"在整個三族刑中屬於替代刑,是替代腐或宫刑的。① 其後的文帝肉刑改革也是以笞替代黥、劓、斬趾。因此,通過比較,"三族刑"主犯生前所遭受的刑罰正與《二年律令·具律》所記述的一致,需要將法定的刑罰序列過一遍,再執行死刑;而死後又要遭受梟首、菹醢。因此,"三族刑"應區别於單純的"死刑",似乎可以加入到漢初的法定刑罰序列之中。即:

三族刑→(殺之)死刑→腐刑→斬右趾→斬左趾→劓刑→黥刑……

或稱之爲:

三族罪→殺罪→腐罪→斬右趾罪→斬左趾罪→劓罪→黥罪……

"三族刑"的特點,並非單純以殺死爲目的,而是還包括身前與身後的刑辱以及對他者的警示。《睡虎地秦墓竹簡·法律答問》云:

譽適以恐衆心者,翏。"翏"者可如?生翏。翏之已,乃斬之之謂殹。

斬殺之前的"生翏",目的就是刑辱罪犯;而死後的梟首、菹醢,更是對罪犯的殘酷侮辱以及對他人的威懾。因此,"三族刑"具有與單純死刑迥異的刑辱震懾意圖在其中。

四、結 語

通過上文分析之後,再回顧吕后到文帝之間的情事,也就自然清晰了。吕后元年所廢除的"三族罪妖言令"是"三族之刑",並不涉及"父母、妻子、同産",更不涉及到廢除"謀反"等罪名,故而行用於吕后二年的《二年律令·賊律》中出現"父母、妻子、同産"等字眼也就不足爲怪。到了漢文帝二年,文帝通過對"收律、相坐法"的廢除,讓"父母、妻子、同産"免於"夷三族罪"的牽連。結合《二年律令·賊律》1-2 簡,可推知"以城邑亭障反""降諸侯""謀反"等罪將僅止於自身腰斬,家屬不必受牽連。其後,文帝因新垣平一事,恢復了對"父母、妻子、同産"的誅殺,但三族之酷刑並未被恢復。漢初"夷三族"之法的變遷大致如此。這不僅將傳世文獻之間的問題疏通了,也化解了與出土文獻之間的矛盾。所以,我們也就明白了漢文帝爲何會有另一次對"妖言罪""三族法"的廢止舉措,因爲,文帝所廢除的和吕后所廢除的完全是兩個不同性質的事物。其實,結合《漢志》的前後文語境,不去假設吕后與文帝之間有過重設"三族罪"

---

① 拙文:《"具五刑"考——兼證漢文帝易刑之前存在兩個"五刑"系統》,《中國史研究》2014 年第 2 期,第 63—73 頁。

"妖言罪"的行爲,再加之以《二年律令》中"三族"的記載作爲輔助,足可知道吕后、文帝所除不同。可以説,班固的表述是連貫而完整的,並無缺漏,只是因爲後人在理解上出現了偏差,故而才有了各種彌縫之論。

附記:本文得到了諸師友及匿名專家的幫助及寶貴意見,謹表謝忱!

五一廣場簡牘所見名物考釋（四）*

羅小華

摘　要： 新近出版的《長沙五一廣場東漢簡牘》（叁）和（肆）中，有不少關於名物及其價格的記載，不僅品類較多、内容豐富，而且貼近百姓生活，爲學界研究東漢時期長沙地區物質文化生活提供了寶貴資料。

關鍵詞： 五一廣場東漢簡牘　名物　東漢　長沙地區　物質文化生活

《長沙五一廣場東漢簡牘（叁）》和《長沙五一廣場東漢簡牘（肆）》已於 2019 年出版。① 現在，我們想就這批材料中的幾類名物進行考釋。

一、工　具　類

關頭斧（九三一　竹簡 2010CWJ1③：264－85）【圖一】

《周禮·考工記·車人》："柯長三尺，博三寸，厚一寸有半。五分其長，以其一爲之首。"鄭玄注："首六寸，謂今剛關頭斧。柯其柄也。"賈公彦疏："云'謂今剛關頭斧'者，漢時斧近刃，皆以剛鐵爲之，又以柄關孔，即今亦然，故舉漢法爲説也。"孫機先生指出："漢代還有一種在器體中部横穿方銎的斧狀工具，它的柄可以直接横插進

---

* 本文爲國家社會科學基金重大項目"五一廣場出土東漢簡牘的整理與研究"（項目批准號 15ZDB033）和"先秦兩漢譌字綜合整理與研究"（項目批准號 15ZDB095）階段性成果。
① 長沙市文物考古研究所、清華大學出土文獻研究與保護中心、中國文化遺産研究院、湖南大學嶽麓書院編：《長沙五一廣場東漢簡牘（叁）》，中西書局 2019 年。長沙市文物考古研究所、清華大學出土文獻研究與保護中心、中國文化遺産研究院、湖南大學嶽麓書院編：《長沙五一廣場東漢簡牘（肆）》，中西書局 2019 年。

去。……它應稱爲斨。"①《説文·斤部》:"斨,方銎斧也。"

竹箠(九二〇 竹簡 2010CWJ1③:264-74)【圖二】

《説文·竹部》:"箠,擊馬也。"《玉篇·竹部》:"箠,擊馬箠也。"

籠下筐一(九六六 木兩行 2010CWJ1③:264-120)【圖三】

2010CWJ1③:263-112 和 2010CWJ1③:263-100 記有"籠刀"。《説文·竹部》:"籠,竹高篋也。"桂馥義證引《通俗文》:"籠謂之匲笥。"②《楚辭·劉向〈九歎·愍命〉》"飓蝨蠹於筐籠",王逸注:"方爲筐,圓爲籠。"③依王注所言,"籠下筐"的形制難知,其材質爲竹是可以確定的。

杖(一〇九五 木兩行 2010CWJ1③:264-249)【圖四】
木杖。(一四二九 木兩行 2010CWJ1③:265-175)【圖五】

《説文·木部》:"杖,持也。"段玉裁注:"凡可持及人持之皆曰杖。"④《集韻·漾韻》:"杖,所以扶行也。"

維四枚(一三七一 竹簡 2010CWJ1③:265-117)【圖六】

《説文·糸部》:"維,車蓋維也。"桂馥義證:"維謂繫蓋之繩也。"⑤《漢書·賈誼傳》:"若夫經制不定,是猶度江河亡維楫,中流而遇風波,舩必覆矣。"顏師古注:"維所以繫舩,楫所以刺舩也。"簡文中的"維",不知是"車蓋維"還是"繫舩"之"維"。

二、交通工具類

船(九四八 木兩行 2010CWJ1③:264-102)【圖七】
船梃(九四八 木兩行 2010CWJ1③:264-102)
楫(九四八 木兩行 2010CWJ1③:264-102)

---

① 孫機:《漢代物質文化資料圖説》,文物出版社 1991 年,第 23 頁。
② 桂馥:《説文解字義證》,中華書局 1987 年,第 388 頁。
③ 洪興祖撰,白化文、許德楠、李如鸞、方進點校:《楚辭補注》,中華書局 1983 年,第 304 頁。
④ 許慎撰,段玉裁注:《説文解字注》,上海古籍出版社 1988 年,第 263 頁。
⑤ 桂馥:《説文解字義證》,中華書局 1987 年,第 1146 頁。

《説文·舟部》:"船,舟也。"《方言》卷九:"舟,自關而西謂之船,自關而東或謂之舟。"①

"梴",疑讀爲"柂"。②"梴"從"延"得聲,"延"爲元部喻紐字。"柂"從"也"得聲,"也"爲魚部喻紐字。從"延"得聲之字,可與從"也"得聲之字相通。《集韻·哿韻》:"柂,正船木。或作柅、舵、㭔、杕。"《文選·郭璞〈江賦〉》:"淩波縱柂,電往杳溟。"③

"楢",疑讀爲"檣"。"楢"從"肴"得聲,"肴"爲宵部匣紐字。"檣"從"高"得聲,"高"爲宵部見紐字。二字音近可通。《史記·太史公自序》:"穆公思義,悼豪之旅。"司馬貞索隱:"豪即崤之異音。"《淮南子·墜形》:"何謂九塞?曰太汾、澠阨、荆阮、方城、殽阪、井陘、令疵、句注、居庸。""殽阪",《初學記·州郡部》引作"豪阪"。④《方言》卷九:"所以刺船謂之檣。"錢繹箋疏:"'檣''篙''槁''交''桹',並字異義同。"⑤《玉篇·竹部》:"篙,竹刺舡行也。"《廣韻·豪韻》:"篙,進船竿。"《文選·左思〈吳都賦〉》:"槁工檝師,選自閩禺。"李善注引劉逵曰:"《方言》云:'刺舡曰槁。'"⑥從形體和意義兩方面來看,"進船竿"本爲竹竿,故從"竹"作"篙"。⑦後因有木質者,故從"木"作。

車(一五一〇 木兩行 2010CWJ1③:265-256)【圖八】

此處之"車",頗疑爲牛車。孫機先生指出:"在東漢中期以前,駕牛的大車不受重視。……然而到了東漢晚期,情況則有所不同。"⑧

三、食品類

鮮魚十斤,直錢六十(一一二一 木兩行 2010CWJ1③:264-275)【圖九】

小魚(一一二一 木兩行 2010CWJ1③:264-275)

---

① 錢繹撰集,李發舜、黃建中點校:《方言箋疏》,中華書局 2013 年,第 315 頁。
② 張儒、劉毓慶:《漢字通用聲素研究》,山西古籍出版社 2002 年,第 351 頁。
③ 蕭統編,李善注:《文選》,中華書局 1977 年,第 188 頁。
④ 張儒、劉毓慶:《漢字通用聲素研究》第 235—236 頁。
⑤ 錢繹撰集,李發舜、黃建中點校:《方言箋疏》第 321、323 頁。
⑥ 蕭統編,李善注:《文選》第 92 頁。
⑦ 按:小時候經常乘船橫渡耒河。小船離岸時,船師以竹篙刺抵河岸推船出行,起推動作用;小船靠岸時,船師又以竹篙刺抵河岸使船不至於撞擊,起緩衝作用。
⑧ 孫機:《漢代物質文化資料圖説》第 96 頁。

"鮮魚",當指新鮮的魚。《文選·張衡〈南都賦〉》:"若其廚膳,則有華薌重秬、滍皋香秔、歸鴈鳴鵽、黃稻鱻魚,以爲芍藥。"①"鮮魚十斤,直錢六十",折算後鮮魚一斤值六錢,比 2010CWJ1③:198-7 中的"鮯三斤,直錢卅"便宜。②

"小魚",疑即"鰦"。《史記·貨殖列傳》"鮿千石,鮑千鈞",司馬貞索隱:"鰦,小魚也。"張守節正義:"鰦者,小雜魚也。"

飯一筥,炙一柈(一四四九 木兩行 2010CWJ1③:265-195)【圖一〇】

"飯",疑即"米飯"。《廣韻·願韻》:"飯,《周書》云,'黃帝始炊穀爲飯。'""筥",盛飯竹器。《急就篇》卷三"笪篅䉛筥箕筭箠",顔師古注:"竹器之盛飯者,大曰筐,小曰筥。筥,一名䈰,受五升。"王應麟補注引徐鍇曰:"今言䈰箕。䈰,飯筥也,秦謂筥曰䈰。"③

"炙",指烤肉。《説文·炙部》:"炙,炮肉也。从肉在火上。""柈",即"槃"。《説文·木部》:"槃,承槃也。""斤""木"互换,亦見於"斳"。《集韻·藥韻》:"斳,《説文》:'斫謂之欘。'或从斤,从金。"孫機先生指出:"炙是將肉用廚刀在俎上切碎後,直接在火上烤;切肉的木俎之實物曾在江蘇儀徵胥浦西漢墓出土。還有用鐵籤穿著肉在圓形鏃爐上烤的,見山東金鄉畫像石。也有將好些條穿著肉的鐵籤架在火槽上烤的,見諸城前涼臺畫像石。"④

米穀(一五〇五 木兩行 2010CWJ1③:265-251)【圖一一】

"米穀",應"泛指糧食"。⑤《後漢書·馬融傳》:"會羌虜飈起,邊方擾亂,米穀踴貴,自關以西,道殣相望。"

靡穀作酒(一〇六二 木兩行 2010CWJ1③:264-216)【圖一二】

"靡穀",亦見於《漢書·文帝紀》:"無乃百姓之從事於末以害農者蕃,爲酒醪以靡穀者多,六畜之食焉者衆與?"顔師古注:"靡,散也。……靡音糜。"《廣雅·釋器》:"糜,糏也。"王念孫疏證:"糏,通作屑。糏之言屑屑也。《玉篇》:'糏,碎米也。'《廣韻》

---

① 蕭統編,李善注:《文選》第 71 頁。
② 長沙市文物考古研究所、清華大學出土文獻研究與保護中心、中國文化遺產研究院、湖南大學嶽麓書院編:《長沙五一廣場東漢簡牘(壹)》,中西書局 2018 年,第 81 頁。
③ 史游:《急就篇》,岳麓書社 1989 年,第 165—166 頁。
④ 孫機:《漢代物質文化資料圖説》第 339 頁。
⑤ 漢語大詞典編輯委員會、漢語大詞典編纂處編纂:《漢語大詞典》第九卷,漢語大詞典出版社 1993 年,第 197 頁。

云：'米麥破也。'"①

"作酒"，疑即釀酒，亦見於《漢書·食貨志》："請法古，令官作酒，以二千五百石爲一均，率開一盧以賣，讐五十釀爲準。"

四、兵 器 類

鉈、鉈（一〇二〇 竹簡 2010CWJ1③：264-174）【圖一三】

刀、鉈、鉈各一，并五萬一千（一四〇八 竹簡 2010CWJ1③：265-154）【圖一四】

"鉈"，疑讀爲"鉻"。"鉈"從"毛"得聲，"鉻"從"各"得聲，二者音近可通。《管子·國蓄》："故託用於其重。""託"，《地數》作"各"。②《玉篇·金部》："鉻，鉤。"《廣韻·陌韻》："鉻，陳公鉤也。"

《説文·金部》："鉈，短矛也。"徐灝注箋："它與也篆體相似，故鉈誤爲鈶。……再誤而爲鈶，因又作鏃矣。"③

鋼矛一枚，長二尺七寸，廣一寸一分，木柃并長八……（一一四五 木兩行 2010CWJ1③：264-299）【圖一五】

"鋼矛"，當指鐵質矛。《玉篇·金部》："鋼，鍊鐵也。"《集韻·唐韻》："鋼，堅鐵。"孫機先生指出："至東漢，鐵矛多爲葉形，中部起脊，骹部卷成圓筒。"④"長"和"廣"，分別指"鋼矛"的長度和寬度。"木柃"，指"鋼矛"的木柄。

菫毒刃（一一一九 木兩行 2010CWJ1③：264-273）【圖一六】

"菫毒刃"應爲用菫毒蘸染的兵刃。《急就篇》卷三："矛鋋鑲盾刃刀鉤。"顏師古注："刃，總言諸兵刃也。"⑤2010CWJ1③：261-134 中有"毒矢"，可參。⑥

吴鐲刀一（一二六二 木兩行 2010CWJ1③：265-8）【圖一七】

---

① 王念孫：《廣雅疏證》，江蘇古籍出版社 1984 年，第 247 頁。
② 張儒、劉毓慶：《漢字通用聲素研究》第 430 頁。
③ 徐灝：《説文解字注箋》卷一四上，《續修四庫全書》第 227 册，上海古籍出版社 2006 年，第 62—63 頁。
④ 孫機：《漢代物質文化資料圖説》第 124、126 頁。
⑤ 史游：《急就篇》第 214—215 頁。
⑥ 長沙市文物考古研究所、清華大學出土文獻研究與保護中心、中國文化遺産研究院、湖南大學嶽麓書院編：《長沙五一廣場東漢簡牘（貳）》，中西書局 2018 年，第 57 頁。

鐲刀(一四二九 木兩行 2010CWJ1③：265-175)【圖五】

"鐲",疑讀爲"斸"。《集韻·燭韻》："斸,《説文》：'斫也。'或从金。""吴",疑指吴地。徐静先生指出："吴地生産的各類兵器,被稱爲'吴戈''吴鉤''吴甲''吴干'等。"①

五、房屋類

民家及官屋(一二八六 木兩行 2010CWJ1③：265-32)【圖一八】

舍一孔,月直錢百五十(一一二一 木兩行 2010CWJ1③：264-275)【圖九】

"民家",指"尋常百姓家"。②《史記·吴王濞列傳》："燒殘民家,掘其丘冢,甚爲暴虐。"

"官屋",疑即"官舍",有兩種理解：一指"官署"或"衙門"。③《漢書·何並傳》："性清廉,妻子不至官舍。"一指"官吏的住宅"。④《晉書·陶侃傳》："弘以侃爲江夏太守,加鷹揚將軍。侃備威儀,迎母官舍,鄉里榮之。"牘文中的"官屋"具體指哪一種情况,還無法確定。

"舍一孔,月直錢百",應該指的是租金每月一百錢。2010CWJ1③：325-4-25中有"空地一所直八千"和"復置粲肆一孔,直二千四百",均爲買賣價格,可供參考。⑤

六、雜類

散幪四枚(九六六 木兩行 2010CWJ1③：264-120)【圖三】

"散幪",疑讀爲"繖幪",指雨傘的傘布。《集韻·緩韻》："《説文》：'蓋也。'繖,亦作傘。"《東韻》："幪,《説文》：'蓋衣也。'或作幪。"

---

① 徐静主編：《吴文化概説》,蘇州大學出版社 2013 年,第 43 頁。
② 漢語大詞典編輯委員會、漢語大詞典編纂處編纂：《漢語大詞典》第六卷,漢語大詞典出版社 1993 年,第 1427 頁。
③ 漢語大詞典編輯委員會、漢語大詞典編纂處編纂：《漢語大詞典》第三卷,漢語大詞典出版社 1993 年,第 1383 頁。
④ 漢語大詞典編輯委員會、漢語大詞典編纂處編纂：《漢語大詞典》第三卷第 1383 頁。
⑤ 長沙市文物考古研究所、清華大學出土文獻研究與保護中心、中國文化遺産研究院、湖南大學嶽麓書院編：《長沙五一廣場東漢簡牘選釋》,中西書局 2015 年,第 167 頁。

銅鑩一（九六六 木兩行 2010CWJ1③：264-120）【圖三】

"銅鑩"，存在兩種理解：一是銅質的磨。《說文》石部："礳，石磑也。"段玉裁注："礳，今字省作磨。"① 一是"銅鬲"。"鑩"字作" "，其右旁當爲"曆"。光和斛中"曆"字作" "。② "曆"與"歷"通。"鑩"即"鬲"。《集韻·錫韻》："鬲，《說文》：'鼎屬。'或作鑩。"《吳越春秋·夫差內傳》"見兩鑩蒸而不炊"，徐天祐注："鑩，鬲屬。"③ 我們更傾向於後一種理解。

銅鑪（一〇二〇 竹簡 2010CWJ1③：264-174）【圖一三】

"鑪"，即"爐"。《說文·金部》："鑪，方也。"段玉裁注："方對下圓言之。凡爇炭之器曰鑪。"④

官印（一一一六 木兩行 2010CWJ1③：264-270）【圖一九】

"官印"指"官府機構的印"。⑤《漢書·惠帝紀》："及故吏嘗佩將軍都尉印將兵及佩二千石官印者，家唯給軍賦，他無有所與。"

材木（一一四六 木兩行 2010CWJ1③：264-300）【圖二〇】
械木賈六千八☒（一五五五 竹簡 2010CWJ1③：265-301）【圖二一】
棺木（九九〇 木兩行 2010CWJ1③：264-144）【圖二二】

"材木"，即木材。《說文·木部》："材，木梃也。"徐鍇繫傳："木之勁直堪入於用者。"⑥《漢書·匈奴傳下》"匈奴有斗入漢地，直張掖郡，生奇材木，箭竿就羽，如得之，於邊甚饒"。

"械木賈六千八"，疑指械木總價。

《說文·木部》："棺，關也，所以掩尸。"《東觀漢記·歐陽歙傳》："大司徒歐陽歙坐在汝南贓罪死獄中，歙掾陳元上書追訟之，言甚切至，帝乃賜棺木，贈賻三千疋。"⑦《後漢書·董卓傳》："葬日，大風雨，霆震卓墓，流水入藏，漂其棺木。"

---

① 許慎撰，段玉裁注：《說文解字注》第 452 頁。
② 容庚：《金文續編》，上海書店出版社 2000 年，第 152 頁。
③ 趙曄著，苗麓點校：《吳越春秋》，江蘇古籍出版社 1986 年，第 58 頁。
④ 許慎撰，段玉裁注：《說文解字注》第 705 頁。
⑤ 漢語大詞典編輯委員會、漢語大詞典編纂處編纂：《漢語大詞典》第三卷第 1379 頁。
⑥ 徐鍇撰：《說文解字繫傳》，中華書局 1987 年，第 112 頁。
⑦ 劉珍等撰，吳樹平校注：《東觀漢記校注》，中華書局 2008 年，第 828 頁。

猪、芻、禾(九三七 木兩行 2010CWJ1③:264-91)【圖二三】

《小爾雅·廣物》:"藁謂之稈,稈謂之芻,生曰芻。"①《國語·周語中》"司馬陳芻",韋昭注:"司馬掌帥圉人養馬,故陳芻。"②《説文·禾部》:"稼,禾之秀實爲稼,莖節爲禾。"《儀禮·聘禮》:"積唯芻禾,介皆有餼。"鄭玄注:"禾以秣馬。"這裏的"芻禾",可能都是指餵牲口的飼料。

禾米二石(一五三七 竹簡 2010CWJ1③:265-283)【圖二四】

"禾米",疑指"餼"。《國語·周語中》"廩人獻餼",韋昭注:"生曰餼,禾米也。"③"石"是重量單位。《漢書·律曆志上》:"三十斤爲鈞,四鈞爲石。"折算後,一石是漢代的一百二十斤。

麻八千斤(一五〇五 木兩行 2010CWJ1③:265-251)【圖一一】

《爾雅·釋草》:"枲,麻。"郝懿行義疏:"麻、枲一耳。"④

與前兩册相比,《長沙五一廣場東漢簡牘(叁)》和《長沙五一廣場東漢簡牘(肆)》出現了不少新的名物,有的還見於漢畫像磚,爲我們瞭解東漢時期長沙地區的物質文化生活提供了許多新的資料。

附圖:

圖一	圖二	圖三	圖四	圖五	圖六	圖七

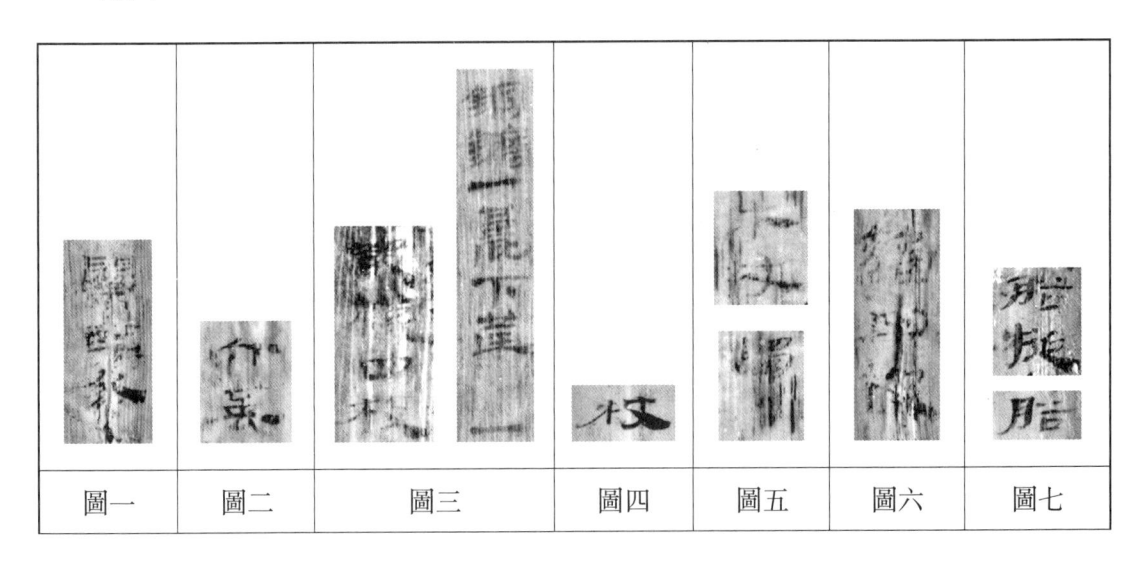

① 胡承珙撰,石雲孫校點:《小爾雅義疏》,黃山書店 2011 年,第 131 頁。
② 徐元誥撰,王樹民、沈長雲點校:《國語集解》,中華書局 2002 年,第 68 頁。
③ 徐元誥撰,王樹民、沈長雲點校:《國語集解》,第 68 頁。
④ 郝懿行:《爾雅義疏》,中華書局 2017 年,第 718 頁。

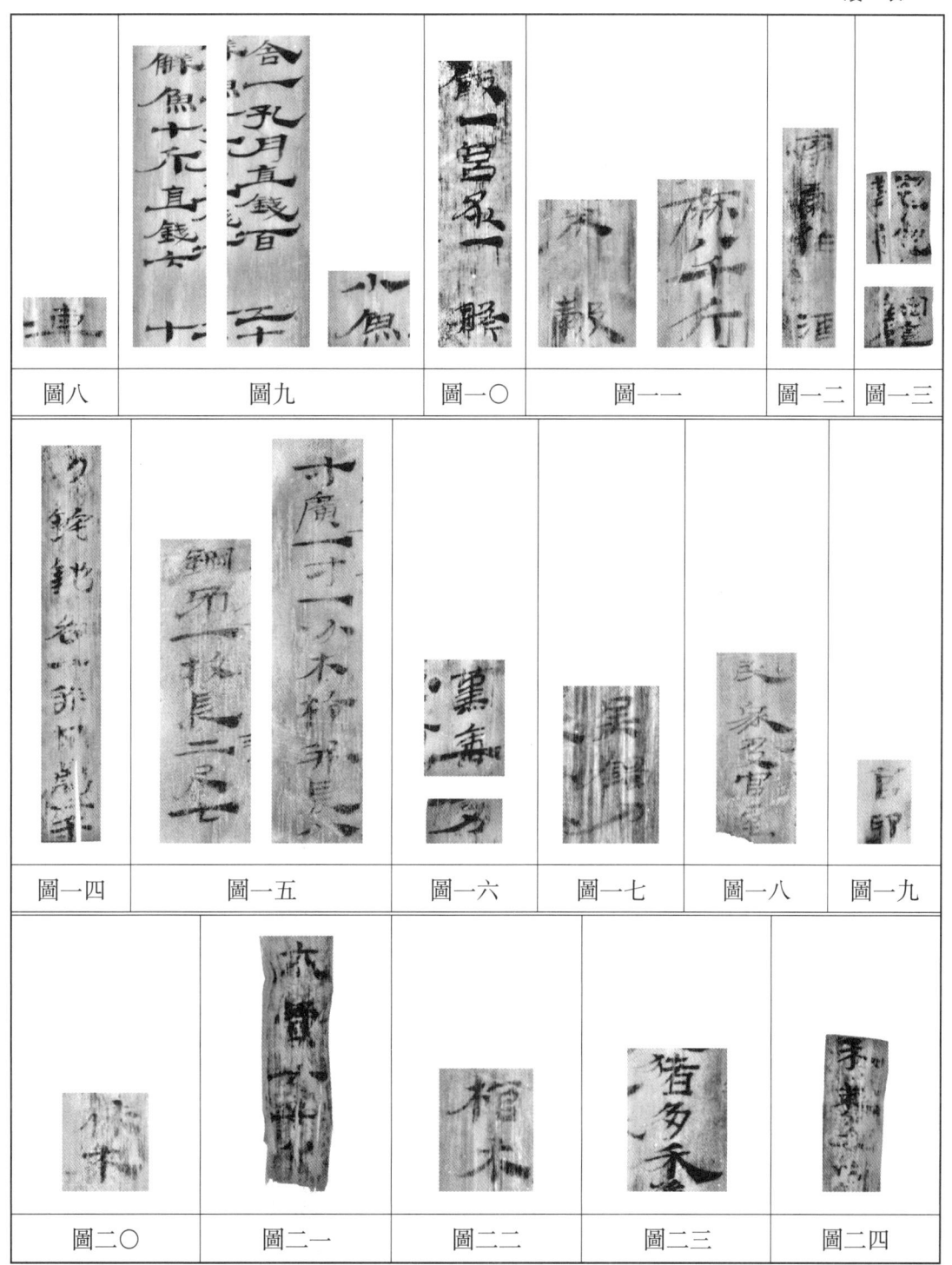

續 表

圖八	圖九	圖一〇	圖一一	圖一二	圖一三
圖一四	圖一五	圖一六	圖一七	圖一八	圖一九
圖二〇	圖二一	圖二二	圖二三	圖二四	

《長沙五一廣場東漢簡牘》所見永初年間三份詔書淺析

周海鋒

摘　要：東漢傳世的詔書數量有限，筆者發現新近刊佈的《長沙五一廣場東漢簡牘》中保存了三份比較完整的詔書。詔書均爲節錄本，但藉此可窺見其大致内容以及詔書的收發與傳遞程序。本文重點對詔書中的某些字詞進行考釋，並對"入秋行刑"問題略加探討。

關鍵詞：長沙五一廣場東漢簡牘　詔書　入秋行刑

詔書是皇帝佈告天下臣民的文書，源於秦始皇"改令爲詔"。可以説，詔書之重要性和傳播的廣泛性是其他公文書無法企及的。然由於時代久遠，保存至今的漢代詔書數量有限。值得欣慰的是，長沙五一廣場東漢簡中保存了多份比較完整的詔書，這些詔書不見於《後漢書》及其他傳世典籍，能一定程度上填補史書的空白。兹摘録三份詔書稍加探究，不當之處，還請同道多多匡正。

一、永初二年詔書

長沙五一廣場東漢簡牘多爲東漢中期長沙郡臨湘縣衙署往來公文，這些公文又以臨湘縣各曹署之間、臨湘縣與長沙郡府、臨湘縣與長沙郡其他縣之間文書往來居多。尚未發現臨湘縣與中央政府之間文書往來原本。五一簡所見詔書也並非中央下發到各個

---

* 本文係國家社科基金青年項目"秦律令及其所見制度新研"（項目號 17CZS056）、國家社科基金重大項目"五一廣場出土東漢簡牘的整理與研究（15ZDB035）"的階段性研究成果。

郡縣的原本,而是臨湘縣曹屬和鄉在收到詔書後上報的一份回復文書。回復文書中摘錄了詔書部分内容。爲了更好的討論相關問題,現移録相關簡文並句讀如下:

(1) 414①:永初二年七月乙丑朔十九日癸未,桑鄉守有秩牧,佐躬,助佐鮪、种敢言之:廷下詔書曰,【告司隸校尉、部刺史】,甲戌詔書,罪非殊死,且勿案驗,立秋如故,去年雨水過多,穀傷民

背面:
桑 鄉 小 官 印
　　　　　　　　　　　　　史　　白開②　　(2010CWJ1③:201-23)
七月　日 郵人 以 來

402+417:飢,當【以期盡】案驗遝(逮)召,輕微耗擾,妨奪民時,其復假期,須收秋,毋爲煩苛,【詔】書謹到,【盡力奉行,如詔書】。牧、躬、鮪、种、惶恐叩頭死罪死罪敢言之。③　　(2010CWJ1③:201-11+201-26)

398:桑　鄉　言
　　詔書謹到書④　　　　　　　　　　　(2010CWJ1③:201-7)

(2) 128:永初二年七月乙丑朔廿七日辛卯,北部賊捕掾向、游徼汎叩頭死罪敢言之:廷下詔書曰,告【司】隸校尉、部刺史,甲戌詔書,罪非殊死,且勿案驗,立秋如故,

背面:
北部賊捕掾烝向名印
　　　　　　　　　　　　　史　　白開⑤　　(2010CWJ1①:115)
七月　日　郵人 以 來

---

① 此爲整理號,簡末括弧内爲出土號。
② 長沙市文物考古研究所、清華大學出土文獻研究與保護中心、中國文化遺産研究院、湖南大學嶽麓書院編:《長沙五一廣場東漢簡牘【貳】》,中西書局 2018 年,第 89 頁。
③ 長沙市文物考古研究所、清華大學出土文獻研究與保護中心、中國文化遺産研究院、湖南大學嶽麓書院編:《長沙五一廣場東漢簡牘【貳】》第 86 頁。
④ 長沙市文物考古研究所、清華大學出土文獻研究與保護中心、中國文化遺産研究院、湖南大學嶽麓書院編:《長沙五一廣場東漢簡牘【壹】》,中西書局 2018 年,第 183 頁。
⑤ 長沙市文物考古研究所、清華大學出土文獻研究與保護中心、中國文化遺産研究院、湖南大學嶽麓書院編:《長沙五一廣場東漢簡牘【壹】》第 121 頁。

2661：去年水雨過多，穀【傷民饑】，當以期盡案驗逐(逮)召，輕微耗擾，妨奪民時，其復假期，須收秋，【毋爲煩苛】，詔書謹到，盡力奉行，如詔書，向、泛惶恐叩頭死罪死罪敢言之。① (CWJ1③：285-109)

　　文書(1)、(2)均爲上行文書，但均未提及接收方。根據內容并參照簡牘出土地，可以判定文書(1)的接收方當爲臨湘縣廷。文書(2)的接收方應爲縣賊曹，關於賊曹和各部賊捕掾之間的關係，比較複雜，兹不討論。文書均抄錄在兩行木牘上，木牘長22—23.5釐米、寬2.5—3.5釐米、厚0.3—0.6釐米，存兩道編痕，文書由工整的八分隸書抄錄，有編痕處未見字迹，可判定簡册爲先編後寫。

　　以上兩件文書性質類似，均是在收到甲戌詔書後的回復文書。這在當時應該已經形成定制，收到詔書後必須進行回復。這可以從以下幾個方面得知：1. 桑鄉和北部賊捕掾職責有別，頂頭上司也不同，但在收到詔書後做出了相同的舉動。2. 398號簡載"桑鄉言詔書謹到書"，類似的內容又見於下文要提及的411號簡，簡文載"東部勸農賊捕掾鄧言詔書謹到書"。"詔書謹到書"提示了文書的性質，是一封告知詔書收發情況的回復文書。文書(2)後尚缺一簡，據體例，其內容當爲"北部賊捕掾向言詔書謹到書"。

　　兩件文書摘錄了同一份詔書的部分內容，故可以互相訂補（方括號中的文字）。雖然不是朝廷所下詔書原件，但是內容與原件當無異，透過其摘錄部分內容仍然可以考辨一些史實。簡文中提及的"甲戌詔書"不見於傳世文獻，可以補史書之闕。

　　首先來討論"甲戌詔書"具體所指。永初是東漢安帝所使用的第一個年號，永初二年爲公元108年。永初二年七月乙丑朔，本月甲戌爲十日。桑鄉在七月十九日就回復了詔書的收發情況，看來"甲戌詔書"不太可能是七月甲戌所發佈的詔書。上一個甲戌日是五月九日。據《續漢書·郡國志》，長沙郡治所臨湘縣距洛陽二千八百里，當時"以郵傳"的速度無法確定，若參照西漢初年的郵傳速度"郵人行書，一日一夜行二百里"（《二年律令·行書律》），從洛陽到長沙需要半個月左右。故"甲戌詔書"極有可能是永初二年五月甲戌日所下之詔書。

　　假設各官府在收到詔書後馬上進行回復，北部賊捕掾蒸向收到甲戌詔書的時間也比桑鄉晚了八天（不考慮特殊情況），但這並不意味着兩地距離當爲"郵傳"者八天所走的距離。北部賊捕掾乃臨湘縣賊曹外派官吏，在北部某鄉應該設置了辦事處。桑鄉乃臨湘縣治下之鄉。詔書的一般傳播途徑是朝廷將詔書傳送到司隸校尉和刺史

---

① 此簡尚未公佈。

府,再由刺史府謄抄傳送到各個郡府,然後由郡謄抄傳送至轄下各縣、郡諸曹署,縣再傳到各鄉及縣諸曹署,最後由鄉傳佈到里,諸曹傳至各部。北部賊捕掾蒸向收到甲戌詔書的時間比桑鄉晚了八天,這有兩個原因,一是北部賊捕掾辦事處離臨湘距離遠些,二是詔書傳送過程中多了一個環節。

"桑鄉"乃臨湘縣所轄之鄉,又見於長沙東牌樓東漢簡和長沙走馬樓吳簡。"守有秩"指試用期的鄉有秩,漢代大鄉設有秩一名,小鄉設嗇夫一名。鄉有秩乃一鄉最高行政長官,其下屬吏有鄉佐、助佐、小史等。

"隸校尉"當作"司吏校尉",漏抄一"司"字,《後漢書》所見司隸校尉或省稱爲"校尉",但未見省稱爲"隸校尉"者。司吏校尉始置於漢武帝時,秩比二千石,"掌察舉百官以下,及京師近郡犯法者"。① "刺史"一職,亦爲漢武帝始設,秩六百石,東漢外十二州,每州設刺史一名,六百石,"常以八月巡行所部郡國,録囚徒,考殿最"。② 司隸校尉和州刺史雖然秩品相差不小,然由於職責相同,皇帝的敕令、詔書常直接同時下發給司隸校尉和部刺史:

《後漢書·明帝紀》:永平九年(66),"令司隸校尉、部刺史歲上墨綬長吏視事三歲已上理狀尤異者各一人,與計偕上。及尤不政理者,亦以聞。"

《後漢書·殤帝紀》:延平元年(106)秋七月庚寅,勅司隸校尉、部刺史曰:"夫天降災戾……二千石長吏其各實核所傷害,爲除田租、芻稿。"

《後漢書·桓帝紀》:永興二年(154)六月詔司隸校尉、部刺史曰:"蝗災爲害,水變仍至,五穀不登,人無宿儲。其令所傷郡國種蕪菁以助人食。"

五一簡文中提及的"甲戌詔書"也是直接下發給司隸校尉和部刺史,然後由他們轉録傳送到各郡府。

"殊死"指死罪。《漢書·高帝紀》顔師古注引如淳曰:"死罪之明白也。《左傳》曰斬其木而弗殊。"韋昭曰:"殊死,斬刑也。"師古曰:"殊,絶也,異也,言其身首離絶而異處也。"③ "案驗"指調查案件經過,《長沙五一廣場東漢簡牘選釋》中披露了一件"案文書",通過它可以知道"案驗"過程不包括論罪和刑罰執行。論罪常常出現在"劾狀"類文書中。關於漢代司法訴訟的程式,通過《奏讞書》可以得到基本瞭解。"罪非殊死且勿案驗,立秋如故",是關於刑罰時令的規定,東漢一朝比較重視這點,在後文將重點

---

① 范曄:《後漢書》,中華書局 1965 年,第 3613 頁。
② 范曄:《後漢書》第 3617 頁。
③ 班固:《漢書》,中華書局 1962 年,第 51—52 頁。

討論。

"去年雨水過多"之"去年"指永初元年（107），此乃多事之秋，鄧太后拂衆大臣之意而强立安帝，遭到以司空周章爲首的一干大臣的反對，險些釀成政變。此歲自然災害頻發，不僅僅是"雨水過多"：

《後漢書·孝安帝紀》：是歲，郡國十八地震；四十一雨水，或山水暴至；二十八大風，雨雹。

《後漢書·五行志四》：六月丁巳，河東楊地陷，東西百四十步，南北百二十步，深三丈五尺。

《後漢書·五行志三》：是年郡國四十一水出，漂没民人。

《後漢書·五行志一》注引《古今注》：永初元年，郡國八旱，分遣議郎請雨。

《後漢紀·孝安皇帝紀》：青、兗、豫、徐、冀、并六州民饑。①

《後漢紀·孝安皇帝紀》：是時，水雨屢降，百姓饑饉，盗賊群起，於是策免太尉防、司空勤；太傅禹稱疾告退。②

漢安帝永初年間，實由鄧太后攝政，皇帝徒有名號而已。故《五行志》中將這一時間段内天象異常、災害頻發等現象視爲"鄧太后攝政之應"，乃"陰專陽政"所致。

"遯召"，傳世文獻中常寫作"逮召"，"遯""逮"二字形近易譌，且義可通，故常混用。《爾雅·釋言》："逮，遝也。"郭璞注曰："今荆楚人皆云遝。"《後漢書·魯恭傳》："況於逮召考掠，奪其時哉！"《漢書·雋不疑傳》："廷尉逮召鄉里識知者張宗禄等，方遂坐誣罔不道，要（腰）斬東市。""遯召"即"逮召"，逮捕、徵召。

"輕微"指細小的罪過，《後漢書·董卓傳》："詔曰：'災異屢降，陰雨爲害，使者銜命宣布恩澤，原解輕微，庶合天心。欲釋冤結而復罪之乎！一切勿問。'""耗擾"，騷擾，《後漢書·南匈奴列傳》："及王莽篡位，變更其號，耗擾不止，單於乃畔。""輕微耗擾"指因爲一些微不足道的事而騷擾百姓，從而妨礙農作。

"假期"指延期，五一簡多見"假期書"。"其復假期，須收秋"，指不可在春夏兩季逮捕問訊罪犯（死罪除外），要等到秋季農事畢後再拘捕案驗。

"謹"爲兩漢文書常用"敬語"。《漢書·刑法志》："臣謹議請定律曰：諸當完者，完爲城旦舂。""如詔書"當是"如詔書律令"的省略，文書常用格式語，常用在文書結

---

① 李興和：《後漢紀集校》，雲南大學出版社2008年，第195頁。
② 李興和：《後漢紀集校》第195—196頁。

尾,表示某件事情要像遵從詔書和律令條文一樣去對待。五一簡 387 號:"定名數無令重叩頭叩頭如詔書律令"。① 《肩水金關漢簡》:"閏月己亥,張掖肩水都尉政丞下官承書從事,下當用者,書到明扁書顯見處,令吏民盡知之,嚴勑如詔書律令。"(73EJT31:64)

從文書(1)(2)可知"甲戌詔書"的主要內容是:除了死罪以外,不應在春夏兩季逮捕案驗其他罪犯,以免耽誤農事。類似內容的詔書在《後漢書》中比較常見,故這件詔書没有被纂史者採録。但是它們卻是研究東漢中期法制史所能憑藉的寶貴材料,後文將論及。

二、永初三年詔書

除了上文提及永初二年甲戌詔書,五一簡中還有一封文書摘録了永初三年年末的一封詔書。該文書由東部勸農賊捕掾王鄧和游徼蘩發出,文書的接收方應爲臨湘縣賊曹。文書由五塊兩行木牘編連而成,②現將文書內容轉録並句讀如下:

412:永初四年正月丙戌朔十八日癸卯,東部勸農賊捕掾鄧、游徼蘩,叩頭死罪敢言之:廷下詔書曰:比年陰陽鬲,并水旱饑饉,民或流冗。蠻夷猾夏,仍以發興。姦吏

背面:

東部勸農賊捕掾王鄧名印

　　　　　　　　　史　白開③　　(2010CWJ1③:201-21)

正月　　日　郵人以來

413:並侵,人懷怨愁。天垂變,自秋盡冬,訖無澍澤。憂惶悼栗,未知所寧。方東作,布德行惠,其勑有司,動作順之,罪非殊死且勿案驗,立秋如故。寬令④　　　　　　　　　　　　　　　(2010CWJ1③:201-22)

---

① 長沙市文物考古研究所、清華大學出土文獻研究與保護中心、中國文化遺産研究院、湖南大學嶽麓書院編:《長沙五一廣場東漢簡牘【壹】》第 178 頁。
② 劉國忠:《五一廣場東漢永初四年詔書簡試論》(《湖南大學學報》2017 年第 5 期)一文認爲 412、399 簡之間有缺簡,甚確。筆者認爲所缺簡爲 413 簡。
③ 長沙市文物考古研究所、清華大學出土文獻研究與保護中心、中國文化遺産研究院、湖南大學嶽麓書院編:《長沙五一廣場東漢簡牘【貳】》第 88 頁。
④ 長沙市文物考古研究所、清華大學出土文獻研究與保護中心、中國文化遺産研究院、湖南大學嶽麓書院編:《長沙五一廣場東漢簡牘【貳】》第 89 頁。

399：數下，廢不奉行，苛虐之吏，犯令干時，未有所徵，勉崇寬和，敬若浩天，他如詔書，書到言。鄧、蕢叩頭死罪死罪，即日奉得詔書，盡力奉行。①

(2010CWJ1③：201－8)

410：鄧、蕢惶恐叩頭死罪死罪敢言之。②　　(2010CWJ1③：201－19)

411：東部勸農賊捕掾鄧

言詔書謹到書　　　　　　　正月廿二日開③

(2010CWJ1③：201－20)

上面引述的乃一封告知詔書收發情況的回復文書，文書在永初四年（110）正月十八日擬定。由於首簡背面沒有寫明郵寄時間，故無法斷定其寄出的確切日期，估計在十八日或次日。文書內容均是由工整的八分隸書抄録，末簡"正月廿二日開"六字寫得比較潦草，帶有草書筆意，標明了文書簽收日期。

東部勸農賊捕掾王鄧收到詔書的時間下限是永初四年正月十八日，考慮到洛陽到長沙郡的距離以及詔書的傳送程式，詔書當是永初三年（109）年末頒佈。這一點對於準確理解詔書內容是十分重要的。爲了更好的理解文書內容，有必要先對某些語詞和文書產生的歷史背景加以考訂。

"鬲"通"隔"，《漢書·薛宣傳》"夫人道不通，則陰陽否鬲"，顏師古注曰："鬲與隔同。""比年陰陽鬲"是說近年來陰陽違和，陰陽違和則風雨不時，或水或旱。永初三年（109）三月，"京師大饑，民相食"，④"是歲，京師及郡國四十一雨水雹。并、涼二州大饑，人相食"。⑤"永初元年，郡國八旱，分遣議郎請雨"，⑥"（永初）三年，郡國八旱，四年、五年，並旱"。⑦ 永初二年六月，"京師及郡國四十大水，大風，雨雹"。⑧

---

① 長沙市文物考古研究所、清華大學出土文獻研究與保護中心、中國文化遺產研究院、湖南大學嶽麓書院編：《長沙五一廣場東漢簡牘【壹】》第183頁。
② 長沙市文物考古研究所、清華大學出土文獻研究與保護中心、中國文化遺產研究院、湖南大學嶽麓書院編：《長沙五一廣場東漢簡牘【貳】》第88頁。
③ 長沙市文物考古研究所、清華大學出土文獻研究與保護中心、中國文化遺產研究院、湖南大學嶽麓書院編：《長沙五一廣場東漢簡牘【貳】》第88頁。
④ 范曄：《後漢書》第212頁。
⑤ 范曄：《後漢書》第214頁。
⑥ 范曄：《後漢書》第3278頁。
⑦ 范曄：《後漢書》第3278頁。
⑧ 范曄：《後漢書》第210頁。

"猾",亂,侵擾。《後漢書·馮緄傳》:"詔策緄曰:'蠻夷猾夏,久不討攝。'"李賢注:"猾,亂也。夏,華夏也。""蠻夷猾夏"一詞始見於《尚書·舜典》。詔書言"蠻夷猾夏,仍以發興",並非虛言,永初初年,漢邊境屢受侵擾:

《後漢書·孝安帝紀》:(永初二年)車騎將軍鄧騭爲種羌所敗於冀西……先零羌滇零稱天子於北地,遂寇三輔,東犯趙、魏,南入益州,殺漢中太守董炳。

《後漢書·孝安帝紀》:(永初三年)六月,烏桓寇代郡、上谷、涿郡……九月,雁門烏桓及鮮卑叛,敗五原郡兵於高渠谷。冬十月,南單于叛,圍中郎將耿种於美稷。

《後漢書·法雄傳》:永初三年,海賊張伯路等三千餘人,冠赤幘,服絳衣,自稱"將軍",寇濱海九郡,殺二千石令長。

"澍","澍"之異體字,指及時雨。"自秋盡冬,訖無澍澤",從秋天到冬天,沒有及時雨降落,是乾旱的委婉表達方式。然《後漢書·安帝紀》和《續漢書·五行志》均未提及永初三年有旱情。如果真的是嚴重的旱災,史書怎麼會漏載呢?

史書關於東漢和帝、安帝兩朝旱災記載情況如下。《後漢書·和帝紀》:章和二年(88)五月,"京師旱";永元四年"是夏,旱,蝗";六年,"秋七月,京師旱";九年(93)六月,蝗旱;十六年,秋七月,旱。《後漢書·安帝紀》永初二年,五月旱;永初六年(112),五月旱;元初元年(114)夏四月,京師及郡國五旱、蝗。

又《續漢書·五行志一》列舉了東漢一朝大的旱災情況19例,幾乎均發生在夏季,只有一次例外,和帝永元六年秋京都旱,查《後漢書·和帝紀》本年秋七月,京師旱。丁巳日,和帝巡幸洛陽獄錄囚徒,在回宮的路上天降澍雨。不難發現八月到次年四月這段時間,史書上沒有關於天旱的記載。不見得每年這段時間都風調雨順,這的確需要解釋。這應與當時的政治經濟格局、農業發展以及氣候情況有關。北方是統治核心區域,也是經濟中心,故史書記載黃河流域的史實遠多於其他地方。黃河流域以小麥種植爲主,若夏季無雨,會影響小麥的抽穗和灌漿,嚴重影響收成;而秋季無雨,同樣會影響宿麥的播種和發芽。冬春兩季,由於麥作區域此時氣溫較低,蒸發量小,即使少雨,也不會對農作物造成很大的影響。故史書很少有記載冬春旱的。

由於秋旱、冬旱所造成的影響相對較小,故史書常常省略不載。永初三年從秋到冬無雨,史書未載,也是這種情況。需要補充的是,此年的秋旱,似未影響宿麥的播種:

(秋七月)庚子,詔長吏案行在所,皆令種宿麥蔬食,務盡地力,其貧者給種餉。①

"未有所徵"之"徵",劉國忠先生讀爲"懲",②可從。《荀子·正論》:"凡刑人之本,禁暴惡惡,且徵其末也",唐楊倞注:"徵讀爲懲。"③《經義述聞·名字解詁》:"徵,故懲字。《魯頌·閟宮》篇'荆舒是懲',《史記·建元以來侯者年表》作'荆舒是徵'。"④傳世文獻或徑寫作"所懲":

《漢書·傅介子傳》:介子謂大將軍霍光曰:"樓蘭、龜兹數反覆而不誅,無所懲艾。"

《漢書·丙吉傳》:吉本起獄法小吏,後學詩、禮,皆通大義。及居相位,上寬大,好禮讓。掾史有罪臧,不稱職,輒予長休告,終無所案驗。客或謂吉曰:"君侯爲漢相,奸吏成其私,然無所懲艾。"

需要指出的是簡文中的"徵"若讀爲本字,也可通,"徵"本身有責問的意思,如《左傳》僖公四年:"而貢苞茅不入,王祭不共,無以縮酒,寡人是徵。"

"浩天"之"浩"當爲"昊"之假借,二字上古同屬幽部字,可通。"敬若浩天"相當於《尚書·堯典》中的"欽若昊天",《史記·五帝本紀》作"敬順昊天",《漢書·藝文志》亦作"敬順昊天",《後漢書·明帝紀》有"敬若昊天"語。"敬若浩天",即恭敬地面對浩瀚的蒼天。

三、入秋行刑問題

關於秦漢時期秋冬行刑問題,已有不少學者進行過探討,兹借助五一簡新見材料談幾點膚淺的意見。上文所例舉的兩份詔書都提及立秋以後治獄之事,爲便於討論,再次將詔書内容援引如下:

廷下詔書曰:告【司】隸校尉、部刺史,甲戌詔書,罪非殊死,且勿案驗,立秋如故,去年水雨過多,穀【傷民饑】,當以期盡案驗逯召,輕微耗擾,妨奪民時,其復假期須收秋,【毋爲煩苛】,詔書謹到,盡力奉行,如詔書。(永初二年

---

① 范曄:《後漢書》第213頁。
② 劉國忠:《五一廣場東漢永初四年詔書簡試論》。
③ 王先謙:《荀子集解》,中華書局1988年,第328頁。
④ 王引之:《經義述聞》,江蘇古籍出版社2000年,第560頁。

詔書）

　　廷下詔書曰：比年陰陽隔，并水旱饑饉，民或流冗。蠻夷猾夏，仍以發興。姦吏並侵，人懷怨愁。天垂變，自秋盡冬，訖無澍澤。憂惶悼栗，未知所寧。方東作，布德行惠，其勑有司，動作順之，罪非殊死，且勿案驗，立秋如故。寬令數下，廢不奉行，苛虐之吏，犯令干時，未有所徵，勉崇寬和，敬若浩天，他如詔書，書到言。（永初三年詔書）

一種制度的形成往往並非一蹴而就，就"秋冬行刑"制度而言，其在三代就有端倪。《逸周書·大聚解》："禹之禁，春三月，山林不登斧，以成草木之長；夏三月，川澤不網罟，以成魚鱉之長"。之後的《禮記·月令》《吕覽》十二紀、敦煌漢代"月令詔版"以及秦漢律令條文均規定特定季節月份內宜做和禁止做的事情。

春秋時期，正式出現"秋冬行刑"的表述，《左傳》襄公二十六年："古之治民者，賞而畏刑，恤民不倦，賞以春夏，刑以秋冬。"然秋冬行刑在春秋時還没有形成定制，在具體的司法實踐活動中並未得到真正貫徹，如《左傳》中有明確記載並指出行刑季節與月份的案件共有113件，其中春夏刑殺者54件，占54.8%，秋冬刑殺者52件，占45.2%。[1]由此可知，春秋時期"秋冬行刑制"尚未確立。

從所見秦國奏讞類文書來看，至少在戰國末期尚未形成"秋冬決獄"的制度，《嶽麓書院藏秦簡》第三卷共收録秦始皇及秦二世當政時期的奏讞類文書15件，其中有確切奏讞時間的有5件，具體上奏時間爲廿五年六月、廿五年五月、廿三年四月、廿二年八月和廿六年九月。四月、五月和六月爲夏季，然官府並未停止治獄活動。

甯全紅先生根據李斯腰斬之刑的行刑時間，推斷秦代已經形成"秋冬行刑"制度，[2]是值得商榷的。理由如下：首先，李斯案爲孤例，不能説明秦代已經普遍實施"秋冬行刑制"。其次，西漢初期的法制幾乎照搬秦代（這一點從張家山《二年律令》可以得知），但從西漢初年的實際刑獄情況來看，"秋冬行刑"並未成爲定制。例如《漢書·高帝紀》："春正月，淮陰侯韓信謀反長安，夷三族。""三月，梁王彭越謀反，夷三族。"[3]

有學者認爲漢武帝時受到董仲舒"天人合一""君權神授"的影響，從而在刑法上

---

[1] 王凱石：《論中國古代的司法時令制度》，《雲南社會科學》2005年第1期。
[2] 甯全紅：《李斯卒年再辨》，《中華文化論壇》2015年第8期。
[3] 班固：《漢書》第70、72頁。

也進行了改革,基本確定了"秋冬行刑"制。① 然漢武帝時期似尚未形成此制,《漢書·武帝紀》載元封三年夏,"左將軍荀彘坐争功棄市"。② 武帝征和二年閏月,"諸邑公主、陽石公主皆坐巫蠱死"。③ 征和三年六月,"丞相屈氂下獄要斬,妻子梟首"。④

光武帝復興漢室,制度或承西漢,但受新莽以來十分流行的五行讖緯思想影響頗深。劉秀當政期間,實行休養生息政策,如田租三十稅一,免奴婢爲庶人,赦除刑徒之罪等。然這一時期尚未形成"秋冬行刑"制度,但最高統治者已認定氣候異常與理訟斷獄有一定關聯:

> 《後漢書·光武帝帝紀》:(建武五年)五月丙子,詔曰:"久旱傷麥,秋種未下,朕甚憂之。將殘吏未勝,獄多冤結,元元愁恨,感動天氣乎?其令中都官、三輔、郡、國出繫囚,罪非犯殊死一切勿案,見徒免爲庶人。務進柔良,退貪酷,各正厥事焉。"⑤

詔書認爲久旱不雨乃冤獄太多所致,故命令各級官府釋放刑徒,但死囚除外。此類詔令是對董仲舒所創"天人感應"理論的遵循。漢明帝"十歲通《春秋》",三十歲即皇帝位後的當年十二月甲寅就發佈以下詔書:

> 方春戒節,人以耕桑。其敕有司務順時氣,使無煩擾。天下亡命殊死以下,聽得贖論:死罪入縑二十匹,右趾至髡鉗城旦舂十四,完城旦舂至司寇作三匹。⑥

以上詔書雖然只是一時之計,並非東漢一朝定制,但的確是因爲時令的關係而改變刑罰方式的最爲直接的例證。

春夏不受理普通獄案,立秋之後才治獄的制度晚至東漢章帝時才正式實施:

> 《後漢書·肅宗孝章帝紀》:(建初元年春正月)丙寅,詔曰:"比年牛多疾疫,墾田減少,穀價頗貴,人以流亡。方春東作,宜及時務。二千石勉勸農桑,弘致勞來。群公庶尹,各推精誠,專急人事。罪非殊死,須立秋案驗。有司明慎選舉,進柔良,退貪猾,順時令,理冤獄。'五教在寬',帝典所美;'愷

---

① 孫喆:《略論漢代"秋冬行刑制"及其影響》,《史學月刊》2011年第7期。
② 班固:《漢書》第194頁。
③ 班固:《漢書》第208頁。征和二年閏五月。
④ 班固:《漢書》第210頁。
⑤ 范曄:《後漢書》第39頁。
⑥ 范曄:《後漢書》第98頁。

悌君子',《大雅》所歎。佈告天下,使明知朕意。"

《後漢書·肅宗孝章帝紀》:(元和元年)秋七月丁未,詔曰:"律云'掠者唯得榜、笞、立'。又令丙,棰長短有數。自往者大獄已來,掠考多酷,鑽鑽之屬,慘苦無極。念其痛毒,怵然動心。書曰'鞭作官刑',豈云若此?宜及秋冬理獄,明爲其禁。"

《後漢書·肅宗孝章帝紀》:(元和二年)秋七月庚子,詔曰:"春秋於春每月書'王'者,重三正,慎三微也。律十二月立春,不以報囚。月令冬至之後,有順陽助生之文,而無鞫獄斷刑之政。朕諮訪儒雅,稽之典籍,以爲王者生殺,宜順時氣。其定律,無以十一月、十二月報囚。"

漢章帝時,之前規定"罪非殊死,須立秋案驗"和"秋冬理獄",之後又以律文的形式規定"無以十一月、十二月報囚"。如此,一年之內只有七、八、九、十這四個月可以治獄,而獄案的發生是毫無規律可循的,加上東漢統治疆域之廣闊、人口衆多,勢必造成獄案的大量積壓,嫌疑犯被長期羈押。爲了順應所謂的天時,卻給民衆與官府帶來實質性的不便,這與最高統治者的初衷相違背。或許正因爲此,後來的當政者對它進行了調整:

《後漢書·孝和帝紀》:(永元十五年十二月)有司奏,以爲夏至則微陰起,靡草死,可以決小事。是歲,初令郡國以日北至案薄刑。

夏至一般是農曆五月,在漢章帝時此月不可決獄。漢和帝確定"日北至案薄刑",是法制史上一次具有標誌性的事件。允許夏至後處理一些小獄案,以減少獄案的積壓,減輕治獄官吏的壓力,這在行政實踐上是合理的,並且具有法理依據,"夏至則微陰起"。然而,與任何改革一樣,這一次同樣遇到反對者:

《後漢書·魯恭傳》:初,和帝末,下令麥秋得案驗薄刑,而州郡好以苛察爲政,因此遂盛夏斷獄。恭上疏諫曰:"臣伏見詔書,敬若天時,憂念萬民,爲崇和氣,罪非殊死,且勿案驗。進柔良,退貪殘,奉時令。所以助仁德,順昊天,致和氣,利黎民者也。"

魯恭真正反對的是"盛夏斷獄",那些"好以苛察爲政"者可能是其次,反對的原因無非是夏季斷獄有違天時。當政的鄧太后似乎接受了魯恭的以下建議:

可令疑罪使詳其法,大辟之科,盡冬月乃斷。其立春在十二月中者,勿以報囚如故事。

史書言"後卒實行",這一點從上面所引用五一廣場東漢簡永初年間的詔書中也可以得到證明,詔書中多次强調"罪非殊死且勿案驗,立秋如故"。

從上面論述可知,法制史上所説的"秋冬行刑"制度,首先由漢章帝確定下來,之後還出現過反復,"肅宗時,斷獄皆以冬至之前,自後論者互多駁異"①,故漢和帝時甚至出現過夏至後決獄的制度,故"秋冬行刑"實際上直到漢安帝以後才形成定制。

---

① 范曄:《後漢書》第881頁。

長沙出土三種東漢簡牘文書研究綜述

衛夢姣

　　進入 21 世紀以來,簡帛學得到了長足發展,戰國楚簡、秦簡、西漢簡、三國吴簡文書的研究成果豐富。東漢簡牘文書因出土較晚,學者們的研究大多是零散的、個例的,尚未多角度進行系統而全面的研究,成果相對薄弱。爲了推動東漢簡牘文書研究更好更快地發展,我將以跨越了東漢早、中、晚期的長沙東牌樓東漢簡牘、長沙五一廣場東漢簡牘、長沙尚德街東漢簡牘作爲代表進行綜述,回顧已有的研究成果、總結研究歷程的特點,爲今後的研究提供參考。

一、長沙出土三種東漢簡牘文書研究現狀

　　長沙東牌樓東漢簡牘文書、長沙五一廣場東漢簡牘文書、長沙尚德街東漢簡牘文書出土較晚,加之殘簡較多,正處於研究的全面開展時期。具體言之,長沙東牌樓東漢簡牘文書的研究相對較多,其中零散的個案研究占多數,系統性的碩博論文屈指可數;長沙五一廣場東漢簡牘文書、長沙尚德街東漢簡牘文書的研究較少,都是零散的個案研究,尚無碩博論文對其進行研究。

　　據不完全統計,與長沙出土三種東漢簡牘文書相關的研究共 159 篇。其中出土與著録刊佈 11 篇,形制研究 14(1)篇,釋讀校補 47 篇,語詞研究 22(2)篇,史料研究 34(2)篇,墨迹研究 28 篇,其他研究 8 篇。另有三篇碩博論文内容涉及多方面,總數不重計,相關研究内容的小類下同時計數,用"( )"標出重複數目。具體研究現狀如下所述。

　　1. 出土與著録刊佈

　　出土與著録刊佈共 11 篇,其中 8 篇詳細地介紹了與簡牘出土及其價值相關的情况,3 部專著刊佈了經過整理的簡文,爲學界展開研究提供了基礎與便利。

　　長沙東牌樓東漢簡牘。 此簡於 2004 年出土,隨着長沙市文物考古研究所於次年

發佈的《長沙東牌樓7號古井(J7)發掘簡報》進入人們視野。① 此文介紹了發掘過程及簡牘的基本情況,斷定簡牘所見年號爲東漢靈帝的建寧、熹平、光和、中平,性質主要爲長沙郡和臨湘縣通過郵亭收發的公私文書,在形制、内容、書法等方面具有重要研究價值,引起學術界極大重視。2006年,中國文物研究所編的《長沙東牌樓東漢簡牘》正式出版,②我們得以見到經過整理的簡牘圖像和文本。

長沙五一廣場東漢簡牘。此簡於2010年出土。挖掘時,媒體報導古井中有木牘、木簡、竹簡,至少有一萬枚,很大可能是東漢時期的官文書。③ 挖掘工作完成後,雷永利發文介紹了發掘過程,並從部分清洗簡牘可初步辨認的"永元""永初"等紀年,推測這批簡牘時代爲東漢中期偏早,内容可能是東漢時期長沙官府文書檔案。④ 隨着簡牘清洗工作的完成,黃樸華、何佳、雷永利聲稱,根據簡牘上的紀年可推斷這批簡牘的時代爲東漢早中期和帝至安帝時期,並説明這批簡牘大多保存較好,絶大多數爲官文書,有大量與司法相關的内容,涉及刑事、民事、訴訟等,引起學者關注。⑤ 2015年,長沙市文物考古研究所等編的《長沙五一廣場東漢簡牘選釋》出版,⑥經過整理的部分簡牘圖像和文本才正式面世。長沙五一廣場東漢簡牘並未全部整理公佈,程薇對五一廣場出土東漢簡牘的價值和研究前景做了分析,指出隨着整理成果的陸續公佈,對東漢社會各個方面的探究會出現不小的熱潮。⑦

長沙尚德街東漢簡牘。此簡於2011年出土,直到2016年長沙市文物考古研究所等編的《長沙尚德街東漢簡牘》問世,⑧才可見到經過整理的簡牘圖像和文本。此書共分爲長沙尚德街出土簡牘古井發掘報告、長沙尚德街出土東漢簡牘及釋文。緊接着,邱建明撰文介紹了它的出版價值和意義。⑨

2. 形制研究

形制研究主要涉及材質、綴合、屬性等内容,已有研究共14篇。

---

① 長沙市文物考古研究所:《長沙東牌樓7號古井(J7)發掘簡報》,《文物》2005年第12期,第4—21、30頁。
② 長沙市文物考古研究所、中國文物研究所編:《長沙東牌樓東漢簡牘》,文物出版社2006年。
③ 吳婷、郭瀟雅:《長沙發掘萬枚簡牘 再現東漢早期歷史》,《收藏·拍賣》2010年第8期,第13頁。
④ 雷永利:《2010年長沙五一廣場漢代古井(窖)考古發掘情況簡報》,《湖南省博物館館刊(年刊)》2010年,第121—123頁。
⑤ 黃樸華、何佳、雷永利:《湖南長沙五一廣場東漢簡牘發掘簡報》,《文物》2013年第6期,第4—26頁。
⑥ 長沙市文物考古研究所等編:《長沙五一廣場東漢簡牘選釋》,中西書局2015年。
⑦ 程薇:《五一廣場出土東漢簡牘的整理與研究前景》,《中國史研究動態》2016年第2期,第54—57頁。
⑧ 長沙市文物考古研究所等編:《長沙尚德街東漢簡牘》,岳麓書社2016年。
⑨ 邱建明:《地不愛寶——記〈長沙尚德街東漢簡牘〉的問世》,《全國新書目》2016年第12期,第81頁。

材質研究。蔣成光發文聲稱,爲了研究簡牘的保存狀況,製訂了科學合理的文物保護方案,選取了多枚簡牘樣品,開展了含水率、乾縮率、纖維素結晶度、表面顏色檢測和材質鑒定。結果表明:簡牘的纖維素降解嚴重;含水率較高、糟朽嚴重;表面氧化呈深褐色甚至黑色;木牘材質爲杉木,竹簡材質爲剛竹。①

綴合研究。孫聞博、付娟對《素上言盜取文書案卷》做了綴合與考釋,嘗試新釋和重新標點、斷句,加深了我們對秦漢盜取文書案件的認識。②陳偉認爲長沙五一廣場東漢簡牘141、5號實應連讀,其中141號簡在前,可能是當件文書的靠前的部分,5號簡緊接其後,隨後尚當有他簡。③陳笑笑認爲長沙尚德街東漢牘·199與牘·213可綴合,理由是牘·199長度爲23.4釐米,牘·213長度爲23.3釐米,基本等長;且二簡文字書寫風格基本一致,簡均爲木質,紋路均不明顯;綴合後文義可通。牘·088與牘·098可綴合,理由是牘·088與牘·098形制相同,均無明顯紋路;文字書寫風格和字間距以及字體大小基本一致;二簡茬口相吻合,可拼合;二簡綴合後"一""枚""餘"等字形可完整。④洪惠瑜用比較法研究長沙東牌樓東漢簡牘文書,産生了一些新的簡牘綴合方式。⑤史達(Thies STAACK)指出,長沙尚德街東漢簡牘簡212和簡254雖然來自不同地層,但根據形制和書寫風格,二者可以綴合。⑥

屬性研究。廣瀨熏雄指出,整理者將東牌樓東漢簡牘的56號木牘正面歸屬於私信,將背面歸屬於習字不妥。他認爲,此木牘既不是私信,也不是習字,而是驅鬼辟邪的"咒符"。⑦陳偉結合材料分析認爲,長沙五一廣場1號窖出土的東漢簡牘中已披露的二十枚資料,大致可判定爲臨湘縣廷的文書,具體分析了簡報例三、例四、例五、例六、例十二,認爲它們可分爲臨湘縣內的文書和長沙郡致臨湘縣的文書,由當地臨湘縣廷負責保管、收藏。五一廣場1號窖出土的東漢簡牘所保藏的地點,應當在臨湘縣

---

① 蔣成光:《長沙五一廣場東漢簡牘材質研究》,《湖南省博物館館刊》(年刊)2016年,第569—573頁。
② 孫聞博、付娟:《東牌樓漢簡〈素上言盜取文書案卷〉的綴合與考釋》,《四川文物》2007年第6期,第29—32頁。
③ 陳偉:《長沙五一廣場東漢簡牘141、5號試讀》,簡帛網2016年2月8日,http://www.bsm.org.cn/show_article.php?id=2467。
④ 陳笑笑:《長沙尚德街東漢簡牘綴合二則》,簡帛網2017年12月1日,http://www.bsm.org.cn/show_article.php?id=2943。
⑤ 洪惠瑜:《長沙東牌樓東漢簡牘文書研究》,碩士學位論文,臺北大學2012年。
⑥ 史達(Thies STAACK):《〈長沙尚德街東漢簡牘〉綴合一則》,簡帛網2018年5月12日,http://www.bsm.org.cn/show_article.php?id=3082。
⑦ 廣瀨熏雄:《東牌樓東漢簡牘五六號牘試探》,《簡帛》第3輯,上海古籍出版社2008年,第307—321頁。

官署之内或者相去不遠，《簡報》以爲1號窖位於東漢時期長沙府衙所在，恐不可從。①曹旅寧認爲長沙尚德街東漢簡牘中的"不道"當爲《賊律》漢律條文，"棄市"可能屬《興律》漢律條文。②

3. 釋讀校補

簡牘因年代久遠，字迹模糊，漫漶難辨，需要學者不斷補正，完善已有認識，爲後來的研究提供便利。釋讀校補作爲重要的基礎工作，是長沙出土三種東漢簡牘文書研究中較爲成熟的一部分，已有研究共47篇。其中東牌樓東漢簡牘、五一廣場東漢簡牘的釋讀校補，比尚德街東漢簡牘釋讀校補成果更加豐富多樣。

(1) 簡文釋讀

東牌樓簡文釋讀。 黄人二對長沙東牌樓東漢熹平元年的"覃超人形木牘"的釋文進行了補述，他認爲"覃超"之"覃"，可能讀作"譚"，是東漢人常見之姓氏；古文字學、古文獻之中，"史""吏"二字，經常互作，故"小史"又可稱爲"小吏"；"如"字似誤，疑讀爲"七"；"人主"，疑爲郡縣級之官吏，從《漢書》衆多顯例看，推論或爲小吏稱呼太守之另名；"不易識"當爲"下易(羊)識(食)"，將肥羊送上餐桌也。"覃超人形木牘"即其三之司察小過的司命，東漢時期的"司命"春秋常祀與內容性質，已與先秦、西漢的時代有很大的不同。③ 十餘年後，他對"覃超人形木牘"進行了再探，主要結論有三點：其一，他認爲趙思木、莊小霞、徐俊剛等提出的"覃"通爲"潭"的觀點是一種可能，但無法推翻"覃"通爲"譚"的可能性；其二，認爲趙思木將"敢"釋爲"亟"的説法可從；"如"字争議較多，列入待考；其三，讚同"員悝"爲"員里"的説法。④ 馬怡對東牌樓東漢簡牘《侈與督郵書》的文字重作釋讀，加以考證，指出"賤子"大約本是無官職者自謙的稱謂；不過在某些場合，有官職和身份的人要表示謙卑時也會自稱"賤子"。⑤ 伊强認爲長沙東牌樓簡三五從語法、辭例上講，"丈席""丈二席"的釋讀

---

① 陳偉：《五一廣場東漢簡牘屬性芻議》，簡帛網2013年9月24日，http://www.bsm.org.cn/show_article.php? id=1913。

② 曹旅寧：《〈長沙尚德街東漢簡牘〉所見"不道""棄市"條文》，簡帛網2017年3月1日，http://www.bsm.org.cn/show_article.php? id=2744。

③ 黄人二：《長沙東牌樓東漢熹平元年覃超人形木牘試探》，簡帛網2007年2月6日，http://www.bsm.org.cn/show_article.php? id=517。(後刊發於《東方叢刊》2007年第3期，第85—91頁。)

④ 黄人二：《長沙東牌樓東漢熹平元年覃超人形木牘再探》，《高雄師大學報》2017年第26期，第1—15頁。

⑤ 馬怡：《讀東牌樓漢簡〈侈與督郵書〉——漢代書信研究之一》，簡帛網2007年8月28日，http://www.bsm.org.cn/show_article.php? id=707。(後來刊發於《簡帛研究二〇〇五》，廣西師範大學出版社2008年，第173—186頁。)

很合適。①

五一廣場簡文釋讀。以《長沙五一廣場東漢簡牘選釋》(下文簡稱《選釋》)出版爲界,可以將其釋讀工作分爲前後兩期。前期研究者只能根據簡報中已披露的散簡進行初步研究,例如伊强對《湖南長沙五一廣場東漢簡牘發掘簡報》上刊佈的木牘J1③:325-1-140、木牘J1③:285A、木牘J1③:169、木牘J1③:264-294等四支簡的釋讀問題進行了論證,提出了自己的看法。例如,他指出木牘J1③:169的"自捄"即"自救";木牘J1③:264-294的A面第4行"仲"後漏釋一"等"字,當爲:"輒將祖、仲等詣發所,逐捕純不得。"②陳偉將"2013長沙五一廣場東漢簡牘學術研討會"期間未涉及到的問題加以條理,簡3:325-1-12A釋文似有不順,疑"來"爲"求";簡3:325-26A與簡3:325-26B中的"符書"籠統理解爲值班報告,似未盡當,"獄司空"連讀以爲是"主管監獄刑徒的機構",恐有未允;簡3:325-1-140中的"處言"當連讀,"會"當與上文"亟"關聯,簡文當讀作"書到,亟處言會。急疾如律令"。簡3:129中"掾"應看作動詞,相關簡文當讀作"即日得府決曹侯掾西部、案獄涂掾田卒史書,當考問縑會、劉季興、周豪、許伯山等"。還應注意,"西"字殘壞嚴重,疑是"田"。簡文兩個"掾"指向大致相同。③

後期研究主要圍繞圖版和釋文展開。例如,羅小華對遝(逮)、逐捕、追逐、財(裁)省等七則進行了釋讀;④又提出區姓在東漢時期可能是長沙地區的大姓,文獻中的"鮮支"應該是指用梔子染成黄色的絲織品等猜想。⑤孫濤提出,"樠"應通"艕",即一種流行於南楚江湘一帶船體長而淺的船。⑥張煒軒對内容上有密切關連的CWJ1①:113

---

① 伊强:《讀〈長沙東牌樓東漢簡牘〉札記》,簡帛網2010年3月23日,http://www.bsm.org.cn/show_article.php?id=1236。(後來刊發於《簡帛》第6輯,上海古籍出版社2011年,第399—407頁。)
② 伊强:《湖南長沙五一廣場東漢簡牘劄記》,簡帛網2013年7月16日,http://www.bsm.org.cn/show_article.php?id=1867。
③ 陳偉:《五一廣場東漢簡牘校釋》,簡帛網2013年9月22日,http://www.bsm.org.cn/show_article.php?id=1912。
④ 羅小華:《五一廣場東漢簡牘選釋七則》,簡帛網2015年6月2日,http://www.bsm.org.cn/show_article.php?id=2249。
⑤ 羅小華:《讀〈長沙五一廣場東漢簡牘選釋〉劄記》,簡帛網2016年1月11日,http://www.bsm.org.cn/show_article.php?id=2420。
⑥ 孫濤:《讀〈長沙五一廣場東漢簡牘選釋〉劄記兩則》,簡帛網2017年5月7日,http://www.bsm.org.cn/show_article.php?id=2800。

及CWJ1③：172兩則簡文進行了分析，嘗試對董、輔、農、旦、良、普各人的信息進行歸納。①

(2) 簡文校補

東牌樓簡文校補。集體研討成果，例如北京大學中國古代史研究中心發起並主辦了"長沙東牌樓東漢簡牘研讀班"，對照釋文和圖版逐字逐句校讀，在一些校補訂正意見上達成共識，合成《〈長沙東牌樓東漢簡牘〉釋文校訂》一文。② 個人的研究成果，例如黄今言提出"租芀"當釋作"租蒭"，"箅卒"疑應釋爲"更卒"。③ 鄔文玲認爲《光和六年自相和從書》是有關親屬間諍田並最終達成和解的文書案卷，在一定程度上展示了當時民事訴訟與和解的實態，學界則對此文書的文本解讀方面頗有分歧。作者認爲，從該文書的結構和内容來看，其性質與"列言"文書相類；原釋文存疑的"婞(?)取"之"婞"字，應是"娉"字，"娉取"即"聘娶"；李升的身份爲"民"，而非"贅婿"。④ 李恒光先後寫了《長沙東牌樓東漢簡牘劄記》《東牌樓漢簡文字補釋》，提出"頞"當爲"頗"之誤釋，"之"當爲"亡"的誤釋，"慈"當爲"惡"的誤釋等看法。⑤ 羅小華認爲，光和六年九月《監臨湘李永例督盗賊殷何言實核大男李建與糧張諍田自相和從書》中的"糧"凡三見，均爲姓氏，原釋爲"稴"，認爲是"精"的俗體。出土簡牘材料表明，此三字均當隸定爲"糧"，假借爲"糧"。"糧"作爲姓氏還見於漢印，傳世文獻有晉大夫"糧茷"。⑥ 陶曲勇先後寫了《讀〈長沙東牌樓東漢簡牘〉劄記兩則》和《長沙東牌樓漢簡〈侈與督郵書〉"空"字補釋》，⑦他認爲《長沙東牌樓東漢簡牘》簡三五《侈與督郵書》中，正面第三行的最後一字當釋爲"送"，讀爲"訓"，表示順遂之意；簡五《光和六年監臨湘李永例督盗賊殷何上言李建與精張諍田自相和從書》原釋爲"昔"的人名用字，根據居延新簡的字形

---

① 張煒軒：《讀〈長沙五一廣場東漢簡牘選釋〉劄記——以 CWJ1①：113 及 CWJ1③：172 木兩行爲中心》，簡帛網 2017 年 8 月 9 日，http：//www.bsm.org.cn/show_article.php? id=2865。

② 長沙東牌樓東漢簡牘研讀班：《〈長沙東牌樓東漢簡牘〉釋文校訂》，卜憲群、楊振紅主編：《簡帛研究二〇〇五》，廣西師範大學出版社 2008 年。

③ 黄今言：《〈長沙東牌樓東漢簡牘〉釋讀的幾個問題》，《中國社會經濟史研究》2008 年第 2 期，第 1—5 頁。(又見《秦漢史叢考》，經濟日報出版社 2008 年。)

④ 鄔文玲：《長沙東牌樓東漢簡牘〈光和六年自相和從書〉研究》，《南都學壇》2010 年第 3 期，第 10—18 頁。

⑤ 李恒光：《長沙東牌樓東漢簡牘劄記》，復旦大學出土文獻與古文字研究中心網站 2010 年 5 月 20 日，http：//www.gwz.fudan.edu.cn/Web/Show/1156；李恒光：《東牌樓漢簡文字補釋》，復旦大學出土文獻與古文字研究中心網站 2010 年 12 月 11 日，http：//www.gwz.fudan.edu.cn/Web/Show/1327。

⑥ 羅小華：《長沙東牌樓簡牘中的姓氏"糧"》，《中國典籍與文化》2016 年第 1 期，第 13—15 頁。

⑦ 陶曲勇：《讀〈長沙東牌樓東漢簡牘〉札記兩則》，《民俗典籍文字研究》2016 年第 1 期，第 189—193、280 頁；陶曲勇：《長沙東牌樓漢簡〈侈與督郵書〉"空"字補釋》，《古漢語研究》2016 年第 2 期，第 75—76 頁。

及隸變規律,當釋爲"茜"。

五一廣場簡文校補。 莊小霞指出,整理者認爲CWJ1①:86簡的"艾",通"乂",訓"懲治"不當,此處"艾"是指漢代豫章郡屬縣艾縣。① 孫兆華對J1③:281-5、J1③:201-30、CWJ1③:201-1三枚涉及直符户曹史盛舉劾工作失職的主管吏員之事的木牘,進行了標點和釋文訂正。② 孫濤認爲,CWJ1③:303、/CWJ1③:325-1-139兩簡中的"栱"和"栱船"應爲文獻中的"艇",即一種流行於南楚江湘一帶船體小而深的船。③ 丁義娟認爲,J1③:281-5中被劾的五人都是掾史。④ 楊小亮對《選釋》中字迹模糊、字迹殘裂、字迹變形、疏忽造成的漏釋或誤釋進行了補正。⑤ 陳偉指出,整理者以爲108、135號中的"坁、和、免"是人名。"免"在其他地方並未出現,應非人名;135號中的"免坁爲庶人"應作一句讀,108號後文雖缺,亦當如此理解;108號簡前面敘述歷數元葬後有奴婢中有坁,這裏當是説何把坁從奴免除爲庶人;整理者釋爲"和"以爲人名的字,右旁不是很清楚,其爲"私"的可能性似不能排除。如果是"私"字,"何賣宅、侍、民、秩、主,散用錢給和、免、坁"中的"給私"大概是説何把賣出宅和奴婢的錢化爲己有。⑥ 孫濤指出,第22號木簡有地名"漢丘","漢丘"上下語境清晰,釋爲地名没有問題。但是"漢"字原爲" ",當釋爲"潷","漢丘"實爲"潷丘"。由於地名意義的特殊性,"潷"的意義難以確定,待考。⑦ 楊頌宇懷疑例100簡文中的"佳兄叔"應爲"住兄叔","佳"爲誤釋,並通過對比圖版和其他簡文中"住"的字形進行論證。⑧ 温玉冰通過對比其他漢簡中"券""豢""勝"的字形,以求證例55簡文中"豢買"的確切意義。他認爲若

---

① 莊小霞:《長沙五一廣場東漢簡牘CWJ1①:86簡所載"艾"釋義獻疑》,簡帛網2016年5月9日,http://www.bsm.org.cn/show_article.php?id=2548。
② 孫兆華:《五一廣場東漢簡牘直符户曹史盛舉劾文書釋文訂正》,簡帛網2016年10月19日,http://www.bsm.org.cn/show_article.php?id=2647。
③ 孫濤:《長沙五一廣場東漢簡牘"栱船"釋義補正》,簡帛網2017年4月24日,http://www.bsm.org.cn/show_article.php?id=2780。
④ 丁義娟:《五一廣場簡J1③:281-5簡注釋小議》,簡帛網2017年5月30日,http://www.bsm.org.cn/show_article.php?id=2816。
⑤ 楊小亮:《〈五一廣場東漢簡牘選釋〉釋文補正》,《出土文獻》2017年第1期,第260—275頁。
⑥ 陳偉:《五一廣場東漢簡108、135號小考》,簡帛網2017年10月11日,http://www.bsm.org.cn/show_article.php?id=2917。
⑦ 孫濤:《釋五一廣場漢簡第22號簡"潷丘"》,簡帛網2017年12月16日,http://www.bsm.org.cn/show_article.php?id=2948。
⑧ 楊頌宇:《〈長沙五一廣場東漢簡牘選釋〉例100"佳"字再釋與"柱"案再分析》,簡帛網2018年3月22日,http://www.bsm.org.cn/show_article.php?id=3033。

"豢"不通"券",當解釋爲"餌之以利",簡文大概是五人利誘廖光賣"參田山藍"給他們;若"豢"通"券","券貸""豢買""豢儥"三例詞性相同、結構相近,皆與商業行爲有關,簡文當釋讀爲五人從男子廖光處買了"參田山藍"並立了券書爲證。他還提出,簡文"復從男子廖光豢買所有參田山藍一分"可理解爲買了其所擁有的一分參田和山藍地,或可斷作"復從男子廖光豢買所有參田、山藍一分",指買下所有的參田以及一分山藍地。①

尚德街簡文校補。因出土和公佈時間較晚,該批簡牘研究文章最少,釋讀未見,僅有幾篇校補文章。例如周海鋒認爲084號木牘"貧富不得容奸證"之"證"當釋爲"詐";212號木牘"上書紀匿其名"之"紀匿"不辭,當釋爲"絕匿";254號木牘"卑"疑爲"畀"之譌字,"衛土"當是"衛士"之譌。② 李洪財對024正面、背面,026正面、背面等進行了補釋。③ 吴雪飛對第212號木牘背面的"妻淫失殺夫"、第254號木牘的"還贓畀主"進行了補釋。④ 雷海龍對第026、052、070、084、110號等簡文進行了補正。⑤ 周艷濤、張顯成分別從字形和文義的角度進行考察,認爲"84正"訂正後的釋文當如下:"詔書:'民再產滿五子,復卒一人。家無所復,得□□□。'"從語義層次上看,"民再產滿五子"是基本限定條件,"復卒一人"是達到這個條件後可以享受的權利,"家無所復,得□□□桊"則是對"復"這項權利轉讓的具體規定。⑥ 繆愷然、覺思宇對一些字迹模糊的字形進行了校補,例如他們認爲J531中簡259正面"三十八日□書,再拜言"中未釋之字應爲"具",並指出"具書"一詞多見於簡牘文獻。⑦

(3) 簡文集釋

集釋作爲研究成果的階段性總結,爲今後進一步研究提供了極大便利。例如徐

---

① 温玉冰:〈讀《長沙五一廣場東漢簡牘選釋》札記一則〉,簡帛網2018年3月31日,http://www.bsm.org.cn/show_article.php? id=3039。
② 周海鋒:《〈長沙尚德街東漢簡牘〉校讀記(一)》,簡帛網2017年2月22日,http://www.bsm.org.cn/show_article.php? id=2736。
③ 李洪財:《〈長沙尚德街東漢簡牘〉補釋》,簡帛網2017年2月23日,http://www.bsm.org.cn/show_article.php? id=2737。
④ 吴雪飛:《長沙尚德街東漢簡牘補釋兩則》,簡帛網2017年3月1日,http://www.bsm.org.cn/show_article.php? id=2742。
⑤ 雷海龍:《〈長沙尚德街東漢簡牘〉釋文商補》,簡帛網2017年3月3日,http://www.bsm.org.cn/show_article.php? id=2748。
⑥ 周艷濤、張顯成:《〈長沙尚德街東漢簡牘〉所見詔令商補一則》,《出土文獻》2017年第2期,第379—386頁。
⑦ 繆愷然、覺思宇:《〈長沙尚德街東漢簡牘〉釋文補正》,簡帛網2018年9月4日,http://www.bsm.org.cn/show_article.php? id=3216。

俊剛對東牌樓簡牘的研究成果進行了全面彙集,並以整理者的釋文爲底本,整合諸家觀點及新認識,給出一份比較可靠的釋文文本。①

結合其他材料的集釋如:楊芬結合睡虎地秦牘、天長西漢簡、敦煌漢簡(帛)、懸泉帛書、居延漢簡(帛)、居延新簡、額濟納漢簡、東牌樓東漢簡及張家界古人堤東漢簡等書信材料,進行全面整理與集注。② 張蕊針對西北和南方地區出土的數批漢代簡帛,在前人研究的基礎上,對漢代私人書信的格式、常用語、自稱等方面進行了初步的分析研究,同時對幾個具體的書信稱謂、文字釋讀等進行論述。他爲東牌樓漢簡《佟與督郵書》中的"隔"和"悉"的研究補充了一些文獻上的新證據;認爲漢代的"信"字還不具有書信義,表書信義的是"記"與"書"。③ 劉釗將東牌樓、五一廣場等簡中官文書的部分分爲中央和地方官文書兩大類,每大類下再細分小類,基於既往成果進行釋文校訂。④

4. 語詞研究

語詞研究是長沙出土三種東漢簡牘文書研究中極其重要卻最爲欠缺的一部分,現有研究成果共 22 篇。零散的個案研究和系統的封閉研究兼有,主要分爲詞義、詞類、詞的演變等。

(1) 詞義

因時代的變遷及詞彙內在的發展,長沙出土三種東漢簡牘文書中有很多詞語晦澀難懂,需要結合傳世古籍探本溯源。

單項語詞詞義研究。曹旅寧在《長沙東牌樓東漢簡牘"李建與精張諍田案"中"石"的解釋》中對"石"的意義進行分析,認爲"石"是行用於長沙及其周邊地區的土地計量單位,田一石相當於舊制六畝三分,一直沿用到 1949 年。⑤ 文章發佈不久,周群便發表《用"六畝三分"來解釋長沙東牌樓東漢簡牘"石"時應謹慎》一文,肯定曹旅寧先生的解釋有助於深化我們對簡牘的認識,但他以爲,在用"六畝三分"來解釋長沙東牌樓中的"石"時需持相當謹慎的態度才行,更不可將其作爲直接的換算單位。1949 年前後,各地對"石"的解釋是存在差異的,"六畝三分"說只是其中的一種解釋而

---

① 徐俊剛:《長沙東牌樓東漢簡牘集釋》,碩士學位論文,吉林大學 2014 年。
② 楊芬:《出土秦漢書信匯校集注》,博士學位論文,武漢大學 2010 年。
③ 張蕊:《出土漢代簡帛私人書信研究》,碩士學位論文,首都師範大學 2011 年。
④ 劉釗:《漢簡所見官文書研究》,博士學位論文,吉林大學 2015 年。
⑤ 曹旅寧:《長沙東牌樓東漢簡牘"李建與精張諍田案"中"石"的解釋》,簡帛網 2007 年 6 月 24 日,http://www.bsm.org.cn/show_article.php?id=585。

已——雖然這個解釋比較接近於大多數。① 後來曹旅寧又在《長沙東牌樓東漢簡牘"李建與精張諍田案"中"石"的再解釋》一文中予以回應,對"石"的意義進行了補充完善。② 伊强指出,長沙五一廣場東漢簡牘的整理者注釋 CWJ1③:325-4-37 認爲"都、解、通"皆人名。就"解、通以庸、販賣爲事"一句來看,將"都、解止通舍數日"的"解"理解爲人名似無不可。但起首的"□便因緣"難以理解,是否如此斷讀尚無法確定,因此將"解止"理解爲休止義的可能也不能完全排除。③

專題語詞詞義研究。語詞專題研究有助於我們系統地認識簡牘文書的用語情況。王子今對長沙東牌樓東漢簡牘涉席類的內容提出了自己的看法。他認爲"蔣"應即"簝",蔣席指剖竹未去節所製席,屬於坐臥鋪墊用具,"皮席"指皮質鋪墊物,"菱席"指編織原料比較特殊的席。④ 莊小霞對長沙五一廣場東漢簡牘中"正處言""不處""要證""詭責""財省"等司法簡牘語詞進行考釋辨正。"正處言"指"正確處理評判上報";"不處"指"不能確定";"要證"指"重要證據、重要證人";"詭責"指"責備、責問";"財省"指"裁斷審察之意"。⑤ 吳雪飛對長沙五一廣場東漢木牘中的"舉劾書""不承用詔書""稽留""强盜""格殺"等法律用語進行了考釋,指出木牘 J13:281-5A 爲漢代的舉劾文書,與居延新簡中的"舉劾書"比較接近;木牘 J13:281-5A 的"不承用詔書"爲罪名,指不遵守、奉行詔書;木牘 J13:325-1-140 的"稽留"爲犯罪,在簡文中指稽留物資而影響徵發;木牘 J13:169 中的"强盜"在簡文中意爲强行搶奪,而"强盜"是否爲罪名有待研究。"格殺"在簡文中指罪人拒捕時,捕者與罪人格鬥而殺之。"謀議"指謀劃犯罪,在簡文中指謀殺人而未殺。⑥

語詞集釋。周菊梅的《〈長沙東牌樓東漢簡牘〉詞語研究》是唯一一篇對長沙東牌樓東漢簡牘的詞語進行封閉研究的文章。她從詞彙學的角度,對其中出現的語詞進

---

① 周群:《用"六畝三分"來解釋長沙東牌樓東漢簡牘"石"時應謹慎》,簡帛網 2007 年 7 月 1 日,http://www.bsm.org.cn/show_article.php?id=587。
② 曹旅寧:《長沙東牌樓東漢簡牘"李建與精張諍田案"中"石"的再解釋》,《平頂山學院學報》2015 年第 1 期。
③ 伊强:《小議長沙五一廣場東漢簡牘中的"解止"》,簡帛網 2016 年 12 月 21 日,http://www.bsm.org.cn/show_article.php?id=2686。
④ 王子今:《蔣席·皮席·菱席——長沙東牌樓簡牘研讀札記》,卜憲群、楊振紅主編:《簡帛研究二〇〇五》,廣西師範大學出版社 2008 年,第 166—172 頁。
⑤ 莊小霞:《長沙五一廣場出土東漢司法簡牘語詞彙釋五則》,西北師範大學歷史文化學院、甘肅簡牘博物館編:《簡牘學研究》第 6 輯,甘肅人民出版社 2015 年,第 39—44 頁。
⑥ 吳雪飛:《長沙五一廣場東漢木牘相關法律用語探析》,《中國古代法律文獻研究》(年刊)2016 年,第 187—199 頁。

行通釋和研究;在依托原有釋文和《〈長沙東牌樓東漢簡牘〉釋文校訂稿》,以及參考前人已有的研究成果的基礎上,認真核對原簡圖版,對釋文進行了重新校對和全面梳理。然後借助"灌神數據庫",①離析《長沙東牌樓東漢簡牘》的全部詞語,窮盡調查其語境和義項,查證工具書及傳世文獻和出土文獻書證,按照"以字帶詞"的形式,對其中出現的全部語詞進行分條考釋。"通釋正文"部分共包括單字字頭785個,詞條282條。② 路方鴿在《楚地秦漢簡牘字詞論考》中以楚地秦漢簡牘爲研究對象,選取了《東牌樓東漢簡牘》等有代表性的七批簡牘,採用了傳統訓詁學和歷史詞彙學的研究方法,探討了法律文書同義詞。文章認爲,楚地秦漢簡牘在詞語的使用上,基本擺脱了楚地的方言特點,與同期傳世文獻的語言特點相差無幾。③ 張蕊《出土漢代簡帛私人書信研究》在前人研究的基礎上,嘗試對漢代私文書常用語、自稱等方面進行初步的分析研究。④ 洪惠瑜在《長沙東牌樓東漢簡牘文書研究》一文中對語詞做了新的探討。⑤劉釗在《漢簡所見官文書研究》一文中以東牌樓、五一廣場等漢代簡牘中所見的各種官文書爲研究對象,分類進行疑難詞語考證。⑥

(2) 詞類

對語詞進行分類研究,亦是語詞研究的一大内容。例如黄偉鋒以何樂士等編寫的《古漢語虚詞通釋》爲判定依據,對《長沙東牌樓東漢簡牘》中的虚詞做了次數統計及用法説明,具體從助詞、副詞、語氣詞、介詞、連詞角度描述了虚詞的使用情況。統計表明,《東牌樓》中共有39個虚詞,其中4個助詞:者、所、之、思;6個否定副詞:不、無、勿、未、非、弗;1個肯定副詞:必;4個時間副詞:既、昔、今、亦;7個範圍副詞:皆、唯、凡、獨、相、交、比;3個情態副詞:或、尚、乃;1個謙敬副詞:敢;3個語氣詞:也、矣、乎;6個介詞:爲、於、以、與、至、比;6個連詞:以、則、與、雖、且、如。研究表明,《東牌樓》虚詞中副詞數量最多,計20個,使用頻率也最高,與現代漢語虚詞中副詞占優勢的情況一致;《東牌樓》中虚詞都是單音節,反映出在東漢末年,漢語虚詞依然以單音節占優勢;《東牌樓》虚詞多是從先秦、西漢繼承下來的,是東漢日常使用詞,基本

---

① 編者按,該庫詳情見詹鄞鑫:《關於古文字研究數字化方法的幾個問題——暨實物文字語料庫建設專用軟件"灌神2006"簡介》,《古文字研究》第二十七輯,中華書局2008年,第532—538頁。
② 周菊梅:《〈長沙東牌樓東漢簡牘〉詞語研究》,碩士學位論文,華東師範大學2010年。
③ 路方鴿:《楚地秦漢簡牘字詞論考》,博士學位論文,浙江大學2013年。
④ 張蕊:《出土漢代簡帛私人書信研究》。
⑤ 洪惠瑜:《長沙東牌樓東漢簡牘文書研究》。
⑥ 劉釗:《漢簡所見官文書研究》。

展現了東漢末期漢語虛詞的面貌。這些虛詞在後代也得到了延續和發展。①

（3）詞的演變

語詞在發展中，總是伴隨着一些意義演變和替換。例如楊小亮提出，出土簡牘中多有以"本事"題名的簽牌。在傳世文獻中，"本事"有"原事"即"事件基本事實"的含義，而出土資料中的"本事"則多指代公文，指經認定的可以存檔或據以進行後續工作的可靠材料。這類"本事"可能只包括能反映事件基本事實的檔，而並不包括運轉過程中各級機構附加的命令和批文。② 李均明對長沙東牌樓東漢簡牘中習語"不處"與"正處"進行了考辨，認爲"處"有審度、辨別、斷決之義，則簡文"不處"具有"不審""不察"之義，類似語境之表達，西漢簡牘中常寫作"不審"；"正處"乃兩漢公文常用語，是對合理行政的一種要求。③

5. 史料研究

史料研究是長沙出土三種東漢簡牘文書研究中較爲特殊的一部分，它在釋讀文本和語詞研究的基礎上考證或補充古代的政治制度、法律案卷、社會經濟等。隨着釋讀校訂和語詞研究的不斷深入，史料研究也得到了很大發展，已有相關論文34篇。

政治制度研究。葉玉英認爲，從《和從書》來看，監部是督郵的下設部門，"監臨湘李永"是中部督郵下屬的監部派往臨湘辦案的屬吏；例督盜賊的職守是捕斬群盜、核查各類案件，也是中部督郵的屬吏。④ 劉濤從官制角度，對長沙東牌樓東漢簡牘中出現的臨湘令、臨湘長、臨湘守令和一些新出現的地方屬吏進行了考辨；另外還對長沙東牌樓東漢簡牘"户籍"文書中"算卒"問題進行了研究，指明東牌樓東漢簡牘出土的户籍文書，應該是屬於廣義的户籍，而不是只記載人口、籍貫、年齡及爵位等狹義的户籍。⑤ 莊小霞對長沙東牌樓東漢簡"中倉租券簽牌"進行考察，認爲其中的"租券本"可能是張家山漢簡所見的田租籍。將出土秦漢簡與長沙吳簡等結合，可推斷孫吳時期田租徵收可能承繼了漢代傳統，即由鄉吏將各鄉"租券本"（田租籍）上交倉庫，倉庫官

---

① 黃偉鋒：《〈長沙東牌樓東漢簡牘〉虛詞研究》，張顯成主編：《簡帛語言文字研究》第3輯，巴蜀書社2008年，第226—243頁。

② 楊小亮：《"本事"簽牌考索》，《齊魯學刊》2013年第4期，第48—50頁。

③ 李均明：《讀長沙東牌樓東漢簡牘偶識》，張德芳主編：《甘肅省第二屆簡牘學國際學術研討會會議論文集》，上海古籍出版社2012年，第421—425頁。

④ 葉玉英：《東漢簡牘〈和從書〉所見東漢若干制度探索》，《廈門大學學報》（哲學社會科學版）2009年第6期，第100—105、112頁。

⑤ 劉濤：《長沙東牌樓東漢簡牘新論》，碩士學位論文，鄭州大學2009年。

吏據此徵收田租。① 李晨從載體、形制、内容三個方面研究了漢唐間户籍檔案的變遷，認爲户籍檔案内容的變遷與紙張的利用、賦役制度的變遷密切相關。② 張鵬立、劉濤認爲東牌樓漢簡户籍文書中出現的"算卒"一詞，爲研究漢代賦役制度提供了新的資料；東牌樓漢簡中的"算卒"不能釋讀爲"更卒"，漢代不可能讓服役者到九十歲才免除賦役，"算卒"可能是賦役的一種。③ 洪惠瑜聯繫三國吳簡研究户籍簡制度。另外將東牌樓的内容和睡虎地秦簡、敦煌漢簡、居延新舊簡、懸泉漢簡、甘谷漢簡等去比對出職官的屬性，再探討鴻都門學與漢代官制的發展，以期考證出東漢文獻中，史籍已載與未載之官制，還原東漢時空背景之下的東漢社會。④ 孫聞博在《説東牌樓漢簡〈桂陽大守行丞事南平丞印緘〉》一文中認爲西漢初年當地備馬供給傳驛已爲定制。⑤

李均明通過研究長沙五一廣場中三枚與值班制度相關的簡牘，瞭解東漢時期值班執行、責任人、交接日期、案情處理等詳細情況，揭示漢代官吏日常值班的職責與程式等重要史實。⑥ 侯旭東通過分析長沙五一廣場東漢簡 J1③∶264-294，證明了度田乃是東漢官府長期化的舉措。該舉措依據"令"來進行，實際工作由鄉吏來完成，並動員百姓中的頭面人物參加，以避免丈量不實。⑦ 馬力認爲，東漢中期的舉劾文書爲我們進一步瞭解當時司法制度的運作提供了寶貴的材料。⑧

法律案卷研究。 王素指出，長沙東牌樓東漢簡牘中的李建與精張諍田自相和從書，實際是一件關於民事訴訟可以"私了"的案卷，此前似乎從未見到。它爲民事訴訟可以"私了"提供了珍貴的案例。⑨ 莊小霞認爲，東牌樓簡中一件命名爲"光和六年（183）監臨湘李永、例督盜賊殷何上言李建與精張諍田自相和從書"的法律文書中的"例督盜賊"實爲"督盜賊"，此件文書實際上是向上轉發上呈性質，是監臨湘即中部督

---

① 莊小霞：《東牌樓簡"中倉租券簽牌"考釋——兼論走馬樓吳簡研究中的幾個問題》，簡帛網 2009 年 6 月 16 日，http：//www.bsm.org.cn/show_article.php？id=1084。
② 李晨：《從出土材料看漢唐間户籍檔案的變遷》，碩士學位論文，山東大學 2011 年。
③ 張鵬立、劉濤：《"算卒爲更卒"説質疑：東牌樓漢簡户籍文書再探討》，《科學時代》2012 年第 10 期。
④ 洪惠瑜：《長沙東牌樓東漢簡牘文書研究》。
⑤ 孫聞博：《説東牌樓漢簡〈桂陽大守行丞事南平丞印緘〉》，《文物》2010 年第 10 期，第 84—87 頁。（後來略作修改，刊發於簡帛網 2014 年 11 月 10 日，http：//www.bsm.org.cn/show_article.php？id=2095。）
⑥ 李均明：《長沙五一廣場出土東漢木牘"直符"文書解析》，《齊魯學刊》2013 年第 4 期，第 35—37 頁。
⑦ 侯旭東：《湖南長沙五一廣場東漢簡 J1③∶264-294 考釋》，簡帛網 2014 年 6 月 6 日，http：//www.bsm.org.cn/show_article.php？id=2028。
⑧ 馬力：《長沙五一廣場東漢簡牘舉劾文書初讀》，《出土文獻》2016 年第 1 期，第 211—220 頁。
⑨ 王素：《長沙東牌樓東漢簡牘選釋》，《文物》2005 年第 12 期，第 1、40、69—75 頁。

郵李永,將督盜賊殷何參與調查大男李建,與精張靜田的民間財産糾紛,並且事件最終解決的整個案件經過向上呈報的案卷,從中可進一步瞭解漢代督盜賊參與調查解決民事糾紛和漢代督郵傳遞文書的職責。①

劉國忠在《長沙東漢簡所見王皮案件發微》一文中指出,2010 年長沙五一廣場出土的東漢簡牘中,有一件記載軍糧運輸糾紛的木牘,它反映了東漢時期軍隊與地方行政部門之間發生行政糾紛時的溝通和處理過程,也體現了東漢官府的運行效率;②後來又在《五一廣場東漢簡王皮運送軍糧案續論》一文中結合與案件相關的第 56 枚、第 65 枚、第 104 枚木牘,對以往討論做了補充:他認爲這三枚木簡可能分屬於兩件文書,由簡文可知王皮是因爲在買船的過程中欠下的債務,導致運送軍糧的船隻被扣,這是此次案件的導火索。而朱鄢與長沙太守府及臨湘縣廷的文書溝通可能並没有達到目的,案件的複雜程度超過原先估計,案件結局需要看到全部相關簡牘才能揭示。③趙平安、羅小華對長沙五一廣場出土 J1③:285 號木牘記載的一起死亡案件進行了釋讀。這起案件有兩名受害人,一名證人;由於攸縣派出的辦案人員嚴刑逼供,證人屈打成招,導致臨湘縣與兼賊曹史參與調查此案。因證人提供的證詞存在抵牾,長沙太守府責令參審的兼賊曹史和臨湘縣核實情況,並於規定日期内上報。④ 李均明在《東漢木牘所見一椿未遂報復案》一文中考證了對治安官員的未遂報復案件,研究了當時的治安與司法。⑤ 李華考述長沙五一廣場簡所見"元的遺産案",認爲例 61、108、135 三枚散簡應屬同一公文,很可能是一椿長大後的女兒與父親的同産兄弟(或姐妹)圍繞財産繼承權的遺産糾紛案。⑥

姚遠以長沙五一廣場東漢簡牘爲核心,指出從現有史料所見,東漢時期除了郡守、縣令等主守長官外,地方司法機關專職化,司法機關與行政機關分立是這一時期地方司法的特點。⑦ 劉國忠提出五一廣場東漢簡牘中有一篇漢安帝永初四年的詔書,

---

① 莊小霞:《東牌樓東漢簡牘所見"督盜賊"補考》,《南都學壇》2010 年第 3 期,第 19—21 頁。
② 劉國忠:《長沙東漢簡所見王皮案件發微》,《齊魯學刊》2013 年第 4 期,第 41—43 頁。
③ 劉國忠:《五一廣場東漢簡王皮運送軍糧案續論》,《出土文獻》2015 年第 2 期,第 254—257 頁。
④ 趙平安、羅小華:《長沙五一廣場出土 J1③:285 號木牘解讀》,《齊魯學刊》2013 年第 4 期,第 38—40 頁。
⑤ 李均明:《東漢木牘所見一椿未遂報復案》,西北師範大學歷史文化學院、甘肅簡牘博物館編:《簡牘學研究》第 5 輯,甘肅人民出版社 2014 年,第 111—115 頁。
⑥ 李華:《長沙五一廣場簡所見"元的遺産案"考述》,簡帛網 2018 年 3 月 11 日,http://www.bsm.org.cn/show_article.php?id=3009。
⑦ 姚遠:《東漢内郡縣法官法吏復原研究——以長沙五一廣場東漢簡牘爲核心》,《華東政法大學學報》2016 年第 4 期,第 55—65 頁。

不爲傳世文獻所載,有很高的學術價值。①

社會經濟研究。賈麗英從長沙東牌樓簡牘出發,考證了我國目前爲止所發現的最早的有關無男嗣之家出嫁女的財産繼承文書,爲我們瞭解漢代出嫁女的財産繼承提供了有力的史證。② 侯旭東探討了長沙東牌樓東漢簡《光和六年諍田自相和從書》之中出現的督郵系統的官吏、訴訟程序與財産繼承等問題。③ 羅小華的《〈長沙五一廣場東漢簡牘選釋〉所見酒價與酒具》從五一廣場東漢簡牘中所記載的酒價入手,結合出土漆器銘文、傳世文獻,對盛酒器"杅"和"器"的容量做了一些推測,他認爲"杅"的容量是一斗五升,"器"的容量是五斗,也就是半斛;④又在《〈長沙五一廣場東漢簡牘選釋〉所見奴婢價》一文中對有關奴婢價格的記載進行對比,得出"時代相距較近的鄢縣和長沙兩地的奴婢價格,與其他文獻中的奴婢價格相比,已經翻一番甚至是幾番了","就一般情況而言,奴的價格應高於婢,五一廣場牘文中的'民'可能是奴"等結論。⑤ 朱德貴據長沙五一廣場東漢簡牘材料考證出,東漢中期地方市場上商品種類繁多,商品交換異常活躍。當時用於交換的商品主要包括衣、食、住、行等各個方面,諸如"紡織"類商品的交換、食物類商品的交換、住宅和店鋪的交換、運輸工具"船"的交換、奴婢買賣以及田地交易等,還進一步證明東漢中期貨幣經濟異常發達,銅錢作爲交換媒介占絶對主導地位。因此,官府"明令廢止,'封錢'不用"的觀點是不能成立的;官府的扶持、地方市場建制的完善、貨幣經濟的發展以及崇奢風氣的影響等是東漢中期商業繁榮的原因。⑥

6. 墨迹研究

墨迹研究是東漢三種簡牘文書研究中重要的一部分,已有研究共 28 篇。

---

① 劉國忠:《五一廣場東漢永初四年詔書簡試論》,《湖南大學學報》(社會科學版)2017 年第 5 期,第 10—13 頁。
② 賈麗英:《從長沙東牌樓簡牘看漢代出嫁女的財産繼承》,簡帛網 2007 年 8 月 14 日,http://www.bsm.org.cn/show_article.php? id=697。(本文曾在《光明日報》2007 年 7 月 13 日史學版首發。)
③ 侯旭東:《長沙東牌樓東漢簡〈光和六年諍田自相和從書〉考釋》,簡帛網 2014 年 2 月 21 日,http://www.bsm.org.cn/show_article.php? id=1991。
④ 羅小華:《〈長沙五一廣場東漢簡牘選釋〉所見酒價與酒具》,簡帛網 2016 年 1 月 12 日,http://www.bsm.org.cn/show_article.php? id=2424。
⑤ 羅小華:《〈長沙五一廣場東漢簡牘選釋〉所見奴婢價》,簡帛網 2016 年 1 月 14 日,http://www.bsm.org.cn/show_article.php? id=2435。
⑥ 朱德貴:《長沙五一廣場東漢簡牘所見商業問題探討》,《中國社會經濟史研究》2016 年第 4 期,第 8—25 頁。

書體展示。《中國書法》在簡牘出土後刊發了一系列特輯,例如《長沙五一廣場東漢簡牘書法特輯》以及 2016 年刊發的《長沙五一廣場東漢簡牘·木兩行選》《長沙五一廣場東漢簡牘·木牘選》《長沙五一廣場東漢簡牘·竹簡選》《長沙五一廣場東漢簡牘·木楬選》《長沙五一廣場東漢簡牘·封檢選》《長沙五一廣場東漢簡牘·合檄選》《長沙五一廣場東漢簡牘·函封選》。①

書體形態。透過簡牘上的墨迹研究東漢時期的書體面貌及演變面貌,成果例如劉濤和王素主編的《長沙東牌樓東漢簡牘書法藝術》認爲隸書是漢代的正體,東牌樓東漢簡牘中,隸書數量最多,書寫的文書類型也有不同,篇幅有長有短,字形大小不一。② 王曉光從書法學角度對東牌樓簡牘中的墨迹和早期楷書、行書、草書的關係進行了研究。③ 劉濤提出,長沙東牌樓漢簡所見書體非常豐富,有篆、隸、草、行、正書五種形態。④ 黄偉鋒認爲,東牌樓漢簡總體上展現的是東漢末期隸楷過渡階段的書法面貌,已經孕育出了早期正書和早期行書的形態。⑤ 趙勇通過對《長沙東牌樓東漢簡牘》和出土於安徽亳州的曹操宗族墓中的墓磚的考察,發現到東漢靈帝時期已經基本完成了從古隸到今草的演變。⑥

劉紹剛探討了八體的分解、今隸、行楷書和今草用筆源自六國古文説、簡牘中的草書等與書法史有關的問題,認爲五一廣場東漢簡是各種書體的雜糅。⑦ 王曉光在《東漢中葉隸書墨迹標杆之作——試析五一廣場簡牘墨書及相關問題》一文中首先探討了五一廣場簡牘的形制特色,其次從工整隸書、草率隸書、草書等幾方面對墨書進行了分析,最後探討了東漢新隸體與早期新體的特點等問題。⑧ 冉令江認爲,五一廣場東漢簡牘爲我們展示了隸書在東漢中期官文書領域中的"正體"地位及其藝術風格,呈現了行書、楷書在嚴謹、工整的官文書書寫領域的衍生過程。⑨

---

① 《長沙五一廣場東漢簡牘書法特輯》,《中國書法》2016 年第 9 期,第 120 頁。
② 長沙市文物考古研究所、中國文化遺産研究院編,劉濤、王素主編:《長沙東牌樓東漢簡牘書法藝術》,文物出版社 2010 年。
③ 王曉光:《新出漢晉簡牘及書刻研究》,榮寶齋出版社 2013 年。
④ 劉濤:《長沙東牌樓東漢簡牘所見書體及書法史料價值》,《文物》2005 年第 12 期,第 76—81 頁。
⑤ 黄偉鋒:《長沙東牌樓東漢簡牘書法淺論》,碩士學位論文,西南大學 2009 年。
⑥ 趙勇:《張芝與今草》,《美與時代》(下旬)2012 年第 4 期,第 114—116 頁。
⑦ 劉紹剛:《從五一廣場簡看書體演變中的幾個問題》,《書法》2016 年第 1 期,第 53—63 頁。
⑧ 王曉光:《東漢中葉隸書墨迹標杆之作——試析五一廣場簡牘墨書及相關問題》,《中國書法》2016 年第 9 期,第 132—145 頁。
⑨ 冉令江:《長沙五一廣場簡牘隸書及其藝術風格》,《中國書法》2016 年第 10 期,第 106—112 頁。

書體價值。石人月和劉清揚提出,長沙東牌樓東漢簡牘墨迹五體皆全,其中早期楷書墨迹是值得我們重視的一大亮點,爲追溯楷書的起源、形成提供了有力的證據,對當今楷書書法藝術的創作發展也有着極重要的意義。① 王曉光認爲,五一廣場簡與東牌樓簡補東漢中後期之缺,使得西漢到東漢簡牘墨書發展鏈環基本完善,改變了我們對漢代文字與書法的傳統認知,讓我們看到了東漢中後期日常書寫實態,以及字體劇烈變動時代絢麗多彩的墨迹世界。② 李松儒指出《長沙五一廣場東漢簡牘選釋》中木牘首有"君教"兩字的簡牘共八枚,出現了不同的字迹,係多位書手所寫,研究這些字迹,有助於探討東漢公文書的簽署、流傳、官吏的分工及構成。③

書寫載體研究。李恒光在《東漢簡牘文字研究兼及書寫載體轉換問題》一文中從木、石、紙三種書寫載體自然屬性角度論述不同書寫載體對漢字書寫的各個層面的影響。研究表明,東漢時期簡牘文字處於隸書向楷書過渡的後期,孕育了楷書的書寫技法,部件使用存在混用、替換等現象;木、石、紙三種載體文字書寫差異顯著;木質載體物理屬性是制約書寫的最重要因素,也是隸書產生的物質基礎;石質載體對書寫的制約通過刻寫工具和刻寫方法來實現,采用不同刻寫方法所呈現文字形態也不同;紙質載體對書寫制約最小,爲書寫提供了自由空間,這種"自由"帶來筆畫的趨平,結體趨於長方,是楷書成熟的物質基礎。④

構形分析。例如李恒光在《東牌樓漢簡文字與熹平石經文字之比較》《東牌樓漢簡與樓蘭殘紙文字比較研究》《東牌樓漢簡文字研究》中從"部件不同"和"筆劃不同"兩個角度進行對比研究;⑤ 在《東牌樓漢簡異體字初探》中對長沙東牌樓東漢簡牘中所見的異體字進行了簡單的分類和分析,在此基礎上對各種類型的比例進行總結研究,初步探求了東漢末年異體字產生的主要原因。⑥ 李洪財在《五一廣場東漢簡的文字問題》一文中以《選釋》爲例,探討了漢簡俗寫異構字的整理及其所反映的漢代文字的正

---

① 石人月、劉清揚:《淺議長沙東牌樓東漢簡書法墨迹中早期楷書藝術價值》,《藝術科技》2016 年第 5 期,第 151 頁。
② 王曉光:《新出土書迹資料與書學研究——以簡牘帛書爲例》,《中國書法》2016 年第 22 期,第 22—28 頁。
③ 李松儒:《長沙五一廣場"君教"類木牘字迹研究》,《中國書法》2016 年第 9 期,第 169—172 頁。
④ 李恒光:《東漢簡牘文字研究兼及書寫載體轉換問題》,博士學位論文,上海交通大學 2014 年。
⑤ 李恒光:《東牌樓漢簡文字與熹平石經文字之比較》,《廣西民族師範學院學報》2012 年第 6 期,第 69—71 頁;李恒光:《東牌樓漢簡與樓蘭殘紙文字比較研究》,《中國文字研究》第 18 輯,上海書店出版社 2013 年,第 171—176 頁;李恒光:《東牌樓漢簡文字研究》,碩士學位論文,廣西大學 2010 年。
⑥ 李恒光:《東牌樓漢簡異體字初探》,《蘭州教育學院學報》2013 年第 1 期,第 25—26、70 頁。

俗問題。①

7. 其他研究

除了以上研究内容，還有一些學者另闢蹊徑，嘗試從更新穎的角度去挖掘材料的價值，涉及内容比較零散，共 8 篇。

簡牘提取方法。 蔣成光在《長沙五一廣場東漢簡牘現場提取保護方法》一文中説明簡牘由於長時間埋藏地下，受水、微生物等因素影響，出現飽水、腐朽、變色等病害，不少簡牘已經完全腐朽，在對文物的保存狀況及腐蝕原因的分析基礎上，介紹了古井（窖）簡牘的現場提取保護方法。②

文書製作流轉。 李松儒、莊小霞通過分析長沙五一廣場 J1③：264 - 294 號木牘的文本，提出了文書製作流轉方面的認識。③

醫藥研究。 周祖亮對長沙尚德街簡文所涉及的方藥名稱"通明丸"的主治與功效進行了探析，並闡釋了對中醫藥發展演變的認識；④從醫學角度挖掘文本價值的還有張顯成、杜峰的《長沙尚德街東漢簡牘 181 號醫簡校釋》；⑤甫曰的《尚德街簡牘"治百病通明丸方"校正》。⑥

紀要及綜述。 有夏笑容的《"2013 年長沙五一廣場東漢簡牘學術研討會"紀要》；⑦楊一博的《出土漢代簡帛文字研究綜述（1914—2013）》；⑧徐暢、高智敏的《長沙五一廣場東漢簡牘整理研究論著目（2010 年至今）》等。⑨

---

① 李洪財：《五一廣場東漢簡的文字問題》，《中國書法》2016 年第 9 期，第 173—177 頁。
② 蔣成光：《長沙五一廣場東漢簡牘現場提取保護方法》，《湖南省博物館館刊》（年刊）2012 年，第 554—559 頁。
③ 李松儒、莊小霞：《長沙五一廣場 J1③：264 - 294 號木牘所見文書製作流轉研究》，鄔文玲主編：《簡帛研究二〇一七》（秋冬卷），廣西師範大學出版社 2018 年，第 198—218 頁。
④ 周祖亮：《尚德街簡牘醫方及其方藥演變探析》，《中醫文獻雜誌》2018 年第 2 期，第 4—8 頁。
⑤ 張顯成、杜峰：《長沙尚德街東漢簡牘 181 號醫簡校釋》，《第二届出土涉醫文獻研討會論文集》，西南大學出版社 2017 年，第 27—40 頁。
⑥ 甫曰：《尚德街簡牘"治百病通明丸方"校》，復旦大學出土文獻與古文字研究中心網站 2017 年 2 月 27 日，http://gwz.fudan.edu.cn/Web/Show/2986。
⑦ 夏笑容：《"2013 年長沙五一廣場東漢簡牘學術研討會"紀要》，《文物》2013 年第 12 期，第 90—92 頁。
⑧ 楊一博：《出土漢代簡帛文字研究綜述（1914—2013）》，碩士學位論文，吉林大學 2014 年。
⑨ 徐暢、高智敏：《長沙五一廣場東漢簡牘整理研究論著目（2010 年至今）》，鄔文玲主編：《簡帛研究二〇一七》（秋冬卷）。

二、研究歷程的特點

縱觀長沙出土三種東漢簡牘文書的研究成果,可知其正處於全面開展時期,各個方面的研究成果呈現出不平衡狀態。總體來說,文本釋讀校補方面研究現狀最爲樂觀,不僅體現在量的持續增加上,更體現在研究内容難度的自覺深化;史料研究方面的成果也較爲可觀,學者們不僅用文本驗證史實,而且通過文書資料去發現推測新的史實;墨迹研究成果多樣,書體面貌、藝術價值、書寫載體等皆有所涉及;語詞研究的現狀最需改善,形制綴合研究方面較零散薄弱,有待學者們在日後的研究中突破。由上,我們可以窺得研究歷程的一些特點,具體如下所述。

1. 研究平臺動態化

經過系統整理的簡牘文書一經公佈,便有大批學者從不同角度對其進行研究,例如書法學家對其展開的書體研究、文字學家對其展開的字體研究、訓詁學家對其展開的語義研究、考古學家對其展開的歷史研究等。隨着學術活動的帶動,越來越多的學者加入到這個隊伍中,例如"長沙東牌樓東漢簡牘研讀班"(北京大學中國古代史研究中心發起並主辦)、甘肅省簡牘學國際學術研討會、中國社會科學院中國古代史論壇等等,它們都在一定程度上吸引了大批學者加入到研究中來。

同時,《簡牘學研究》《簡帛》《簡帛研究》等輯刊爲展示研究成果提供了好的交流展示空間,加之"簡帛網""復旦大學出土文獻與古文字研究中心"等網站的建立,更是爲學術爭鳴提供了方便快捷的平臺,大大促進了研究進程的加速推進。經不完全統計,僅在簡帛網發佈的相關研究論文就有39篇,在現有研究成果中占比極高。

至今,長沙出土三種東漢簡牘文書的研究完成了初期的整理釋讀到全面開展時期的飛躍,隨着研究成果的積累及學術氛圍的日益活躍,其研究將很快進入全面深化時期,充分發揮出材料的時代性、系統性、客觀性、豐富性等價值。

2. 研究内容豐富化

經過學者們的長期努力,長沙出土三種東漢簡牘文書的研究日益豐富。首先表現爲,在文本釋讀校補、語詞研究、史料研究、墨迹研究幾大類之外出現了一些新的拓展範圍,例如綴合研究、材質研究、提取方法、醫藥研究等内容。

其次表現爲,在每個大類之中的研究都在不斷細化深入。文本釋讀校補研究最初都是圍繞公佈的文書進行糾錯或是談自己對某一支簡文的解讀,隨後才展開系統性的釋讀分析工作。到了今天,已經有一些學者開始對空缺之處提出自己的看法,難度不斷增加。史料研究最初都是通過詞彙探討直接反映的官職或制度,後來隨着釋讀工作的深入,越來越多的學者嘗試通過簡牘文本去考證推測歷史上存在的法律、經濟、社會情況,甚者還會借此去判定某個歷史事實。墨迹研究方面,學者不滿足於書體面貌及其藝術價值的探討,出現了對書體異構分析的研究。語詞研究的成果雖少,但學者們在進行個別詞義、詞法研究之外,已經關注到了詞的演變研究。

3. 研究方法多樣化

長沙出土三種東漢簡牘文書的研究經歷了個別到一般、具體到抽象的過程,大批學者進行個別、具體的簡牘文書研究,在達到一定量的積累時,便有學者對其進行總結歸納,以期呈現出簡牘文書材料的時代特徵。

理論指導實踐,也在實踐中得到驗證和完善。長沙出土三種東漢簡牘文書的研究一開始大多運用傳統的研究方法,例如釋讀校正時多采用傳統文字學的研究方法;史料研究時多采用共時的描寫解釋其蘊含的歷史文化;墨迹研究時多采用歷時的對比分析,研究其書體面貌及演變價值;語詞研究多采用傳統訓詁學的形訓、義訓、音訓等方法。

近年來,隨着數字化的發展,一些學者將定量分析法、統計分析法、二重證據法等運用到研究之中,更有利用數據庫進行統計分析,得出了一些新的可操作性的方法,給學者提供了更多參考。在一些碩博論文中,也常常運用形象直觀的圖表形式來展示簡牘文書的語料情況或研究成果。

三、長沙出土三種東漢簡牘文書研究目錄

目錄編寫說明:

(1)目錄針對長沙東牌樓東漢簡牘文書、長沙五一廣場東漢簡牘文書、長沙尚德街東漢簡牘文書而編;部分論文,雖非以長沙出土三種東漢簡牘文書爲專題的研究,但著述中大量使用相關材料,酌情一並收入;報紙報道的有關簡牘挖掘入庫等新聞,此處不予收錄。

(2)據不完全統計,相關研究共159篇,目錄分爲專著(5)、論文集中的析出論文(32)、期刊論文(67)、碩博學位論文(13)、網絡論文(42)五部分。專著、論文集中的析出論文、期刊論文、碩博學位論文以其刊佈年份先後爲序,同年份者,則以作者姓氏拼音先後爲序;網絡論文,以其發表時間先後爲序,並注明其發表具體時日和文章鏈接。

(3)目錄所收研究成果主要源自正式出版著作或論文集、國内學術期刊、學術網站,時間截至2018年9月5日,筆者雖盡力搜集,仍不免疏漏,敬請專家不吝指正。

1. 專著

(1) 長沙市文物考古研究所、中國文物研究所編：《長沙東牌樓東漢簡牘》，北京：文物出版社，2006年。

(2) 長沙市文物考古研究所、中國文化遺産研究院編，劉濤、王素主編：《長沙東牌樓東漢簡牘書法藝術》，北京：文物出版社，2010年。

(3) 長沙市文物考古研究所等編：《長沙五一廣場東漢簡牘選釋》，上海：中西書局，2015年。

(4) 長沙市文物考古研究所等編：《長沙尚德街東漢簡牘》，長沙：岳麓書社，2016年。

(5) 王曉光：《新出漢晉簡牘及書刻研究》，北京：榮寶齋出版社，2013年。

2. 論文集中的析出論文

(1) 何佳：《長沙市東牌樓J7東漢紀年簡牘》，《中國考古學年鑑（2005）》，北京：文物出版社，2006年，第289—290頁。

(2) 長沙東牌樓東漢簡牘研讀班：《〈長沙東牌樓東漢簡牘〉釋文校訂》，卜憲群，楊振紅主編：《簡帛研究二〇〇五》，桂林：廣西師範大學出版社，2008年，第145—165頁。

(3) ［日］廣瀨熏雄：《東牌樓東漢簡牘五六號牘試探》，武漢大學簡帛研究中心主辦：《簡帛》（第3輯），上海：上海古籍出版社，2008年，第307—321頁。

(4) 黃偉鋒：《〈長沙東牌樓東漢簡牘〉虛詞研究》，張顯成主編：《簡帛語言文字研究》（第3輯），成都：巴蜀書社，2008年，第226—243頁。

(5) ［韓］李明和：《〈李建與精張諍田自相和從書〉中得財産繼承與"石"的面積單位》，卜憲群，楊振紅主編：《簡帛研究二〇〇八》，桂林：廣西師範大學出版社，2008年，第174—194頁。

(6) 馬怡：《讀東牌樓漢簡〈與督郵書佟〉——漢代書信格式與形制的研究》，卜憲群，楊振紅主編：《簡帛研究二〇〇五》，桂林：廣西師範大學出版社，2008年，第173—186頁。

(7) 王子今：《蔣席·皮席·蕤席——長沙東牌樓簡牘研讀札記》，卜憲群，楊振紅主編：《簡帛研究二〇〇五》，桂林：廣西師範大學出版社，2008年，第166—172頁。

(8) 鄔文玲：《東牌樓東漢簡牘斷簡綴合與研究》，卜憲群，楊振紅主編：《簡帛研究二〇〇五》，桂林：廣西師範大學出版社，2008年，第187—204頁。

(9) 莊小霞：《東牌樓人形木牘研究札記》，卜憲群，楊振紅主編：《簡帛研究二〇〇五》，桂林：廣西師範大學出版社，2008年，第205—211頁。

(10) 黃偉鋒：《長沙東牌樓東漢簡牘書法面貌成因及價值淺論》，《簡帛語言文字研究》（第五輯），四川：巴蜀書社，2010年，第472—488頁。

(11) 葉玉英：《長沙東牌樓東漢簡牘〈光和六年監臨湘李永、例督盜賊殷何上言李建與精張諍田自相和從書〉釋讀及相關問題研究》，《出土文獻與傳世典籍的詮釋：紀念譚朴森先生逝世兩周年國際學術研討會論文集》，上海：上海古籍出版社，2010年，第423—433頁。（文章曾刊發於復旦網，2010年2月27日，http://www.gwz.fudan.edu.cn/SrcShow.asp? Src_ID=1092。）

(12) 莊小霞：《東牌樓簡"中倉租券簽牌"考釋》，武漢大學簡帛研究中心主辦：《簡帛》（第5輯），上海：上海古籍出版社，2010年，第415—428頁。

(13) 蘇建洲：《〈長沙東牌樓東漢簡牘·侈與督郵某書信〉的"由曆"》，《楚文字論集》，臺北：萬卷樓圖書股份有限公司，2011年，第433—437頁。

(14) 李均明：《讀長沙東牌樓東漢簡牘偶識》，《甘肅省第二屆簡牘學國際學術研討會會議論文集》，上海：上海古籍出版社，2012年，第421—425頁。

(15) 劉樂賢：《東牌樓漢簡〈侈與督郵書〉補釋》，《甘肅省第二屆簡牘學國際學術研討會會議論文集》，上海：上海古籍出版社，2012年，第561—566頁。

(16) 李恒光：《東牌樓漢簡與樓蘭殘紙文字比較研究》，《中國文字研究》（第18輯），上海：上海書店出版社，2013年，第171—176頁。

(17) 徐俊剛：《長沙東牌樓東漢簡牘綴合研究二則》，中國文化遺產研究院編：《出土文獻研究》（第12輯），上海：中西書局，2013年，第319—326頁。

(18) 李均明：《東漢木牘所見一樁未遂報復案》，西北師範大學歷史文化學院，甘肅簡牘博物館編：《簡牘學研究》（第5輯），蘭州：甘肅人民出版社，2014年，第111—115頁。

(19) 劉樂賢：《東牌樓漢簡"府卿"試釋》，卜憲群，楊振紅主編：《簡帛研究二〇一三》，桂林：廣西師範大學出版社，2014年，第207—213頁。

(20) 劉玉環：《〈長沙東牌樓東漢簡牘〉釋文商榷》，武漢大學簡帛研究中心主辦：《簡帛》（第9輯），上海：上海古籍出版社，2014年，第287—292頁。

(21) 王子今：《長沙五一廣場出土待事掾王純白事木牘考議》，武漢大學簡帛研究中心主辦：《簡帛》（第9輯），上海：上海古籍出版社，2014年，第293—300頁。

(22) 莊小霞：《長沙五一廣場出土東漢司法簡牘語詞匯釋五則》，西北師範大學歷史文化學院，甘肅簡牘博物館編：《簡牘學研究》（第6輯），蘭州：甘肅人民出版社，2015年，第39—44頁。

(23) 程少軒：《長沙尚德街東漢簡牘研究二題》，中國文化遺產研究院編：《出土文獻研究》(第 16 輯),上海:中西書局,2017 年,第 328—336 頁。

(24) 李均明:《五一廣場東漢簡牘"留事"考》,李學勤主編:《出土文獻》(第十一輯),上海:中西書局,2017 年,第 370—378 頁。

(25) 張朝陽:《長沙五一廣場東漢簡所見交阯——長沙商道》,王捷主編:《出土文獻與法律史研究》(第 6 輯),北京:法律出版社,2017 年,第 174—187 頁。

(26) 蔣丹丹:《五一廣場東漢簡牘所見流民及客——兼論東漢時期長沙地區流動人口管理》,鄔文玲:《簡帛研究二〇一七》(秋冬卷),桂林:廣西師範大學出版社,2018 年。

(27) 李均明:《長沙五一廣場東漢簡牘"劾"與"鞫"狀考》,鄔文玲:《簡帛研究二〇一七》(秋冬卷),桂林:廣西師範大學出版社,2018 年。

(28) 李蘭芳:《湖南長沙五一廣場東漢簡札記二則》,鄔文玲:《簡帛研究二〇一七》(秋冬卷),桂林:廣西師範大學出版社,2018 年。

(29) 李松儒、莊小霞:《長沙五一廣場J1③:264-294號木牘所見文書製作流轉研究》,鄔文玲:《簡帛研究二〇一七》(秋冬卷),桂林:廣西師範大學出版社,2018 年。

(30) 徐暢、高智敏:《長沙五一廣場東漢簡牘整理研究論著目(2010 年至今)》,鄔文玲:《簡帛研究二〇一七》(秋冬卷),桂林:廣西師範大學出版社,2018 年。

(31) 伊強:《長沙五一廣場東漢簡牘中的"例"及相關職官問題初論》,武漢大學簡帛研究中心主辦:《簡帛》(第 16 輯),上海:上海古籍出版社,2018 年。

(32) 張顯成、杜峰:《長沙尚德街東漢簡牘 181 號醫簡校釋》,西南大學:《第二屆出土涉醫文獻研討會論文集》,重慶:西南大學出版社,2017 年,第 27—40 頁。

3. 期刊論文

(1) 長沙市文物考古研究所:《長沙東牌樓 7 號古井(J7)發掘簡報》,《文物》2005 年第 12 期。

(2) 劉濤:《長沙東牌樓東漢簡牘所見書體及書法史料價值》,《文物》2005 年第 12 期。

(3) 王素:《長沙東牌樓東漢簡牘選釋》,《文物》2005 年第 12 期。

(4) 黎石生:《長沙東牌樓東漢簡牘〈李建與精張諍田自相和從書〉初探》,《湖南省博物館館刊》(年刊)2006 年。

(5) 裘錫圭:《讀〈長沙東牌樓七號古井(J7)發掘簡報〉等文小記》,《湖南省博物館館刊》(年刊)2006 年。(又收入《裘錫圭學術文集·簡牘帛書卷》,復旦大學出版社,2012 年 9 月,第 523—529 頁)

(6) 孫聞博、付娟:《東牌樓漢簡〈素上言盜取文書案卷〉的綴合與考釋》,《四川文物》2007年第6期。

（7）［日］福田哲之：《張芝草書の実相——東牌樓東漢簡牘による法帖の檢證》，《書學書道史研究》2008年第18卷。（本文後收入福田哲之著，白雨田譯：《戰國秦漢簡牘從考·十一章張芝草書的實相——通過東牌樓東漢簡牘對法帖進行驗證》，潘美月、杜潔祥主編：《古典文獻研究輯刊》（十七編）（第十九冊），花木蘭出版社，2013年9月。）

（8）黄今言：《〈長沙東牌樓東漢簡牘〉釋讀的幾個問題》，《中國社會經濟史研究》2008年第2期。（又見《秦漢史叢考》，經濟日報出版社，2008年。）

（9）張榮强：《長沙東牌樓東漢"户籍簡"補説》，《中國史研究》2008年第4期。（又收入《中國古中世史研究》第21輯，中國古中世史學會，2009年；又收入《漢唐籍帳制度研究》，商務印書館，2010年；又收入魏斌主編《古代長江中游社會研究》，上海古籍出版社，2013年。）

（10）葉玉英：《東漢簡牘〈和從書〉所見東漢若干制度探索》，《廈門大學學報》（哲學社會科學版）2009年第6期。

（11）王子今：《説長沙東牌樓簡所見"津史"》，《湖南省博物館館刊》（年刊）2009年。

（12）雷永利：《2010年長沙五一廣場漢代古井（窖）考古發掘情況簡報》，《湖南省博物館館刊》（年刊）2010年。

（13）孫聞博：《説東牌樓漢簡〈桂陽大守行丞事南平丞印緘〉》，《文物》2010年第10期。（後來略作修改，刊發於簡帛網，2014-11-10，http://www.bsm.org.cn/show_article.php?id=2095。）

（14）王萬雋：《漢末三國長沙族群關係與大姓研究之一——漢末部份》，《早期中國史研究》2010年第1期。

（15）王子今：《長沙東牌樓漢簡"津卒"稱謂及相關問題》，《中華文史論叢》2010年第1期。

（16）吴婷、郭瀟雅：《長沙發掘萬枚簡牘 再現東漢早期曆史》，《收藏·拍賣》2010年第8期。

（17）鄔文玲：《長沙東牌樓東漢簡牘〈光和六年自相和從書〉研究》，《南都學壇》2010年第3期。

（18）莊小霞：《東牌樓東漢簡牘所見"督盜賊"補考》，《南都學壇》2010年第3期。

（19）黄樸華、何佳：《2011年長沙東牌樓工地考古發掘情況簡報》，《湖南省博物館館刊》（年刊）2011年。

(20) 蔣成光：《長沙五一廣場東漢簡牘現場提取保護方法》，《湖南省博物館館刊》（年刊）2012 年。

(21) 李恒光：《東牌樓漢簡文字與熹平石經文字之比較》，《廣西民族師範學院學報》2012 年第 6 期。

(22) 趙勇：《張芝與今草》，《美與時代》（下旬）2012 年第 4 期。

(23) 張鵬立、劉濤：《"算卒爲更卒"說質疑：東牌樓漢簡户籍文書再探討》，《科學時代》2012 年第 10 期。

(24) 何佳、黄樸華：《東漢簡"合檄"封緘方式試探》，《齊魯學刊》2013 年第 4 期。

(25) 黄樸華、何佳、雷永利：《湖南長沙五一廣場東漢簡牘發掘簡報》，《文物》2013 年第 6 期。

(26) 李恒光：《東牌樓漢簡異體字初探》，《蘭州教育學院學報》2013 年第 1 期。

(27) 李均明：《長沙五一廣場出土東漢木牘"直符"文書解析》，《齊魯學刊》2013 年第 4 期。

(28) 劉國忠：《長沙東漢簡所見王皮案件發微》，《齊魯學刊》2013 年第 4 期。

(29) 夏笑容：《"2013 年長沙五一廣場東漢簡牘學術研討會"紀要》，《文物》2013 年第 12 期。

(30) 楊小亮：《"本事"簽牌考索》，《齊魯學刊》2013 年第 4 期。

(31) 趙平安、羅小華：《長沙五一廣場出土 J1③：285 號木牘解讀》，《齊魯學刊》2013 年第 4 期。

(32) 徐鵬：《長沙五一廣場 J1③：169 號木牘"禹度平後落去"考釋》，《秦漢研究》（年刊）2014 年。

(33) 曹旅寧：《長沙東牌樓東漢簡牘"李建與精張静田案"中"石"的再解釋》，《平頂山學院學報》2015 年第 1 期。

(34) 劉國忠：《五一廣場東漢簡王皮運送軍糧案續論》，《出土文獻》2015 年第 2 期。

(35)《長沙五一廣場東漢簡牘書法特輯》，《中國書法》2016 年第 9 期。

(36)《長沙五一廣場東漢簡牘·木兩行選》，《中國書法》2016 年第 9 期。

(37)《長沙五一廣場東漢簡牘·木牘選》，《中國書法》2016 年第 9 期。

(38)《長沙五一廣場東漢簡牘·竹簡選》，《中國書法》2016 年第 9 期。

(39)《長沙五一廣場東漢簡牘·木楬選》，《中國書法》2016 年第 9 期。

(40)《長沙五一廣場東漢簡牘·封檢選》，《中國書法》2016 年第 9 期。

(41)《長沙五一廣場東漢簡牘·合檄選》，《中國書法》2016 年第 9 期。

(42)《長沙五一廣場東漢簡牘·函封選》,《中國書法》2016 年第 9 期。

(43) 程薇:《五一廣場出土東漢簡牘的整理與研究前景》,《中國史研究動態》2016 年第 2 期。

(44) 黄樸華:《長沙五一廣場東漢簡牘概述》,《中國書法》2016 年第 9 期。

(45) 蔣成光:《長沙五一廣場東漢簡牘材質研究》,《湖南省博物館館刊》(年刊)2016 年。

(46) 李洪財:《五一廣場東漢簡的文字問題》,《中國書法》2016 年第 9 期。

(47) 李均明:《東漢時期的候審擔保——五一廣場東漢簡牘"保任"解》,《湖南大學學報》(社會科學版)2016 年第 5 期。

(48) 李松儒:《長沙五一廣場"君教"類木牘字迹研究》,《中國書法》2016 年第 9 期。

(49) 劉紹剛:《從五一廣場簡看書體演變中的幾個問題》,《書法》2016 年第 1 期。

(50) 羅小華:《長沙東牌樓簡牘中的姓氏"糴"》,《中國典籍與文化》2016 年第 1 期。

(51) 馬力:《長沙五一廣場東漢簡牘舉劾文書初讀》,《出土文獻》2016 年第 1 期。

(52) 邱建明:《地不愛寶——記〈長沙尚德街東漢簡牘〉的問世》,《全國新書目》2016 年第 12 期。

(53) 冉令江:《長沙五一廣場簡牘隸書及其藝術風格》,《中國書法》2016 年第 10 期。

(54) 石人月、劉清揚:《淺議長沙東牌樓東漢簡書法墨迹中早期楷書藝術價值》,《藝術科技》2016 年第 5 期。

(55) 陶曲勇:《讀〈長沙東牌樓東漢簡牘〉札記兩則》,《民俗典籍文字研究》2016 年第 1 期。

(56) 陶曲勇:《長沙東牌樓漢簡〈侈與督郵書〉"空"字補釋》,《古漢語研究》2016 年第 2 期。

(57) 王曉光:《東漢中葉隸書墨迹標杆之作——試析五一廣場簡牘墨書及相關問題》,《中國書法》2016 年第 9 期。

(58) 王曉光:《新出土書迹資料與書學研究——以簡牘帛書爲例》,《中國書法》2016 年第 22 期。

(59) 吳雪飛:《長沙五一廣場東漢木牘相關法律用語探析》,《中國古代法律文獻研究》(年刊)2016 年。

(60) 姚遠:《東漢内郡縣法官法吏複原研究——以長沙五一廣場東漢簡牘爲核

心》,《華東政法大學學報》2016 年第 4 期。

(61) 朱德貴:《長沙五一廣場東漢簡牘所見商業問題探討》,《中國社會經濟史研究》2016 年第 4 期。

(62) 黃人二:《長沙東牌樓東漢熹平元年覃超人形木牘再探》,《高雄師大學報》2017 年第 26 期。

(63) 劉國忠:《五一廣場東漢永初四年詔書簡試論》,《湖南大學學報》(社會科學版)2017 年第 5 期。

(64) 王素:《"畫諾"問題縱橫談——以長沙漢吳簡牘爲中心》,《中華文史論叢》2017 年第 1 期。

(65) 楊小亮:《〈五一廣場東漢簡牘選釋〉釋文補正》,《出土文獻》2017 年第 1 期。

(66) 周艷濤、張顯成:《〈長沙尚德街東漢簡牘〉所見詔令商補一則》,《出土文獻》2017 年第 2 期。

(67) 周祖亮:《尚德街簡牘醫方及其方藥演變探析》,《中醫文獻雜誌》2018 年第 2 期。

4. 學位論文

(1) 黄偉鋒:《長沙東牌樓東漢簡牘書法淺論》,西南大學碩士學位論文,2009 年。

(2) 劉濤:《長沙東牌樓東漢簡牘新論》,鄭州大學碩士學位論文,2009 年。

(3) 李恒光:《東牌樓漢簡文字研究》,廣西大學碩士學位論文,2010 年。

(4) 楊芬:《出土秦漢書信匯校集注》,武漢大學博士學位論文,2010 年。

(5) 周菊梅:《〈長沙東牌樓東漢簡牘〉詞語研究》,華東師範大學碩士學位論文,2010 年。

(6) 李晨:《從出土材料看漢唐間户籍檔案的變遷》,山東大學碩士學位論文,2011 年。

(7) 張蕊:《出土漢代簡帛私人書信研究》,首都師範大學碩士學位論文,2011 年。

(8) 洪惠瑜:《長沙東牌樓東漢簡牘文書研究》,臺北大學碩士學位論文,2012 年。

(9) 路方鴿:《楚地秦漢簡牘字詞論考》,浙江大學博士學位論文,2013 年。

(10) 李恒光:《東漢簡牘文字研究兼及書寫載體轉換問題》,上海交通大學博士學位論文,2014 年。

(11) 徐俊剛:《長沙東牌樓東漢簡牘集釋》,吉林大學碩士學位論文,2014 年。

(12) 楊一博:《出土漢代簡帛文字研究綜述(1914—2013)》,吉林大學碩士學位論文,2014 年。

(13) 劉釗:《漢簡所見官文書研究》,吉林大學博士學位論文,2015 年。

5. 網絡論文

(1) 黄人二:《長沙東牌樓東漢熹平元年覃超人形木牘試探》,簡帛網 2007-02-06,http://www.bsm.org.cn/show_article.php? id=517。(後刊發於《東方叢刊》2007 年第 3 期,第 85—81 頁。)

(2) 曹旅寧:《長沙東牌樓東漢簡牘"李建與精張諍田案"中"石"的解釋》,簡帛網 2007-06-24,http://www.bsm.org.cn/show_article.php? id=585。

(3) 周群:《用"六畞三分"來解釋長沙東牌樓東漢簡牘"石"時應謹慎》,簡帛網 2007-07-01,http://www.bsm.org.cn/show_article.php? id=587。

(4) 賈麗英:《從長沙東牌樓簡牘看漢代出嫁女的財產繼承》,簡帛網 2007-08-14,http://www.bsm.org.cn/show_article.php? id=697。(本文曾在《光明日報》2007 年 7 月 13 日史學版首發。)

(5) 馬怡:《讀東牌樓漢簡〈佟與督郵書〉——漢代書信研究之一》,簡帛網,2007-08-28,http://www.bsm.org.cn/show_article.php? id=707。

(6) 莊小霞:《東牌樓簡"中倉租券簽牌"考釋——兼論走馬樓吳簡研究中的幾個問題》,簡帛網 2009-06-16,http://www.bsm.org.cn/show_article.php? id=1084。

(7) 伊强:《讀〈長沙東牌樓東漢簡牘〉劄記》,簡帛網 2010-03-23,http://www.bsm.org.cn/show_article.php? id=1236。(後來刊發於《簡帛》第 6 輯,上海古籍出版社,2011 年 11 月,411—419 頁。)

(8) 李恒光:《長沙東牌樓東漢簡牘劄記》,復旦大學出土文獻與古文字研究中心網站 2010-05-20,http://www.gwz.fudan.edu.cn/Web/Show/1156。

(9) 李恒光:《東牌樓漢簡文字補釋》,復旦大學出土文獻與古文字研究中心網站 2010-12-11,http://www.gwz.fudan.edu.cn/Web/Show/1327。

(10) 伊强:《湖南長沙五一廣場東漢簡牘劄記》,簡帛網 2013-07-16,http://www.bsm.org.cn/show_article.php? id=186。

(11) 陳偉:《五一廣場東漢簡牘校釋》,簡帛網 2013-09-22,http://www.bsm.org.cn/show_article.php? id=1912。

(12) 陳偉:《五一廣場東漢簡牘屬性芻議》,簡帛網 2013-09-24,http://www.bsm.org.cn/show_article.php? id=1913。

(13) 侯旭東:《長沙東牌樓東漢簡〈光和六年諍田自相和從書〉考釋》,簡帛網 2014-02-21,http://www.bsm.org.cn/show_article.php? id=1991。

(14) 侯旭東:《湖南長沙五一廣場東漢簡 J1③:264-294 考釋》,簡帛網 2014-06-06,http://www.bsm.org.cn/show_article.php? id=2028。

(15) 羅小華：《五一廣場東漢簡牘選釋七則》，簡帛網 2015 - 06 - 02，http：//www.bsm.org.cn/show_article.php？id=2249。

(16) 羅小華：《讀〈長沙五一廣場東漢簡牘選釋〉剳記》，簡帛網 2016 - 01 - 11，http：//www.bsm.org.cn/show_article.php？id=2420。

(17) 羅小華：《〈長沙五一廣場東漢簡牘選釋〉所見酒價與酒具》，簡帛網 2016 - 01 - 12，http：//www.bsm.org.cn/show_article.php？id=2424。

(18) 羅小華：《〈長沙五一廣場東漢簡牘選釋〉所見奴婢價》，簡帛網 2016 - 01 - 14，http：//www.bsm.org.cn/show_article.php？id=2435。

(19) 陳偉：《長沙五一廣場東漢簡牘 141、5 號試讀》，簡帛網 2016 - 02 - 08，http：//www.bsm.org.cn/show_article.php？id=2467。

(20) 莊小霞：《長沙五一廣場東漢簡牘 CWJ1①：86 簡所載"艾"釋義獻疑》，簡帛網 2016 - 05 - 09，http：//www.bsm.org.cn/show_article.php？id=2548。

(21) 孫兆華：《五一廣場東漢簡牘直符戶曹史盛舉劾文書釋文訂正》，簡帛網 2016 - 10 - 19，http：//www.bsm.org.cn/show_article.php？id=2647。

(22) 伊強：《小議長沙五一廣場東漢簡牘中的"解止"》，簡帛網 2016 - 12 - 21，http：//www.bsm.org.cn/show_article.php？id=2686。

(23) 周海鋒：《〈長沙尚德街東漢簡牘〉校讀記（一）》，簡帛網 2017 - 02 - 22，http：//www.bsm.org.cn/show_article.php？id=2736。

(24) 李洪財：《〈長沙尚德街東漢簡牘〉補釋》，簡帛網 2017 - 02 - 23，http：//www.bsm.org.cn/show_article.php？id=2737。

(25) 甫曰：《尚德街簡牘"治百病通明丸方"校正》，復旦大學出土文獻與古文字研究中心網站 2017 - 02 - 27，http：//gwz.fudan.edu.cn/Web/Show/2986。

(26) 曹旅寧：《〈長沙尚德街東漢簡牘〉所見"不道""棄市"條文》，簡帛網 2017 - 03 - 01，http：//www.bsm.org.cn/show_article.php？id=2744。

(27) 吳雪飛：《長沙尚德街東漢簡牘補釋兩則》，簡帛網 2017 - 03 - 01，http：//www.bsm.org.cn/show_article.php？id=2742。

(28) 雷海龍：《〈長沙尚德街東漢簡牘〉釋文商補》，簡帛網 2017 - 03 - 03，http：//www.bsm.org.cn/show_article.php？id=2748。

(29) 孫濤：《長沙五一廣場東漢簡牘"栱船"釋義補正》，簡帛網 2017 - 04 - 24，http：//www.bsm.org.cn/show_article.php？id=2780。

(30) 李蘭芳：《〈長沙五一廣場東漢簡牘選釋〉剳記數則》，簡帛網 2017 - 05 - 02，http：//www.bsm.org.cn/show_article.php？id=2797。

(31) 孫濤:《讀〈長沙五一廣場東漢簡牘選釋〉劄記兩則》,簡帛網 2017－05－07,http：//www.bsm.org.cn/show_article.php？id＝2800。

(32) 丁義娟:《五一廣場簡 J1③：281－5 簡注釋小議》,簡帛網 2017－05－30,http：//www.bsm.org.cn/show_article.php？id＝2816。

(33) 張煒軒:《讀〈長沙五一廣場東漢簡牘選釋〉劄記——以 CWJ1①：113 及 CWJ1③：172 木兩行爲中心》,簡帛網 2017－08－09,http：//www.bsm.org.cn/show_article.php？id＝2865。

(34) 陳偉:《五一廣場東漢簡 108、135 號小考》,簡帛網 2017－10－11,http：//www.bsm.org.cn/show_article.php？id＝2917。

(35) 陳笑笑:《長沙尚德街東漢簡牘綴合二則》,簡帛網 2017－12－01,http：//www.bsm.org.cn/show_article.php？id＝2943。

(36) 孫濤:《釋五一廣場漢簡第 22 號簡"潷丘"》,簡帛網 2017－12－16,http：//www.bsm.org.cn/show_article.php？id＝2948。

(37) 李華:《長沙五一廣場簡所見"元的遺産案"考述》,簡帛網 2018－03－11,http：//www.bsm.org.cn/show_article.php？id＝3009。

(38) 楊頌宇:《〈長沙五一廣場東漢簡牘選釋〉例 100"佳"字再釋與"柱"案再分析》,簡帛網 2018－03－22,http：//www.bsm.org.cn/show_article.php？id＝3033。

(39) 温玉冰:《讀〈長沙五一廣場東漢簡牘選釋〉札記一則》,簡帛網 2018－03－31,http：//www.bsm.org.cn/show_article.php？id＝3039。

(40) 史達(Thies STAACK):《〈長沙尚德街東漢簡牘〉綴合一則》,簡帛網 2018－05－12,http：//www.bsm.org.cn/show_article.php？id＝3082。

(41) 張朝陽:《五一廣場簡 155"兼庾亭長"再考》,簡帛網 2018－06－22,http：//www.bsm.org.cn/show_article.php？id＝3177。

(42) 繆愷然、覺思宇:《〈長沙尚德街東漢簡牘〉釋文補正》,簡帛網 2018－09－04,http：//www.bsm.org.cn/show_article.php？id＝3216。

2018年中國大陸秦漢魏晉簡牘研究概述*

魯家亮　陳雙喜

本文主要是對 2018 年中國大陸秦漢魏晉簡牘研究概況的簡介，少量往年漏收的重要成果亦有補充。希望小文能給對秦漢魏晉簡牘研究感興趣的學者提供些許便利，其疏漏和不足亦請各位讀者見諒。

一、秦　簡　牘

（一）雲夢睡虎地秦簡牘

梁鶴《讀秦簡札記兩則》（《簡帛》第十七輯，上海：上海古籍出版社 2018 年）認爲書信木牘中"黑夫寄乞就書"意爲黑夫委託乞寫成信，"乞"並非送信之人，而是執筆寫信之人。

方勇《釋睡虎地秦簡中的地名"冀（冥）山"》（《古文字研究》第三十二輯，北京：中華書局 2018 年）將《編年記》簡 30 中的地名釋作"冀（冥）山"，即"黽阨"。史傑鵬《談談周家臺秦簡的"抵亂"和睡虎地秦簡的"冒抵"》（《出土文獻與古文字研究》第七輯，上海：上海古籍出版社 2018 年）認爲《語書》中的"冒抵"應讀爲"謾詆"，指欺騙類的話語。

趙平安《也談睡虎地秦簡"夜草爲灰"》（《中原文化研究》2018 年第 6 期）據清華簡

---

* 本文寫作得到 2019 年國家社會科學基金"冷門'絕學'和國別史等研究專項"項目"里耶秦簡所見秦代縣制研究"（19VJX007）和武漢大學青年學者學術團隊"先秦秦漢荊楚地理的空間整合"的資助。

等認爲《秦律十八種·田律》簡 4-5"夜草爲灰"的"夜"很可能就是從火月聲的"熱"字異體,其結構應分析爲從火月聲,在簡文中讀爲"爇"。中國政法大學中國法制史基礎史料研讀會《睡虎地秦簡法律文書集釋(七):〈法律答問〉1～60 簡》(《中國古代法律文獻研究》第十二輯,北京:社會科學文獻出版社 2018 年)對《法律答問》1-60 號簡進行集釋並有譯文。

陳送文《睡虎地秦簡校詁(二則)》(《簡帛》第十七輯)指出《爲吏之道》簡 53"勢悍裦暴"中"勢"讀爲"傲",訓爲"傲慢";"悍"訓爲"兇悍";"裦"讀爲"充",訓爲"作亂";《日書》甲種簡 73 中"敦"讀爲"撓",訓爲"敗"。姚明輝《釋睡虎地秦簡〈日書甲種·盜者〉中的"疵在舌"》(《漢語史學報》第二十輯,上海:上海教育出版社 2018 年)將簡 72 的"疵在足"改釋爲"疵在舌"。方勇《睡虎地秦簡釋讀四則》(《中國文字研究》第二十七輯,上海:上海書店 2018 年)指出簡 104"井池"前一字當釋爲"乏";改釋簡 58 背"沙"爲"水";60 背"紙"爲"細";補釋簡 24 背"鬼居"前一字爲"篤"。謝坤《睡虎地秦簡"波地"新解》(《江漢考古》2018 年第 1 期)指出簡 142 中"波地"當即"陂地",指"壅築堤防"。劉信芳《睡虎地秦簡日書〈馬謀〉分章釋讀補説》(《文博》2018 年第 1 期)在重訂分章釋文的基礎上,對該篇篇題、"四廐行大夫""調馬"等疑難詞給出不同意見;《睡虎地秦簡日書〈星〉與古星占説對讀》(《簡帛》第十六輯,上海:上海古籍出版社 2018 年)引入古星占説辭,對簡 797-824 所見日書《星》篇加以校釋。

(二) 四川青川木牘

廣瀨薰雄《青川郝家坪秦墓木牘補論》(《簡牘學研究》第七輯,蘭州:甘肅人民出版社 2018 年)在討論木牘開首一句內涵的基礎上,進而分析簡文所見秦内史、阡陌等制度。

(三) 甘肅天水放馬灘簡牘

程少軒《放馬灘簡〈鐘律式占〉"問病占疾"卜法考》(《簡帛研究二〇一八(春夏卷)》,桂林:廣西師範大學出版社 2018 年)認爲《日書》乙種 345、348、338、335、358a、364b 諸簡均屬一篇,即《鐘律式占》,並就該篇所見占卜疾病的兩種方法進行説明;《放馬灘簡〈鐘律式占〉"建除占疾"復原》(《中國文字研究》第二十八輯,上海:上海書店 2018 年)通過對該篇復原,指出其與放馬灘簡乙種《日書》不屬同一體系,是一篇自成體系、獨立成篇的占卜古佚書。張國艷《放馬灘秦簡〈日書〉詞語札記四則》(《簡帛》第十六輯)指出《禹須臾行不得擇日》篇"質畫"中"質"通"契","契畫"爲同義連文;《占盜》篇"中閒"可讀作"中姦",義爲内賊;《地支占盜》篇"辰"可訓解爲屋簷;《天干占盜》

篇"扁匜"讀爲"偏阤",表示歪斜倒塌之義。

(四)湖北江陵周家臺秦簡

史傑鵬《談談周家臺秦簡的"抵亂"和睡虎地秦簡的"冒抵"》(《出土文獻與古文字研究》第七輯)指出簡 191 中的"抵亂"之"抵"應讀爲"詆",有欺騙義。楊艷輝《〈病方及其他〉校讀三則》(《出土文獻綜合研究集刊》第七輯,成都:巴蜀書社 2018 年)認爲簡 338-339 中的"房糜"爲芬芳的碎米粒;321-322 中從酉的未釋字當作"醯";377 的"桐"可通"從缶從周"之字,爲甕器。方勇《談關沮秦簡所載秦代的浴蠱術》(《社會科學戰綫》2018 年第 3 期)指出簡 368-370 中的"女"應是指代先蠱,且簡文中"目""腹"等詞可以屬下讀;原讀爲"皭"的字應是"徽石"二字合文,讀爲"皭石",指白石;"次"應讀爲"齊",表示浴蠱的原液和勾兌的水量相等。

(五)湖南龍山里耶秦簡牘

宮宅潔《關於里耶秦簡⑧755-759 簡與⑧1564 簡的編聯》(簡帛網 2018 年 3 月 4 日)將 8-1564 也復原入 8-755 至 8-759、8-1523 這組簡册之中。謝坤《里耶秦簡牘綴合八組》(《文獻》2018 年第 3 期)綴合 8-1063＋8-1642、8-92＋8-753、8-911＋8-1377、8-1044＋8-978、8-495＋8-150、8-1188＋8-916、8-2199＋8-2192、8-120＋8-381。李美娟《里耶秦簡(壹)零札》(《簡帛》第十七輯)綴合 8-374＋8-1307。楊先雲《里耶秦簡釋文補正與殘簡試綴》(《楚學論叢》第七輯,武漢:湖北人民出版社 2018 年)綴合 8-47＋8-1431、8-2147＋8-2068,並對 8-419＋8-612、8-743 等簡釋文進行訂補。何有祖《里耶秦簡"讒曹""讒書"解》(《出土文獻》第十三輯,上海:中西書局 2018 年)在綴合 9-1701＋8-389＋8-404 的基礎上,對與"讒"有關的文書進行梳理。

楊先雲《〈里耶秦簡(貳)〉簡牘綴合續表》(簡帛網 2018 年 5 月 13 日)、《〈里耶秦簡(貳)〉綴合一則》(簡帛網 2018 年 5 月 13 日);里耶秦簡牘校釋小組《〈里耶秦簡(貳)〉綴合補(一)》(簡帛網 2018 年 5 月 15 日)、《〈里耶秦簡(貳)〉綴合補(二)》(簡帛網 2018 年 5 月 15 日)、何有祖《里耶秦簡綴合一則》(簡帛網 2018 年 6 月 13 日)、劉松清《〈里耶秦簡(貳)〉綴合一則》(簡帛網 2018 年 10 月 11 日)、唐强《〈里耶秦簡〉綴合及補說一則》(簡帛網 2018 年 12 月 16 日)針對里耶秦簡第二卷提出一系列綴合意見,後被收入到《里耶秦簡牘校釋(第二卷)》(武漢:武漢大學出版社 2018 年)之中。謝坤《〈里耶秦簡(貳)〉札記(一)》(簡帛網 2018 年 5 月 17 日)綴合 14-300＋14-764＋9-3331。

何有祖《里耶秦簡所見人名"僕足"試考》(簡帛網 2018 年 5 月 6 日)指出 8-137 等簡中的"僕足"應視作人名。莊小霞《里耶秦簡所見秦"得虎復除"制度考釋——兼說中古時期湖南地區的虎患》(《出土文獻研究》第十七輯,上海:中西書局 2018 年)將簡 8-170 中的"署復□于"修訂爲"署復年于【牒】",並結合其他相關文獻討論秦的"得虎復除"制度。李美娟《〈里耶秦簡(壹)〉零札》(《簡帛》第十七輯)補釋 8-166+8-75 背"半""移""水下盡";改釋 8-166+8-75 背"尚"爲"敞"等字。蔣偉男《里耶秦簡疑難字零札》(《出土文獻》第十三輯)補釋 8-615"後"、8-962+8-1087"封"、8-1844"綰(棺)"、8-2190"羨"等字。陶安《試釋里耶秦簡"資購當"》(《簡帛》第十七輯)認爲簡 8-1532+8-1008+8-1461 所載內容是一種記名支票,其中"次豎購當"的"次"字讀爲"資",文意爲"從豎的賞金中扣除相當部分"。

里耶秦簡牘校釋小組《〈《里耶秦簡(貳)》簡牘綴合續表〉等文讀後記》(簡帛網 2018 年 5 月 15 日)、《〈里耶秦簡(貳)〉校讀(一)》(簡帛網 2018 年 5 月 17 日)、《〈里耶秦簡(貳)〉校讀(二)》(簡帛網 2018 年 5 月 23 日)、《〈里耶秦簡(貳)〉校讀(三)》(簡帛網 2018 年 5 月 23 日)、周海鋒《〈里耶秦簡(貳)〉初讀(一)》(簡帛網 2018 年 5 月 15 日)、黃浩波《〈里耶秦簡(貳)〉讀札》(簡帛網 2018 年 5 月 15 日)、馮西西《〈里耶秦簡(貳)〉零札(一)》(簡帛網 2018 年 5 月 16 日)、楊先雲《讀〈里耶秦簡(貳)〉札記》(簡帛網 2018 年 5 月 17 日)、謝坤《〈里耶秦簡(貳)〉札記(一)》(簡帛網 2018 年 5 月 17 日)、張馳《讀里耶秦簡(貳)9-1861、9-2076 小札》(簡帛網 2018 年 5 月 17 日)、廖秋菊《〈里耶秦簡(貳)〉9-474+9-2458 補釋》(簡帛網 2018 年 5 月 20 日)、張以靜《〈里耶秦簡(貳)〉讀札》(簡帛網 2018 年 12 月 31 日)等文針對里耶秦簡第二卷提出一系列釋文修訂意見,後被部分吸收到《里耶秦簡牘校釋(第二卷)》之中。周波《〈里耶秦簡(貳)〉醫方校讀》(簡帛網 2018 年 5 月 23 日)針對第二卷的醫方簡進行補釋;趙岩《〈里耶秦簡(貳)〉"出糧券"校讀》(簡帛網 2018 年 5 月 26 日)則關注"出糧券"部分釋文;羅小華《里耶秦簡所見車及相關器物》(簡帛網 2018 年 5 月 29 日)、《〈里耶秦簡(貳)〉中的"乘馬"》(簡帛網 2018 年 5 月 29 日)、《里耶秦簡中的"弩"》(簡帛網 2018 年 6 月 2 日)關注與名物相關的簡文。楊先雲《秦簡所見"癘"及"癘舍"初探》(簡帛網 2018 年 5 月 16 日)梳理里耶秦簡中與"癘"及"癘舍"相關的簡文,指出"癘"更有可能是病名或者受傷;"癘舍"很有可能是安置傷員,即破折人員的居所。

戴衛紅《里耶秦簡所見功勞文書》(《簡帛研究二〇一七(秋冬卷)》,桂林:廣西師範大學出版社 2018 年)在通釋 10-15 釋文的基礎上,對其所見功勞問題加以考察。何有祖《新見里耶秦簡考釋(四則)》(《古文字研究》第三十二輯)補釋 9-14"寄";14-469"其""復";14-638"人";15-259"年"等字。何氏《里耶 16-9 號簡"枼"與秦漢簡中的〈葉〉〈葉書〉》(簡帛網 2018 年 8 月 16 日)將 16-9 中"啟陵鄉未有枼"的"枼"理解爲一種文書,並將其與睡虎地秦簡等資料所見的《編年紀》《葉書》結合,討論這類文獻的性質和起源。馬增榮《里耶秦簡 9-2283、[16-5]和[16-6]三牘的反印文和疊壓關係》(簡帛網 2018 年 8 月 22 日)從反印文入手，分析 9-2283、[16-5]和[16-6]三牘的疊壓情況和文書關係。何有祖《釋里耶秦簡 8-458"遷陵庫真見兵"》(簡帛網 2018 年 5 月 15 日)指出 8-653＋9-1370、8-458 所載"遷陵庫真見兵"是秦二世元年年底的統計數據，9-29＋9-1164、9-1547＋9-2041＋9-2149 是秦二世二年的文件，包含有對元年遷陵庫武器裝備物資紀錄的追述，二者關係密切。

魯家亮《里耶秦簡所見秦遷陵縣的令史》(《簡牘學研究》第七輯)、《里耶秦簡所見"小史"芻議》(《出土文獻的世界：第六屆出土文獻青年學者論壇論文集》，上海：中西書局 2018 年)關注"令史"與"小史"兩類人員；《里耶秦簡所見秦遷陵縣吏員的構成與來源》(《出土文獻》第十三輯)修訂或補充了遷陵縣吏員中外郡人的相關信息，同時也強調本地人進入吏員的途徑也一直存在。單印飛《秦代縣級屬吏的遷轉路徑——以里耶秦簡爲中心》(《魯東大學學報(哲學社會科學版)》2018 年第 1 期)分基層和中層來討論秦代縣級屬吏的遷轉路徑。

楊先雲《論〈里耶秦簡(貳)〉一則"更戍"材料》(簡帛網 2018 年 5 月 19 日)、《里耶秦簡所見"赦戍""屯戍"》(簡帛網 2018 年 5 月 22 日)圍繞與"戍"有關的簡文進行討論。王勇《里耶秦簡所見遷陵戍卒》(《出土文獻與法律史研究》第七輯，北京：法律出版社 2018 年)討論簡文所見戍卒的來源、服役期限和方式等問題。劉鵬《簡牘所見秦代的行戍群體》(《簡帛研究二〇一七(秋冬卷)》)對里耶秦簡所中所見更戍、冗戍、屯戍、罰戍、謫戍等五個術語加以辨析。

宮宅潔《出稟與出貸——里耶秦簡所見戍卒的糧食發放制度》(《簡帛》第十七輯)根據里耶秦簡的稟食記錄，指出秦國的兵士是以自備糧食爲原則的，有困難的話才由官府借貸，以延長兵役天數來償還。余津銘《里耶秦簡"續食簡"研究》(《簡帛》第十六輯)對"續食"類簡的文式、習慣用語進行分析和總結。王勇《里耶秦簡所見秦遷陵縣糧食支出機構的權責》(《中國農史》2018 年第 4 期)對倉、鄉、司空、田官等機構在糧食支出時的權責加以討論；《里耶秦簡所見秦遷陵的農作和環境》(《簡帛》第十七輯)認爲秦代遷陵不管是百姓的農田，還是官府組織墾種的公田，規模都很小，散布於酉水沿綫的河谷臺地，遷陵政府當時實際管控的應該只是酉水沿岸附近地區。

朱聖明《秦代地方官員的文書傳遞職權——以里耶秦簡異地同級文書爲中心的考察》(《南都學壇(人文社會科學學報)》2018 年第 1 期)指出秦代鄉官、縣屬吏、縣尉没有自主收發縣外文書的職權，這一權力掌握在縣令、縣丞手中。于洪濤：《從里耶簡看秦代緊急公文種類與遞送方式——兼談秦漢〈行書律〉相關問題》(《檔案學通訊》2018 年第 6 期)認爲秦代緊急公文包括"命書"和"署書"兩類，並討論兩類文書的遞送方式。楊先雲《秦代行政文書制度管窺——讀里耶秦簡札記》(《出土文獻的世界:第六届出土文獻青年學者論壇論文集》)對 8-704＋8-706、8-197、8-1459＋8-1293＋8-1466 三簡所見文書制度問題進行了補充。劉自穩《里耶秦簡牘所見"作徒簿"呈送方式考察》(《中國人民大學學報》2018 年第 3 期)指出"作徒簿"按照文書格式的不同可以分爲兩類,兩類又分别配合不同呈送方式:一類包含收發文記録的作徒簿一般當日呈送;另一類不包含收發文記録的則由一枚説明性簡牘統領,連同匯總本月徒隸使用情况的"取",按月呈送。唐俊峰《秦代遷陵縣行政信息傳遞效率初探》(《簡帛》第十六輯)通過計量與個案分析,發現遷陵縣與上級洞庭郡/他縣的外部信息傳遞效率遠低於縣内部,似不宜預設統一後的秦帝國内部郡縣之間的信息傳遞必如想象中高效。王子今《里耶秦簡"郵利足"考》(《首都師範大學學報(社會科學版)》2018 年第 2 期)指出"郵利足"作爲服務於郵驛系統的專業人員參與"以郵行"實踐,體現"郵"對於通信效率的特殊追求,同時也有利於理解秦的交通能力以及秦政的節奏特徵。

吴方基《里耶秦簡"付受"與地方國有財務流轉運營》(《中華文化論壇》2018 年第 4 期)從文書簡所見"付受"關係,考察秦代地方國有財物流轉運營情况。晉文《里耶秦簡中的積户與見户——兼論秦代基層官吏的量化考核》(《中國經濟史研究》2018 年第 1 期)指出積户實際是縣、鄉對全年户籍核查和登記的累積户次,並據此重新推算了遷陵縣的户籍和人口數量。孫兆華、王子今《里耶秦簡牘户籍文書妻從夫姓蠡測》(《中國人民大學學報》2018 年第 3 期)指出里耶户籍簡中户人之妻不書姓,可能是從夫姓,這一現象或延續至三國時期。

孔祥軍《試析里耶古城 1 號井第五、六、八層的年代分布——以〈里耶秦簡(壹)〉所見朔日簡爲中心》(《考古與文物》2018 年第 4 期)從朔日簡大抵推斷古井内第五層年代分布爲戰國至秦二世元年;第六層爲秦始皇三十五年至秦二世元年;第八層爲秦王政二十五年到秦二世元年。陳侃理《里耶秦簡所見的時刻記録與記時法》(《簡帛》第十六輯)對已正式公布的里耶秦簡牘中 138 條時刻加以梳理,指出其兼用時稱和漏刻記時法,大致均匀分布在各年中,始終並用。

目黑杏子《秦代縣下的"廟"——對里耶秦簡與嶽麓書院藏秦簡"秦律令"中所見諸廟的考察》(《法律史譯評》第六卷,上海:中西書局 2018 年)對里耶秦簡所見"廟"相關簡文與嶽麓秦簡中的律令加以比較分析,以討論秦代縣下之廟的相關制度。

(六) 嶽麓書院藏秦簡

紀婷婷、張馳《〈嶽麓肆‧亡律〉編聯芻議》(《出土文獻》第十三輯)對《亡律》全篇提出了新的復原方案與分組。宮宅潔《關於嶽麓書院藏秦簡〈亡律〉中"廿年後九月戊戌以來"條》(《法律史譯評》第六卷)對簡 44、70 和 76 中三條涉及"廿年後九月戊戌以來"內容的簡文進行分析,同意這些條文爲追加規定,並指出其與整理者的編聯方案不符,但與紀婷婷、張馳的編聯方案相符。周海鋒《〈嶽麓書院藏秦簡(肆)〉所收令文淺析》(《簡帛研究二○一八(春夏卷)》)指出該卷 0558 號簡之前的 1918 號應剔除,而應遍聯在尚未公布的 J33+J62-1 簡之前;0558 之前的空隙應插入 0668 和 0591 簡;0589 和 0658 二簡應遍聯在一起。王可《讀嶽麓秦簡(伍)小札》(簡帛網 2018 年 11 月 21 日)指出簡 267 和 274 可以前後相連。

李勤通《試論嶽麓秦簡中〈爲獄等狀四種〉的性質》(《簡帛研究二○一八(春夏卷)》)指出《爲獄等狀四種》這類法律文書彙編可能是面向最爲廣泛的官吏傳播律令以及與法律有關的知識、由官方編纂的法律教材,而非有拘束力的司法判例。張韶光《從嶽麓秦簡"主市曹臣"看秦漢市場管理機構》(《中國經濟史研究》2018 年第 4 期)認爲第三卷簡 64-65 中"主市曹臣"指市曹的曹史,由於其身份爲奴隸,故稱爲臣史。市曹屬於秦漢時期市場管理的輔助部門,市亭、市府才是職能部門,它們分屬兩個不同的系統。

朱紅林《〈嶽麓書院藏秦簡(肆)〉補注(四)》(《中國古代法律文獻研究》第十二輯)、《〈嶽麓書院藏秦簡(肆)〉補注(五)》(《出土文獻研究》第十七輯)、《〈嶽麓書院藏秦簡(肆)〉補注(六)》(《出土文獻與法律史研究》第七輯)對《嶽麓書院藏秦簡(肆)》簡 121-170 所涉多條律文進行補注。周波《〈嶽麓書院藏秦簡(肆)〉補說》(《出土文獻與法律史研究》第七輯)對該卷簡文提出多條校讀意見,涉及文字補改釋、連讀簡文的釋文處理方式、職官考證等。何有祖《讀〈嶽麓書院藏秦簡(肆)〉札記(三則)》(《出土文獻與法律史研究》第七輯)改釋簡 13 的"牧"、簡 24-25 的"告(梏)"等。李力《嶽麓秦簡(肆)〈金布律〉讀記(一)——關於 1402 簡釋文與注釋的討論》(《出土文獻研究》第十七輯)補釋簡 116 簡首的"・",並對該條律文中所見"縣官器""獄治"等詞句的内涵進行討論。雷海龍《〈嶽麓書院藏秦簡(肆)〉釋文商補(八則)》(《出土文獻與法律史研究》第七輯)補釋簡 134 未釋字爲"五十"、將簡 279"卅"改釋爲"廿"、簡 310 末尾的"金"改釋爲"月"。陳曼曼《讀〈嶽麓書院藏秦簡(肆)〉札記一則》(簡帛網 2018 年 8 月 5 日)將簡 182-183"以弱代者"的"者"改釋爲"耆"。齊繼偉《讀秦漢簡札記六則》(《出土文獻與法律史研究》第七輯)指出簡 299"不出入"後二未釋字當爲"以時";《〈嶽麓書院藏秦簡(肆)〉補釋四則》(《出土文獻》第十二輯,上海:中西書局 2018 年)將簡 341"息子"上一字補釋爲"番",並就該卷簡文所見墨點、墨橫和墨塊的使用規則進行梳理。徐世權《嶽麓秦簡所見秦"西工室"之"西"解》(《簡帛研究二○一七(秋冬卷)》)指出簡 329-331 所見"西工室"的"西"應理解爲"東西"之"西",而非"西縣"。

土口史記《嶽麓秦簡"執法"考》(《法律史譯評》第六卷)對"執法"有關的内容和簡文進行分析,涉及簡文的年代判定、執法的性質與職掌、御史與執法關係等。朱德貴《嶽麓秦簡課役年齡中的幾個問題》(《簡牘學研究》第七輯)對嶽麓秦簡所見"小男子(女子)的年齡界限""小未傅與敖童未傅的關係""始傅年齡"等問題進行討論。朱德貴、齊丹丹《嶽麓秦簡律令文書所見借貸關係探討》(《史學集刊》2018年第2期)在梳理第四卷簡文中有關借貸的法律文本基礎上,從民間借貸和公私借貸兩個方面討論秦的借貸關係。

陳偉《〈嶽麓書院藏秦簡〔伍〕〉殘字試釋》(《江漢考古》2018年第4期)對第五卷九處殘字嘗試釋讀,即簡57"頯"、114"片"或"(析)"、174"詷"、265"乏"、267"吏"、294"官"、300以及165的"囚"、307"床"、311"購"。李美娟《〈嶽麓書院藏秦簡〔伍〕〉札記》(簡帛網2018年5月19日)則補釋簡90"卅"和"七"、150"直"、147-148"册"、195"二甲"、301"如"等字。

何有祖《〈嶽麓書院藏秦簡〔伍〕〉讀記(一)》(簡帛網2018年3月10日)將簡4"嫁、入姨夫"斷讀、簡60"一楪"屬上讀;《〈嶽麓書院藏秦簡〔伍〕〉讀記(二)》(簡帛網2018年3月10日)簡12"安"改釋爲"冥"、簡114-115未釋字補釋作"手"。齊繼偉《釋嶽麓伍簡1017"其有不□者"》(簡帛網2018年4月23日)將簡12中的未釋字釋爲"冣(聚)"。張以静《讀〈嶽麓書院藏秦簡(伍)〉札記一則》(簡帛網2018年3月27日)將"入姨夫"理解爲招婿入贅爲後夫。劉楚焜《初讀〈嶽麓書院藏秦簡(伍)〉札記二則》(簡帛網2018年4月24日)則認爲"入姨夫"是指婦女招贅難以獨立生活、貧窮無能,不得不依靠寡婦生活的人。王博凱《讀〈嶽麓書院藏秦簡(伍)〉札記》(簡帛網2018年3月12日)據嶽麓秦簡指出"假父"爲秦統一前後對母親後夫的稱謂,同於現在所説的"繼父"。

高一致《讀〈嶽麓書院藏秦簡(伍)〉筆記一則》(簡帛網2018年3月17日)對簡13-18中"盜械""桎""膠致"等疑難語詞加以疏解,並調整相關簡文的句讀。晏昌貴《禁山與赭山:秦始皇的多重面相》(《華中師範大學學報(人文社會科學版)》2018年第4期)對簡56-58所載"秦始皇禁湘山詔"進行疏解,指出文中的湘山應指今洞庭君山,屏山即今洞庭扁山,駱翠山則當巴丘山,由此判定秦蒼梧郡北境當有今洞庭湖大部地區。曹旅寧《嶽麓秦簡所秦始皇南征史事考釋》(《秦漢研究》第十二輯,西安:西北大學出版社2018年)認爲這份文書中"廿六年"當爲"廿八年"之誤,于振波《嶽麓書院藏秦簡始皇禁罰樹木詔考異》(《湖南大學學報(社會科學版)》2018年第3期)則認爲"廿六年"當改釋爲"廿九年"。黄浩波《〈嶽麓書院藏秦簡(伍)〉所見"佩入門衛木久"解》(簡帛網2018年3月10日)指出簡69-71中"入門衛木久"即爲一種用以通過門衛的木製通行證，"諸佩入門衛木久者"是指某一類人。王寧《說嶽麓簡（伍）的"薗淳濕"》（簡帛網 2018 年 4 月 17 日）認爲簡 95 中的"薗淳濕"是指建築物的墻體返潮起鹼。陳曼曼《讀〈嶽麓書院藏秦簡（伍）〉筆記六則》（簡帛網 2018 年 8 月 16 日）將簡 335"皆具傳"改釋爲"皆具傅"、簡 263-264 的"叚"改釋爲"叚（假）"，相應句讀也有調整。黃浩波《說嶽麓秦簡律文中的幾個"財"字》（簡帛網 2018 年 3 月 13 日）將第四、五卷中 6 個"財"讀爲"才"。陳偉《也說嶽麓秦簡律令中讀爲"裁"的"財"》（簡帛網 2018 年 3 月 14 日）則支持整理者讀爲"裁"的意見，並認爲這些"裁"均有裁度、酌情以定一類的意思。謝坤《讀嶽麓秦簡〈內史倉曹令〉札記》（簡帛網 2018 年 3 月 10 日）關注《內史倉曹令》，將其與里耶秦簡等資料合證。

此外，陳偉《〈嶽麓書院藏秦簡（伍）〉校釋》（《出土文獻與法律史研究》第七輯）；單育辰《佔畢隨録之十九》（簡帛網 2018 年 5 月 31 日）；齊繼偉《〈嶽麓書院藏秦簡（伍）〉札記（一）》《〈嶽麓書院藏秦簡（伍）〉札記（二）》《〈嶽麓書院藏秦簡（伍）〉札記（二）》（簡帛網 2018 年 3 月 9 日）；武漢大學簡帛研究中心秦漢簡讀書會《〈嶽麓書院藏秦簡（伍）〉讀札（一）至（三）》（簡帛網 2018 年 3 月 9 日、3 月 21 日、4 月 3 日）；武漢高校讀簡會《〈嶽麓書院藏秦簡（伍）〉研讀記録（一）至（四）》（簡帛網 2018 年 6 月 21 日、6 月 24 日、7 月 5 日、7 月 6 日）、《讀〈嶽麓書院藏秦簡（伍）〉札記》（《華中國學（2018 年秋之卷）》，武漢：華中科技大學出版社 2018 年）、陶磊《讀〈嶽麓書院藏秦簡〉（伍）札記》（簡帛網 2018 年 7 月 1 日）均對該卷釋文加以校釋。

（七）北京大學藏秦簡牘

廖秋菊《北大秦簡〈雜祝方〉札記一則》（簡帛網 2018 年 4 月 20 日）據背劃綫信息，認爲 M－005＋M－013 之後或有一枚缺簡。楊博《北大秦簡〈田書〉的逆次簡册背劃綫》（《出土文獻研究》第十七輯）詳細介紹了《田書》卷册的與其他各卷的疊壓關係、卷內各簡的揭剝圖及背劃綫信息，並再次檢討背劃綫在簡册復原中作用；《"簿籍"與"取程"：北大藏秦簡〈田書〉性質再探》（《農業考古》2018 年第 4 期）認爲《田書》與簿書在數目字的文字敘述性等方面存在近似之處，然而其實用性似未可確知，若以"程"爲標準，簡文"××步一斗"作爲百姓納租數額的下限，則《田書》卷八或亦可視作秦始皇三十一年秦人縣、鄉以下官吏徵收田租的"取程"簿書。曹方向《北大秦簡〈魯久次問數于陳起〉衡問圖淺析》（《簡帛》第十六輯）指出該篇"單薄之三""日之七"和"播之五"分別是衡問圖上外、中、內衡的名稱，命名原則是將三衡各用十二地支十二等分，以日出、日入對應的地支描述三衡的日照情況。郭濤《北京大學藏秦簡〈水陸里程簡册〉與秦漢時期的"落"》（《史學月刊》2018 年第 6 期）認爲通過《水陸里程簡册》的記載可以坐實"落"的"聚落自名"意義及其行政屬性。陳美蘭《中實沈静　唯審與良——北大秦簡〈教女〉探略》(《出土文獻研究》第十七輯)、夏增民、馬子舒《北大秦簡〈教女〉與漢代女教書之比較》(《石家莊學院學報》2018年第2期)均將其與班昭《女誡》進行比較解讀。

二、漢簡牘

(一) 斯坦因所獲敦煌漢簡

廣瀨薰雄《敦煌漢簡中所見韓安國受賜醫藥方的故事》(《中醫藥文化》2018年第1期)指出 T.XV.a.ii.42 號簡所見"安國"人名應該就是武帝時擔任御史大夫的韓安國。傅希明《斯坦因第四次中亞考察所獲尼雅遺址〈蒼頡篇〉漢簡一枚》(簡帛網2018年10月19日)指出簡♯N.XIV.20內容應爲《蒼頡篇》。

(二) 居延舊簡

姚磊《〈居延漢簡〉綴合(二)至(八)》(簡帛網2018年5月26日、5月29日、6月3日、7月6日、7月11日、9月23日、10月9日)綴合 213.22＋97.1；239.83＋85＋56、232.1＋250.6、263.4＋274.5、335.46＋248.16、100.3＋335.53；336.29＋335.42＋335.23、232.12＋403.3、232.20＋403.8、433.33＋433.48＋232.9；233.22＋25.6、513.49＋509.25；514.40＋515.50＋514.12、512.5＋515.30、520.15＋512.11、515.22＋522.5、517.7＋582.10；76.42＋122.20；214.96＋123.43、231.106＋156.16、225.14＋225.3＋482.1。黄浩波《〈居延漢簡(肆)〉綴合四則》(簡帛網2018年1月19日)綴合 465.7＋465.13－465.20、484.36＋484.80＋484.61、332.18＋255.18、SHM1＋112.7。

胡平生《讀簡筆記三則》(《出土文獻研究》第十七輯)將 488.1 從肉從耳之字改釋爲"䎈"，即"益"字別體；指出 458.1 中的"内"當是"穴"之誤。劉釗《河西漢簡零拾四則》(《中國文字研究》第二十八輯)釋出 505.3 中的"部""承"二字。陳晨《〈居延漢簡(肆)〉所見與古書相關内容雜識》(簡帛網2018年1月15日)對 387.7＋564.15 等四枚簡中關涉古書的内容進行了補充說明。張俊民《居延漢簡"詔書目録"簡的一個字》(簡帛網2018年5月1日)將"詔書目録"簡中"行水兼興船十二"的"兼"改釋爲"道"。許名瑲《居延甲渠鄣候任喜任期新考——從居延漢簡 220.19、484.16＋56＋50 談起》(簡帛網2018年5月15日)據 220.19、484.16＋56＋50 等將甲渠障候喜任期向前推至初元元年五月，向後延至永光五年九月；《居延漢簡 3.10 校釋》(簡帛網2018年8月12

日)將該簡中的"三月"改作"五月";《居延漢簡 26.21 校釋》(簡帛網 2018 年 8 月 22 日)補釋該簡中曆日信息爲"十一月庚子";《居延漢簡 26.7 繫年》(簡帛網 2018 年 9 月 12 日)重新推定該簡年代爲成帝鴻嘉二年。鷹取祐司《〈居延漢簡釋文合校〉與〈居延漢簡〉簡號對照表》(簡帛網 2018 年 10 月 19 日)將《居延漢簡釋文合校》存在的錯號的情況與《居延漢簡》對照後列表。

(三) 甘肅武威磨咀子 6 號漢墓竹木簡

陳松海、張顯成《武威漢簡〈儀禮〉形成時代綜論》(《簡帛》第十七輯)通過對比簡本與今本《儀禮》的用字及內容,結合六號墓墓葬形制、出土遺物等時代特點,認爲武威漢簡《儀禮》的形成時代爲新莽時期。

(四) 山東臨沂銀雀山 1 號漢墓簡牘

賈連翔《銀雀山漢簡〈尉繚子·治談〉殘卷復原嘗試》(《出土文獻研究》第十七輯)利用新獲取的圖像資料,嘗試對《尉繚子·治談》的殘本提出一個包含 28 枚簡的復原方案。高友謙《〈孫臏兵法·[陳忌問道]〉篇校理》(《孫子研究》2018 年第 1 期)認爲"陳忌問道"所附 22 條殘簡並不屬於該篇,而是一篇獨立的文字。楊青《銀雀山漢簡〈六韜〉的整理新發現》(《孫子研究》2018 年第 3 期)利用新獲得的紅外圖像資料對《六韜》的釋文和編聯提出了新見,涉及簡 642、675、704、718、642-644 等。張海波《銀雀山漢簡 803 至 805 號簡新解》(《古文字研究》第三十二輯)指出 805 應在 803＋804 之前,並對簡文所見"葆宮"與"囷"的關係進行分析;《銀雀山漢簡〈孫臏兵法〉編聯問題芻議》(《孫子研究》2018 年第 4 期)對《孫臏兵法》的《擒龐涓》《見威王》《月戰》《強兵》等篇的編聯給出了補充意見。

《中國書法》2018 年第 1 期以特輯的形式刊載了一批銀雀山漢簡的彩色圖版。衛松濤《"銀雀山漢簡保護整理與研究項目"階段性成果簡述》(《孫子研究》2018 年第 3 期)對"銀雀山漢簡保護整理與研究項目"在圖像獲取、背劃綫、反印文、簡文釋讀、綴合、分類等方面的進展舉例加以說明。馮令儒、馬瑞文《銀雀山漢簡的保護與影像採集》(《孫子研究》2018 年第 3 期)介紹了銀雀山漢簡的保護和新一輪影像採集的基本情況。何家興、王冰清《銀雀山漢簡用字探源》(《孫子研究》2018 年第 3 期)認爲銀雀山漢簡具有"存古"和齊系文字的遺迹。陳國興《銀雀山漢簡〈孫子兵法〉字體信息初探》(《孫子研究》2018 年第 3 期)指出《孫子兵法》的抄寫者應有多人。劉紹剛、曹晉彰《銀雀山漢簡的文字與書法漫談》(《中國書法》2018 年第 1 期)、楊安《銀雀山漢簡的書法》(《中國書法》2018 年第 1 期)均從書法研究的角度對這批簡牘的價值加以分析,張海波《銀雀山漢簡的字迹研究》（《中國書法》2018年第1期）則關注其書體、書手、用字特點等問題。

段凱《銀雀山漢簡〈五名五共〉"剛至"考》（《勵耘語言學科》2018年第1輯，北京：中華書局2018年）認爲"剛至"當讀爲"剛鷙"，義同剛愎。楊安《銀雀山漢簡政論文獻初探》（《孫子研究》2018年第4期）對銀雀山漢簡政論文獻的特點、分類和其中蘊含的"重民"意識，以及其與兵法、陰陽等相關文獻的關係做初步分析；《銀雀山漢簡〈爲政不善之應〉淺析》（《古文字研究》第三十二輯）對該篇的文獻結構和性質加以說明。王輝《銀雀山漢簡〈將德〉〈將敗〉等與傳世兵書對讀瑣記》（《孫子研究》2018年第4期）將《將德》《將敗》《將失》《將過》《將義》等五篇與秦簡《爲吏之道》等文獻進行對讀。劉愛敏《銀雀山漢簡〈迎四時〉與周秦之際的曆法整合》（《孔子研究》2018年第6期）認爲《迎四時》産生於戰國秦漢之際四時與五行兩種曆法整合的時期，本爲齊地民間祭祀四時主時所用，漢武帝時被用作天子郊祭禮之樂。

（五）湖南長沙馬王堆漢墓簡帛

陳劍《馬王堆帛書的"印文"、空白頁和襯頁及折疊情況綜述》（復旦網2018年1月1日）全面介紹帛書"印文"、空白頁和襯頁及折疊情況等信息對帛書復原的幫助。名和敏光《馬王堆漢墓帛書〈陰陽五行〉甲篇〈雜占之六〉〈築（二）〉〈五行禁日〉綴合校釋》（《出土文獻研究》第十七輯）對《陰陽五行》甲篇《雜占之六》《築（二）》《五行禁日》提出新綴合方案和釋文。周波《馬王堆醫書校讀（三）》（《出土文獻》第十二輯）針對醫書新增綴合兩例、調整綴合位置一例，涉及《足臂十一脈灸經》《養生方》《陰陽十一脈灸經》乙本等篇。

孟繁璞《帛書〈十六經〉校讀一則》（復旦網2018年10月28日）指出《十六經·正亂》中出現的"朵焉"和"壹朵壹禾"中"朵"通作"揣"，取"度量"義。劉建民《帛書〈陰陽十一脈灸經〉與漢簡〈脈書〉對讀札記二則》（《中國文字研究》第二十七輯）認爲《陰陽十一脈灸經》"厥陰脈"中的"大趾旁"的"大"應改釋爲"夾"；"臂少陰脈"中"溢渴欲飲"和"嗌干欲飲"不存在脱文。劉建民、劉如夢《讀馬王堆漢墓帛書與張家山漢簡經脈文獻札記二則》（《簡帛》第十六輯）指出《陰陽十一脈灸經》乙本第6行所謂的"肎"是"肙"字的誤釋；馬王堆帛書《陰陽脈死候》"傅而不流"的"傅"應釋爲"榑"。趙争《馬王堆帛書〈陰陽脈死候〉成書問題考論》（《出土文獻綜合研究集刊》第七輯）指出該篇將原本分屬特定經脈的內容纂集是其主要成書方式。張傳官《馬王堆漢墓帛書〈相馬經〉校讀札記》（《出土文獻與古文字研究》第七輯）對《相馬經》提出校釋意見15則，涉及"三齊""二微""南方有山""天下保（寶）""是謂絶根"等。范常喜《讀〈長沙馬王堆漢墓簡帛集成〉札記二則》(《出土文獻研究》第十七輯)認爲三號墓簽牌中的"衣薈乙笥"指薈聚衣服的第二號竹笥;遣册 407 號木牘的性質當爲賵書。田天《西漢遣策中的襚衣》(《出土文獻的世界:第六屆出土文獻青年學者論壇論文集》)指出 407 號木牘很可能是被捆縛在乙笥上的説明牌,其書寫者是衣物的贈送者。

(六) 居延新簡

姚磊《〈居延新簡〉綴合(一)至(七)》(簡帛網 2018 年 11 月 16 日、11 月 21 日、12 月 4 日、12 月 5 日、12 月 12 日、12 月 19 日、12 月 24 日)綴合 EPT5∶46+105;T5∶173+110;T40∶46+59、T40∶31+166;T43∶135+152、T43∶210+260、T43∶82+83+322;T51∶319+320、T43∶251+208、T51∶283+583;T52∶222+221、T52∶315+313、T52∶173+33;T52∶361+533、T52∶260+558、T52∶587+600、T52∶445+449+590。林宏明《破城子探方 52 所出漢簡綴合七則》(《古文字研究》第三十二輯)綴合探方 52 中的 158+609、38+267、180+301、39+405、52+169、246+800、373+485 共 7 組簡。

姚磊《〈肩水金關漢簡〉編連五則》(《出土文獻》第十三輯)提出五組編連方案,涉及"錢出入簿""出魚簡""戍卒簡""氏池出入簡"和"司馬從者簡"。趙爾陽《肩水金關 F3(73EJF3)所出騎士簡册探析》(《出土文獻》第十三輯)將 F3 所見騎士簡册分爲兩組,並討論這些騎士的籍貫。

姚磊綴合 73EJT10∶247+207(《〈肩水金關漢簡(壹)〉綴合(十)》,簡帛網 2018 年 5 月 25 日);T24∶135+128+T30∶167(《〈肩水金關漢簡(貳)〉綴合(十八)》,簡帛網 2018 年 7 月 17 日);T23∶566+689(《〈肩水金關漢簡(貳)〉綴合(十九)》,簡帛網 2018 年 8 月 13 日);T24∶874+871+805、T24∶606+600(《〈肩水金關漢簡(叁)〉綴合(十八)》,簡帛網 2018 年 7 月 21 日);T37∶842+946(《〈肩水金關漢簡(肆)〉綴合(四十二)》,簡帛網 2018 年 8 月 1 日);T37∶782+836+1255、T37∶805+535+73EJF3∶599(《〈肩水金關漢簡(肆)〉綴合(四十三)》,簡帛網 2018 年 8 月 3 日);73EJF3∶337+513+288+541(《〈肩水金關漢簡(伍)〉綴合(十)》,簡帛網 2018 年 8 月 9 日)。何茂活《〈肩水金關漢簡(貳)〉釋文訂補》(《敦煌研究》2018 年第 4 期)綴合 73EJT23∶294+321+993。謝坤《〈肩水金關漢簡(肆)〉綴合十一則》(《敦煌研究》2018 年 1 期第)綴合 73EJT37∶55+1452+1460、T37∶58+357、T37∶67+121、T37∶180+666、T37∶401+857、T37∶628+658、T37∶656+1376、T37∶854+1196、73EJT37∶856+927、73EJF1∶82+91+93、73EJF1∶106+111。張文建《肩水金關漢簡 73EJT4∶139 與 73EJT4∶211 綴合再議》(《出土文獻綜合研究集刊》第七

輯)堅持兩簡綴合的意見可以成立,並對姚磊的反駁意見加以回應。郭偉濤《金關簡第五册 73EJD 部分簡牘出土地獻疑》(《出土文獻》第十三輯)指出共計 99 枚 73EJD 起首編號的簡牘並非出自 T168 遺址,這其中 83 枚應來自 A32 遺址、5 枚來自 A33 遺址;6 枚疑似來自 A32 遺址、3 枚疑似來自 A33 遺址;《肩水金關漢簡綴合成果一覽》(《出土文獻綜合研究集刊》第七輯)將 2017 年 6 月 18 日前的綴合成果匯集成表。

張俊民《〈甘肅秦漢簡牘集釋〉校釋之十一》等 27 篇系列論文(簡帛網 2018 年 1 月 3 日至 10 月 29 日)以及《居延新簡日迹簡綴合之剩義》(簡帛網 2018 年 1 月 20 日)、《居延新簡釋文校補一例》(簡帛網 2018 年 8 月 16 日)等對《甘肅秦漢簡牘集釋》所見居延新簡釋文加以訂補。鄔文玲《居延新簡釋文補遺》(《湖南大學學報(社會科學版)》2018 年第 3 期)指出 EPT16∶3 簡釋文應改作"月壬戌以前,自殊死以下";T40∶64 改作"大聚土,占客在門,所爲來者言";T43∶175 改作"□以取婦、嫁女、祠祀、遠行、入官、遷徙";T43∶306 改作"更始元年正月壬午朔己酉,令史業敢言之:乃戊申直符,謹行視,臧内户封皆完,毋盜賊發者,即日平旦付令史嚴。敢言之";T43∶325 改作"造史爲官署掌";T2∶30 改作"造令史上造範護自占書功勞……官造令史二月二十日"。鄔氏《居延新簡釋文補遺》(《出土文獻研究》第十七輯)還對 T48∶56、T43∶298、T40∶41、T50∶10 四枚簡的釋文加以訂補。許名瑲《甲渠候官"第七部"辨正》(簡帛網 2018 年 2 月 12 日)認爲 EPF22∶112"第七候長馬建"的"七"還是應作"十";《甲渠候官漢簡 E.P.T51∶206 日迹簡校釋補正》(簡帛網 2018 年 3 月 22 日)對該牘疑難未釋字嘗試進行了補充。劉釗《河西漢簡零拾四則》(《中國文字研究》第二十八輯)釋出 EPT2∶14"右監"、解釋 EPT43∶31505·3 中的"奸能"含義、改釋 73EJT23∶619"三年"爲"元年"。張葦航《居延新簡"出矢鏃方"考》(《中醫藥文化》2018 年第 2 期)從醫學研究的角度對 EPT56∶228 號簡的内容再作分析。王含梅《居延新簡〈傳置道里簿〉地名新證》(《中國歷史地理論叢》2018 年第 3 輯)對 EPT59∶582 中的"茯置""義置""平林置"三個地名進行考證。袁雅潔《淺析簡册〈建武三年居延都尉吏奉例〉》(《敦煌研究》2018 年第 5 期)在校訂該簡册釋文的基礎上,對其所反映的吏的俸禄問題加以討論。

劉樂賢《談漢簡中的"雪"字》(《古文字研究》第三十二輯)據北大漢簡《雨書》,對 73EJF1∶1 中"雪"字的字形原理再作分析。胡平生《讀簡筆記三則》(《出土文獻研究》第十七輯)對 72EJC∶607 所見三處簡文加以訂補。周艷濤、張顯成《〈肩水金關漢簡(貳)〉釋文校補四則——兼論西北屯戍漢簡文字釋讀中應注意的兩個問題》(《中國文字研究》第二十七輯)改釋 73EJT24∶384B 中的"二月"爲"三月";補釋 T22∶150 的"移"、T24∶455"君"、T22∶43"頭"等字。此外,黄艷萍《〈肩水金關漢簡(壹-肆)〉釋文校補》(《簡牘學研究》第七輯);黃艷萍、張再興《肩水金關漢簡校讀叢札》(《簡帛》第十七輯);姚磊《讀〈肩水金關漢簡〉札記(三十三)至(三十六)》(簡帛網 2018 年 1 月 1 日、1 月 18 日、1 月 23 日、5 月 16 日);秦鳳鶴《〈肩水金關漢簡〉(壹)(貳)釋文校訂》(《漢字漢語研究》2018 年第 2 期)、《〈肩水金關漢簡〉(肆)釋文校訂》(《古文字研究》第三十二輯)、《〈肩水金關漢簡(伍)〉釋文校讀》(《簡帛研究二〇一八(春夏卷)》)均對肩水金關漢簡簡文提出校讀。

劉樂賢《讀肩水金關漢簡〈張宣與稚氣萬書〉》(《出土文獻研究》第十七輯)對 73EJT30∶28A 所見書信再加校訂。裴永亮《肩水金關漢簡中漢文帝時期樂府詔書考證》(《簡帛研究二〇一八(春夏卷)》)利用 73EJT37∶1573 所見詔書,對漢代樂府設立及其職事進行分析。肖從禮《肩水金關漢簡中新莽西海郡史料勾稽》(《陝西歷史博物館論叢》第二十五輯,西安:三秦出版社 2018 年)對肩水金關漢簡中所見 3 條與新莽西海郡有關的簡文進行分析。

丁媛《肩水金關漢簡中的涉醫資料》(《出土文獻綜合研究集刊》第七輯)分病症、藥方、醫事制度等方面梳理肩水金關漢簡中的相關簡文。

許名瑲《〈肩水金關漢簡(伍)〉曆日綜考》(《出土文獻與古文字研究》第七輯)對該册所見曆日簡進行了較爲全面的梳理,涉及月朔簡考年、曆日校補、簡册復原等。羅見今、關守義《〈肩水金關漢簡(伍)〉曆簡考釋》(《中原文化研究》2018 年第 6 期)指出 72EJC∶12 和 72EJC∶195 屬建始元年曆譜;73EJT4H∶1、73EJT4H∶16＋18 和 73EJC∶459 屬居攝元年曆譜;73EJF3∶176 和 73EJF3∶453 屬天鳳三年曆譜。

孫家洲《〈肩水金關漢簡〉所見漢武帝"茂陵邑"探微》(《中國人民大學學報》2018 年第 3 期)考訂出茂陵邑下屬里名 15 個,並討論相關官員設置、邑里布局等問題。鄭威《肩水金關漢簡中的三個縣邑》(《古文字研究》第三十二輯)對肩水金關漢簡中的桂邑、畔邑和渦陵三個地名進行討論。黃浩波《肩水金關漢簡地名簡考(八則)》(《簡帛研究二〇一七(秋冬卷)》)對肩水金關漢簡中的八則地名簡加以補釋,並整理出簡文所見郡國縣邑侯國鄉里的信息。

藤田勝久《肩水金關的交通與"出入"通行證》(《簡帛》第十七輯)通過確定金關漢簡中所見的傳與"出入"通行證的特徵,嘗試重新探討漢代交通系統的實際情況。郭偉濤《漢代的出入關符與肩水金關》(《簡牘學研究》第七輯)將肩水金關簡所見出入關符分爲序號符和家屬符兩類,並討論兩類符的使用流程等問題。張英梅《〈肩水金關漢簡〉所見"傳"的制度補(一)》(《敦煌研究》2018 年第 3 期)對"傳"的相關制度亦有補充。

趙爾陽《淺談肩水金關漢簡中涉及張掖郡籍"田卒"的幾則簡文》(簡帛網 2018 年 8 月 25 日)指出三枚張掖郡籍"田卒"應作"甲卒"。姚磊《〈肩水金關漢簡〉所見戍卒史料考略》(《中國邊疆史地研究》2018 年第 4 期)對其中與戍卒有關的簡文加以梳理,考察戍卒的籍貫、年齡、膚色、裝備等問題。

(七) 安徽阜陽雙古堆 1 號漢墓簡牘

劉信芳《阜陽漢簡〈詩經〉補説十六則》(《中國文字學報》第九輯,北京:商務印書館 2018 年)對《詩經》簡提出補説 16 則,如將"苞苞"讀爲"浮浮";"隮""拜"乃古文異體;"委蛇委蛇"不必讀爲"委委蛇蛇";"離"不妨依今本讀爲"罹";"畜""憸"之釋讀没有必要與"閟"相聯繫;"居"宜讀爲"車"等。

(八) 甘肅敦煌馬圈灣漢簡

姚磊《〈敦煌馬圈灣漢簡〉綴合(一)》(簡帛網 2018 年 10 月 22 日)綴合簡 426+459。白軍鵬、汪雲龍《敦煌馬圈灣漢簡釋文訂補(六則)》(《簡帛研究二○一七(秋冬卷)》)訂正簡 515 中的"窳"、簡 532 中的"苴"、簡 666 中的"寂"、簡 894 中的"功"、簡 1016 中的"肩"以及簡 1068 中的"眉"等字。秦鳳鶴《敦煌馬圈灣漢簡釋文校讀記》(《中國文字研究》第二十七輯)依據新公布的紅外圖像資料,也對這批簡牘的釋文提出訂補。

(九) 湖北江陵張家山 247 號漢墓竹簡

李安敦、葉山《〈二年律令〉的復原與研究》(《簡帛》第十七輯)根據簡牘報告的考古圖表提出新的復原方案,並探討了《二年律令》的注意符號、斷代、與秦律的關係以及預設讀者等問題。宋潔《〈二年律令〉之"二年"與"漢二年"諸問題題解》(《簡帛研究二○一八(春夏卷)》)針對將"二年"理解爲"漢二年"這一觀點進行了反駁與辨析。何有祖《張家山漢簡〈二年律令〉考釋(三則)》(《出土文獻研究》第十七輯)補釋或改釋簡 331-335"其治已"的"治";436-438"成鐵""成銀""踐"等字。何氏《讀〈嶽麓書院藏秦簡(肆)〉札記(三則)》(《出土文獻與法律史研究》第七輯)利用嶽麓秦簡資料,將《二年律令》簡 408"獨與"之後的"若"改釋爲"老";《釋張家山漢簡〈津關令〉490-491 號簡並論相關問題》(《出土文獻》第十二輯)改釋簡 490-491 中的"禁"爲"若",補釋"汲菡"二字;《張家山漢簡〈津關令〉考釋(二則)》(《簡帛研究二○一八(春夏卷)》)將簡 493"鐵"改釋爲"錫",將"籍器"之"籍"改釋爲"箸";補釋簡 498-499"入傳"後一字爲"見"。鄭威、但昌武《張家山漢簡〈二年律令·秩律〉"棘蒲"侯國考》(《簡帛》第十七輯)指出《秩律》簡 460 首端兩字應釋作"棘蒲"而非"懷州",即高帝六年受封的棘蒲侯國,屬河内郡。馬孟龍、楊智宇《張家山漢簡〈二年律令·秩律〉地名校釋四則》(《歷史地理》第三十七輯,上海:上海人民出版社2018年)對陽平、成安、西陵、解陵四個地名的郡屬與地望重作考證,並強調《秩律》地名研究時"同郡屬縣集中排列"的抄寫規律應當受到更多關注。孫玉榮《張家山漢簡中的"偏妻"身份考辨》(《社會科學》2018年第11期)認爲《二年律令》中的"偏妻"是指"不同居之妻"。何有祖《據嶽麓伍釋張家山漢簡〈奏讞書〉210-211號簡》(簡帛網2018年3月11日)指出簡210-211中的"日作"當改釋爲"田作"。齊繼偉《讀秦漢簡札記六則》(《出土文獻與法律史研究》第七輯)指出《奏讞書》案例10中的"令内作"當爲"令冗作"。

衣撫生《張家山漢簡〈算數書〉研究二題》(《魯東大學學報(哲學社會科學版)》2018年第1期)認爲《算數書》簡79-82中的"挈脂"應是一種用米、豬脂、水熬成的粥;《程竹》揭示了漢代竹簡製作時竹材選用的官方標準。劉建民《帛書〈陰陽十一脈灸經〉與漢簡〈脈書〉對讀札記二則》(《中國文字研究》第二十七輯)認爲《脈書》簡37"紨"當改釋爲"綒"。劉建民、劉如夢《讀馬王堆漢墓帛書與張家山漢簡經脈文獻札記二則》(《簡帛》第十六輯)指出簡51"榑而不流"的"榑"應釋爲"槫"。程少軒《也談張家山漢簡〈脈書〉的"氣勤則憂"》(《出土文獻》第十三輯)認爲簡55"氣勤則憂"的"憂"當讀作"嚘",訓爲"氣逆"。杜鋒、張顯成《張家山漢簡〈脈書〉"氣勤則憂"之"氣勤"考》(《中國針灸》2018年第6期)則認爲此處的"氣勤"與脈動一致。雷海龍《張家山247號漢墓遣策札記二則》(簡帛網2018年5月12日)將遣策簡37"枚杯"改釋爲"牧杯",即"墨杯";綴合簡15+41。

(十)甘肅金塔地灣漢簡

張德芳《地灣漢簡概要》(《中國書法》2018年第10期)對地灣漢簡的基本情況加以介紹,並附有部分簡牘的彩色照片(《地灣漢簡選》,《中國書法》2018年第10期)。

姚磊《〈地灣漢簡〉綴合(一)至(五)》(簡帛網2018年5月16日、6月26日)綴合86EDT16:15+33;86EDT22:8+86EDT16:7;86EDT5H:17+32、86EDT8:28+86EDHT:73;86EDHT:44+15、86EDT5H:88+172+130、86EDT5H:117+200+187、86EDT5H:224+115、86EDT5H:89+248、86EDT5H:156+173+230、86EDT5H:199+142;86EDT5H:204+148+242。馮玉《〈地灣漢簡〉綴合一例》(簡帛網2018年6月13日)綴合86EDT5H:83+86EDT5H:14A+99A。惠丹陽、馬智全《〈地灣漢簡〉綴合六例》(簡帛網2018年6月25日)綴合86EDT5H:39+244、86EDT5H:55+126、86EDT5H:64+179、86EDT5H:235+137、86EDT5H:148+242,86EDT5H:157+240。魏振龍綴合86EDHT:36+92(《讀〈地灣漢簡〉札記之五》,簡帛網2018年6月25日);86EDT5H:161+211(《讀〈地灣

漢簡〉札記之六》,簡帛網 2018 年 7 月 4 日);《讀〈地灣漢簡〉札記之八》(簡帛網 2018 年 10 月 14 日)認爲 86EDT16：2 和 86EDT22：7 屬同一簡册。

魏振龍《讀〈地灣漢簡〉札記之一》等系列論文 8 篇(簡帛網 2018 年 5 月 13 日、5 月 15 日、5 月 22 日、5 月 31 日、6 月 25 日、10 月 10 日、10 月 14 日);孫占宇、馬智全《〈地灣漢簡〉研讀札記(一)》等系列論文 7 篇(簡帛網 2018 年 5 月 19 日、5 月 31 日、6 月 1 日、6 月 10 日、6 月 12 日、6 月 16 日、6 月 19 日);陳玲《〈地灣漢簡〉殘字擬釋六例》(簡帛網 2018 年 5 月 31 日)、《〈地灣漢簡〉研讀札記(八)》(簡帛網 2018 年 6 月 22 日);高一致《讀〈地灣漢簡〉筆記》(簡帛網 2018 年 5 月 18 日);趙爾陽《〈地灣漢簡〉釋文札記》(簡帛網 2018 年 5 月 21 日);劉釗《地灣漢簡零拾(六則)》(簡帛網 2018 年 6 月 10 日)等文均對《地灣漢簡》的釋文加以訂補。

朱贊斌《地灣漢簡〈文子〉殘章初探》(簡帛網 2018 年 6 月 20 日)認爲 86EDHT：17A 所見爲《文子》殘簡。馮玉《〈地灣漢簡〉書信簡校讀札記一則》(簡帛網 2018 年 6 月 7 日)對 86EDT7：1 所見書信釋文進行補充。方勇《讀〈地灣漢簡〉醫方簡札記一則》(簡帛網 2018 年 6 月 6 日)對 86EDT8：9 所載醫方的釋文進行校訂。趙爾陽《〈地灣漢簡〉所見"里"輯録及相關問題討論》(簡帛網 2018 年 5 月 29 日)梳理地灣漢簡所見"里"名相關信息,並就里名考證、記載形式、分布特徵等問題進行討論。羅小華《〈地灣漢簡〉中的"弦"》(簡帛網 2018 年 5 月 30 日)對地灣漢簡中有關"弦"的史料進行整理。

(十一) 湖南張家界古人堤遺址簡牘

張春龍、楊先雲《湖南張家界古人堤漢簡釋文補正續(上)》(《簡牘學研究》第七輯)刊布了 34 枚簡的紅外圖版,並對原有釋文進行補充和修訂。

(十二) 甘肅敦煌懸泉置遺址簡帛

郭永秉《代筆,還是親筆?——漢代小吏書藝一瞥》(《文匯報》2018 年 11 月 9 日第 W08 版)指出編號爲 II01143：611 的《元致子方書》中所見兩種書風其實出自一人。

(十三) 湖北荆州高台 18 號漢墓簡牘

雷海龍《漢代遣册名物考釋二則》(簡帛網 2018 年 7 月 1 日)將 M18：35-丁所記"鉈一雙"的"鉈"改釋爲"釘",讀作"鼎"。

（十四）江蘇連雲港東海縣尹灣 6 號漢墓簡牘

陳侃理《漢代二千石秩級的分化——從尹灣漢簡中的"秩大郡大守"談起》（《出土文獻的世界：第六屆出土文獻青年學者論壇論文集》）指出《東海郡都尉縣鄉吏員簿》中"大（太）守一人"之下有關秩級的缺文可補作"秩大郡大守"。趙海龍《尹灣漢簡地名箋證》（《簡帛》第十六輯）在考察《東海郡下轄長吏名籍》抄寫時間的基礎上，對其中的廣陵郡全椒縣、廣邑、涅陽邑、西華邑、臨朐縣、瑕丘侯國、營平侯國和呂縣等地名進行訂補。

（十五）香港中文大學文物館藏簡牘

王強《香港中文大學藏漢簡質日復原及相關問題研究》（《出土文獻》第十二輯）對簡 95-119 的內容進行復原，並指出其應爲漢文帝前元十二年質日，據此或可幫助判斷這批簡牘中日書的抄寫時段；《香港中文大學藏漢簡日書"帝篇"補釋》（《湖南省博物館館刊》第十四輯，長沙：岳麓書社 2018 年）指出該篇用星宿替換地支，反映了地支與二十八宿之間的對應關係；只是抄寫者在將地支丑替換爲斗、牽牛二宿時，誤將斗當作北斗，又借用玄戈表示，致使簡文更難理解。蘭德《漢代的河堤智力：長江中游地區環境史的新收穫》（《簡帛研究二〇一八（春夏卷）》）對河堤簡釋文加以校正，並據此討論漢代的相關地名、水利工程管理及其環境史意義等問題。

（十六）湖南長沙東牌樓東漢簡牘

黨超《"羊左"傳說在漢代流傳問題補論》（《簡帛研究二〇一八（春夏卷）》）利用簡 146 習字所見"羊角哀""左伯桃"的記載，對漢代"羊左"傳說的流傳情況加以推演。陸錫興《東牌樓東漢名物簡考釋》（《出土文獻研究》第十七輯）對簡 110 所見名物進行補正。

（十七）安徽天長安樂紀莊西漢墓木牘

朱德貴《天長西漢木牘所見〈算簿〉及相關問題探討》（《秦漢研究》第十二輯）指出《算簿》是一份縣級機構記錄達到法定服役男女口數及免役人數的官文書，該文書中的"事算"反映了該縣 8 月份的應服役人數，同時還分門別類地記錄了所轄 6 個鄉的服役情況。

（十八）湖北雲夢睡虎地 77 號西漢墓簡牘

熊北生、陳偉、蔡丹《湖北雲夢睡虎地 77 號漢墓出土簡牘概述》（《文物》2018 年第

3期)從質日、官府文書、私人簿籍、律典、算術、書籍、日書等方面對這批簡牘的主要内容進行了介紹,隨文附有部分簡牘的照片和釋文。陳偉、熊北生《睡虎地漢簡中的功次文書》(《文物》2018年第3期)復原出4份功次文書,並從記書規則、記敘對象、功勞轉化三方面對功次文書所揭示的問題加以討論。蔡丹、陳偉、熊北生《睡虎地漢簡中的質日簡册》(《文物》2018年第3期)介紹了質日簡册的復原情況,並就其中的行事記録、墓主信息加以推定。蔡丹《睡虎地漢簡質日簡册簡背劃綫初探》(《江漢考古》2018年第4期)則關注質日簡簡背劃綫所提供的信息。

羅小華《睡虎地77號西漢墓出土〈市販律〉雜議》(簡帛網2018年4月3日)對《市販律》簡118-120中"腒膏""炧""軨衣、軨布旛"等名物的釋字和内涵進行補充。伊强《小議睡虎地77號西漢墓出土〈市販律〉中的"軨"字》(簡帛網2018年4月9日)認爲"軨"當釋"軨"。王挺斌《談談睡虎地77號西漢墓出土〈市販律〉中"腒"字的隸釋問題》(簡帛網2018年4月11日)認爲"腒"應作"䐴(脊)";《説睡虎地77號西漢墓〈市販律〉之"炧"》(簡帛網2018年4月21日)認爲將"炧"括注爲"灺",並以《説文》"灺,燭妻也"爲説是合適的。

(十九)北京大學藏西漢竹簡

許文獻《北大漢簡〈蒼頡篇〉簡2"青北"或爲"青丘"小考》(簡帛網2018年9月26日)認爲《蒼頡篇》簡2"青北"或爲"青丘";《北大漢簡〈蒼頡篇〉讀札——"橘柚蔞苞"小考》(復旦網2018年5月11日)將簡16"橘柚蔞苞"理解爲四種可以入藥之物;《北大漢簡〈蒼頡篇〉殘字考——談簡17之"汥"字殘形》(《古文字研究》第三十二輯)認爲簡17"蹻"下殘字當釋作"汥",讀作"跂"。吴毅强《北大簡〈蒼頡篇〉"丹勝誤亂"解》(《出土文獻》第十三輯)指出簡10-11中"丹勝誤亂"的"丹勝"當爲人名,分別指燕太子丹和齊王相后勝。齊繼偉《讀秦漢簡札記六則》(《出土文獻與法律史研究》第七輯)指出簡71"律丸内戍"當改釋爲"律丸冗戍"。楊振紅《北大藏西漢簡〈蒼頡篇·顓頊〉的文義及其思想背景》(《簡牘學研究》第七輯)對該章内涵、邏輯層次及其相關思想背景加以闡發,指出其不是單純的字書,而是帶有明確意識形態色彩和教化功能的教科書。

單育辰《北大藏漢簡〈妄稽〉釋文校訂》(《簡帛》第十六輯)指出該篇簡17和18可連讀、簡73和74可連讀、簡74和75之間則存在缺簡,此外還就釋字、破讀以及文義理解等方面對多處簡文進行訂補。楊茜《北大漢簡〈妄稽〉編聯調整》(《簡帛》第十六輯)指出該篇簡75、76當接於簡47、48、49之後;簡81與43可直接編聯;簡77-81當綴於簡75、76之後,簡43-46之前;簡46與62的文義可以相接,或可直接編連;《北大簡〈妄稽〉補釋》(《簡帛研究二〇一八(春夏卷)》)將簡1"兹悔"讀作"才敏"、簡12"恐畔"讀作"恐判"、簡 14-15"口舌甚詛"讀作"口舌甚詐"、簡 28-29"係"後一字釋作"取",相應文句讀作"繼娶之妾,又焉及我"。高中正《年代、地域及家庭——北大漢簡〈妄稽〉新研》(《文獻》2018 年第 3 期)通過文中"陳市"所反映的地理建置沿革,可以推斷《妄稽》的寫作年代大概不會晚於漢武帝元狩元年;文中物質資料的敘述可見本文的楚地特色,也表明作者可能與江淮文人集團有關聯。

楊鵬樺《北大漢簡〈反淫〉字詞釋讀札記(五則)》(《簡帛研究二○一七(秋冬卷)》)認爲《反淫》簡 6-7"兆思心惕(傷)"之"兆"宜讀爲"悠"或"愮";補釋簡 16"明"字;改釋簡 35＋36"中"字;簡 41"文"爲"依"等。歐佳《玁玁之臑:北大簡(肆)〈反淫〉篇"䐱䐱之臑"試析》(復旦網 2018 年 10 月 16 日)認爲簡 12-14 中"䐱䐱之臑"的"臑(臑)"不當理解爲"熟爛",而應取其"動物前肢"之意。蘇建洲《說〈北大四·反淫〉簡 23"栈"字》(簡帛網 2018 年 5 月 7 日)認爲簡 23 的"栈"當是"杅"的譌誤,可讀爲"壺"。常昭《論"反"體——以北京大學藏漢簡〈反淫〉爲例》(《中南民族大學學報(人文社會科學版)》2018 年第 6 期)討論《反淫》的體裁及其在文學史上的價值。

程少軒《北大漢簡〈節〉篇"冬夏至干支速算表"解讀》(《出土文獻與古文字研究》第七輯)對《節》篇簡 31-34 所涉圖文的內涵加以闡釋。洪德榮《北大漢簡〈節〉篇"十二勝"再論》(《出土文獻》第十二輯)對該篇"十二勝"的內涵分五組進行討論。湯淺邦弘《時令說的展開——北大漢簡〈陰陽家言〉與銀雀山漢簡"陰陽時令、占候之類"》(《簡帛》第十七輯)在對《陰陽家言》文本整理的基礎上,指出該篇有助於深化對陰陽思想及其特點的瞭解。

(二十) 敦煌一棵樹漢代烽燧遺址簡牘

白軍鵬《敦煌一棵樹烽燧遺址漢簡釋文校訂》(《中國文字學報》第九輯)改釋了兩枚簡牘中的"大煎都""別治富昌""居""狀""私""御""正"等字。

(二一) 湖南長沙五一廣場東漢簡牘

長沙市文物考古研究所、清華大學出土文獻研究與保護中心、中國文化遺產研究院、湖南大學嶽麓書院編《長沙五一廣場東漢簡牘(壹)》(上海:中西書局 2018 年)、《長沙五一廣場東漢簡牘(貳)》(上海:中西書局 2018 年)由中西書局出版,共收錄簡牘 800 枚。

周海鋒《〈長沙五一廣場東漢簡牘【壹】〉選讀》(簡帛網 2018 年 12 月 26 日)、《〈長沙五一廣場東漢簡牘【貳】〉選讀》(簡帛網 2018 年 12 月 26 日)對原報告的釋文、注釋加以補充;《〈長沙五一廣場東漢簡牘〉文書復原舉隅(一)》(簡帛網 2018 年 12 月 26

日)則嘗試對"永初二年詔書""永初三年詔書""由氏兄弟殺人、盜竊案""夏防賄賂董普案"4組文書的復原提出自己的初步見解。李洪財《讀〈長沙五一廣場東漢簡牘(壹、貳)〉札記》(簡帛網2018年12月27日)也就兩卷報告中6處簡文的釋字提出了修訂。伊強《長沙五一廣場東漢簡牘中的"例"及相關職官問題初論》(《簡帛》第十六輯)指出J1③:285和J1①:89-1中的兩個"例"字,當爲"集市"之義,此詞義在傳世古書中則寫作"列"。李蘭芳《長沙五一廣場出土J1③:285號簡牘再釋》(《簡牘學研究》第七輯)綜合各家觀點,對該牘的釋文和内涵再加梳理;《湖南長沙五一廣場東漢簡札記二則》(《簡帛研究二〇一七(秋冬卷)》)就J1③:314號牘考察作徒服刑問題,據J1③:315號牘考察大司農及其屬官信息。李華《長沙五一廣場簡所見"元的遺產案"考述》(簡帛網2018年3月11日)認爲例61、108、135屬同一份文書,並就這份文書中的人物關係等問題進行初步分析。楊頌宇《〈長沙五一廣場東漢簡牘選釋〉例100"佳"字再釋與"柱"案再分析》(簡帛網2018年3月22日)將例100中的"佳"改釋爲"住",並將其與例102和J1③:325-1-12A聯繫在一起,重新解讀這組文書的内涵。温玉冰《讀〈長沙五一廣場東漢簡牘選釋〉札記一則》(簡帛網2018年3月31日)對例55中的"豢買""參田山藍"等字詞進行補釋。張朝陽《五一廣場東漢簡牘"油錢"小考》(簡帛網2018年12月21日)指出例60中的"油錢"應是"油船"之錢的省稱。蔣丹丹《五一廣場東漢簡牘所見流民及客——兼論東漢時期長沙地區流動人口管理》(《簡帛研究二〇一七(秋冬卷)》)從簡牘所見流民和客的信息,分析東漢長沙地區的流動人口管理問題。

　　李均明《長沙五一廣場東漢簡牘"假期書"考》(《出土文獻》第十三輯)在梳理"假期書"相關簡文的基礎上,指出"假期書"具有兩個明顯的必備要素,即延期理由和延期時限;《長沙五一廣場東漢簡牘"劾"與"鞠"狀考》(《簡帛研究二〇一七(秋冬卷)》)將五一廣場東漢簡牘中的"劾狀"文書與西漢和同時代的相關文書進行比較,以研究"劾狀"的源流和一般規律;"鞠狀"則適用於審訊論決階段,主要内容爲確認"劾狀"的真實性、對案件進一步調查的結果及初步判決提出意見與理由;《長沙五一廣場東漢簡牘所見身份認定述略》(《出土文獻研究》第十七輯)對五一廣場簡文書所見當事人身份認定的主要内容和特徵進行總結。李松儒、莊小霞《長沙五一廣場J1③:264-269號木牘所見文書製作流轉研究》(《簡帛研究二〇一七(秋冬卷)》)將該牘内容劃分爲三個部分,並據此個案探討東漢晚期基層地方政府的文書製作流轉過程和行政管理機制。王朔《東漢縣廷行政運作的過程和模式——以長沙五一廣場東漢簡爲中心》(《華中師範大學學報(人文社會科學版)》2018年第6期)則關注這批簡所反映的東漢縣廷行政的具體過程。

(二二) 湖南長沙尚德街東漢簡牘

楊耀文《〈長沙尚德街東漢簡牘〉札記四則》(《出土文獻》第十三輯)綴合牘 50＋55、牘 53＋60，並補釋綴合後的簡牘釋文。史達《〈長沙尚德街東漢簡牘〉綴合一則》(簡帛網 2018 年 5 月 12 日)綴合牘 212＋254。周祖亮、方懿林《尚德街簡牘醫方及其方藥演變探析》(《中醫文獻雜志》2018 年第 2 期)對簡 181 所載"治百病通明丸方"簡文加以校訂，並分析其中方藥相關問題。張顯成、杜鋒《〈長沙尚德街東漢簡牘〉181 號木牘藥方研究》(《出土文獻綜合研究集刊》第七輯)亦對該木方中的部分文字加以補充，並指出其為後世"腎瀝湯(散)"的原始方。此外，羅小華《尚德街簡牘雜識》(《出土文獻與法律史研究》第七輯)、何有祖《讀〈長沙尚德街東漢簡牘〉札記》(《楚學論叢》第七輯)、雷海龍《〈長沙尚德街東漢簡牘〉釋字補札》(《楚學論叢》第七輯)、繆愷然、覺思宇《〈長沙尚德街東漢簡牘〉釋文補正》(簡帛網 2018 年 9 月 4 日)均對尚德街東漢簡牘釋文提出了補充意見。

(二三) 山東青島土山屯漢代木牘

范常喜《青島土山屯 6 號漢墓木牘所記"疏牙"為牙籤考》(《簡帛》第十七輯)指出該墓遣策木牘所記"疏牙"應當是指清潔牙齒的牙籤類小物件。

(二四) 甘肅永昌水泉子 8 號漢墓竹木簡

張存良、王永安、馬洪連《甘肅永昌縣水泉子漢簡"五鳳二年曆日"整理與研究》(《考古》2018 年第 3 期)公布了"五鳳二年曆日"復原簡冊圖版，並就其特點和相關宜忌簡的內容加以討論。賀璐《水泉子漢簡復日簡補說》(簡帛網 2018 年 5 月 4 日)則對"復日"部分的簡文理解加以補充。

(二五) 四川成都天回鎮老官山漢墓簡牘

劉陽《天回醫簡中的量詞》(《簡帛研究二〇一八(春夏卷)》)對該批簡中的量詞使用情況進行梳理和總結；周琦《天回醫簡中的刮削校改痕跡研究》(《簡帛研究二〇一八(春夏卷)》)則對其中的刮削校改情況加以整理，二文均公布有部分簡文及圖像資料。趙懷舟、盧海燕、王小雲、和中浚、周興蘭《老官山漢墓醫簡中的脈學內容初探》(《出土文獻綜合研究集刊》第七輯)、黃龍祥《老官山出土漢簡脈書簡解讀》(《中國針灸》2018 年第 1 期)對這批醫簡中與脈學相關的理論進行了初步梳理和討論。沈澍農《老官山 178 簡考辨》(《出土文獻綜合研究集刊》第七輯)對 178 簡所見病方中的大伏蠟、蚔蝎、承癁、它瘕等疑難字詞加以辨析。

（二六）湖南益陽兔子山 J3 號井西漢簡牘

徐世虹《西漢末期法制新識——以張勛主守盜案牘爲對象》（《歷史研究》2018 年第 5 期）通過"張勛主守盜案"所涉兩牘對西漢末期的法制狀況加以探討，指出"鞫"除"認定犯罪事實"的程式之義外，也具有指代訴訟全部程式的涵義；計贓等級有 250 以上一級，與秦及漢初有所不同；"衣服如法"表明因衣之服有法律規定；對主守盜有加倍追贓、令同居承擔賠償責任的要求；對處髡鉗城旦的刑徒，執行收入司空、從事勞役的刑罰；牘文所見的"爵減"在現有史料的範圍内指向回避刑等；此案的審判權在益陽縣，"論決言"的含義是將審判結果報府，但未必是履行程式上的覆核。

（二七）湖北隨州周家寨 8 號漢墓簡牘

陳偉《周家寨 8 號墓〈告地書〉中的"不幸"》（簡帛網 2018 年 11 月 13 日）指出告地書中"不有"當改釋爲"不幸"，則"路平"應是該墓墓主的名字。

（二八）四川渠縣城壩遺址漢代簡牘

《四川渠縣出土漢代竹木簡牘》（《文物鑒定與鑒賞》2018 年第 16 期）披露了該遺址出土有漢代簡牘的信息。

（二九）江西南昌海昏侯墓出土簡牘

江西省文物考古研究院、北京大學出土文獻研究所、荆州文物保護中心《江西南昌西漢海昏侯劉賀墓出土簡牘》（《文物》2018 年第 11 期）從典籍、文書、簽牌三個類别詳細介紹了這批簡牘的主要内容和價值，隨文刊載了部分簡牘的照片和釋文。羅小華《海昏侯墓出土遣策札記》（簡帛網 2018 年 12 月 4 日）對簽牌和遣策辭例加以補充考證。黄今言《從海昏侯墓出土奏牘看劉賀的舉動與失落》（《史學集刊》2018 年第 5 期）通過對出土奏牘的内容分析，來討論劉賀在海昏國時的願望和政治舉動。

（三十）揚州西漢墓木牘

閆璘、張朝陽《揚州新出漢廣陵王豢狗木牘釋考》（《出土文獻的世界：第六届出土文獻青年學者論壇論文集》）、閆璘、許紅梅《揚州新出漢廣陵王豢狗木牘詳考與再研究》（《簡帛研究二〇一八（春夏卷）》）均刊發了 3 枚木牘的釋文和圖版，並據木牘内容指出西漢中期廣陵王劉胥有豢狗的習好，設有相應專門機構和狗官，其侍中兼職豢狗,其中圖版效果以前文爲優。

(三一) 山西太原悦龍臺 6 號墓漢簡

《山西首次發現漢代簡牘:太原悦龍臺 M6 室内考古的新發現》(《中國文物報》2018 年 11 月 16 日第 007 版)披露了 M6 出土有漢代簡牘的信息。

三、魏 晉 簡 牘

(一) 長沙走馬樓三國吳簡

徐暢《長沙走馬樓三國吳簡基本性質研究平議》(《出土文獻》第十二輯)對四種有關吳簡性質討論的觀點進行了學術史梳理、評價和展望。

凌文超《孫吳嘉禾元年品市布入受簿綜合整理與研究長》(《出土文獻研究》第十七輯)利用揭剥位置示意圖,對"品市布入受簿"進行再整理,探討該簿籍的内容構成與調布的具體情況,並就"品布"與"市布"、品布的繳納者、品市布莂上的簽署等問題展開討論;《孫吳鋘賈錢簿記與鐵器官營的實態》(《出土文獻的世界:第六届出土文獻青年學者論壇論文集》)在整理"鋘賈錢簿記"相關文書的基礎上,對其所反映的孫吳鐵器官營的情況進行分析。連先用《吳簡所見臨湘"都鄉吏民簿"里計簡的初步復原與研究——兼論孫吳初期縣轄民户的徭役負擔與身份類型》(《簡帛研究二〇一七(秋冬卷)》)復原出一份涉及 12 個里的"都鄉吏民簿",並指出該簿完成於嘉禾六年,其性質並非户籍,而是政府爲派役而編制。

楊芬《讀長沙走馬樓三國吳簡札記三則》(《簡牘學研究》第七輯)對簡文所見"侯相君丞""清公""郡士都尉"三個術語進行解讀。伊强《走馬樓吳簡"反辭"釋讀的補充》(簡帛網 2018 年 12 月 24 日)據長沙尚德街簡的記載,進一步支持吳簡"許迪割米"中"反辭"的"反"字的釋讀意見。陳榮傑、王亞利《走馬樓吳簡疾病詞語"刑"拾遺》(《中國社會歷史評論》第二十卷,天津:天津古籍出版社 2018 年)認爲吳簡疾病詞語"刑"指殘疾病症更接近事實。陳榮傑《論走馬樓吳簡詞語的時代性和地域性》(《出土文獻》第十二輯)從特有詞語、特殊含義詞語以及首見於吳簡而被後世襲用的詞語三個方面,舉例分析了吳簡詞語的特色。蘇俊林《走馬樓吳簡所見孫吳"自首"現象初探》(《出土文獻》第十三輯)對簡文所見孫吳時期"自首"的問題加以討論,涉及上報與核查、對自首者的管理等方面;《走馬樓吳簡所見鹽米的初步整理與研究》(《鹽業史研究》2018 年 1 期)對吳簡中與"鹽"有關的資料進行梳理,涉及相關文書的格式、内容及制度。陶新華《走馬樓吳簡所見百姓對政府租稅的直接逋欠》(《中國社會經濟史研究》2018 年第 4 期)指出吳簡中存在百姓對政府租稅的直接逋欠的現象,論文對其原因和政府相應政策加以分析。

四、其他相關文獻分類目錄

(一) 文字與文本

白海燕:《讀西北邊塞漢簡瑣記》,《古文字研究》第三十二輯。

白海燕:《釋居延漢簡中的"繑"》,《中國文字研究》第二十八輯。

白軍鵬:《習字簡中的〈蒼頡篇〉首章及相關問題》,《古文字研究》第三十二輯。

白於藍、王錦城:《今本〈老子〉第四十一章"大器晚成"新探》,《中國文字研究》第二十八輯。

蔡忠文:《玉門花海七棱觚"故室"試解》,復旦網 2018 年 11 月 29 日。

曹方向:《北大漢簡〈趙正書〉小考(四則)》,《出土文獻》第十二輯。

陳榮傑:《論走馬樓吳簡中的親屬稱謂"姪"》,《簡帛》第十六輯。

杜鋒、張顯成:《"徙"字源流與"徙""從"形謁補考》,《出土文獻》第十二輯。

馮赫:《漢語量詞"合"與"合(盒)"的歷時考察》,《漢語學報》2018 年第 3 期。

韓華:《試論西北簡牘殘簡綴合——以簡牘材質和考古學方法為中心》,《石家莊學院學報》2018 年第 1 期。

胡波:《先秦兩漢"橐""囊"演變考——基於傳世與出土文獻的綜合考察》,《勵耘語言學科》2018 年第 2 輯,北京:中華書局 2018 年。

黃浩波:《讀秦簡札記二則》,《珞珈史苑(2017 年卷)》,武漢:武漢大學出版社 2018 年。

黃艷萍:《新莽簡在語言文字上的時代特徵補議》,《上海交通大學學報(哲學社會科學版)》2018 年第 5 期。

蔣魯敬:《郢城周邊西漢墓出土告地書匯釋》,《簡帛研究二〇一七(秋冬卷)》。

李海峰:《論簡帛經脈文獻的命名》,《出土文獻綜合研究集刊》第七輯。

李艷玲:《漢代"穬麥"考》,《敦煌學輯刊》2018 年第 4 期。

劉傳賓:《出土簡牘編聯與拼綴方法綜論》,《天津師範大學學報(社會科學版)》2018 年第 4 期。

劉春語:《漢簡帛醫書字詞考釋四則》,《出土文獻綜合研究集刊》第七輯。

劉嬌：《居延漢簡所見六藝諸子類資料輯釋》，《出土文獻與古文字研究》第七輯。

劉信芳：《岳山秦牘〈刺〉篇試解》，簡帛網 2018 年 11 月 9 日。

劉艷娟：《秦漢簡帛文獻用字習慣考察二則》，《語言研究》2018 年第 3 期。

吕健：《漢代封泥封緘形制的考古學研究》，《出土文獻的世界：第六屆出土文獻青年學者論壇論文集》。

馬智全：《説"僵落"》，《敦煌研究》2018 年第 1 期。

齊繼偉：《秦簡"冗""内""穴"辨誤——兼論秦至漢初隸書的規範化問題》，《古漢語研究》2018 年第 3 期。

橋本繁：《韓國、日本出土的〈論語〉木簡》，《出土文獻的世界：第六屆出土文獻青年學者論壇論文集》。

石井真美子：《銀雀山漢墓竹簡〈地典〉譯注補》，《中國文字研究》第二十七輯。

馮玉、孫占宇：《從放馬灘秦簡通假字看秦上古方音系統》，《簡帛》第十六輯。

王貴元：《漢簡字詞考釋二則》，《語言研究》2018 年第 3 期。

王輝：《馬王堆帛書〈易傳〉字詞補釋四則》，《古文字研究》第三十二輯。

王錦城、魯普平：《西北漢簡中"芀"字釋讀述考》，《簡帛研究二〇一七（秋冬卷）》。

王强：《談"詣"字的〈説文〉訓解及其在秦漢簡中的一種新見義項》，《出土文獻與古文字研究》第七輯。

蕭聖中：《〈銀雀山漢墓竹簡［貳］〉選釋三則》，《簡帛》第十七輯。

徐世權：《據秦簡〈編年記〉談〈史記·白起列傳〉的編年錯誤問題》，《古文字研究》第三十二輯。

楊先雲：《里耶秦簡字詞補釋》，《湖南考古輯刊》第十三集，北京：科學出版社 2018 年。

姚海燕：《帛書〈五十二病方〉"以布捉取出其汁水"斷句略辨》，《出土文獻綜合研究集刊》第七輯。

張瀚墨：《北京大學藏西漢竹書〈周馴〉"唯毋"解誤》，《簡帛研究二〇一七（秋冬卷）》。

張再興：《從出土秦漢文獻看"豆""荅""合"的記詞轉移》，《語文研究》2018 年第 3 期。

張再興：《秦漢簡帛中的"磿"和"磨"》，《簡帛研究二〇一八（春夏卷）》。

趙立偉：《論漢字的書寫性變異——以今隸時期的漢簡文字爲中心》，《中國文字學報》第九輯。

趙岩：《"可盜所"還是"何盜所"——以"可、何"用字習慣的時代性爲中心的考察》,《古文字研究》第三十二輯。

趙岩:《秦漢簡牘考釋中要注意的幾個問題》,《中國文字研究》第二十七輯。

趙爭:《從出土文獻看漢代〈老子〉文本及流傳》,《史林》2018年第6期。

周飛、時遂營:《〈蒼頡篇〉與〈急就篇〉關係初探》,《出土文獻》第十二輯。

(二) 經濟與社會

白宏剛:《戰國秦國及秦王朝對家臣系統的整合——以簡牘所見"家嗇夫""吏舍人"爲切入點》,《古代文明》2018年第2期。

程博麗:《秦代婦女再嫁及相關問題研究——以嶽麓秦簡爲中心的考察》,《簡帛研究二〇一八(春夏卷)》。

晉文:《秦代確有算賦辨——與臧知非先生商榷》,《中國農史》2018年第5期。

晉文:《秦代算賦三辨——以近出簡牘材料爲中心》,《華中國學(2018年秋之卷)》。

晉文:《睡虎地秦簡與授田制研究的若干問題》,《歷史研究》2018年第1期。

鷲尾祐子:《長沙走馬樓吳簡中的"限佃"名籍》,《簡帛研究二〇一七(秋冬卷)》。

雷長巍:《秦漢簡牘法律文獻中的"通錢"》,《簡帛研究二〇一八(春夏卷)》。

李恒全:《從新出簡牘看秦田租的徵收方式》,《中國經濟史研究》2018年第2期。

李勉、俞方潔:《秦至漢初户賦的性質、徵收與管理》,《重慶師範大學學報(社會科學版)》2018年第2期。

李亞光:《再論"室人"與"同居"——以簡牘爲核心看戰國秦漢時期的農業家庭》,《安徽農業大學學報(社會科學版)》2018年第6期。

劉鵬:《秦代地方稟食的幾個問題》,《中國農史》2018年第1期。

馬彪、林力娜:《秦、西漢容量"石"諸問題研究》,《中國史研究》2018年第4期。

馬智全:《漢代西北邊塞的"市藥"》,《簡牘學研究》第七輯。

彭浩:《秦律"禾黍一石爲粟十六斗大半斗"補説》,《簡帛》第十七輯。

齊繼偉:《也説漢代"訾算"——兼論吳簡中的"訾"》,《湖南大學學報(社會科學版)》2018年第3期。

石洋:《秦漢時期借貸的期限與收息周期》,《中國經濟史研究》2018年第5期。

王錦城:《西北漢簡所見"司御錢"考》,《敦煌研究》2018年第6期。

王彦輝:《論秦及漢初身份秩序中的"庶人"》,《歷史研究》2018年第4期。

王子今:《河西簡文所見漢代紡織品的地方品牌》,《簡帛》第十七輯。

謝文奕:《肩水金關漢簡所見稟食及相關問題》,《出土文獻研究》第十七輯。

徐定懿、王思明：《從西北邊關漢簡看麥作在當地的推廣情況》，《中國農史》2018年第6期。

臧莎莎：《漢代女性"過時不嫁"現象研究——基於簡牘資料的分析》，《唐都學刊》2018年第2期。

張麗萍、張顯成：《西北屯戍漢簡所見"罷卒"考》，《簡帛研究二〇一八（春夏卷）》。

張信通：《秦國鄉里賦稅制度與賦稅征收再探討》，《中國農史》2018年第6期。

張燕蕊：《簡牘所見秦漢時期債務償還問題芻議》，《史學月刊》2018年第6期。

（三）法律與行政

曹旅寧：《嶽麓秦簡令名試解》，簡帛網2018年3月26日。

曹旅寧：《嶽麓秦簡與秦律令行用問題》，簡帛網2018年3月29日。

崔建華：《西漢三河地區對邊地事務的參與及其內部差異——基於西北簡牘資料的統計與分析》，《敦煌研究》2018年第5期。

方瀟：《睡虎地秦簡"身高六尺"涉數法律規定源由新探——基於陰陽五行說的分析》，《清華法學》2018年第2期。

何有祖：《再論秦漢"棄市"的行刑方式》，《社會科學》2018年第11期。

胡平生：《也說"敖童"》，簡帛網2018年1月8日。

李安敦：《秦、漢及唐代的法律與行政程式——兼論二者對官吏系統與讀寫教育的促進作用》，《法律史譯評》第六卷。

劉太祥：《簡牘所見秦漢社會治安行政管理制度》，《南都學壇（人文社會科學學報）》2018年第5期。

呂方：《秦代"良吏"的標準與人才選拔——讀睡虎地秦簡〈語書〉札記》，《魯東大學學報（哲學社會科學版）》2018年第2期。

馬增榮：《漢代地方行政中的直符制度》，《簡帛》第十六輯。

南玉泉：《從嶽麓秦簡識劫娩案看秦國的匿訾罪及其鄉里狀況》，《中國古代法律文獻研究》第十二輯。

寧全紅：《〈嶽麓書院藏秦簡（肆）〉所載〈賊律〉〈具律〉析論》，《簡帛研究二〇一八（春夏卷）》。

彭浩：《河西漢簡中的"獄計"及相關文書》，《簡帛研究二〇一八（春夏卷）》。

喬志鑫：《漢律罪數問題研究——以張家山漢簡爲中心》，《出土文獻與法律史研究》第七輯。

青木俊介：《候官中簿籍的保存與廢棄——以A8遺址文書庫、辦公區出土簡牘的狀況爲綫索》,《簡帛研究二〇一八(春夏卷)》。

舒哲嵐:《秦漢律中的"收人"》,《古代文明》2018 年第 3 期。

孫銘:《"寇降,以爲隸臣"解》,《出土文獻與法律史研究》第七輯。

唐俊峰:《秦漢劾文書格式演變初探》,《出土文獻的世界:第六屆出土文獻青年學者論壇論文集》。

王博凱:《讀秦漢律令簡札記三則》,《出土文獻與法律史研究》第七輯。

王園紅:《"雜封"小考》,《出土文獻與法律史研究》第七輯。

文霞:《秦簡所見"敖童"再探》,《石家莊學院學報》2018 年第 2 期。

吴雪飛:《説〈里耶秦簡(貳)〉中的"相遝"》,簡帛網 2018 年 5 月 17 日。

徐世虹:《秦漢"鞫"文書謏識——以湖南益陽兔子山、長沙五一廣場出土木牘爲中心》,《簡帛》第十七輯。

于洪濤:《秦漢法律簡牘中的"鞫"研究——兼論秦漢刑事訴訟中的相關問題》,《簡帛研究二〇一八(春夏卷)》。

張傳璽:《睡虎地秦簡〈法律答問〉"獄未斷"諸條再釋》,《中國古代法律文獻研究》第十二輯。

張志敏:《秦漢刑役減免探析》,《古代文明》2018 年第 4 期。

張忠煒:《秦漢時代司法文書的虚與實》,《中國史研究》2018 年第 2 期。

朱錦程、蘇俊林:《秦"失期,法皆斬"新證》,《簡帛研究二〇一七(秋冬卷)》。

朱騰:《秦法治觀再考——以秦簡所見兩種吏道文本爲基礎》,《政法論壇》2018 年第 6 期。

(四) 地理與交通

但昌武:《漢初上郡東界考辨》,《歷史地理》第三十八輯,上海:上海人民出版社 2018 年。

郭濤:《新出簡牘與江漢聚落景觀體系的重建》,《華中師範大學學報(人文社會科學版)》2018 年第 4 期。

郭偉濤:《漢代的傳與肩水金關》,《簡帛研究二〇一八(春夏卷)》。

何茂活:《居延漢簡所見燧名命意證解(之二)》,《簡牘學研究》第七輯。

馬智全:《漢簡記載漢塞修築的三種形式》,《魯東大學學報(哲學社會科學版)》2018 年第 5 期。

裴永亮、馬智全:《漢簡警備檄書於西漢昭宣時期河西邊塞防禦》,《敦煌學輯刊》2018 年第 4 期。

齊繼偉：《西北漢簡所見吏及家屬出入符比對研究》，《敦煌研究》2018 年第 6 期。

秦進才：《肩水金關"趙國尉文"簡再探》，《邯鄲學院學報》2018 年第 3 期。

琴載元：《秦及漢初黃河沿綫地帶郡縣與河津管理體系》，《簡帛》第十六輯。

王寧：《簡帛文獻中的"呂遂"相關問題初探》，《漢字漢語研究》2018 年第 3 期。

王子今：《武關·武候·武關候：論戰國秦漢武關位置與武關道走向》，《中國歷史地理論叢》2018 年第 1 輯。

吳良寶、孔令通：《戰國秦漢傳世文獻中的地名譌字問題》，《吉林大學社會科學學報》2018 年第 1 期。

肖從禮：《肩水金關漢簡所見新莽改酒泉郡爲右平郡考》，《簡牘學研究》第七輯。

張俊民：《漢代西域漕運之渠"海廉渠"再議》，《簡牘學研究》第七輯。

游逸飛：《論有説無——戰國及漢初諸侯王國無郡論的比較》，《出土文獻的世界：第六屆出土文獻青年學者論壇論文集》。

(五) 爵位與職官

賈麗英：《秦及漢初二十等爵與"士下"準爵層的剖分》，《中國史研究》2018 年第 4 期。

黎明釗、唐俊峰：《秦至西漢屬國的職官制度與安置模式》，《中國史研究》2018 年第 3 期。

沈剛：《秦代縣級行政組織中的武職系統——以秦簡爲中心的考察》，《烟臺大學學報(哲學社會科學版)》2018 年第 6 期。

沈剛：《秦縣令、丞、尉問題發徵》，《出土文獻研究》第十七輯。

史黨社：《"屬邦"發微》，《重慶師範大學學報(社會科學版)》2018 年第 4 期。

孫聞博：《商鞅縣制的推行與秦縣、鄉關係的確立——以稱謂、禄秩與吏員規模爲中心》，《出土文獻的世界：第六屆出土文獻青年學者論壇論文集》。

土口史記：《秦代的令史與曹》，《中國中古史研究》第六卷，上海：中西書局 2018 年。

土口史記：《秦代的領域控制與官吏移動》，《出土文獻的世界：第六屆出土文獻青年學者論壇論文集》。

萬堯緒：《肩水金關漢簡考證三則》，《魯東大學學報(哲學社會科學版)》2018 年第 3 期。

鷹取祐司：《漢代的"守"和"行某事"》，《法律史譯評》第六卷。

于振波：《秦漢校長考辨》，《中國史研究》2018 年第 1 期。

張春海：《"天下觀"的轉移與秦隋間"都官"的變遷》，《史林》2018 年第 4 期。

張文瀚：《出土文獻視野下的漢代候官探究》，《鄭州大學學報（哲學社會科學版）》2018 年第 1 期。

張文瀚：《漢代候官研究述論》，《史學月刊》2018 年第 8 期。

朱騰：《職位、文書與國家——秦官僚制中的史官研究》，《現代法學》2018 年第 2 期。

（六）曆法、數術與方技

程博麗：《出土簡帛所見"人形"生子圖補論》，《出土文獻與法律史研究》第七輯。

丁媛：《出土文獻與傳世典籍涉醫內容中的"建除"術及其應用》，《古籍整理研究學刊》2018 年第 5 期。

郭津嵩：《出土簡牘與秦漢曆法復原：學術史的檢討》，《浙江大學藝術與考古研究》第三輯，杭州：浙江大學出版社 2018 年。

龍仕平：《"質日"釋詁》，《簡帛研究二〇一八（春夏卷）》。

龐境怡、張如青《戰國秦漢時期"中醫外科"之成就——以出土涉醫簡帛爲中心的探討》，《中國中醫基礎醫學雜志》，2018 年第 8 期。

汪桂海：《符水療疾——漢代醫療信仰的一個側面》，《簡帛研究二〇一七（秋冬卷）》。

楊華：《出土簡牘所見"祭祀"與"禱祠"》，《四川大學學報（哲學社會科學版）》2018 年第 2 期。

張士偉：《從秦簡看秦的犬文化》，《農業考古》2018 年第 1 期。

張葦航：《馬王堆簡書〈十問〉中的食韭養生法》，《出土文獻綜合研究集刊》第七輯。

（七）綜述、目錄、書評與其他

曹萬青：《長沙走馬樓三國吳簡研究二十年》，《社會科學動態》2018 年第 5 期。

草野友子、中村未來、海老根量介：《2016—2017 年日本學界中國出土簡帛研究概述》，《簡帛》第十七輯。

曾磊：《2017 年秦漢史研究綜述》，《秦漢研究》第十二輯。

陳婉琴（整理）：《嶽麓秦簡所見秦代社會與法律——第七屆"出土文獻與法律史研究"學術研討會會議紀要》，《出土文獻與法律史研究》第七輯。

郭曉濤：《2017 年三國兩晉南北朝考古發現與研究述評》，《西部考古》第十六輯，北京：科學出版社 2018 年。

郭躍斌、吉永匡史、金珍、梅凌寒：《2017 年度國外中國法律史研究論著目錄》，《中國古代法律文獻研究》第十二輯。

侯旭東：《籾山明著〈秦漢出土文字史料の研究—形態・制度・社會—〉評介》，《簡帛研究二〇一七（秋冬卷）》。

劉太祥：《簡牘所見秦漢行政法研究述評》，《南都學壇（人文社會科學學報）》2018 年第 1 期。

劉欣寧：《2017 年度臺灣地區中國法律史研究論著目錄》，《中國古代法律文獻研究》第十二輯。

劉艷娟：《〈嶽麓書院藏秦簡（肆）〉研究綜述》，《簡牘學研究》第七輯。

馬碩：《重現的法律程序：早期帝制中國法律史的新來源》，《法律史譯評》第六卷。

沈剛：《出土文書簡牘與秦漢魏晉史研究》，《社會科學戰綫》2018 年第 10 期。

沈剛：《從簡牘格式擬構走向簿書復原——讀〈走馬樓吳簡采集簿書整理與研究〉》，《簡牘學研究》第七輯。

孫聞博：《基礎與綜合：秦簡研究的再出發——讀陳偉主編〈秦簡牘研究〉叢書》，《簡帛研究二〇一八（春夏卷）》。

王冀青：《金紹城與中國簡牘學的起源》，《敦煌學輯刊》2018 年第 2 期。

溫俊萍：《嶽麓書院藏秦簡〈質日〉研究綜述》，《簡牘學研究》第七輯。

徐暢、高智敏：《長沙五一廣場東漢簡牘整理研究論著目錄（2010 年至今）》，《簡帛研究二〇一七（秋冬卷）》。

張忠煒：《追尋實事求是之道——讀大庭脩〈秦漢法制史研究〉》，《出土文獻的世界：第六屆出土文獻青年學者論壇論文集》。

鍾量：《2016 年英文簡帛研究概要》，《簡帛》第十七輯。

朱紅林：《〈秦簡牘研究〉評介》，《出土文獻研究》第十七輯。

作者信息

（以中文姓氏筆畫爲序）

王　谷：武漢大學歷史學院、簡帛研究中心
王挺斌：浙江師範大學人文學院中文系
王　偉：陝西師範大學文學院
王凱博：鄭州大學漢字文明研究中心
李天虹：武漢大學歷史學院、簡帛研究中心
李春桃：吉林大學考古學院、古籍研究所
肖　毅：武漢大學文學院
何有祖：武漢大學歷史學院、簡帛研究中心
宋　潔：河南大學歷史文化學院、河南大學中國古代史研究中心
和中濬：成都中醫藥大學博物館
周海鋒：湘潭大學文學與新聞學院
屈　彤：武漢大學文學院
姚　磊：信陽師範學院歷史文化學院
秦鳳鶴：湖南科技大學人文學院
馬　楠：清華大學出土文獻研究與保護中心、出土文獻與中國古代文明研究協同創新中心
袁開惠：上海中醫藥大學醫古文教研室
晉　文：南京師範大學歷史系
陳雙喜：武漢大學歷史學院、簡帛研究中心
曹天江：清華大學人文學院歷史系
張　雷：安徽大學文學院、安徽中醫藥大學針灸推拿學院
張韶光：吉林大學古籍研究所
楊先雲：湖南省文物考古研究所
蔡　丹：湖北省文物考古研究所

蔡　偉：安順學院圖書館
蔣　文：復旦大學出土文獻與古文字研究中心
衛夢姣：西安市第六十二中學
魯家亮：武漢大學歷史學院、簡帛研究中心
劉建民：南通大學文學院
劉　雲：河南大學文學院
謝明文：復旦大學出土文獻與古文字研究中心、出土文獻與中國古代文明研究協同創新中心
蘇建洲：臺灣彰化師範大學國文系
蘇俊林：西南大學歷史文化學院
羅小華：長沙市文物考古研究所